数量经济学科丛书

U0499614

空间经济统计分析：
理论、方法与应用

Statistical Analysis of Spatial Economy
Theory, Methods and Applications

刘 明 等/著

中国财经出版传媒集团

经济科学出版社
Economic Science Press

·北京·

图书在版编目（CIP）数据

空间经济统计分析：理论、方法与应用／刘明等著．
北京：经济科学出版社，2024.6. --（数量经济学科
丛书）. --ISBN 978-7-5218-6015-3

Ⅰ. F222.1

中国国家版本馆 CIP 数据核字第 2024GT8730 号

责任编辑：杜　鹏　胡真子
责任校对：王肖楠
责任印制：邱　天

空间经济统计分析：理论、方法与应用

KONGJIAN JINGJI TONGJI FENXI：LILUN，FANGFA YU YINGYONG

刘　明 等/著

经济科学出版社出版、发行　新华书店经销

社址：北京市海淀区阜成路甲 28 号　邮编：100142

编辑部电话：010-88191441　发行部电话：010-88191522

网址：www. esp. com. cn

电子邮箱：esp_bj@163. com

天猫网店：经济科学出版社旗舰店

网址：http://jjkxcbs. tmall. com

固安华明印业有限公司印装

787×1092　16 开　18.25 印张　370000 字

2024 年 6 月第 1 版　2024 年 6 月第 1 次印刷

ISBN 978-7-5218-6015-3　定价：49.00 元

前　言

在现代经济学研究中，统计分析方法是一类主流的技术工具，在诸多的经济学研究场合发挥着极为重要的作用。近年来，空间统计分析技术快速发展，为经济学问题研究提供了重要的分析手段，空间统计分析方法在空间经济学、发展经济学等领域都有着重要的应用。将空间统计分析方法用于分析、研究和解决实际经济学问题，受到了越来越多的关注。这是一个新的、重要的交叉学科领域，于是便产生了一门全新的经济统计学类课程——空间经济统计分析。空间经济统计分析重点以空间统计学思想、空间统计数据和空间统计方法等统计学知识为核心，从空间视角分析研究国民经济运行与经济社会发展中的问题，提高对经济社会领域的测度、分析、规划与决策的能力。在当前强调交叉与应用的新文科建设背景下，我们研究并推出这本《空间经济统计分析：理论、方法与应用》，无疑更具有时代意义。

本教材撰写的目的是针对本科高年级学生和研究生，在学习完经济学、统计学和管理学等有关课程后，培养其联系经济社会发展实际，综合所学知识，科学运用空间统计方法分析研究实际问题的能力，因此本教材可以作为本科生和研究生的教材，也可以作为科研工作者的参考用书。有一些重要的课程是学习本教材的基础，例如空间经济学（或新经济地理学，或区域经济学）、发展经济学、数理统计学、计量经济学、空间统计学等。这门课程对于学生综合素质的培养尤为重要。它一方面离不开经典的数据统计分析技术和经济学研究范式，另一方面也注重对研究对象空间信息的分析和空间思维的培养，强调统计学思想与方法、空间统计数据与经济学理论的有机结合。

本教材在对空间经济统计分析基本概念性问题进行梳理以及对空间统计分析方法进行介绍和展示的基础上，通过结合中国产业经济发展实际，由浅入深，由基础到综合，系统展示了空间集聚、空间溢出、空间收敛的一系列空间经济统计分析问题，涵盖了常见的空间经济统计分析的理论、方法及现实应用。由此可以提出空间经济统计分析的学习目的和要求。

（1）结合所研究的实际问题，运用经济学理论和空间统计分析逻辑，完成空间经济问题的实证统计分析。

（2）以空间经济统计数据为基础，掌握系统和综合分析的空间统计分析方法，以及指标选择和数据资料加工、整理和估计推断等技术，包括根据经济理论和分析目的构建新的空间经济分析统计指标方法。

（3）培养和提升学生灵活运用空间统计方法分析实证经济问题的研究能力。

（4）掌握我国空间经济发展的现实问题及其历史形成过程、主要制约条件和影响因素的实证统计分析内容。

（5）培养学生分析研究实际问题的能力，主要是善于捕捉经济问题，能够归纳主要理论观点，确立分析研究的价值取向，系统掌握空间统计分析方法，运用实际空间统计数据进行实际问题的分析及其对策研究的综合能力。

空间经济统计分析强调统计学和经济学等诸多学科知识的交叉应用，因此在人才培养教学体系中是一门应用性和实战性非常强的课程，需要调动学生在课堂上积极参与和加强学生动手分析并交流讨论的能力，这对于提高课堂教学效果、强化学生对知识的理解和综合应用能力具有重要意义，也契合新文科建设的要求。从空间统计指标和统计数据、经济学内涵与数据的空间范围以及空间统计学思想体现和统计方法应用，到空间统计模型的实证研究及统计推断，都是要求学生及时温习经济学知识和统计学知识，并能综合运用新知识来分析解决问题。在课程学习中，根据教材有关章节讲授内容，要求学生根据所学知识或感兴趣的现实经济社会中的空间问题，系统收集整理文献和数据，运用适合的空间统计方法分析研究实际经济问题，完成实证的统计分析报告，在课堂上和老师及同学们进行讨论交流。

本教材部分相关内容就已经在兰州财经大学研究生课程教学中使用，并取得了良好的教学效果。因此，本教材是作者根据实际的教学经历和相关研究成果而进一步提炼撰写的。由于教学过程滞后的原因，本教材中的案例数据并没有及时更新，但这并不影响阅读，案例主要用于方法和分析研究路径的展示，这对于数据的时效性无过高要求。本教材是由刘明教授主持并设计出大纲，然后开展分析研究撰写工作。中国人民大学赵彦云教授对本教材的研究、撰写给予了大量的指导和帮助。研究生王霞、毛晓蒙、邓耒婷、张雅亭、金亚亚、徐坤、宋顿、李妍蓉、刘璐等参加了初稿的撰写，全书由刘明教授逐章修改定稿。在此一并表示衷心的感谢。

欢迎同行专家学者批评指正。

刘明

2024 年 5 月

目 录

第一章 空间经济统计分析概述 ……………………………………… 1

    第一节 空间经济统计数据 …………………………………… 1

    第二节 空间经济统计分析的研究内容 ……………………… 4

    第三节 空间经济统计分析的发展历史 ……………………… 5

    第四节 空间经济统计分析的研究步骤 ……………………… 8

第二章 空间经济统计分析技术 …………………………………… 10

    第一节 空间经济数据的建模基础 ………………………… 10

    第二节 空间相关性的度量 ………………………………… 11

    第三节 空间经济统计数据分析方法 ……………………… 13

    第四节 空间统计模型的基本形式 ………………………… 14

第三章 产业空间集聚统计分析 …………………………………… 23

    第一节 标准差系数 ………………………………………… 23

    第二节 集中率 ……………………………………………… 27

    第三节 集中指数 …………………………………………… 29

    第四节 地理联系率 ………………………………………… 30

    第五节 区位基尼系数 ……………………………………… 31

    第六节 绝对集中率和相对集中率 ………………………… 35

    第七节 空间分散度指数 …………………………………… 39

第八节　熵指数 …………………………………………………… 40

第九节　产业集聚指数 ……………………………………………… 42

第四章　地区专业化统计分析 ……………………………………… 48

第一节　地区专业化概念 …………………………………………… 50

第二节　地区专业化统计分析方法与应用 ………………………… 51

第五章　空间趋同统计分析 ………………………………………… 78

第一节　经济增长的相关理论 ……………………………………… 78

第二节　经济趋同的相关概念 ……………………………………… 80

第三节　中国区域经济发展差异趋势及分析 ……………………… 85

第四节　区域经济趋同类型研究 …………………………………… 90

第六章　空间溢出效应统计分析 …………………………………… 98

第一节　空间溢出模型设定 ………………………………………… 98

第二节　空间溢出效应的测度方法 ………………………………… 101

第三节　空间溢出效应的测度与分析 ……………………………… 106

第七章　地区主导产业统计分析 …………………………………… 114

第一节　主导产业的概念和特征 …………………………………… 114

第二节　主导产业选择的基准 ……………………………………… 116

第三节　主导产业选择的基本原则 ………………………………… 123

第四节　主导产业选择的约束条件 ………………………………… 138

第八章　空间经济差异统计分析 …………………………………… 141

第一节　区域差异及其衡量方法 …………………………………… 141

第二节　区域收入差异的分解 ……………………………………… 151

第九章　产业空间迁移统计分析 …………………………………… 163

第一节　产业区际迁移的宏观解释 ………………………………… 163

第二节　产业空间迁移的度量与分析 ……………………………… 173

第十章　经济空间作用力统计分析 ················· 177

　　第一节　距离衰减原理 ························· 177

　　第二节　引力模型及其应用 ····················· 179

　　第三节　引力模型族及其应用 ··················· 186

第十一章　空间经济统计分析综合研究案例 ········· 190

　　第一节　西北经济发展的空间差异及收敛性问题 ········· 190

　　第二节　兰州都市圈工业经济发展的空间演化与空间溢出问题 ·········· 212

　　第三节　中国制造业空间转移趋势及其影响因素 ········· 223

　　第四节　西部地区承接制造业转移能力评价及承接策略 ········· 248

主要参考文献 ································· 267

第一章 空间经济统计分析概述

作为本教材的开篇章节，本章就空间统计数据、空间经济统计分析及其研究范式进行概括性介绍。

第一节 空间经济统计数据

在传统的经济学实证研究中，一般将所使用的经济数据分为横截面数据、时间序列数据、面板数据以及虚拟变量数据等几种基本类型。如果将这些数据赋予空间地理信息，实际上就演变为空间数据。

一、空间经济统计数据的类型

按照空间域的性质划分，经济社会空间统计数据总体上的类型有以下几种。

1. 地统计数据

地统计数据又被称为连续变化的空间数据，其空间域是一个连续、固定的集合。连续性表现在：任何两个样本数据的中间位置，理论上都还可以放置无限个其他的样本数据；固定性表现在：数据集中的点都不是随机的。地统计数据分析是：在整个区域是连续的，采样点又无法满足连续性的情况下，通过构建模型重建整个属性层。

例如，气象站点的温度数据就是地统计数据，每个站点都记录了关于温度的数据，且站点都有自己的坐标位置，虽然站点是分散分布的，能收集的温度数据是不连续的，但是可以通过模型在整个区域建立温度层（如通过克里金插值的方法重建气温层）。

在经济社会领域中，对某地区进行人口密度的测量中，理论上是可以通过每个地方实测获取的，但实际工作量巨大，数据也难以更新，因此可以在研究区进行布点抽查的方式获取部分数据，通过这些数据可以在整个区域定义一个密度更高的连续的数据层。但在经济社会领域，由于经济活动自身的极端复杂性，研究人员在理解经济活动形成机制、关联地理和资源背景以及经济要素表达形式方面存在分歧，所以模型的构建始终有待突破。因此，经济社会领域的统计数据分析要研究的重点就是模型的构建。

2. 格网数据和区域数据

采样格网数据的空间域是固定但离散的，也就是具有非随机性和可数性（虽然数量上是无限的，但是可以一一列举出来）。它以规则排列的采样点（网点）来表示表面，采样点参考同一原点，并在横向和纵向上具有相同的采样间距；每一个采样点位置有高程值，该值参考公共基准的高程值，如海平面，采样点间的高程值可通过内插邻近网点的高程值得到近似值。比如，按照邮政编码方式，人口普查统计的数据和以像元发布的遥感数据都是采样格网数据。

采样格网数据的空间位置一般是指坐标，这些坐标通常表示的不是空间上的点而是空间区域，并且需要给这些区域规定一个精确的空间坐标系或者定位到一个具有代表性的位置。比如，在计算两个省的距离时，距离的测算可以采用不同的方法，常用的是欧几里得距离，传统中，计算两个省的距离可能计算的是两个省中心、重心的距离，但在某一特定问题中，如考察的是两个省贸易往来的关系，在距离计算上，就应该考虑本省经济分布状况，找出"经济中心点"来计算距离，这就是所谓的等效距离，比传统的方法更严谨、更科学。

因此，采样格网数据实际上是区域数据的空间汇总，且这些区域单元并不都是规则形状的，表述为区域数据。在区域数据的分析中，要根据不同的具体问题考虑相关性要素，分析空间相关性的目的是确定感兴趣的空间因素的响应，使问题更精细化。

3. 点数据

点数据最重要的特征是具有随机域。传统域中，观察一个对象的属性位置，其二维定位信息就被确定了，在有的高程图的结构中还具有三维高度信息，例如一盘沙子倒在桌子上，每粒沙都有确定的位置信息和离桌面的高度信息，然后回收再重新倒在桌子上，每粒沙的位置、离桌面的高度可能都改变了，但是这里域（桌子）没有改变，只是两次沙子的属性信息改变了。设想有一个随机域，每次通过高度信息设定阈值对点进行筛选，根据筛选的点重新定义随机域，那么不仅点的数目和它们的空间布局是一个随机的进程，域也是一个随机项，就需要对随机域进行研究，这就是点数据的分析过程。经济社会领域典型的点数据类型有学校、医院、加油站、公共厕所、体育场馆、气象站点等，它们是由一个点决定其位置的有确定形状的图形单元，这个点包含了它的地理坐标信息和定位，在空间分析中以点形式存在。

二、空间经济统计数据的特征

经济社会数据和自然科学领域的数据具有相同的特点，大部分都是采集而来的真实数据，然而自然科学领域的数据，像水文、气象、地震、遥感等数据与自然空间有密切联系，所以在采集数据的基础上，可以根据时空关系建立模型，由已知数据对未知数据进行很好的推测和估计，所以数据具有更新速率快、获取性好、与自然环境紧密连接的特点。比如，可以根据气象站点发布的数据，结合地形地貌建立时空模型，对一定时间和空间范围内的气温、降水等要素进行推算，而不用时刻到每个点位进行实测，这大大减少了工作量。

1. 经济社会空间数据的时间特征

数据的时间特征显示了事物或现象随时间的变化特点。从时间上来看，经济社会空间数据的特征表现在如下两个方面。

（1）经济社会空间数据更新周期长，时效性差。数据总是在某一特定时间或时间段内采集得到或计算得到的，在我国，国家级的普查通常间隔是 5 年或 10 年以上，抽样调查一般以一年期为间隔，所以数据的时效性很难符合研究需求。

（2）经济社会空间数据的存储和发布有多种时间尺度。大多数统计数据以年、月时间统计、存储，但是研究中可能需要更精细的旬、日的数据，在不同的研究中应采用不同的时间尺度数据。

所以，在经济社会领域中空间数据的时间性把握很重要，这关系到数据的实时性和精确性，要考虑要素在长时间序列具有可比性，在不同问题中数据做到时间匹配，使得研究结果更具科学性。

2. 经济社会空间数据的空间特征

数据空间特征是用于描述事物或现象的地理位置、形态、分布以及由此产生的系列特性，如空间相互关系。经济社会空间数据的空间特征主要包括以下三点。

（1）经济社会空间数据具有一定空间尺度（空间分辨率）。比如，非规则格网数据有国家尺度、省市级尺度、县级尺度、乡镇级尺度等，规则格网有百公里格网到几十米格网等，它们具有由粗到细的不同分辨率，研究不同空间尺度的问题采用不同的基础数据进行研究。

（2）经济社会空间数据在空间中的实际分布情况复杂。传统方法中计算一个地区的人口密度是用人口总数除以这个地区的面积，如此整个地区得到一个人口密度值，但是在实际情况中，人口的分布总是具有集聚效应，平原、盆地地区人口集中、密度大，山区和高原人口稀少、密度小，所以这种计算方法不科学，不能客观地反映人口的真实分布。

（3）经济社会空间数据具有空间相关性。经济社会领域数据由于受空间相互作用和空间扩散的影响，彼此之间可能不再相互独立，而是相关的。例如，把空间上互相分离的许多市场视为一个集合，若市场间的距离近到可以进行商品交换与流动，则市场间距离越近，商品价格就越接近、越相关。那么在考虑商品价格的变化时就要考虑市场的集聚性。所以，在经济社会领域中的要素与空间密切相关，要考虑要素的空间位置信息、空间上的相互匹配、空间上的相关性，在模型建立中加入空间因子，使得模型更具准确性。

第二节 空间经济统计分析的研究内容

在诸多经济学问题的研究中，例如区域经济学、空间经济学以及发展经济学等，都需要关注考察对象的区位信息，而地理区位信息是经济学问题研究中不可忽略的因素。随着数据分析技术的发展，地理区位信息的数据化、模型化逐渐被人们关注，人们在对经济问题进行建模研究时，已经越来越多地关注地理区域变化对经济的影响，空间统计技术是研究这一类问题的重要工具。由区位理论发展而来的空间经济学已经成为经济学的一个重要分支学科，作为统计学方法，空间统计技术在空间经济学研究中有着重要应用，由此逐渐形成空间经济统计分析的主体内容。随着经济学科的发展，人们将空间统计技术运用于分析解决具有空间属性的一般经济问题，由此进一步丰富了空间经济统计分析的内容。因此，空间经济统计分析是运用空间统计技术分析、研究、解决经济学问题的一门课程。空间统计技术、经济学问题以及用于表述经济学问题的含有空间信息的经济数据，是空间经济统计分析的三个核心要素。在分析研究相关经济问题时，要运用数学方法研究经济关系，也要对数据（尤其是空间数据）进行展示和分析，因此，数学、计算机等技术也是空间经济统计分析的必要工具。空间经济统计分析是一门应用型的课程，但这并不意味着不关注统计分析方法，事实上，只有对这些统计分析方法的原理有了一定的把握后，才能正确运用这些方法来分析解决实际问题，才能对统计分析结果充分理解。

从方法上看，空间统计方法在统计交叉应用领域发展中已经演变成一门不断发展的独立学科，展示出更加丰富的多样性。一些方法源自地质、地理、气象和其他学科领域，但有些却根植于传统的统计领域如线性模型理论，其他则来自时间序列方法或随机过程理论。

从应用上看，空间经济统计分析强调解决实际的空间经济问题。经济社会数据空间统计研究不仅对回答"多少"的问题感兴趣，而且还对"在哪里有多少"的问题感兴趣，诸如空间相关、空间分布等。许多实证数据不仅包含感兴趣信息（被研究的响应变量），而且也包含其他被观测到的代表地理位置的特殊反应的变量。大多数空间数据统计方法认为，空间数据的一个关键特征是观测变量的空间自相关。变量在空间上靠近似乎比所期望的空间分离更常见。变量之间的相关性并不是空间数据的一个必要特征，在许多例子中证明空间相关性才是分析的要点所在。因此，在统计推断中利用这些信息进行有目的的分析，如验证经济社会数据的空间集聚性和相关性等，继而建立空间模型，对数据进行空间分析，为作出符合实际空间效应的相关决策提供科学依据。空间数据统计分析已发展成为统计学、计量经济学中的一个重要领域，在经济社会数据处理中具有广泛的应用。随着空间数据分析技术的发展和计算机程序的普及，越来越多的学者和实际部门的工作人员从事空间数据建模研究及应用，已取得显著的研究成果。

统计学、空间统计学、计量经济学、空间经济学、区域经济学以及发展经济学等诸多学科都是空间经济统计分析的基础，也就是说，空间经济统计分析的课程内容是建立在上述诸多学科之上的。其中，统计学、空间统计学、计量经济学等学科为空间经济统计分析提供了研究方法和技术支撑，是空间经济统计分析所必须依赖的研究工具；空间经济学、区域经济学以及发展经济学等是空间经济统计分析的研究对象，为空间经济统计分析提供问题和素材，同时也是空间经济统计分析的理论之源。因此，空间经济统计分析是一门综合性较强的课程，对相关学科知识都有较高的要求，这也使得该门课程具有丰富的研究内容，并且与现实经济问题也有紧密的结合。

第三节 空间经济统计分析的发展历史

人类很早就利用数据的空间信息和特征来研究解决实际问题，例如古代城市的建设与布防、交通运输成本的计算等，无不体现了对空间数据的分析与应用。但在空间统计学未形成之前，这些应用都是碎片化的。空间统计学的形成，是在对数据的空间信息有了系统的关注，并逐渐形成了一整套完备的统计分析方法之后，以空间数据建模为标志。对于空间数据建模问题的研究，最早可以追溯到20世纪70年代。克利夫（Cliff）和奥德（Ord）于1973年发表的《空间自相关》一书中提出了空间自相关这一统计概念。安瑟林（Anselin）的《空间计量经济学：方法和模型》一书的出版，成为空间统计模型发展的里程碑。这两部著作对于空间数据建模的研究与发展具有奠基性作用。

20世纪90年代初，空间数据建模研究吸引了大批学者，他们将空间数据建模方法应用到经济学科的各个领域，同时这些方法也开始出现在诸多社会学方法的文献中，很多经济学家如勒萨吉（LeSage，1997）、克勒坚和罗宾逊（Kelejian & Robinson，1992）也开始关注空间现象及空间自回归问题。与起步阶段相比，空间数据建模方法在这一阶段中的一个重要特点是理论研究明显变得规范严密，在空间效应的检验中也更注重对统计量及估计量统计性质的严密推导，主要代表有克勒坚和珀卡（Kelejian & Purcha，1998）、康利（Conley，1999），他们分别提出了广义矩（GMM）并将其应用于空间模型的估计。另一个特点是逐渐重视对各类方法的小样本性质的研究，并借助于大量的计算机模拟予以论证，例如，安瑟林和弗洛拉（Anselin & Florax，1995）将小样本的多种可供选择的检验进行了对比。在模型建立、估计和检验方面，在对原有模型和方法改进的基础上陆续有更新的模型及方法提出，例如：克勒坚和罗宾逊（1995）提出了空间误差成分模型（Spatial Error Components）；克勒坚和罗宾逊（1998）在综合考虑空间相关和异质性的基础上对矩估计方法下检验统计量的估计进行了完善改进；安瑟林等（1996）发展了拉格朗日乘数统计量的稳健形式，方便了模型的检验。空间模型的设定不再局限于传统的线性形式，凯斯（Case，1992）、布洛克和杜拉尔夫（Brock & Durlauf，1995）先后提出了空间概率模型，将空间效应引入有限因变量模型中。芬格尔顿（Fingleton，1999）基于蒙特卡罗模拟方法研究了空间回归中的空间单位根和空间协整问题，这和时间序列中的单位根问题有些类似。

进入21世纪以来，空间数据分析方法在实证应用领域的研究成果几乎呈指数型增长，空间效应也成为区域经济问题研究中重点考虑的因素，空间数据模型理论及其应用已逐渐趋于成熟，无论是空间统计还是空间计量经济学方法，在经济研究中已成为主流方法被广泛采用，并成为经济学科的一个重要分支。安瑟林（2003）总结出了一个处理空间外部性的总体框架，其中一些模型的设定只是标准模型的一个特例，如克勒坚和珀卡（2002）的等权重空间误差模型。另外，空间面板模型和空间潜变量模型在理论和应用领域都受到了更多关注，如李和余（Lee & Yu，2010）提出了更为普遍的模型构造方法。在模型参数估计方面，针对在回归分析中的空间自相关问题，空间滤值方法得到了较多的应用，例如：格里菲斯（Griffith，2003）提出可通过 G 统计量和莫兰 I 指数（Moran's I）统计量来实现空间滤值；格蒂斯和格里菲斯（Getis & Griffith，2002）认为，空间滤值方法把每个变量分解成空间影响和非空间影响两部分，滤除变量的空间影响部分后就可以用普通的回归方法来完成模型估计。模型检验方法也发展得相对成熟，拉格朗日乘数检验（LM Test）被推广应用于多种类型模型的设定检验，如巴尔塔吉和布列松（Baltagi & Bresson，2011）将其用于表面不相关的空间之后和空间误差模型的设定检验。

基于横截面数据的空间统计模型在分析经济问题时面临着固有的弊端，如由于横截面数据的样本数量有限，不能严格满足大样本渐近性，且无法解释截面样本的差异性等。而面板数据由时间序列和横截面数据共同组成，使用面板数据可以获得更多的自由度，且信息量更丰富，包含更多的变异，减少变量之间的多重共线性。正因如此，空间面板数据模型是近年来空间数据建模方法的一个新方向。这些研究主要包括空间面板模型的设定、分类、估计以及检验等。巴尔塔吉（2005）、安瑟林（2003）、埃洛斯特（Elhorst，2001）等在传统的面板数据模型中引入空间滞后误差项和空间滞后被解释变量。埃洛斯特（2001）讨论了实证研究中常用的四种具有空间误差自相关或空间滞后因变量的面板数据模型的设定和估计问题，包括空间固定效应模型、空间随机效应模型、空间固定系数模型和空间随机系数模型，并给出了每个模型的对数似然函数，详细讨论了模型估计时可能出现的问题以及最大似然（ML）估计量的渐近属性。安瑟林（2006）、佩斯（Pace，2008）和埃洛斯特（2009）在此基础上，进一步探讨了空间面板数据模型的检验以及预测问题，基于豪斯曼（Hausman）检验，给出了具有空间相关的固定效应和随机效应的检验方法，并将普通回归模型拟合优度指标拓展到空间面板模型，进一步发展和完善了空间面板数据分析的理论体系。从总体上看，空间面板数据模型的研究已经进入相对成熟的阶段，但由于空间面板数据模型的估计及各种检验目前仍不太规范，且随机效应模型在空间分析研究中仍存在争议，因此，国外很多学者目前仍致力于模型的理论研究，并力图通过实证研究完善和丰富已有的理论体系。

综上所述，空间数据建模方法从产生至今已有 40 多年的历史，从空间自相关的检验到空间模型的设定，再到参数估计及检验各方面都得到不断地探索改进，已经发展成较为完善的统计学、计量经济学分支，为包括空间经济统计分析在内的诸多相关学科提供了有力的方法论支撑。空间数据建模方法发展及其在经济分析中的应用，无疑是空间经济统计分析发展的主脉络。

第四节　空间经济统计分析的研究步骤

空间统计模型的构建离不开经典建模方法的指导，在建模实践中，一般是从传统统计模型入手，进一步考察经济数据的空间属性，以决定是否需要建立空间统计模型以及建立什么样的空间统计模型。因此，空间统计建模方法并不能脱离传统统计学而独立存在，空间统计模型是传统统计模型的拓展。因此，空间统计模型的构建思路是，通过分析社会经济现象背后的规律与逻辑，根据所研究社会经济现象的数据资料，建立空间统计模型，并应用该模型解决社会经济发展中的具体问题，一般分为六个步骤，即理论分析、模型设定、样本数据收集、模型参数估计、模型检验、模型应用。

一、理论分析

在进行经济问题分析时，经济学理论是指导建立统计模型的依据，因此在考虑建立统计模型之前，必须先对所研究的经济现象进行理论分析，运用相关经济理论作为指导，这样才能使我们的研究具有较好的理论基础，达到理论与实践的有机结合。例如，在研究我国收入对消费的影响问题时，可以参考和借鉴的消费理论有绝对收入假说、相对收入假说、生命周期假说等消费理论，而我国居民收入对消费的影响到底依据哪一种理论更符合现实，需要在建立模型之前进行认真分析，确定最适合国情的消费理论，用于研究中国自身的消费规律，正确引导我国居民的消费，实现经济健康、稳定、持续增长。

二、模型设定

模型设定是在对所研究的经济活动进行深入分析的基础上，根据研究目的，选择模型中所包含的变量，并根据经济行为理论和样本数据所显示出的变量间的关系，建立描述这些变量之间关系的数学表达式，即理论模型。模型设定是统计模型应用研究中的关键环节之一，这涉及变量的选择与取舍、变量间数量关系的确定等。不仅如此，还要进一步考虑变量间的空间相关性问题，以及如何在模型中展示这种变量间的空间相关性。虽然已有空间统计模型的具体形式可供设定模型时选择，但设计出一个符合实际研究需要的空间统计模型并不容易。

三、样本数据收集

理论模型设定之后，根据模型中参数估计的需要，收集并整理相关数据资料，这是在整个空间统计模型应用过程中最为费时的工作。用于估计空间统计模型的常用数据类型是截面数据和面板数据，不同的样本数据类型可能有着不一样的模型估计与检验技术。另外，样本数据的质量直接影响模型的质量。

四、模型参数估计

参数的估计方法是空间统计的核心内容之一，本教材介绍的是空间统计模型最基本的参数估计方法——最大似然法，并在此基础上介绍广义矩法和贝叶斯法。在获得理论模型所要求的样本数据之后，就可以选择适当的方法对模型中的参数进行估计，这是一个纯技术过程。

五、模型检验

在得到模型参数估计值后，一个空间统计模型可以说初步建立了。它能否反映经济活动中诸因素之间的关系，是否符合经济现象发展变化的规律，能否用于解决现实问题，还要通过检验确定。本教材在讨论传统计量经济学检验方法的基础上，进一步介绍空间统计模型特有的一系列检验方法。

六、模型应用

设定的模型经过检验后，如果能够比较合理地反映所研究社会经济现象发展变化的空间数量规律，就可以利用模型，对社会经济发展规律作出合理的判断，制定有效的政策措施，指导经济的发展。

从上述建立空间统计模型的步骤中不难看出，应用空间统计方法，除了需要掌握数学方法之外，更重要的是从经济理论上把握所研究的经济现象的实质，运用空间统计学技术来估计和检验模型，并加以应用。

第二章 空间经济统计分析技术

第一节 空间经济数据的建模基础

空间数据之间的关系可以用地理学第一定律（Tobler's First Law 或者 Tobler's First Law of Geography）来概括：空间中的任何事物都是彼此相关的，只是距离越近的事物相关性更密切。在社会经济学中可以表述为，在不同地区的社会经济活动相互之间是有影响的，此种影响作用随着距离的加大而递减。空间数据的相关性是进行统计分析的基础，没有空间相关，就没有进一步的空间统计分析与建模。在空间统计数据分析中，有这样的一组基本概念，它们可以帮助认识和理解空间统计数据。这些基本概念包括距离（distance）、邻近性（adjacency）、交互性（interaction）和邻域（neighborhood）。距离是指空间位置的远近程度；邻近性是在距离的基础上判断事物相邻；相邻是事物发生相互影响的基础，一般根据距离等要素设定相互影响的程度；在距离、邻近性和交互性的基础上可以设定或判断某一空间位置就某一事物的影响范围，即邻域。依据这样一些基本概念，就可以进一步探究事物发展的空间相关性（spatial dependency）。空间相关性是指事物基于空间位置产生的相互影响关系，这和传统意义上的统计变量间的相关性相似。

一、空间相关

空间相关是经济社会空间数据的一个普遍特征，也是进行空间分析和空间建模的基础，因此，认识和理解空间相关性是进行经济社会空间数据分析的重要一步。对于面数据的空间相关性问题的研究最为常见，它是建立空间数据模型所使用的主要数据形式，它描述区域面积内单元的总体特征。① 面数据分析也称格数据（lattice data）分析。面数据包括规则的如遥感影像的栅格数据和不规则的多边形的县界、省界数据。面数据分析主要通过反映一定地域单元的整体数据，根据空间自相关研究事物的空间分布格局和背后的形成原因。

在空间数据模型中，空间相关性主要表现在两个方面：一是由于空间外部性（spatial externality）、邻近效应（neighborhood effect）等因素造成的计量模型中解释变量的空间相关性，这种相关性通常被称为空间实质相关性（spatial substantive dependence）；二是由于忽视了一定的空间影响，例如存在空间影响的区域没有被考虑在模型中，造成的模型残差存在空间相关性，这种情况通常被称为空间扰动相关性（spatial nuisance dependence）。对于空间实质相关性的处理，需要在模型的设定方法上进行相应改进；而对于空间扰动相关性的处理，在不考虑空间结构的情况下，可以运用传统的处理异方差性、样本截面相关性等问题的方法进行解决，但是当需要考虑空间结构时，就要对相应的空间相关性进行特殊的处理。对于空间结构进行处理存在的困难是，如何正确判定空间结构的存在形式，并且正确地设定模型。

二、空间异质性

空间异质性主要是指空间中各变量由于所处的区位位置不同而存在的差异性。在区域分析中，中心—外围效应等因素的存在导致了空间异质性的产生。在空间计量经济模型中，空间异质性主要反映在模型结构性的差异上，它可以用传统计量经济学的基本方法进行处理，例如面板数据模型的变系数方法、随机系数方法以及系数扩展（coefficients expansion）方法等，也可以直接通过面板数据模型的方差协方差矩阵来处理空间异质性的问题。在处理空间异质性时，主要存在的问题是空间计量经济模型结构性差异可能由空间相关性引起，也可能是由空间异质性引起，而现有的技术对于区分这两种空间效应仍然显得十分不足。

第二节　空间相关性的度量

如前所述，面数据是建立空间数据模型所使用的主要数据形式，常用的空间面数据相关性统计分析指标包括莫兰 I 指数（Moran's I）、吉里 C 指数（Geary's C）以及广义 G 指数。

---

① 与面数据对应的试点数据，重点强调空间分布的位置信息。

一、莫兰 I 指数

在经典线性回归模型的构建中，通常需要探测变量之间的相关性，而相关性的探测方法主要是利用皮尔逊相关系数，即简单线性相关系数。与此相似，在空间回归模型的构建伊始，需要对变量的空间相关性进行探测、检验，这是进行空间建模的基础。空间相关性的探测与检验方法依赖于 Moran's I 统计量，这是探测和检验变量空间相关性最常用的统计量，其取值的大小直接反映空间相关的程度。如果 Y_i 是区域 i 的空间变量，n 是区域单元个数，W_{ij} 是区域 i 的邻近单元 j 的空间权重矩阵，那么 Y_i 的 Moran's I 统计量可表示为：

$$\text{Moran's } I = \frac{\sum_{i=1}^{n} \sum_{j=1}^{n} W_{ij}(Y_i - \bar{Y})(Y_j - \bar{Y})}{S^2 \sum_{i=1}^{n} \sum_{j=1}^{n} W_{ij}} \tag{2-1}$$

其中，$S^2 = \frac{1}{n} \sum_{j=1}^{n} (Y_i - \bar{Y})^2$；$\bar{Y} = \frac{1}{n} \sum_{i=1}^{n} Y_i$。仔细比较 Moran's I 表示式和皮尔逊相关系数表示式，不难发现，Moran's I 是以相邻区域为样本的皮尔逊相关系数，换句话说，Moran's I 所度量的也是一种简单线性相关，是相邻区域的简单线性相关。和皮尔逊相关系数一样，Moran's I 的取值范围为 $[-1, 1]$，一般来说，在观测区数 n 比较大的情况下，$I = 0$ 预示不存在空间自相关，反之则存在正相关（$I > 0$），或负相关（$I < 0$）。

二、吉里 C 指数

$$C = \frac{(n-1) \sum_{i=1}^{n} \sum_{j=1}^{n} W_{ij}(Y_i - Y_j)^2}{2 \left[\sum_{i=1}^{n} (Y_i - \bar{Y}) \right] \left(\sum_{i=1}^{n} \sum_{j=1}^{n} W_{ij} \right)} \tag{2-2}$$

C 的取值范围为 $0 \sim 2$，数学期望为 $E(C) = 1$。小于 1 预示存在正相关，大于 1 则为负相关。

三、广义 *G* 指数

I 和 *C* 都具有描述全局空间自相关的良好统计特性，但是它们不具有识别不同类型的空间聚集模式[①]的能力。广义 *G* 指数的优势是能够检测出研究区域中的聚集模式，它可以表示为：

$$G(d) = \frac{\sum_{i=1}^{n} \sum_{j=1}^{n} W_{ij}(d) \, Y_i Y_j}{\sum_{i=1}^{n} \sum_{j=1}^{n} Y_i Y_j} \qquad (2-3)$$

其中，$i \neq j$。*G* 统计量是根据距离 *d* 定义的，当单元 *i* 和 *j* 的距离小于 *d* 时，权重 $W_{ij}(d)$ 为 1，否则为 0。*G* 的数学期望为 $\frac{W}{n(n-1)}$。广义 *G* 指数也可用于测度点数据的相关性。

第三节　空间经济统计数据分析方法

通常情况下，空间数据并不是一般统计中的简单随机抽样，如果按照一般性的统计推断（inferential statistics）来处理，那么其结果通常是有问题或是错误的。因此，基于空间随机分布的假设，可以探索数据的空间模式。另外，对于数据本身内在关系的确定也说明空间模式具有不确定性。从这点来说空间模式是一个探索的过程。20 世纪 90 年代后，探索性空间数据分析（exploratory spatial data analysis，ESDA）快速发展。ESDA 根据数据结构来反映空间关系，让数据本身来说话。这样，研究者自身不需要对研究区有太多的先验知识，就能客观地认识特殊社会经济现象的空间模式。当然对于结果的解释和验证还需要辅以经验知识。ESDA 在探测空间局部特征和描述空间异质性问题方面有着良好的应用，它为研究空间差异提供了新思路，大大深化了空间社会经济问题的研究。随着地理学、计算机和各类通信技术的发展，GIS 环境为 ESDA 提供了可视化方法，可方便、直观、快速地了解变量空间分布的特性和尺度以及变动特征。根据探索式方

---

① 如高值面积单元相互之间接近，*I* 和 *C* 将指示相对高的正空间自相关，这些高值面积单元的集聚可称为 hot spots，但 *I* 和 *C* 指出的高的空间自相关也可由相互接近的低值面积单元构成，此类集聚可称为 cold spots。

法得到的地图可以更明晰地解释空间状态，为进一步分析提供了手段。

在社会经济问题的研究中，空间方位主要被界定在地域平面上，即包含数据所发生的地理位置相关信息的统计数据，由此产生了空间数据统计分析方法。类似于一般意义上的统计学，空间数据统计分析方法也可分为描述性空间统计分析和推断空间统计分析，后者实质上已经发展成为一门新的学科——空间计量经济学。空间计量经济学方法引入中国已有 20 年的历史，尤其在最近 10 年内，空间计量经济学在中国得到了蓬勃发展，这不仅体现在应用研究领域，在理论方法研究方面也有诸多建树。空间统计研究的出发点是事物在空间位置上存在关联性，同时，距离近的关联性更强。也就是说，位置上相近的事物更容易相互影响并拥有相似的特性。基于这一点，对空间数据进行建模就变为可能。事实上，空间数据模型的建立正是基于数据在空间位置上的相关性。

第四节　空间统计模型的基本形式

随着新经济地理学实证研究的需要和计量经济学学科的发展，空间回归模型逐步被研究者们重视并成为经济学研究的重要工具，以空间回归模型为主干的空间计量经济学也成为计量经济学发展的主流方向。空间回归模型是一个大的概念，它涉及诸多的模型形式，这些不同的模型都有各自的发展背景、应用条件及经济意义。这里将对空间回归模型的具体形式进行展示，并试图厘清模型发展的脉络及它们之间的逻辑关系。这里将从空间回归模型的基础形式出发，引出考虑路径影响的空间引力模型和考虑时间依赖的空间回归模型，进一步阐述引入空间依赖信息的其他几类重要的模型形式，同时针对不同模型在实际问题研究中的应用条件加以探讨。

一、空间回归基础模型

空间建模最基本的思想是空间相邻可能存在空间依赖关系，因此空间相邻是模型构建所要考虑的最重要的信息因素。在空间数据建模中，通常使用空间邻接矩阵对空间相邻加以展示并以此构建变量的空间依赖关系，其本质是在经典回归模型的基础上考虑了相邻区域的影响因素。最为常见的空间线性模型包括空间自回归模型（SAR）、空间杜宾模型（SDM）以及空间误差模型（SEM），它们可以用如下的通用形式表达：

$$y = \rho \, W_1 y + X\beta + \gamma \, W_2 X + \mu \qquad (2-4)$$

$$\mu = \lambda \, W_3 \mu + \varepsilon \qquad (2-5)$$

$$\varepsilon \sim N(0, \sigma^2 I_n) \qquad (2-6)$$

其中，y 是一个 n 维向量；β 是与解释变量 $X(n \times k)$ 相关的（$k \times 1$）维参数向量；W_1、W_2 和 W_3 都是 $n \times n$ 维空间权重矩阵，实际应用中通常是相等的。ρ 是反映变量 y 空间自相关的参数；γ 是反映相邻区域解释变量的影响参数；λ 是随机项 μ 的空间自相关参数；β 是常规意义上的解释变量回归系数参数。同时，模型要求随机项 ε 满足经典假定。

这类模型通常被称为空间联合模型（SAC），显然，这是一个嵌套模型，对模型中的参数作出不同设定就可以得到一些特定模型：若 $\rho \neq 0$，$\lambda = 0$ 且 $\gamma = 0$，模型即为空间自回归模型（SAR）；若 $\rho \neq 0$，$\lambda = 0$ 但 $\gamma \neq 0$，就得到一般意义上的空间杜宾模型（SDM）；若 $\rho = 0$，$\gamma = 0$ 但 $\lambda \neq 0$，即得到空间误差模型（SEM）。从理论上说，参数 ρ、γ、λ 全不为零的情况也是存在的，此时模型是 SAR、SDM、SEM 三类模型的综合体，但这在实际问题研究中几乎不会遇到。如果参数 $\rho = 0$，$\lambda = 0$ 但 $\gamma \neq 0$，这是一种简单的空间模型，它的实际意义是变量 y 不仅受到本区域内某些因素（解释变量）的影响，也受到相邻区域内的这些因素的影响。如果参数 ρ、γ、λ 全部为零，模型即退化为经典线性回归模型。

SAC 模型中的随机项 μ 是以空间自回归的形式存在的（如果 μ 存在空间自相关），在研究空间随机性问题时，它还可能以空间移动平均的形式存在，形成空间自回归移动平均模型（SARMA），这和时间序列的随机性研究类似。常见的 SARMA 模型形式如下：

$$y = \rho \, W_1 y + X\beta + \mu \qquad (2-7)$$

$$\mu = (I_n - \theta W_2) \varepsilon \qquad (2-8)$$

$$\varepsilon \sim N(0, \sigma^2 I_n) \qquad (2-9)$$

当然，也可以将解释变量的空间滞后项加入模型中。从数理角度来看，SARMA 模型和 SAC 模型的不同之处在于，在不同的区域对矩阵 W 的高阶幂的权重不同，进而对误差项 ε 的赋权不同。在实际问题研究中，主要是根据空间模型误差项的随机表现形式差异来确定是使用 SARMA 模型还是 SAC 模型。

SAC 模型只是基于邻接矩阵的一些常见空间模型的综合，包含的具体模型并不能满足问题研究的需要，空间回归模型的形式因研究对象和研究目的的不同而呈现出多种形式。例如，拉孔布（Lacombe，2004）使用了一个与 SDM 模型有几分类似的双权重矩阵模型：

$$y = \rho_1 W_1 y + \rho_2 W_2 y + X\beta + \gamma W_1 X + \theta W_2 X + \varepsilon \qquad (2-10)$$

$$\varepsilon \sim N(0, \sigma^2 I_n) \qquad (2-11)$$

其中，权重 W_1 用来解释州（省）内相邻郡县的作用；W_2 用来解释州（省）界处相邻郡县的作用。

空间区域要素一般并不是匀质的，单一参数结构的空间回归模型通常不能将样本中一些具体的区域特征展示出来。为了展示空间区域的异质性，可以考虑引入空间变参数模型，即空间地理加权模型（geographical weighted regressive，GWR），这一模型通常用于研究局部空间问题——一种常见的空间异质性形式。地理加权回归模型和多元回归模型的不同在于，自变量的回归系数是随着空间位置而变化的。GWR 模型首先是由佛瑟林厄姆（Fotheringham）、查尔顿（Charlton）、布伦斯顿（Brunsdon）提出来的，佛瑟林厄姆于 2002 年对这个模型作了详细的阐述，并且扩展了一系列的应用。

模型一般具有如下形式：

$$y_i = \beta_1(u_i, v_i)x_{i1} + \beta_2(u_i, v_i)x_{i2} + \cdots + \beta_p(u_i, v_i)x_{ip} + \varepsilon_i \qquad (2-12)$$

或

$$y_i = \sum_{j=1}^{p} \beta_j(u_i, v_i)x_{ij} + \varepsilon_i, \; i = 1,2,\cdots,n; \; j = 1,2,\cdots,p \qquad (2-13)$$

其中，y_i 与 x_{i1}，x_{i2}，$\cdots$，x_{ip} 为因变量 y 和解释变量 x_1，x_2，$\cdots$，x_p 在位置 (u_i, v_i) 处的观测值；系数 $\beta_j(u_i, v_i)(j=1, 2, \cdots, p)$ 是关于空间位置的 p 个未知函数；$\varepsilon_i(i=1, 2, \cdots, n)$ 是均值为 0、方差为 σ^2 的误差项。系数 $\beta_j(u_i, v_i)$ $(j=1, 2, \cdots, p)$ 是位置相关的，通过在每一个位置 (u_i, v_i) 处使用加权最小二乘法对系数进行估计——权重通常取距离衰减函数的某种形式。在 n 个位置上的每一组系数的估计可能产生在地图上的分布，这将给出很多关于空间非平稳性条件下回归关系的有价值的信息。因此，GWR 技术对于空间数据具有强大的局部分析能力，可以在很多实际的空间问题中得到应用。矩阵形式模型表达式如下：

$$W_i y = W_i X \beta_i + \varepsilon \qquad (2-14)$$

其中，β_i 表示与位置 i 对应的参数；W_i 是 $n \times n$ 的加权矩阵，主对角线上的每个元素都是关于观测值所在位置 j 与回归点 i 的位置之间距离的函数，其作用是权

衡不同空间位置 j（$j=1,2,\cdots,n$）的观测值对于回归点 i 参数估计的影响程度，非主对角线元素全部为 0。W_i 可以表示为

$$W_i = \begin{bmatrix} W_{i1} & & \\ & \ddots & \\ & & W_{in} \end{bmatrix} \qquad (2-15)$$

这样，对于每个不同的观测区域，都可以得到一个参数估计结果，这些参数估计结果的变化展示了不同观测区域之间的差异性，该模型对于研究局域空间依赖性、考察不同区域的差异性及空间变动特征具有较强的功用，因而空间异质性特征得以展示并可展开进一步分析。

佛瑟林厄姆、查尔顿、布伦斯顿利用加权最小二乘法来估计参数，得到：

$$\hat{\beta}(u_i,v_i) = [X^T W(u_i,v_i) X]^{-1} X^T W(u_i,v_i) y \,(W \text{ 是空间权重矩阵}) \quad (2-16)$$

常用的权重函数有以下两种形式：

$$w_j(u_i,v_i) = \exp\left[-\left(\frac{d_{ij}}{h}\right)^2\right], j=1,2,\cdots,n \qquad (2-17)$$

$$w_j(u_i,v_i) = \begin{cases} \left[1-\left(\frac{d_{ij}}{h}\right)^2\right]^2 & ,d_{ij} \leqslant h; j=1,2,\cdots,n \\ 0, d_{ij} > h; j=1,2,\cdots,n \end{cases} \quad (2-18)$$

其中，d_{ij} 是位置（u_i，v_i）到（u_j，v_j）的距离；h 为带宽。

h 的选择一般采用交叉验证（cross-validation，CV）的方法来确定，公式如下：

$$CV = \sum_{i=1}^{n} [y_i - \hat{y}_{\neq l}(h)]^2 \qquad (2-19)$$

其中，$\hat{y}_{\neq l}(h)$ 是观测点（u_i，v_i）在交叉验证过程中被忽略时的 y_i 的拟合值。当 CV 最小时可以得到所需要的带宽 h。另外，佛瑟林厄姆等提出了另一个可以选择带宽 h 和比较局部模型与全局模型好坏的准则：使 GWR 模型的 AIC 最小，即 AIC 越小模型越好。

凯斯（1992）、布洛克和杜拉尔夫（1995）先后提出了空间概率模型，将空间效应引入有限因变量模型中。实际上这是对定性数据建立的空间模型形式，常见的有空间 Probit 模型、空间 Tobit 模型等，即在传统的 Probit 模型、Tobit 模型上引入了空间依赖信息。这些定性数据模型在形式上和一般的空间回归模型并无差异，只是样本数据的形式变了，不是一般意义上的定量数据而

是定性数据，由此导致模型参数估计方法及模型的意义解释都较一般的空间回归模型有所不同。

二、空间回归模型的嵌套形式

总的来说，空间分析的应用包含探索式空间数据分析、解释性空间数据分析、空间模拟建模（spatial modeling or simulation）和评价反馈，从空间模式探索逐步到机理解释，再到政策应用。这四个环节既独立又相互联系。相对于局部空间统计而言，空间建模是空间统计不同于经典统计的另一重要方面。它将空间自相关性考虑到建模过程中，研究多变量间的相互影响，寻求解释性因子，探讨空间过程以及影响空间过程的机理。

安瑟林（1988）通过分析各种模型中变量及参数的性质，对各种空间模型进行了总结，给出了空间线性模型的通用形式，如下：

$$y = \rho\, W_1 y + X\beta + \mu \qquad (2-20)$$

$$\mu = \lambda\, W_2 \mu + \varepsilon \qquad (2-21)$$

$$\varepsilon \sim N(0, \sigma^2 I(n)) \qquad (2-22)$$

其中，y 是一个 n 维向量，β 是与解释变量 X（$n \times k$）相关的（$k \times 1$）维参数向量，W_1 和 W_2 是 $n \times n$ 维空间权重矩阵，分别与因变量的空间自回归过程和干扰项 ε 的空间自回归过程相关，通常化为行标准化矩阵。

对参数的不同假定可以得到上述的特定模型：

若 $\beta = 0$ 且 $\lambda = 0$，即为空间自回归模型，属于空间滞后模型（spatial lag model，SLM）；

若 $\lambda = 0$，得到混合自回归模型，也属于空间滞后模型；

若 $\rho = 0$，得到空间误差模型（spatial error model，SEM）。

不难发现，空间数据回归模型和一般意义上的线性回归模型最为显著的区别在于，空间模型中存在权数矩阵 W。在空间回归模型的构建中，矩阵 W 的设置处于核心地位，不同的设置方法不仅会影响到模型所表述的实际含义，还会进一步影响到模型参数估计和假设检验。空间权重矩阵是表示空间位置间关系的一种形式。它可以用来表示空间上的邻接性（contiguity）或是距离衰减（distance decay）。应该说，空间权重矩阵是靠先验知识来完成的，反映了研究者对空间变量的先期理解或在某种条件下的预期。常见的空间权重矩阵有下述几种形式。

基于邻接概念的空间权重矩阵（contiguity based spatial weights）：$W_{ij}=1$，区域 i 和 j 相邻，反之 $W_{ij}=0$，则不相邻，$i \neq j$。基于邻接概念的空间权重矩阵包括 Rook 和 Queen 两种，Rook 邻接定义为仅有共同边界的邻接，Queen 邻接则除了共有边界的邻接外还包括有共同顶点。

基于距离空间权重矩阵（distance based spatial weights）：其方法是假定空间相互作用取决于地区间的质心距离。区域 i 和 j 在距离 d 以内，$W_{ij}=1$，反之 $W_{ij}=0$。也可以根据距离的反比来设定空间权重矩阵，此时 $W_{ij}=1/d_{ij}$。

K 值最邻近空间权重矩阵：上述距离矩阵或因门槛距离简单而导致面积较大的单元邻域单元较少，而面积较小的单元却可能拥有较多的邻域单元。对这一问题，K 值邻近法选择最邻近的 4 个或 6 个单元来计算 K 值最邻近权重矩阵。空间权重矩阵还有很多设定方式。但其设定一定要反映研究者对研究区域空间关系的认识，一般来说，前两种空间权重矩阵的设定方法就可以满足大多数研究任务。

在空间数据模型中，还有一类模型形式也非常常用，即地理加权回归模型（geographical weighted regressive，GWR），其一般形式可以表述为：

$$W_i y = W_i X \beta_i + \varepsilon \qquad (2-23)$$

其中，β_i 表示与位置 i 对应的参数。从本质上来说，GWR 回归模型是一种变参数模型，主要用于空间数据的局部分析。

三、空间回归模型的参数估计与检验

空间回归模型的参数估计与检验问题，在一般的空间计量经济学教材中均有介绍，考虑到内容的系统性和连贯性，本教材仅介绍基本的参数估计和检验方法。

（一）空间回归模型的最大似然估计

这里以 SAR 模型和 SEM 模型为例，介绍最大似然估计的基本思想。SAR 模型的随机项服从多元正态分布，即 $\varepsilon \sim N(0, \sigma^2 I_n)$，因此：

$$y - \rho W y \sim N(X\beta, \sigma^2 I_n) \qquad (2-24)$$

则：

$$y \sim N((I_n - \rho W)^{-1} X\beta, \frac{\sigma^2}{|I_n - \rho W|^2} I_n) \qquad (2-25)$$

由此不难得出似然函数：

$$L(\rho) = \left(\frac{1}{\sigma\sqrt{2\pi}}\right)^n |\boldsymbol{I}_n - \rho\boldsymbol{W}|\exp\left(-\frac{e^T e}{2\sigma^2}\right) \qquad (2-26)$$

其中，$e = y - \rho\boldsymbol{W}y - \boldsymbol{X}\beta$，由此得出对数似然函数如下：

$$\ln(L) = -\frac{n}{2}\ln(2\pi\sigma^2) + \ln|\boldsymbol{I}_n - \rho\boldsymbol{W}| - \frac{e^T e}{2\sigma^2} \qquad (2-27)$$

最大化上式即可得到 ρ 的最大似然估计值。这是一个较为复杂的过程，巴里和佩斯（Barry & Pace，1997）、克勒坚和布鲁卡（Kelejian & Prucha，2007）将这一 MLE 估计过程进行了简化，此处不再赘述。

对于 SEM 模型，其最大似然函数为：

$$\ln(L) = -\frac{n}{2}\ln(2\pi\sigma^2) + \ln|\boldsymbol{I}_n - \rho\boldsymbol{W}| - \frac{e^T e}{2\sigma^2} \qquad (2-28)$$

其中，$e = (\boldsymbol{I}_n - \rho\boldsymbol{W})(y - \boldsymbol{X}\beta)$。

根据空间回归模型的参数估计过程发现，虽然最大似然法是重要的估计工具，但这其中也需要结合最小二乘法才能完成全部的参数估计过程。

（二）空间回归模型的假设检验

1. 回归系数的显著性检验：t 检验

在经典线性回归模型中，t 检验主要用于检验回归参数是否显著异于某一设定值，例如0，通常被称为单个参数显著性检验。在空间回归模型中，通常也需要对模型参数进行显著性检验，但在空间回归模型的参数显著性检验中，能否直接套用经典线性回归模型的检验方法是一个需要讨论的问题，因为在经典线性回归模型中的参数估计方法通常是最小二乘法，而空间回归模型通常使用最大似然法来估计。对于经典线性回归模型，参数 θ 的显著性检验构造的 t 统计量是：

$$t = \frac{\hat{\theta}_{LS} - \theta}{\hat{\sigma}(\hat{\theta}_{LS})} \qquad (2-29)$$

其中，$\sigma(\cdot)$ 表示标准差；$\hat{\sigma}(\cdot)$ 表示标准差估计量；下标 LS 表示最小二乘估计量。该统计量服从自由度为 $n-k$ 的 t 分布，n 为样本容量，k 为参数个数。

在空间回归模型中，参数估计可以分两部分来看待：存在空间随机效应部分的估计和不存在空间随机效应的估计。以空间自回归模型为例：

$$y = \rho\boldsymbol{W}y + \boldsymbol{X}\beta + \varepsilon \qquad (2-30)$$

$$\boldsymbol{\varepsilon} \sim N(0, \sigma^2 \boldsymbol{I}_n)$$

在该模型中，解释变量 $\boldsymbol{X}$ 不存在空间随机效应，因此参数 $\boldsymbol{\beta}$ 可以不使用最大似然法来估计，最小二乘估计就可以完成（此时需要给定 ρ 才能得到 $\boldsymbol{\beta}$ 的估计值）。而对于空间效应参数 ρ，由于 y 存在空间随机性，因此需要使用最大似然法来完成估计。此时，模型参数 $\boldsymbol{\beta}$ 可以沿袭经典线性回归中的参数显著性检验方法，即通过构造 t 统计量来进行检验。

对于参数 ρ，得到最大似然估计量记为 $\hat{\rho}_{MLE}$。Lee（2004）证明，$\hat{\rho}_{MLE}$ 具有一致性，即 $p \lim\limits_{n \to \infty} \hat{\rho}_{MLE} = \rho$。Anderson 和 Amemiya（1988）证明，最大似然估计量渐进服从正态分布。因此，$\hat{\rho}_{MLE} - \rho$ 趋近于 0，且渐进服从正态分布，即：

$$\hat{\rho}_{MLE} - \rho \xrightarrow{Asy.} N(0, \sigma^2(\hat{\rho}_{MLE})) \qquad (2-31)$$

进一步不难得出：

$$\frac{\hat{\rho}_{MLE} - \rho}{\hat{\sigma}(\hat{\rho}_{MLE})} \xrightarrow{Asy.} t(n-k) \qquad (2-32)$$

因此，对于最大似然估计下的参数 ρ，仍可以使用 t 检验方法来完成，此时需要的前提条件是样本量足够大。

2. SAR 与 SEM 模型的选择检验：LM 检验

空间回归模型可能是 SEM 形式，此时可以使用针对最小二乘残差构建的由伯里奇（Burridge，1980）提出的拉格朗日乘数检验来完成，一些文献将其称为 LM-Error 检验。令 $\boldsymbol{e}$ 表示回归模型的残差向量，$\boldsymbol{W}$ 为空间权重矩阵，则 LM 统计量可以表示为：

$$LM = \left(\frac{\boldsymbol{e}^T \boldsymbol{W} \boldsymbol{e}}{\frac{\boldsymbol{e}^T \boldsymbol{e}}{n}} \right)^2 \Big/ \mathrm{tr}(\boldsymbol{W}^T \boldsymbol{W} + \boldsymbol{W}^2) \qquad (2-33)$$

其中，n 为样本容量；$\mathrm{tr}(\cdot)$ 为求矩阵的迹。此 LM 统计量服从自由度为 1 的 χ^2 分布。该检验并不要求模型是空间回归模型，而是最小二乘法下的普通线性回归模型。由于是对误差项的检验，因而被记为 LM-error 检验。值得一提的是，LM-Error 检验并不是 SEM 模型专属的检验，即如果真实模型是 SEM 形式，通过 LM-Error 检验可以发现其空间依赖性；相反，如果通过 LM-Error 检验发现模型残差存在空间依赖性，但此时模型形式未必一定是 SEM 模型，也可能是其他的空间模型形式，例如当 SAR 模型遗漏空间滞后项时，残差也会出现空间相关的情形。

与伯里奇提出的 LM-Error 检验方法相对应，安瑟林（1988）提出了空间自回归模型（或称空间滞后模型）的检验方法，也是通过构造 LM 统计量来完成，简记为 LM-Lag 检验，其表达式为：

$$LM\text{-}Lag = \frac{\left[n\, \dfrac{e'Wy}{e'e} \right]^2}{\dfrac{(WX\hat{\beta}_o)'M(WX\hat{\beta}_o)}{\dfrac{e'e}{n}} + trace(W^2 + W'W)} \tag{2-34}$$

其中，$\hat{\beta}_o$ 是回归方程的系数最小二乘估计值，M 为残差制造矩阵，即 $M = I_n - X(X^T X)^{-1} X^T$。和 LM-Error 检验统计量一样，LM-Lag 检验也渐进服从自由度为 1 的卡方分布。安瑟林（1996）在此类检验的基础上，综合考虑空间自回归和空间误差依赖的模型形式，构建了更为稳健的 LM 统计量，该检验统计量包含了 LM-Error 和 LM-Lag 检验形式。在实际应用中通常需要同时进行这两种检验，以进行综合取舍，选择最优的模型形式。同时，这些统计检验方法也可以用于诊断所估计的空间计量模型结果。

第三章　产业空间集聚统计分析

作为产业优化配置的一种表现，产业空间集聚已成为一种普遍的经济现象。根据产业集聚（即空间外部性）概念，经济学者和经济地理学者从不同视角对产业空间集聚理论进行了深入探索和研究。空间集聚现象的出现主要源于追求规模经济和范围经济的企业的集中生产，而企业的群居可以产生相应的企业群落优势，使群聚区域内的个体获得竞争优势，从而促进个体的发展，这又进一步促进了整个群聚区域的扩展和壮大。既然产业集群是构成上下游产业链的众多企业在一定区域内的集聚行为，那么就必然存在一个集聚程度的问题（罗勇和曹丽莉，2005）。由于受资源禀赋、经济发展水平等的影响，不同区域的产业空间集聚程度和不同产业的空间集聚程度存在一定的差异，因此诸多学者采用不同的方法测度产业空间集聚程度。其中，有些学者采用空间基尼系数（Krugman，1991；贺灿飞等，2010；罗胤晨等，2014）；一些学者利用 EG 指数（Ellison & Glaeser，1997；文东伟等，2014）；还有一些学者采用地理集中度（魏后凯，2002；范剑勇，2004；王子龙等，2006）；此外还有部分学者采用区位商（蒋金荷，2005）。目前，国内外学术界对产业空间集聚的衡量主要是在对经济活动的区域分布特征考察的基础上，综合考虑各种不同的因素，并采用不同的计算方法得到的。本章重点介绍几类常用的空间集聚指数，并基于中国制造业数据对这些空间集聚指数进行计算和分析。

第一节　标准差系数

标准差是统计学中最为常用的反映数据离散程度的指标，这里可以用标准差系数表示各地区某产业所占份额对平均分布的偏离。采用各地区产业份额（s_i^k）的标准差除以平均份额（$1/N$）计算，这里 N 为地区个数。用公式表示为：

$$VCO_k = \frac{STD_k}{1/N} \qquad (3-1)$$

$$STD_k = \sqrt{\frac{N \sum (s_i^k)^2 - (\sum s_i^k)^2}{N(N-1)}} \qquad (3-2)$$

$$s_i^k = \frac{x_{ik}}{\sum\limits_{i=1}^{n} x_{ik}} \qquad (3-3)$$

其中，VCO_k 为标准差系数；STD_k 为各地区产业份额的标准差；s_i^k 为地区 i 产业 k 在全国所占的份额；x_{ik} 为地区 i 产业 k 的总产值、增加值或就业数。该指标反映了某产业的地区分布对平均分布的偏差：偏差值越大，说明产业分布越集中；偏差值越小，说明产业分布越分散。其优点是计算方便，指标含义比较直观；缺点是只对某一个指标的分布偏差进行衡量，不能反映造成这种偏差的深层次的原因。这里选择我国 30 个省份（因数据缺失不包括福建省及港澳台地区）2007 ～ 2017 年的制造业各子行业从业人员数计算标准差系数，由于福建省制造业各子行业的从业人员数缺失严重，故将其剔除，数据均来源于 2008 ～ 2018 年各省份的统计年鉴，这里根据国民经济行业分类标准（综合 GB/T4754—2002 和 GB/T4754—2011 两套分类体系）将制造业分为 30 个子行业，计算结果如表 3 - 1 所示。

纵向来看，在 30 个制造业子行业中，烟草制品业、化学纤维制造业、橡胶制品业、非金属矿物制品业、黑色金属冶炼及压延加工业、专用设备制造业和金属制品、机械和设备修理业七个行业的 VCO 值呈现出明显的上升趋势，表明这七类行业的集聚现象明显；木材加工及木竹藤棕草制品业、化学原料和化学制品制造业、有色金属冶炼和压延加工业和通用设备制造业的 VCO 值有微弱的上升趋势，显现出微弱的空间集聚迹象；纺织业，铁路、船舶、航空航天和其他运输设备制造业的 VCO 值变动在近年来较为平稳，说明这两类行业基本没有空间集聚现象；剩余 19 个行业的 VCO 值都显现出减小的趋势，显示出这些行业不仅不存在产业集聚现象，反而存在空间上的消散现象。占 2/3 的制造业行业没有集聚反而出现了扩散，并且制造业产业整体的 VCO 值在减小，因而制造业行业在整体上显现出分散性。进一步分析发现，在 19 个 VCO 值逐渐减小的行业中，少部分行业的减小幅度是微弱的，但大部分行业的 VCO 值渐小趋势明显，尤其是文教、工美、体育和娱乐用品制造业，石油加工、炼焦和核燃料加工业，电气机械和器材制造业，仪器仪表制造业，其他制造业和废弃资源综合利用业六个行业减小速度最快，幅度最为明显。横向来看，2007 年 VCO 值在 2.0 以上的行业有纺织

表 3 - 1　　2007~2017 年制造业各子行业 VCO 值

项目	2007 年	2008 年	2009 年	2010 年	2011 年	2012 年	2013 年	2014 年	2015 年	2016 年	2017 年
农副食品加工业	1.5773	1.5727	1.4891	1.3597	1.2905	1.2905	1.3134	1.2937	1.2958	1.2851	1.2883
食品制造业	1.3745	1.1150	1.0528	0.9972	0.9509	0.9470	1.0161	1.0129	1.0206	1.0386	1.0471
酒、饮料和精制茶制造业	0.9628	0.8832	0.8736	0.8853	0.9842	0.9592	1.0104	1.0028	0.9674	0.9885	0.9516
烟草制品业	1.6227	1.1049	1.1794	1.1282	1.1351	1.2189	1.2785	1.2372	2.7872	2.4256	2.8250
纺织业	1.6760	1.7571	1.7324	1.7345	1.6674	1.6421	1.6914	1.6864	1.6996	1.6197	1.6818
纺织服装、服饰业	2.0409	2.0391	1.9456	1.9042	1.9080	1.7968	1.8213	1.8071	1.8278	1.7958	1.8233
皮革毛皮羽毛（绒）及其制品业	2.6304	2.6918	2.5363	2.5001	2.3256	2.1110	2.1654	2.0773	2.0098	2.0517	2.0362
木材加工及木竹藤棕草制品业	1.2166	1.3746	1.2398	1.2422	1.2625	1.2556	1.2826	1.2845	1.2686	1.2997	1.3361
家具制造业	2.2396	2.2169	2.0486	2.0640	1.9338	1.8957	1.9380	1.9019	1.8318	1.8171	1.8932
造纸和纸制品业	1.4023	1.4885	1.4036	1.3918	1.3373	1.3223	1.3516	1.3463	1.3617	1.3538	1.3311
印刷和记录媒介复制业	1.8072	1.8239	1.6886	1.6816	1.6619	1.6020	1.6145	1.5765	1.4768	1.4574	1.4451
文教、工美、体育和娱乐用品制造业	3.0482	3.1084	2.9506	2.9374	2.9094	2.5211	2.4065	2.3109	2.2525	2.1561	2.2302
石油加工、炼焦和核燃料加工业	3.4911	1.2559	1.2336	1.1631	1.2010	1.0546	1.2044	1.1289	1.0131	1.2784	1.1987
化学原料和化学制品制造业	0.9871	1.0721	1.0416	1.0417	1.0402	1.0556	1.1218	1.1068	1.1077	1.1392	1.0589
医药制造业	1.2080	0.8318	0.7971	0.8420	0.8698	0.8747	0.8593	0.8985	0.9130	0.8843	0.9186
化学纤维制造业	1.6553	1.9603	2.0815	2.1369	2.4413	2.5335	2.4639	2.5975	2.3740	2.3639	2.0619
橡胶制品业	1.4491	1.5620	1.5116	1.4509	1.7459	—	—	—	—	—	—
橡胶和塑料制品业	2.0252	2.2540	2.1030	2.0982	2.0005	1.6648	1.7299	1.6940	1.6891	1.6887	1.7430

续表

项目	2007 年	2008 年	2009 年	2010 年	2011 年	2012 年	2013 年	2014 年	2015 年	2016 年	2017 年
非金属矿物制品业	1.0914	1.0838	1.0327	0.9963	1.0265	0.9959	1.1139	1.1119	1.1582	1.1895	1.1794
黑色金属冶炼和压延加工业	0.9855	1.0090	1.0504	1.0655	1.0345	1.0067	1.3104	1.2620	1.2305	1.3099	1.4833
有色金属冶炼和压延加工业	0.7892	0.8392	0.8168	0.8235	1.2221	0.8265	0.8220	0.8248	0.8566	0.8766	0.9326
金属制品业	1.8983	1.8872	1.7273	1.7222	1.5794	1.4826	1.4857	1.5423	1.5755	1.5315	1.5885
通用设备制造业	1.3342	1.4235	1.3917	1.3843	1.2873	1.3328	1.4168	1.4180	1.4316	1.4459	1.4560
专用设备制造业	1.0968	1.2209	1.1384	1.1547	1.0808	1.1834	1.2356	1.2496	1.2609	1.3058	1.3084
交通运输设备制造业/汽车制造业	0.9330	1.0074	0.9823	1.0142	0.9153	0.9982	0.9571	0.9683	1.0097	0.9879	0.9999
铁路、船舶、航空航天和其他运输设备制造业	—	—	—	—	—	1.2426	1.3411	1.3156	1.3246	1.2800	1.2246
电气机械和器材制造业	2.1658	2.1897	2.0450	2.0450	2.0433	1.9593	1.9315	1.9062	1.8567	1.8711	1.9360
计算机、通信和其他电子设备制造业	2.7941	2.7420	2.6781	2.6536	2.5502	2.4042	2.3900	2.3693	2.4104	2.4135	2.4444
仪器仪表制造业	2.0990	2.0883	1.9683	1.9366	1.7750	1.8314	1.8746	1.8601	1.7464	1.7471	1.6873
其他制造业	2.1580	2.0749	1.9775	1.9126	1.5802	1.3665	1.4224	1.4520	1.5004	1.5365	1.5909
废弃资源综合利用业	3.1528	1.8749	1.7592	1.6491	1.7277	1.6079	1.4687	1.5033	1.5556	1.6542	2.0282
金属制品、机械和设备修理业	—	—	—	—	—	1.4195	1.1939	1.2511	2.2702	2.1671	2.1266

服装、服饰业，皮革毛皮羽毛（绒）及其制品业，家具制造业，文教、工美体育和娱乐用品制造业，石油加工、炼焦和核燃料加工业，橡胶和塑料制品业，电气机械和器材制造业，计算机、通信和其他电子设备制造业，仪器仪表制造业，其他制造业和废弃资源综合利用 11 个行业，超过制造业行业总数的 1/3，而到 2017 年，VCO 值在 2.0 以上的仅有烟草制品业，皮革毛皮羽毛（绒）及其制品业，文教、工美、体育和娱乐用品制造业，化学纤维制造业，计算机、通信和其他电子设备制造业，废弃资源综合利用业，金属制品、机械和设备修理业，行业数量上也可以看出制造业的集聚度变动趋势。

第二节　集中率

在测度产业集聚水平的方法中，行业集中率（concentration ratio）是最简单、最常用的计算指标，是衡量某一市场竞争程度的重要指标。集中率表示规模最大的前几个地区某产业在全国所占的总份额。其计算公式为：

$$CR_{n,k} = \sum_{i=1}^{n} s_i^k \qquad (3-4)$$

其中，n 为地区数，一般取 1、3、5，或者 10% 和 20% 的地区。该指标是借用产业集分析中的市场集中率来分析空间集聚现象。它的最大特点是直接指出了规模最大的一个或几个地区所占的比重，由此可以看出产业的空间集聚程度。其优点是计算简便，含义较直观，把产业的集中度指向具体的地区；缺点是没有考虑到影响产业集中的因素，而且当取不同值时会得出不同的结论。这里采用我国 2017 年制造业各子行业的从业人员数来计算制造业的行业集中率，结果如表 3-2 所示。

表 3-2　　　　　　　　2017 年制造业各子行业 CR 值

项目	CR_1	CR_2	CR_3	CR_4	CR_5	地区
计算机、通信和其他电子设备制造业	0.4129	0.6201	0.6743	0.7233	0.7660	广东、江苏、河南、浙江、上海
烟草制品业	0.3885	0.7556	0.8029	0.8262	0.8477	江西、重庆、云南、河南、贵州
文教、工美、体育和娱乐用品制造业	0.3802	0.5053	0.6192	0.7243	0.7911	广东、江苏、山东、浙江、河南
金属制品、机械和设备修理业	0.3618	0.4858	0.5872	0.6591	0.7247	重庆、上海、广东、浙江、北京
废弃资源综合利用业	0.3365	0.5001	0.6219	0.6803	0.7197	江西、重庆、广东、浙江、江苏

续表

项目	CR_1	CR_2	CR_3	CR_4	CR_5	地区
皮革毛皮羽毛（绒）及其制品业	0.3346	0.4977	0.6034	0.6731	0.7404	广东、浙江、河南、江苏、湖南
家具制造业	0.3067	0.4755	0.5575	0.6316	0.6939	广东、浙江、四川、河南、山东
电气机械和器材制造业	0.2996	0.4807	0.6205	0.6752	0.7238	广东、江苏、浙江、山东、安徽
橡胶和塑料制品业	0.2841	0.4056	0.5161	0.6263	0.6877	广东、江苏、山东、浙江、河南
化学纤维制造业	0.2692	0.4929	0.6712	0.7725	0.8139	江苏、江西、浙江、重庆、河北
黑色金属冶炼和压延加工业	0.2643	0.3558	0.4402	0.4981	0.5550	河北、江苏、江西、山东、河南
纺织服装、服饰业	0.2524	0.4294	0.5751	0.6803	0.7554	广东、江苏、浙江、山东、河南
金属制品业	0.2453	0.3838	0.5003	0.5940	0.6525	广东、江苏、浙江、山东、河南
印刷和记录媒介复制业	0.2300	0.3309	0.4240	0.5025	0.5768	广东、江苏、江西、河南、山东
其他制造业	0.2247	0.3657	0.4900	0.6095	0.6747	重庆、江西、浙江、广东、江苏
仪器仪表制造业	0.2149	0.4282	0.5413	0.6210	0.6814	广东、江苏、浙江、重庆、江西
农副食品加工业	0.2085	0.3418	0.4149	0.4676	0.5201	山东、河南、湖南、湖北、江苏
铁路、船舶、航空航天和其他运输设备制造业	0.2026	0.2878	0.3695	0.4382	0.5051	江苏、广东、山东、河南、浙江
纺织业	0.1997	0.3792	0.5480	0.6406	0.7258	江苏、浙江、山东、广东、河南
造纸和纸制品业	0.1840	0.3094	0.4114	0.4949	0.5748	广东、山东、浙江、河南、江苏
通用设备制造业	0.1810	0.3359	0.4589	0.5819	0.6545	江苏、浙江、广东、山东、河南
专用设备制造业	0.1669	0.3093	0.4169	0.5159	0.5921	江苏、广东、山东、河南、浙江
石油加工、炼焦和核燃料加工业	0.1638	0.2834	0.3810	0.4720	0.5453	辽宁、江西、山东、河北、山西
木材加工及木竹藤棕草制品业	0.1618	0.2911	0.4187	0.5078	0.5783	山东、广西、江苏、河南、广东
食品制造业	0.1608	0.2629	0.3593	0.4238	0.4761	河南、山东、广东、湖南、四川
非金属矿物制品业	0.1544	0.2810	0.3852	0.4690	0.5473	河南、广东、山东、湖南、江苏
化学原料和化学制品制造业	0.1376	0.2745	0.3536	0.4326	0.5016	江苏、山东、广东、湖南、河南
酒、饮料和精制茶制造业	0.1305	0.2294	0.3235	0.3896	0.4431	四川、河南、江西、山东、湖北
医药制造业	0.1230	0.2235	0.3116	0.3737	0.4345	山东、江苏、河南、浙江、广东
有色金属冶炼和压延加工业	0.1221	0.2164	0.3049	0.3795	0.4520	河南、江西、山东、广东、江苏
汽车制造业	0.1074	0.2064	0.2988	0.3890	0.4691	江苏、浙江、广东、湖北、山东

表 3 - 2 显示了 2017 年制造业各子行业的 CR_1、CR_2、CR_3、CR_4 和 CR_5 的数值。其中，在一个省份集聚程度排在第一位（即 CR_1 最大）的行业是计算机、通信和其他电子设备制造业，最大集聚地广东在全国的比重达 41.29%。第二位是烟草制品业，CR_1 值为 38.85%，最大集聚地为江西。第三位是文教、工美、体育和娱乐用品制造业，其 CR_1 值也高达 38.02%，最大集聚地为广东。不难发现计算机、通信和其他电子设备制造业以及文教、工美、体育和娱乐用品制造业的第二集聚地均为江苏，其 CR_2 值分别为 62.01% 和 50.53%。此外，CR_1 值大于 30% 的行业还有金属制品、机械和设备修理业、废弃资源综合利用业、皮革毛皮羽毛（绒）及其制品业和家具制造业四个行业，其中皮革毛皮羽毛（绒）及其制品业和家具制造业的第一、第二集聚地均为广东和浙江。CR_1 值大于 20% 的行业有 11 个，其中电气机械和器材制造业和化学纤维制造业的 CR_2 值均较高。CR_1 值在 10% ~ 20% 的行业有 13 个，其中汽车制造业的 CR_2 为 20.64%，在所有行业中最低。从表 3 - 2 中还可以发现，CR_1 值最高的几个行业，CR_5 值相对来说都较高，在 CR_1 值高于 30% 的行业中，除家具制造业外，其 CR_5 均高于 70%。此外，CR_5 值高于 70% 的行业还有电气机械和器材制造业，黑色金属冶炼和压延加工业，纺织服装、服饰业，铁路、船舶、航空航天和其他运输设备制造业。CR_5 值低于 50% 的行业有酒、饮料和精制茶制造业、医药制造业、有色金属冶炼和压延加工业和汽车制造业。

第三节　集中指数

集中指数（index of concentration）主要用于衡量某项经济活动在地域上的集中程度。既可以用于经济总量分析，也可用于产业活动分析。在计算时，必须先求出该经济活动的半数集中在多大地域范围内，再计算集中半数经济活动的地域的人口占全国总人口的比重。其计算公式为：

$$C_1 = \left(1 - \frac{H}{T}\right) \times 100 \qquad (3 - 5)$$

其中，C_1 为集中指数；H 为达到该经济活动总量一半时的各地区人口数量之和（按人均值大小从高到低排序）；T 为全国的总人口。

该指数值在 50 ~ 100 之间变动。其值越大，说明集中程度越高；反之，说明比较分散。如果指数值为 50，表示高度分散（这时生产分布与人口分布完全一致）；

50~60 为比较均衡；70~80 为相当集中；大于 90 为高度集中（刘再兴，1997）。

由图 3-1 可知，2007~2010 年，C_1 值整体上呈上升趋势，即由 2007 年的 50.6806 上升为 2017 年的 51.4010，但 C_1 值均在 50~60 之间，说明在此期间我国制造业在空间上分布比较均衡，整体上呈集聚态势。分时间段来看，2007~2008 年 C_1 值明显上升，2008 年 C_1 值达 51.4083，为观察期内的最大值；2008~2009 年，C_1 值迅速下降，2009 年 C_1 值为 50.6384，为观察期内的最小值；2009~2010 年，C_1 值上升幅度较大；2010~2017 年，C_1 值呈逐渐上升趋势，由 2010 年的 51.1999 上升为 2017 年的 51.4010，表明我国制造业的集中程度存在一定的波动，其中 2007~2010 年波动幅度较大，2010 年以后，集聚程度稳步增加。

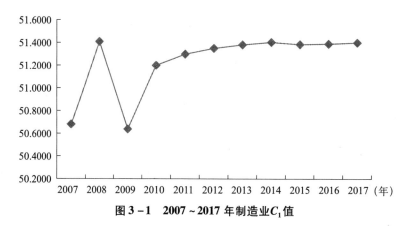

图 3-1　2007~2017 年制造业 C_1 值

第四节　地理联系率

地理联系率（coefficient of geographical association）反映了两个经济要素（通常是产出与人口或土地面积）在地理分布上的联系情况。如果两个要素在地理分布上比较匹配，地理联系率就高，说明生产的空间集聚度较低，分布比较均匀；反之，说明生产的空间集聚度较高。其计算公式为：

$$G_A = 100 - \frac{1}{2} \sum_{i=1}^{n} |Q_i - P_i| \qquad (3-6)$$

其中，G_A 为地理联系率；Q_i 为地区 i 第一要素（如产出等）占全国总量的比重；P_i 为地区第二要素（人口或土地面积）占全国总量的比重。显然，地理联系率是以人口分布或土地面积为参照的。由于地理联系率与集中度的方向刚好相反，因此，对上式进行变换，可以得到一个空间集聚指数：

$$C_2 = 100 - G_A = \frac{1}{2} \sum_{i=1}^{n} |Q_i - P_i| \qquad (3-7)$$

该指数值越大，说明空间集聚程度越高；反之，说明空间集聚程度越低。这里用我国 31 个省份的工业总产值表征 Q，以 31 个省份的土地面积表征 P 计算我国工业的空间集聚指数。

由图 3-2 可知，2007～2017 年，C_2 值整体呈下降趋势，由 2007 年的 0.6668 下降为 2017 年的 0.6412，说明在此期间我国工业的空间集聚程度有所减弱，地理联系率有所增加，这与实际相符合，即区域的经济活动具有空间依赖性。一个地区的经济发展不仅受本地区相关因素的影响，还受到邻近地区相关因素的影响；同时，该地区的因素不仅影响本地区的经济发展，还影响周边地区的经济发展。分时间段来看，2007～2012 年 C_2 值显著下降，至 2012 年 C_2 值下降为 0.6425；2012～2015 年，C_1 值基本保持不变；2015～2017 年，C_2 值有轻微的下降态势，至 2017 年下降为观察期内的最小值 0.6412；表明我国工业的集中程度存在一定的波动，其中 2007～2012 年波动幅度较大。与前面提到的制造业的集中指数变化趋势相反，主要原因在于度量指标的不同，制造业集中指数的计算中选择了投入指标"制造业从业人员数"，而工业空间集聚指数的计算中选择了产出指标"工业总产值"。

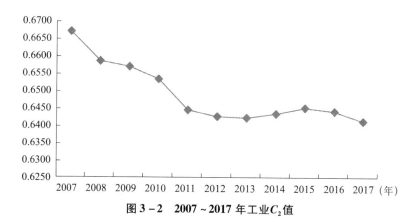

图 3-2　2007～2017 年工业 C_2 值

第五节　区位基尼系数

基尼系数是衡量收入分配和不平等的重要指标。基布尔等（Keeble et al.，1986）最早将基尼系数用于衡量产业的空间分布，即区位基尼系数（locational Gini coefficient）。之后，有不少学者采用该系数来研究产业空间集聚问题（克鲁格曼，2000；梁琦，2004）。其计算方法为：先计算地区 i 部门 k 的就业占全国该部门就业的比重（s_i^k）和地区 i 制造业就业占全国制造业就业的比重（s_i），然后计算各个地区这两个比重的比值，即 $\dfrac{s_i^k}{s_i}$（Balassa index），再对该比值进行由大到小的排序，按照排序的结果计算累积的部门就业比重和累积的制造业就业比重，由此画出基尼曲线，计算基尼系数。根据实际情况，可以使用产值、增加值或贸易额等指标代替就业。用公式表示为：

$$G = \frac{1}{2\,n^2\,\bar{s}_k} \sum_{i=1}^{n} \sum_{j=1}^{n} |s_i^k - s_j^k| \tag{3-8}$$

其中，G 为区位基尼系数；s_i^k 为地区 i 产业 k 所占的份额；s_j^k 为地区 j 产业 k 所占的份额；n 为地区的数量；$\bar{s}_k$ 为全国产业 k 的平均份额。

区位基尼系数值在 0~1 之间变化。若取值为 0，表示该产业的地区分布完全均等；若取值为 1，则表示该产业所有的生产活动集中在一个地区。区位基尼系数是衡量产业空间集聚的常用指标，它描述了产业地理分布的不平衡性。不同的学者通常采用不同的计算方法。这里选择我国 2007~2017 年的制造业各子行业从业人员数计算区位基尼系数，计算结果如表 3-3 所示。

借鉴罗胤晨等（2014）的分类方法，将制造业行业划分为四种集聚类型：当 $G \in [0.70, 1.00]$，属于高度集中产业；当 $G \in [0.55, 0.70)$，属于相对集中产业；当 $G \in [0.40, 0.55)$，属于相对分散产业；当 $G \in [0.00, 0.40)$，属于高度分散产业。从整体来看，2007~2017 年我国制造业的区位基尼系数均大于 0.40，说明我国制造业不存在高度分散现象，地区发展之间存在梯度差距。其中，纺织业，纺织服装、服饰业，皮革毛皮羽毛（绒）及其制品业，家具制造业，文教、工美、体育和娱乐用品制造业，化学纤维制造业，电气机械和器材制造业，计算机、通信和其他电子设备制造业，仪器仪表制造业的区位基尼系数基本大于 0.70，属于高度集中行业。农副食品加工业，烟草制品业，木材加工及木竹藤棕草制品业，造纸和纸制品业，印刷和记录媒介复制业，石油加工、炼焦和核燃料加工业，橡胶制品业，塑料制品业/橡胶和塑料制品业，金属制品业，通用设备制造业，专用设备制造业，废弃资源综合利用业和金属制品、机械和设备修理业的区位基尼系数基本在 0.55~0.70 之间，属于相对集中行业。其余 10 个行业的区位基尼系数在 0.40~0.55 之间，属于相对分散产业。

从横向来看，有 16 个行业呈上升趋势，表明随着时间的推移，我国有一半以上的制造业子行业存在进一步集聚的现象，这进一步加剧我国产业的非均衡分布。皮革毛皮羽毛（绒）及其制品业，文教、工美、体育和娱乐用品制造业，电气机

表 3 - 3　2007～2017 年制造业各子行业 G 值

项目	2007 年	2008 年	2009 年	2010 年	2011 年	2012 年	2013 年	2014 年	2015 年	2016 年	2017 年
农副食品加工业	0.6181	0.5733	0.5637	0.5554	0.5541	0.5546	0.5523	0.5499	0.5580	0.5550	0.5527
食品制造业	0.5873	0.5087	0.4926	0.4776	0.4695	0.4692	0.4963	0.4919	0.4912	0.4986	0.4968
酒、饮料和精制茶制造业	0.4770	0.4436	0.4450	0.4434	0.4570	0.4558	0.4881	0.4901	0.4776	0.4962	0.4881
烟草制品业	0.6139	0.5355	0.5456	0.5448	0.5487	0.5591	0.5932	0.5573	0.7503	0.7544	0.8110
纺织业	0.6939	0.7149	0.7144	0.7180	0.7089	0.7078	0.7193	0.7187	0.7193	0.7104	0.7195
纺织服装、服饰业	0.7834	0.7889	0.7636	0.7513	0.7464	0.7348	0.7453	0.7455	0.7437	0.7453	0.7490
皮革毛皮羽毛（绒）及其制品业	0.8107	0.8223	0.8147	0.8076	0.7881	0.7672	0.7687	0.7621	0.7550	0.7656	0.7620
木材加工及木竹藤棕草制品业	0.5981	0.6262	0.6060	0.6100	0.6176	0.6152	0.6248	0.6249	0.6198	0.6344	0.6535
家具制造业	0.7503	0.7501	0.7336	0.7294	0.7194	0.7140	0.7169	0.7088	0.6996	0.7065	0.7312
造纸和纸制品业	0.6158	0.6262	0.6175	0.6121	0.6093	0.6059	0.6193	0.6203	0.6288	0.6320	0.6312
印刷和记录媒介复制业	0.6178	0.6431	0.6287	0.6322	0.6223	0.6267	0.6398	0.6381	0.6276	0.6341	0.6444
文教、工美、体育和娱乐用品制造业	0.8630	0.8657	0.8542	0.8475	0.8319	0.8086	0.7968	0.7889	0.7774	0.7700	0.7827
石油加工、炼焦和核燃料加工业	0.8052	0.5258	0.5282	0.5232	0.5565	0.5098	0.5487	0.5410	0.5076	0.5896	0.5771
化学原料和化学制品制造业	0.4753	0.4861	0.4887	0.4925	0.4881	0.4923	0.5232	0.5146	0.5202	0.5292	0.5026
医药制造业	0.5213	0.4368	0.4287	0.4480	0.4641	0.4653	0.4573	0.4720	0.4747	0.4595	0.4758
化学纤维制造业	0.6904	0.7289	0.7463	0.7530	0.7978	0.8046	0.7908	0.8168	0.8077	0.8048	0.7925
橡胶制品业	0.6477	0.6766	0.6711	0.6593	0.7042	—	—	—	—	—	—
塑料制品业/橡胶和塑料制品业	0.7168	0.7464	0.7257	0.7235	0.7330	0.6681	0.6849	0.6737	0.6737	0.6786	0.6882

续表

项目	2007 年	2008 年	2009 年	2010 年	2011 年	2012 年	2013 年	2014 年	2015 年	2016 年	2017 年
非金属矿物制品业	0.5227	0.5227	0.5144	0.5059	0.5196	0.5012	0.5472	0.5429	0.5575	0.5757	0.5648
黑色金属冶炼和压延加工业	0.4934	0.4892	0.5034	0.5074	0.4765	0.4926	0.5476	0.5420	0.5391	0.5438	0.5716
有色金属冶炼和压延加工业	0.4349	0.4508	0.4440	0.4481	0.5336	0.4486	0.4413	0.4432	0.4597	0.4624	0.4890
金属制品业	0.7116	0.7169	0.6932	0.6888	0.6739	0.6416	0.6385	0.6604	0.6689	0.6553	0.6663
通用设备制造业	0.6350	0.6389	0.6382	0.6367	0.6174	0.6312	0.6475	0.6488	0.6527	0.6563	0.6548
专用设备制造业	0.5508	0.5748	0.5608	0.5630	0.5532	0.5800	0.5904	0.5947	0.5955	0.6114	0.6194
交通运输设备制造业/汽车制造业	0.5075	0.5273	0.5219	0.5289	0.4988	0.5422	0.5213	0.5261	0.5405	0.5329	0.5375
铁路、船舶、航空航天和其他运输设备制造业	—	—	—	—	—	0.5743	0.5957	0.5971	0.5866	0.5845	0.5633
电气机械和器材制造业	0.7462	0.7515	0.7355	0.7356	0.7359	0.7224	0.7245	0.7175	0.7157	0.7200	0.7266
计算机、通信和其他电子设备制造业	0.8309	0.8236	0.8124	0.8047	0.7919	0.7683	0.7738	0.7702	0.7762	0.7733	0.7780
仪器仪表制造业	0.7280	0.7415	0.7250	0.7215	0.7035	0.7085	0.7242	0.7275	0.7181	0.7145	0.7096
其他制造业	0.7824	0.7499	0.7413	0.7287	0.6540	0.6224	0.6352	0.6355	0.6605	0.6755	0.6973
废弃资源综合利用业	0.8232	0.7088	0.6862	0.6787	0.6659	0.6723	0.6250	0.6222	0.6653	0.6546	0.7209
金属制品、机械和设备修理业	—	—	—	—	—	0.6539	0.5975	0.6111	0.7549	0.7427	0.7441

械和器材制造业，其他制造业和废弃资源综合利用业随着时间的推移，呈明显的下降趋势，说明这些行业的空间集聚程度有所下降。从纵向来看，2007 年，区位基尼系数大于 0.70，即属于高度集中的行业有 12 个，区位基尼系数在 0.55 ~ 0.70 之间的行业有 11 个，属于相对集中行业，区位基尼系数在 0.40 ~ 0.55 之间的有 8 个行业。到 2017 年，区位基尼系数大于 0.70 的行业仍为 12 个，区位基尼系数在 0.55 ~ 0.70 之间的行业有 13 个，区位基尼系数在 0.40 ~ 0.55 之间的行业有 7 个，分别属于高度集中、相对集中和相对分散行业。

第六节　绝对集中率和相对集中率

（1）绝对集中率（CIP_k^A）。该指数为修正的胡佛—巴拉萨系数（Hoover-Balassa index），它是对赫芬达尔指数（Herfindahl index）进行简单变换而来，最初被哈兰等（Haaland et al.，1999）所采用。其计算公式为：

$$CIP_k^A = \sqrt{H/N} = \sqrt{\sum_{i=1}^{n} (s_i^k)^2 / N} \qquad (3-9)$$

其中，H 为对赫芬达尔指数。当所有地区都具有相同的份额时，该指数为 $1/N$，表示分布绝对平均；当产业完全集中在某一个地区时，该指数为 $\sqrt{1/N}$。近年来，也有的学者直接采用对赫芬达尔指数来测量产业的空间集聚程度。这里采用 2007 ~ 2017 年我国制造业从业人员数计算绝对集中率。

由图 3 - 3 可知，2007 ~ 2010 年，CIP_k^A 值整体上呈下降趋势，由 2007 年的 0.0565 下降为 2017 年的 0.0537，说明在此期间我国制造业的空间集聚度有所下降。分时间段来看，2007 ~ 2008 年 CIP_k^A 值明显上升，2008 年 CIP_k^A 值达 0.0582，为观察期内的最大值；2008 ~ 2014 年，CIP_k^A 值下降趋势明显，由 2008 年的 0.0582 下降为 2014 年的 0.0530，为观察期内的最小值，其中 2008 ~ 2009 年下降幅度最大；2014 ~ 2017 年，CIP_k^A 值呈逐渐上升趋势，由 2014 年的 0.0530 上升为 2017 年的 0.0537。以上分析表明我国制造业的集中程度整体上有所下降。此外，集中趋势存在一定的波动，其中，2007 ~ 2008 年集中程度有较大幅度的增加，2008 ~ 2014 年集中程度有较大幅度的下降。

（2）相对集中率（CIP_k^R）。其计算公式为：

$$CIP_k^R = \sqrt{\sum_{i=1}^{n} (s_i^k - s_i)^2 / N} \qquad (3-10)$$

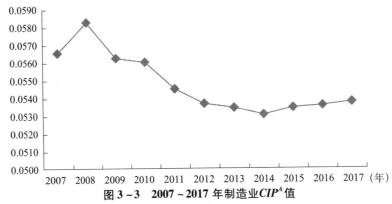

图 3 – 3　2007 ~ 2017 年制造业 CIP^A 值

资料来源：2008 ~ 2018 年各年的《中国统计年鉴》。

$$s_i = \frac{\sum\limits_{k=1}^{k} x_{ik}}{\sum\limits_{i=1}^{n} \sum\limits_{k=1}^{k} x_{ik}} \tag{3 – 11}$$

该指数建立在地区产业份额差异的基础上。当某产业的空间分布与整个制造业的空间分布相一致时，该指数取值为 0。相对集中率指标排除了地理单元大小的影响，因此可以使用该指标来分析非规模因素对产业空间集聚的影响。这里使用制造业各子行业的从业人员数计算相对集中率，计算结果如表 3 – 4 所示。

从横向来看，在 30 个制造业子行业中，烟草制品业、橡胶制品业、黑色金属冶炼及压延加工业和金属制品、机械和设备修理业四个行业的 CIP^R 值呈现出明显的上升趋势，表明这四类行业的集聚现象明显；木材加工及木竹藤棕草制品业、化学纤维制造业和其他制造业的 CIP^R 值有微弱的上升趋势，显现出微弱的空间集聚迹象；酒、饮料和精制茶制造业以及纺织业、造纸和纸制品业、化学原料和化学制品制造业、非金属矿物制品业、有色金属冶炼和压延加工业和交通运输设备制造业七个行业的 CIP^R 值变动在近年来较为平稳，说明这七个行业基本没有空间集聚现象；剩余 18 个行业的 CIP^R 值都显现出减小的趋势，显示出这些行业不仅不存在产业集聚现象，反而存在空间上的消散现象。约有 2/3 的制造业行业没有集聚反而出现了扩散，因而制造业行业在整体上显现出扩散趋势，即制造业产业整体的 CIP^R 值在减小。进一步分析发现，在 18 个 CIP^R 值渐小的行业中，部分行业的减小幅度是微弱的，但一些行业如皮革毛皮羽毛（绒）及其制品业、印刷和记录媒介复制业以及文教、工美、体育和娱乐用品制造业的 CIP^R 值渐小趋势明显。纵向来看，2007 年 CIP^R 值在 0.05 以上的行业有烟草制品业，皮革毛皮羽毛（绒）及其制品业，文教、工美、体育和娱乐用品制造业，石油加工、炼焦和核燃料加工业，计算机及其他电子设备制造业和废弃资源综合利用

表3－4 2007～2017年制造业各子行业CIP^{R}值

项目	2007年	2008年	2009年	2010年	2011年	2012年	2013年	2014年	2015年	2016年	2017年
农副食品加工业	0.0457	0.0492	0.0465	0.0449	0.0429	0.0410	0.0406	0.0399	0.0394	0.0389	0.0399
食品制造业	0.0366	0.0314	0.0296	0.0305	0.0289	0.0276	0.0269	0.0276	0.0281	0.0284	0.0292
酒、饮料和精制茶制造业	0.0336	0.0361	0.0351	0.0374	0.0387	0.0370	0.0373	0.0365	0.0362	0.0378	0.0377
烟草制品业	0.0597	0.0565	0.0557	0.0538	0.0530	0.0536	0.0558	0.0556	0.1006	0.0896	0.1001
纺织业	0.0329	0.0289	0.0287	0.0265	0.0303	0.0287	0.0294	0.0301	0.0306	0.0288	0.0316
纺织服装、服饰业	0.0316	0.0238	0.0243	0.0228	0.0236	0.0225	0.0233	0.0232	0.0235	0.0218	0.0228
皮革毛皮羽毛（绒）及其制品业	0.0548	0.0537	0.0504	0.0499	0.0454	0.0406	0.0419	0.0391	0.0372	0.0377	0.0361
木材加工及木竹藤棕草制品业	0.0273	0.0297	0.0288	0.0292	0.0293	0.0293	0.0299	0.0301	0.0299	0.0307	0.0338
家具制造业	0.0428	0.0390	0.0351	0.0362	0.0346	0.0347	0.0361	0.0353	0.0340	0.0336	0.0346
造纸和纸制品业	0.0166	0.0153	0.0158	0.0138	0.0144	0.0141	0.0143	0.0132	0.0136	0.0136	0.0152
印刷和记录媒介复制业	0.0312	0.0282	0.0260	0.0245	0.0237	0.0202	0.0201	0.0183	0.0166	0.0154	0.0176
文教、工美、体育和娱乐用品制造业	0.0675	0.0657	0.0631	0.0627	0.0634	0.0499	0.0453	0.0417	0.0400	0.0362	0.0386
石油加工、炼焦和核燃料加工业	0.1125	0.0577	0.0558	0.0550	0.0531	0.0490	0.0542	0.0523	0.0501	0.0565	0.0546
化学原料和化学制品制造业	0.0255	0.0273	0.0260	0.0254	0.0246	0.0233	0.0232	0.0232	0.0230	0.0231	0.0230
医药制造业	0.0369	0.0312	0.0284	0.0287	0.0287	0.0277	0.0276	0.0267	0.0259	0.0263	0.0252
化学纤维制造业	0.0413	0.0481	0.0514	0.0521	0.0622	0.0653	0.0642	0.0673	0.0625	0.0618	0.0577
橡胶制品业	0.0178	0.0165	0.0178	0.0187	0.0363	—	—	—	—	—	—
塑料制品业/橡胶和塑料制品业	0.0344	0.0362	0.0344	0.0339	0.0290	0.0198	0.0215	0.0204	0.0202	0.0203	0.0213

续表

项目	2007 年	2008 年	2009 年	2010 年	2011 年	2012 年	2013 年	2014 年	2015 年	2016 年	2017 年
非金属矿物制品业	0.0249	0.0259	0.0254	0.0253	0.0251	0.0235	0.0237	0.0238	0.0243	0.0248	0.0248
黑色金属冶炼和压延加工业	0.0421	0.0451	0.0446	0.0442	0.0447	0.0367	0.0476	0.0462	0.0449	0.0463	0.0542
有色金属冶炼和压延加工业	0.0319	0.0324	0.0332	0.0327	0.0329	0.0307	0.0308	0.0312	0.0310	0.0295	0.0316
金属制品业	0.0280	0.0205	0.0184	0.0174	0.0165	0.0116	0.0126	0.0130	0.0146	0.0139	0.0149
通用设备制造业	0.0274	0.0280	0.0268	0.0269	0.0207	0.0212	0.0206	0.0208	0.0209	0.0201	0.0210
专用设备制造业	0.0160	0.0158	0.0160	0.0169	0.0179	0.0181	0.0176	0.0165	0.0147	0.0136	0.0128
交通运输设备制造业/汽车制造业	0.0276	0.0275	0.0258	0.0255	0.0268	0.0274	0.0273	0.0265	0.0242	0.0242	0.0243
铁路、船舶、航空航天和其他运输设备制造业	—	—	—	—	—	0.0303	0.0299	0.0281	0.0256	0.0241	0.0241
电气机械和器材制造业	0.0363	0.0320	0.0300	0.0292	0.0306	0.0292	0.0281	0.0276	0.0266	0.0266	0.0286
计算机、通信和其他电子设备制造业	0.0592	0.0519	0.0542	0.0527	0.0501	0.0467	0.0461	0.0456	0.0471	0.0472	0.0481
仪器仪表制造业	0.0358	0.0302	0.0288	0.0271	0.0261	0.0276	0.0284	0.0275	0.0253	0.0250	0.0232
其他制造业	0.0381	0.0327	0.0304	0.0287	0.0416	0.0274	0.0240	0.0246	0.0391	0.0399	0.0466
废弃资源综合利用业	0.1073	0.0265	0.0271	0.0252	0.0294	0.0278	0.0247	0.0251	0.0433	0.0463	0.0652
金属制品、机械和设备修理业	—	—	—	—	—	0.0436	0.0434	0.0393	0.0781	0.0756	0.0736

资料来源：2008～2018 年各年的《中国统计年鉴》。

业，到 2017 年，CIP^R 值在 0.05 以上的行业为烟草制品业，石油加工、炼焦和核燃料加工业，化学纤维制造业，黑色金属冶炼和压延加工业，废弃资源综合利用业，金属制品、机械和设备修理业，可见从 2007～2017 年，烟草制品业、石油加工、炼焦和核燃料加工业和废弃资源综合利用业均存在明显的集聚现象。

第七节　空间分散度指数

产业空间集聚指数衡量了产业在某些地区的集中程度，但是并没有告诉我们这些地区是相互接近的还是间隔很远。如果两个产业具有相同的空间集聚度，而一个产业主要分布在两个相邻的地区，另一个产业则分布在两个距离很远的地区，区分这两种情况会使我们更深入了解产业间的差异性以及经济地理因素对产业集中的影响。因此，作为对传统集中指数的补充，可以定义产业 k 的空间分散度指数（spatial separation index）（Midelfart-Knarvik et al.，2000）。其计算公式为：

$$SP^k = C \sum_i \sum_j (s_i^k s_j^k \delta_{ij}) \tag{3-12}$$

其中，δ_{ij} 是地区 i 和 j 之间的距离，在后面的实证分析中，选取 ArcGIS 软件测算的全国 31 个省份省会城市之间的直线距离来衡量；s_i^k 是地区 i 制造业从业人员数在全国所占的份额；s_j^k 是地区 j 制造业在全国所占的份额，C 是一个常数。SP^k 的取值范围取决于常数 C，一般地，SP^k 值越大，产业空间集聚度越小；SP^k 值越小，产业空间集聚度越大，借鉴范剑勇（2004）的研究，这里将 C 设定为 0.5。空间分散度指数将空间距离纳入指标中，考虑了不同区域之间的相互作用对产业空间集聚的影响，因此更适合分析经济地理因素对产业空间集聚的影响。计算结果如图 3-4 所示。

由图 3-4 可知，2007～2010 年，SP 值逐渐上升，说明在此期间我国制造业在空间上呈扩散态势，2011～2016 年 SP 值持续下降，表明我国制造业在空间上呈集聚态势，至 2017 年，SP 值有轻微的上升，可见我国制造业的空间集聚程度有所下降。总体而言，SP 值呈下降态势，说明在 2007～2017 年，我国制造业在空间上以平稳的趋势逐渐集聚。2008 年全球金融危机爆发以前，由于产业的政策倾向，沿海等发达地区的劳动密集型产业开始向广大中西部地区转移，但金融危机爆发后，我国的出口市场受到很大影响，制造业产品市场逐步由卖方市场向买方市场转变，市场竞争日益激烈，我国制造业进一步在区位优势显著、基础设施完善、生产成本低、投资回报率高的中心区域集聚。因此，整体上我国的制造

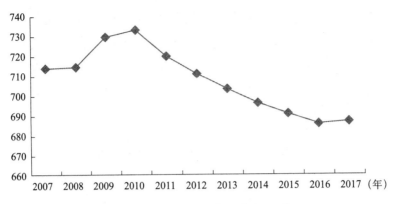

图 3 – 4   2007 ～ 2017 年制造业 *SP* 值

资料来源：2008 ～ 2018 年各年全国各省份的统计年鉴。

业存在转移黏性，制造业 *SP* 值呈下降趋势。

第八节　熵指数

熵指数（entropy index）是借用信息理论中熵的概念提出来的，具有平均信息量的含义。熵指数具体计算方法如下。

对于一个包含 n 个基本单位且每个基本单位的经济变量值为 y_i（$\sum_{i=1}^{n} y_i \equiv Y$）的人口总量，可以按人口分成相排斥的 k 个部分，因而变量 y 可以分成 f 个部分。则不平等指数的一般熵可以用下式表示：

$$GE(\alpha) = \frac{1}{\alpha^2 - \alpha} \Big[\frac{1}{N} \sum_{i=1}^{n} \Big(\frac{y_i}{\bar{y}} \Big)^{\alpha} - 1 \Big] \tag{3-13}$$

这里 $\bar{y} = \frac{1}{N} \sum_{i=1}^{n} y_i = \frac{Y}{N}$，$\alpha$ 是敏感参数，表示变量 y 的不同部分取值的权重。α 取 1 为中间状态。当 $\alpha < 1$，则变量 y 分布的较低一侧的离差被赋予较大的权重；当 $\alpha > 1$，较大的权重被赋予较大值一侧的离差。一般 α 取值 1 和 2 这两种情况：

当 $\alpha = 1$ 时，得到泰尔指数（Theil index）：

$$GE(1) = \frac{1}{N} \sum_{i=1}^{n} \frac{y_i}{\bar{y}} \log \frac{y_i}{\bar{y}} \tag{3-14}$$

这里 $0 \leqslant GE(1) \leqslant \log N$。

当 $\alpha = 2$ 时，有：

$$GE(2) = \frac{1}{2} CV^2 \qquad\qquad (3-15)$$

$$CV = \frac{1}{\bar{y}} \left[\frac{1}{N} \sum_{i=1}^{n} (y_i - \bar{y})^2 \right]^{1/2} \qquad\qquad (3-16)$$

这里 $0 \leqslant GE(2) \leqslant \dfrac{N-1}{2}$。这种方法的优点是适合比较区域内部和区域之间的集中程度，并且可以通过把总的熵指数根据人口或者其他指标分解成不同的组成部分来衡量各部分对总的熵指数的影响。

熵指数实质上是对每个企业的市场份额赋予了一个权重，与赫芬达尔指数相反，对大企业给予较小的权重，对小企业给予较大的权重，因此，熵指数所表示的意义与一般情况也是相反的，即熵指数越大（小），产业集聚水平越低（高）。这里选择我国 31 个省份 2007～2017 年的制造业总体的从业人员数指标进行度量，计算结果如图 3-5 所示。

图 3-5　2007～2017 年制造业 *GE* 值

由图 3-5 可知，2007～2017 年，当 $\alpha = 1$ 时，熵指数的取值范围在 0.2544～0.2980，且整体上有小幅度的下降，从 2007 年的 0.2752 下降到 2017 年的 0.2621，说明我国制造业在地区分布的不均衡度有所增加，专业化水平越来越高，集聚程度不断增强。分时间段来看，2007～2010 年，熵指数呈上升趋势，特别是 2008 年，其值为 0.2980；在 2010～2014 年，熵指数持续下降，由 2010 年的 0.2789 下降为 2014 年的 0.2544；在 2014 年以后略有上升，表明我国制造业的空间布局经历了"扩散—集聚—扩散"阶段。当 $\alpha = 2$ 时，熵指数的取值范围在 0.7660～1.0265，从整体来看，熵指数仍呈下降趋势，从 2007 年的 0.9372 下降到 2017 年的 0.7997。分时间段的变化趋势与 $\alpha = 1$ 时相同，但时间段略有不同。其中，2007～2008 年，熵指数呈明显的上升趋势；2008～2014 年，熵指数呈显著的下降趋势；2014～2017 年，熵指数有轻微的上升。综上所述，由熵指数可知，2007～2017 年，整体上我国制造业存在集聚现象，但部分时间段内也存在一定的扩散现象。

第九节　产业集聚指数

埃利森和格莱泽（Ellison & Glaeser，1997）以企业利润最大化为基本假设，研究企业区位选择过程中的集聚趋向，提出了一个衡量产业集聚的指数（以下简称 EG 指数）。该指数综合考虑了总就业（反映最终需求的分布情况）和产业集中度等因素，对集中指数进行了矫正，去除企业在布局过程中以市场接近为导向的布局行为产生的所谓聚集，并且也避免了由于产业中一两个大企业的布局造成产业集聚的假象。其计算公式为：

$$\gamma_{EG} = \frac{\dfrac{G_{EG}}{1 - X} - H}{1 - H} \tag{3-17}$$

$$G_{EG} = \sum_{i=1}^{n} (s_i^k - s_i)^2 \tag{3-18}$$

$$X = \sum_{i=1}^{n} s_i^2 \tag{3-19}$$

其中，s_i^k 为地区产业 k 的就业份额；s_i 为地区的总就业的份额；H 为赫芬达尔指数，表示产业在工厂水平的就业集中度，即 $H = \sum_{j=1}^{m} z_j^2$。其中，z_j 为第 j 个工厂在全行业就业中所占的份额。

不难看出，G_{EG} 指数越大，区域间的差异性越大，产业集聚越明显。G_{EG} 可以用于不同产业之间的集聚度的比较。但用 G_{EG} 指数来研究产业的集聚问题时也有一个明显的缺陷，就是没有考虑空间区域面积的影响，这一问题在中国尤为突出。例如，新疆的制造业发展在总量上高于宁夏，但这并不是因为新疆的制造业发展得好，而是因为它的土地面积大，如果考虑单位面积上制造业的发展水平，宁夏要优于新疆。再如，上海的制造业劳动力数量和湖南相近，但上海的制造业发展水平和湖南不可同日而语。因此，在研究产业集聚问题时应考虑空间地域面积的影响。这里提出一种基于地理面积对 G_{EG} 指数修正的方法。根据 G_{EG} 指数的计算过程，目标是通过引入地理面积因素来对 s_i^k 和 s_i 进行修正。

s_i^k 的修正办法是，将用于计算 s_i^k 的"区域内从业人数"和"全国从业人数"分别除以各自所属地域内的地理面积，即：

$$s_i^k = \frac{\text{区域}\,i\,\text{的产业从业人数} / \text{区域}\,i\,\text{面积}}{\text{全国该产业从业人数} / \text{全国地域面积}} \qquad (3-20)$$

为消除修正后的 s_i^k 值过大而对 G_{EG} 指数计算造成的不利影响，还需要对其进行标准化，使其值介于 $0 \sim 1$ 之间。这里采用的方法是直接取单个数值占总量的百分比。

s_i 的修整方法和 s_i^k 一致，即：

$$s_i = \frac{\text{区域}\,i\,\text{的就业总数} / \text{区域}\,i\,\text{面积}}{\text{全国就业总数} / \text{全国地域面积}} \qquad (3-21)$$

这里也是通过计算百分比使 s_i 的值介于 $0 \sim 1$ 之间。

在 γ_{EG} 指数计算过程中，2007 ~ 2012 年和 2013 ~ 2017 年的统计数据口径存在变化，但 γ_{EG} 指数是一类相对数，原始数据统计口径的变动对该指数的统计含义不会产生实质性影响，因此可以将表 3-5 中的 γ_{EG} 指数计算结果视为一组时间序列数据来考察。不难看出，2007 ~ 2017 年，γ_{EG} 指数基本呈现下降态势。这意味着中国制造业集聚度在下降，从侧面说明"中国制造业生产要素正由中心区域向外围区域转移"形成印证。

表 3-5　　　　　　　　　　　　制造业 γ_{EG} 指数值

项目	2007 年	2008 年	2009 年	2010 年	2011 年	2012 年	2013 年	2014 年	2015 年	2016 年	2017 年
制造业 γ_{EG}	0.0620	0.0417	0.0335	0.0261	0.0222	0.0188	0.0159	0.0058	0.0033	0.0034	0.0052

资料来源：2008 ~ 2018 年各年的《中国统计年鉴》以及各省份的统计年鉴。

为详细分析中国制造业的集聚状况，这里对制造业的各子行业的集聚度进行了考察，即通过计算制造业各子行业的 γ_{EG} 指数（见表 3-6），以分析和展示制造业的集聚状况。

横向来看，在 30 个制造业子行业中，酒、饮料和精制茶制造业以及烟草制品业、纺织业、化学纤维制造业、黑色金属冶炼及压延加工业、木材加工及木竹藤棕草制品业六个行业的 γ_{EG} 指数呈现出明显的上升趋势，表明这六个行业的集聚现象明显；其他制造业的指数有微弱的上升趋势，显现出微弱的空间集聚迹象；农副食品加工业、非金属矿物制品业、废弃资源综合利用业三个行业的 γ_{EG} 指数变动在 2007 ~ 2017 年较为平稳，说明这三类行业基本没有空间集聚现象；剩余 22 个行业的 γ_{EG} 指数都显现出减小的趋势，显示出这些行业不仅不存在产业集聚现象，反而存在空间上的消散现象。占 2/3 的制造业行业没有集聚反而出现了扩散，因而制造业行业在整体上显现出分散性，即制造业产业整体的 γ_{EG} 在减小。进一步分析发现，在 22 个 γ_{EG} 指数渐小的行业中，少部分行业的减小幅度是

表3-6

制造业各子行业γ_EG指数值

制造业各子行业	2007年	2008年	2009年	2010年	2011年	2012年	2013年	2014年	2015年	2016年	2017年
农副食品加工业	0.0388	0.0327	0.0318	0.0278	0.0239	0.0264	0.0281	0.0368	0.0386	0.0381	0.0386
食品制造业	0.0789	0.0520	0.0469	0.0415	0.0417	0.0523	0.0478	0.0305	0.0265	0.0232	0.0197
酒、饮料和精制茶制造业	0.0062	0.0106	0.0081	0.0084	0.0079	0.0081	0.0100	0.0141	0.0187	0.0236	0.0272
烟草制品业	0.0295	0.0301	0.0282	0.0272	0.0455	0.0409	0.0515	0.0310	0.4356	0.3329	0.3997
纺织业	0.0433	0.0427	0.0473	0.0474	0.0479	0.0686	0.0767	0.0882	0.0967	0.0980	0.1045
纺织服装、服饰业	0.1231	0.0883	0.0738	0.0480	0.0315	0.0328	0.0296	0.0274	0.0300	0.0344	0.0306
皮革毛皮羽毛（绒）及其制品业	0.0850	0.0830	0.0800	0.0819	0.0727	0.0625	0.0635	0.0624	0.0640	0.0716	0.0701
木材加工及木竹藤棕草制品业	0.0343	0.0335	0.0236	0.0266	0.0342	0.0376	0.0443	0.0556	0.0609	0.0696	0.0743
家具制造业	0.1509	0.0968	0.0846	0.0701	0.0682	0.0691	0.0634	0.0496	0.0322	0.0288	0.0312
造纸和纸制品业	0.0411	0.0275	0.0238	0.0247	0.0226	0.0247	0.0267	0.0153	0.0139	0.0140	0.0160
印刷和记录媒介复制业	0.1322	0.0985	0.0869	0.0801	0.0633	0.0547	0.0376	0.0200	0.0138	0.0119	0.0150
文教、工美、体育和娱乐用品制造业	0.1545	0.1153	0.1017	0.0920	0.0824	0.0508	0.0470	0.0467	0.0470	0.0464	0.0551
石油加工、炼焦和核燃料加工业	0.0787	0.0383	0.0367	0.0325	0.0301	0.0227	0.0228	0.0191	0.0241	0.0304	0.0330
化学原料和化学制品制造业	0.0371	0.0272	0.0232	0.0198	0.0216	0.0209	0.0214	0.0172	0.0164	0.0166	0.0176
医药制造业	0.0529	0.0276	0.0244	0.0217	0.0209	0.0220	0.0188	0.0116	0.0096	0.0075	0.0077
化学纤维制造业	0.0651	0.0918	0.1085	0.1342	0.1874	0.2054	0.2140	0.2313	0.2052	0.2105	0.1884
橡胶制品业	0.0866	0.0689	0.0562	0.0469	0.0398	0.0711	—	—	—	—	—
塑料制品业/橡胶和塑料制品业	0.1296	0.1094	0.0943	0.0890	0.0837	0.0711	0.0652	0.0442	0.0375	0.0345	0.0364

续表

制造业各子行业	2007 年	2008 年	2009 年	2010 年	2011 年	2012 年	2013 年	2014 年	2015 年	2016 年	2017 年
非金属矿物制品业	0.0153	0.0069	0.0047	0.0029	0.0048	0.0031	0.0054	0.0112	0.0148	0.0169	0.0188
黑色金属冶炼和压延加工业	0.0354	0.0355	0.0666	0.0476	0.0906	0.0655	0.0759	0.0800	0.0828	0.0800	0.0563
有色金属冶炼和压延加工业	0.0543	0.0248	0.0119	0.0092	0.0458	0.0084	0.0093	0.0176	0.0191	0.0241	0.0289
金属制品业	0.1267	0.1116	0.0910	0.0686	0.0424	0.0575	0.0512	0.0298	0.0330	0.0323	0.0250
通用设备制造业	0.1266	0.1026	0.0957	0.0808	0.0966	0.0788	0.0723	0.0610	0.0570	0.0547	0.0680
专用设备制造业	0.0797	0.0654	0.0581	0.0514	0.0587	0.0348	0.0336	0.0212	0.0200	0.0173	0.0187
交通运输设备制造业/汽车制造业	0.0763	0.0684	0.0629	0.0575	0.0688	0.0698	0.0648	0.0422	0.0439	0.0441	0.0498
铁路、船舶、航空航天和其他运输设备制造业	—	—	—	—	—	—	0.0417	0.0330	0.0370	0.0360	0.0250
电气机械和器材制造业	0.1376	0.0924	0.0838	0.0744	0.0646	0.5974	0.0592	0.0439	0.0384	0.0410	0.0444
计算机、通信和其他电子设备制造业	0.1458	0.0940	0.0990	0.0919	0.0941	0.0913	0.0847	0.0671	0.0622	0.0663	0.0686
仪器仪表制造业	0.1363	0.0911	0.0657	0.0592	0.0565	0.0510	0.0553	0.0374	0.0313	0.0352	0.0284
其他制造业	0.0413	0.0360	0.0332	0.0296	0.0370	0.0212	0.0372	0.0321	0.0395	0.0444	0.0586
废弃资源综合利用业	0.1281	0.0606	0.0593	0.0288	0.0603	0.1520	0.0990	0.1079	0.1079	0.1169	0.1235
金属制品、机械和设备修理业	—	—	—	—	—	—	0.2046	0.1884	0.1739	0.1496	0.1767

资料来源：2008～2018 年各年的《中国统计年鉴》以及各省份的统计年鉴。

微弱的，但大部分行业的 γ_{EG} 指数渐小趋势明显，尤其是纺织服装、服饰业以及家具制造业、印刷业和记录媒介复制业、文教体育用品制造业、金属制品业五个行业减小速度最快，幅度最为明显。这些行业的特点是行业内企业生产规模相对较小，容易进出，且生产投入要素流动性较高，因此消散速度较快。

纵向来看，2007 年 γ_{EG} 指数值在 0.1 以上的行业有纺织服装、服饰业，家具制造业，印刷业和记录媒介复制业，文教体育用品制造业，塑料制品业，金属制品业，通用设备制造业，电气机械及器材制造业，计算机、通信和其他电子设备制造业，仪器仪表及文化办公用机械制造业，废弃资源和废旧材料回收工业，超过制造业行业总数的 1/3。2017 年，γ_{EG} 指数值在 0.1 以上的仅有烟草制品业、纺织业、化学纤维制造业、废弃资源综合利用业、金属制品、机械和设备修理业五个行业，从行业数量上也可以看出制造业集聚度的变动趋势。2017 年，除了烟草制品业、纺织业、化学纤维制造业、废弃资源综合利用业以及金属制品、机械和设备修理业五个具有明显集聚特征的行业外，皮革毛皮羽毛（绒）及其制品业，木材加工及木竹藤棕草制品业，计算机、通信和其他电子设备制造业，通用设备制造业四个行业空间集聚度相对较高，在制造业各行业中有一定的集聚性。

根据上述制造业 γ_{EG} 指数的分析结果，并结合制造业投入要素的转移趋势，可以认为制造业在整体上已由原来的集聚趋势进入了消散趋势，这种消散实际上是制造业的转移所造成的，即由原来的制造业中心区域向外围区域的转移。

G_{EG} 是某产业就业的原始空间集聚指数，H 是对该指数的修正。这是因为，在那些由少数几个大企业构成的行业，G_{EG} 可能会出现偏大的现象。如果地区数 N 较大且大体一致，在 $X \to 0$ 时，$\gamma_{EG} \to (G_{EG} - H)/(1 - H)$。

莫雷尔和塞迪洛特（Maurel & Sedillot，1999）提出了一个与 EG 指数大体一致的产业集聚指数，简称 MS 指数。用 G_{MS} 替代 EG 指数中的 G_{EG}，其计算公式为：

$$\gamma_{MS} = \frac{\dfrac{G_{MS}}{1 - X} - H}{1 - H} \qquad (3-22)$$

$$G_{MS} = \sum_{i=1}^{n} (s_i^k)^2 - \sum_{i=1}^{n} s_i^2 \qquad (3-23)$$

该指数具有与 EG 指数一样的特性。但是，这两个指标都是对同一产业内企业地理临近性（proximity）的度量，没有考虑不同产业之间的集中问题。

由于 γ_{EG} 指数和 γ_{MS} 指数具有一样的特性，因此这里仅展示我国 2007～2017

年制造业整体的 γ_{MS} 指数值。由表 3-7 可知，2007~2017 年，γ_{MS} 指数基本呈现下降态势，说明我国制造业集聚度有所下降，可见 γ_{EG} 指数和 γ_{MS} 指数的计算结果存在一定的相似性，只是 γ_{MS} 指数值普遍略高于 γ_{EG} 指数值。

表 3-7　　　　　　　　　　　制造业 γ_{MS} 指数值

项目	2007 年	2008 年	2009 年	2010 年	2011 年	2012 年	2013 年	2014 年	2015 年	2016 年	2017 年
制造业 γ_{MS}	0.1679	0.1370	0.0335	0.1207	0.0961	0.4849	0.0803	0.0585	0.1504	0.0447	0.0463

第四章　地区专业化统计分析

地区专业化是关系到区域协调发展以及经济高质量发展的一个重要问题，属于空间经济统计分析的内容，长期以来备受学者们的重视。地区专业化，就是"各个地区专门生产某种产品，有时是某一类产品甚至是产品的某一部分"。这种地区专业化是生产专业化的空间表现形式，是劳动地域分工不断深化的结果。随着经济一体化进程的不断加快以及市场经济机制逐渐完善，生产要素可以在地区间自由流动和自由配置，各地区可以按照各自的自然禀赋和市场需求进行专业化生产，区域分工不断深化，进而地区专业化现象日益突出。地区专业化现象引起了学者的广泛关注，也成为了新经济地理学以及区域、产业经济学的重要研究内容。伴随中国经济的快速发展，不同地区的产业结构进行了不同程度的调整，主要体现在地区的专业化和多样化方面，因此研究中国国民经济整体行业、工业与制造业的地区专业化程度以及变化趋势具有重要理论和实践意义。另外，中国作为制造业大国以及贸易大国，如何进一步加快我国产业布局调整和产业结构优化，进而提高我国产业的竞争力等，都是我国目前正在面对且急需解决的现实问题。因此，深入分析中国产业地区专业化特征及发展趋势，能够在产业和区域层面为加快中国各地区经济发展和产业结构调整提供相应的政策支持。

本章在做例证展示时，考虑到数据的可获得性以及真实性，分析中所用到的指标主要有 2008～2018 年中国各省份国民经济行业大类、工业部门细分行业以及制造业细分行业的总产值和从业人员数。具体分类及说明如下。

（1）国民经济行业分类。本章实证分析中涉及的国民经济行业大类数据，所采用的产业分类是根据国际标准产业分类即中华人民共和国国家标准《国民经济行业分类》（GB/T 4754—2017）中的分类标准，将产业分为 19 大类，分别为农、林、牧、渔业，采矿业，制造业，电力、热力、燃气及水生产供应业，建筑业，批发和零售业，交通运输、仓储和邮政业，住宿和餐饮业，信息运输、软件和信息技术服务业，金融业，房地产业，租赁和商务服务业，科学研究和技术服务业，水利、环境和公共设施管理业，居民服务、修理和其他服务业，教育，卫生和社会工作，文化、体育和娱乐业，公共管理、社会保障和社会组织。

（2）工业部门行业分类。根据《国民经济行业分类》（GB/T 4754—2017）标准，本章计算时用到的工业部门行业数据主要为两位数代码工业行业，具体说明如表4-1所示。

表4-1 工业行业分类

工业	采矿业	煤炭开采和洗选业，石油和天然气开采业，黑色金属矿采选业，有色金属矿采选业，非金属矿采选业，开采专业及辅助性活动，其他采矿业
	制造业	农副食品加工业，食品制造业，酒、饮料和精制茶制造业，烟草制品业，纺织业，纺织服装、服饰业，皮革、毛皮、羽毛及其制品和制鞋业，木材加工和木、竹、藤、棕、草制品业，家具制造业，造纸和纸制品业，印刷和记录媒介复制业，文教、工美、体育和娱乐用品制造业，石油、煤炭及其他燃料加工业，化学原料和化学制品制造业，医药制造业，化学纤维制造业，橡胶和塑料制品业，非金属矿物制品业，黑色金属冶炼和压延加工业，有色金属冶炼和压延加工业，金属制品业，通用设备制造业，专用设备制造业，汽车制造业，铁路、船舶、航空航天和其他运输设备制造业，电气机械和器材制造业，计算机、通信和其他电子设备制造业，仪器仪表制造业，其他制造业，废弃资源综合利用业，金属制品、机械和设备修理业
	电力、热力、燃气及水生产供应业	电力、热力生产和供应业，燃气生产和供应业，水的生产和供应业

（3）制造业部门行业分类。鉴于研究样本时间为2008~2018年，而2012年之前制造业有30个细分行业，2012年之后，制造业分行业中新增了金属制品、机械和设备修理业，并将之前的交通运输设备制造业又细分为汽车制造业、铁路、船舶、航空航天和其他两类，另外，还将橡胶制品业和塑料制品业合并为橡胶和塑料制品业。因此，为了统计口径的统一以及可比性，需对制造业的分行业数据进行处理，故本章节将2012年之前的橡胶制品业和塑料制品业合并为橡胶和塑料制品业，将2012年之后的汽车制造业以及铁路、船舶、航空航天和其他合并为交通运输设备制造业，同时将2012年之后的金属制品、机械和设备修理业舍去。基于以上数据处理，本章节所涉及到的制造业分行业数据均指处理后的30个制造业细分行业的数据。

本章计算演示中使用的样本数据为2008~2018年中国各省份相关数据，来源于2009~2019年的《中国统计年鉴》《中国工业统计年鉴》以及中国各省份统计年鉴。鉴于分行业数据的完整性，部分缺失数据作插补处理。

第一节　地区专业化概念

地区专业化（regional specialization），就是"各个地区专门生产某种产品，有时是某一类产品甚至是产品的某一部分"。这种地区专业化是生产专业化的空间表现形式，是劳动地域分工不断深化的结果。随着劳动地域分工的不断发展，不同的地方、地点、企业的职能向不同的方面发展，出现了专门生产这些或那些物质和精神财富的一定的专门化，产生了各自的经济特点，作为当地的自然、民族、历史等条件下形成的经济特点的补充。各地区按照各自的自然禀赋和市场需求进行专业化生产，可以带来明显的经济效益。一方面，由于各地区的自然、技术和经济等条件存在着差异，因此，在不同地区生产同一产品或同一地区生产不同产品，经济效果也不尽相同。例如，美国伊利诺伊州玉米的单位面积产量是亚拉巴马州的3倍多。另一方面，地区专业化有利于发挥机械化的效力，便于加强经营管理，提高劳动技能和劳动素质，广泛开展资源综合利用，充分利用规模经济和集聚经济，从而为最大限度地提高劳动生产效率提供了可能（魏后凯，1995）。

如前所述，地区专业化与产业空间集聚是相互联系的，它是产业集中在空间上的特殊表现，是产业活动在空间上的分离过程。因此，地区专业化也可以看成是某些产业在特定地区的集中程度。如果这些产业在特定地区的集中程度相当高，就说该地区的专业化特征明显。但是，在统计上，地区专业化与产业空间集聚是有差别的。地区专业化衡量的是特定地区中产业的分布情况，即以产业作为自变量；而产业空间集聚考察的是一个产业在空间上的分布情况，是以区域作为自变量的。

一般地讲，工业生产专业化主要有三种形式：一是对象专业化，指专门生产某种产品的专业企业，亦称成品专业化，如机床制造厂、飞机制造厂等；二是零部件专业化，指专门生产成品的个别零件或部件的工厂，如滚珠轴承厂、活塞厂等；三是阶段工艺专业化，指专门进行个别工艺过程或作业的工厂，如为机器制造厂专门生产毛坯的铸造厂和为纺织厂专门生产棉纱的工厂均属此类。与此相对应，地区专业化也可分为部门专业化、零部件专业化和阶段专业化三种形式。例如，汽车工业是由整车、零部件和车身三个专业化部门组成的。整车是大型专业化工厂，是发展汽车的先导部门；坯件、零部件生产多为中小企业，是汽车工业的基础部门；车身，由于它不具备独立性，从属于整车业和销售业。其表现在地区专业化上，有些地区主要从事汽车整车生产，有些地区则主要从事汽车的零部件生产。

从发展趋势看，地区产业分工和专业化的演变大体经历了三个阶段：第一个阶段为部门间分工，就是不同地区发展不同的产业。这种专业化为部门专业化，它是经济发展早期阶段的产业分工形式。第二个阶段为部门内分工，就是不同地区都在发展同一个产业部门，但其产品是不一样的。这种专业化为产品专业化。第三个阶段为产业链分工。也就是说，虽然很多地区都在生产同一产品，但是各个地区按照产业链的不同阶段和环节进行专业化分工。各个阶段地区分工与专业化的特点如表4-2所示。

表4-2　　　　　　　　　　地区分工和专业化的演变

阶段	分工类型	专业化形式	专业化特点
第一阶段	部门间分工	部门专业化	不同部门在空间上的分离
第二阶段	部门内分工	产品专业化	同一部门不同产品在空间上的分离
第三阶段	产业链分工	功能专业化	同一产品价值链的不同环节在空间上的分离

第二节　地区专业化统计分析方法与应用

一、地区专业化的度量

地区专业化具有多重均衡和不稳定的特征，其度量是一项十分复杂的工作。由于统计数据的限制，加上人们对专业化的认识还不一致，因此，到目前为止，国内外学术界并没有一个公认的权威测算方法。归纳起来，目前学术界常用的方法主要如下。

1. 衡量专业化的传统指标

衡量地区专业化的传统指标大体分为贸易指标和生产指标两类。国家和地区的专业化最终是通过贸易表达的，所以贸易指标是研究专业化最理想的指标（胡兆量等，1987）。然而，由于统计资料的限制，国内地区之间往往缺乏贸易方面的统计，一般多采用生产指标。从生产指标来看，主要有总值比重、人均产出等指标；从贸易指标来看，常用的主要有区域商品率和市场占有率等指标。

（1）生产总值比重，指某地区的生产总量（如总产量、总产值、增加值、销售额等）占全国甚至世界的比重。该指标既可用于产业部门分析，也可用于产品分析。它比较适合于地理分工比较明显、专业化比较突出的部门。其缺点是受地域规模的影响较大。

（2）人均产出指标，如人均产量、人均产值、人均增加值等。该指标可以消除地区规模大小的影响。其假定前提是，各地区的消费需求是一致的。然而，由于经济结构和生活习惯的差异，有许多产品在不同地区的消费需求并非一样的。

（3）区域商品率，指地区某种产品的净输出量占其生产总量的比重。该指标可以较好地反映产品的专业化程度，但它不能反映该产品在全国和地区经济中的地位。为此，在分析中，可以采用地区某产品输出量占全国该产品总输出量的比重和占本地区输出总量的比重两个指标作为补充。前者反映该产品在全国同类产品贸易中的地位，后者反映其在地区经济中的地位。区域商品率指标的最大缺陷就是它与地域规模大小有关。一般来讲，地域规模越小，其商品率越高。还需要指出的是，由于在商品贸易中存在着品种调剂的情况，因而在计算区域商品率时，必须使用净输出量，以剔除品种调剂的影响。

（4）市场占有率，指地区某种产品的销售量或销售额占全国该产品销售总量或总额的比重。该指标是衡量产品专业化和竞争力的重要指标，其缺点是受地域规模的影响较大。一般来讲，地域规模越大，其市场占有率就越大。为了消除地域规模的影响，可以采用绝对市场占有率除以其人口份额，以计算相对市场占有率指标。

由于统计资料的限制，现实问题分析时学者们大多采用生产指标，主要有总值比重、人均产出等指标。这里以中国制造业为例，计算 2008～2018 年中国 31 个省份制造业总产值占全国的比重，以衡量制造业的地区专业化程度以及变动情况，具体分析如下。

地区产业生产总值的绝对份额反映了该产业的地区专业化程度。

表 4-3 展示了 2008～2018 年中国制造业总产值占全国的比重以及变动。从中国四大地区制造业总产值占全国总产值的比重来看，2008 年东部地区制造业总产值占全国的比重高达 67.03%，东北地区占 7.43%，中部地区占 14.94%，西部地区占 10.58%，说明制造业在东部地区集聚程度较高，即东部地区制造业的专业化程度较高，且东部与其他地区间存在较大的差距。从 2008 年开始，东部地区制造业总产值占全国的比重呈下降趋势，东北地区先上升后下降，而广大中西部地区的比重持续上升。2008～2018 年，东部地区制造业的总产值占全国制造业总产值的份额减少了 3.78%；东北地区减少了 1.81%；中部地区增长了 10.20%；西部地区增加了 4.14%。从各省份制造业总产值占全国的比重来看，

2008 年排名前五的是江苏省、广东省、山东省、浙江省、上海市，2018 年排在前五位的是江苏省、广东省、山东省、河南省、浙江省，原本靠前的上海市已经退出了前五的行列，取而代之的是河南省。从全国来看，2008~2018 年，产业的绝对份额增长最快的是河南省，增长了 2.63%；其次是安徽省，为 2.61%。下降最快的是浙江省，下降了 2.65%，广东省次之，为 2.16%。东部地区制造业占全国的比重普遍下降，下降最快的三个地区分别为浙江省、上海市、广东省；中部地区除山西省存在较小程度下降外其他地区的绝对份额均增加并且趋势明显，增长最快的三个地区分别为河南省、安徽省、江西省；西部地区虽然在增加的同时伴随有减少，但总体上呈现上涨的趋势，其中广西壮族自治区和四川省的增长最为明显；东北地区整体有所下降。制造业生产总值比重的变动表明，我国制造业的总体空间布局发生了变化，东部地区的专业化程度明显下降，东部、东北地区的制造业已经向广大中西部地区转移。

表 4-3　　　　　　2008~2018 年中国制造业总产值占全国比重及变动　　　　单位:%

地区	2008 年	2009 年	2010 年	2011 年	2012 年	2013 年	2014 年	2015 年	2016 年	2017 年	2018 年	变动
北京	2.04	1.96	1.74	1.51	1.32	1.36	1.56	1.26	1.26	1.27	1.34	-0.70
天津	2.49	2.39	2.30	2.37	2.33	2.47	2.80	2.48	2.38	2.38	2.57	0.08
河北	4.05	4.30	4.28	4.56	9.50	4.30	4.80	4.03	4.04	4.19	4.66	0.61
上海	5.56	4.79	4.70	4.23	3.55	3.38	3.68	2.97	2.80	3.03	3.50	-2.06
江苏	14.13	13.41	14.25	13.88	13.34	13.98	14.87	14.14	14.16	14.63	16.26	2.13
广东	13.90	13.13	12.88	11.61	10.07	10.84	12.67	11.23	11.55	11.57	11.74	-2.16
山东	12.99	13.73	12.50	12.24	12.49	13.13	0.15	13.52	13.37	11.94	11.39	-1.60
浙江	8.46	7.66	7.49	6.78	6.09	6.06	6.92	5.82	5.74	5.39	5.81	-2.65
福建	3.19	3.17	3.25	3.38	3.09	3.28	4.00	3.63	3.75	3.88	5.79	2.60
海南	0.22	0.19	0.20	0.19	0.18	0.17	0.21	0.16	0.15	0.16	0.19	-0.03
东部地区	67.03	64.73	63.59	60.75	61.96	58.97	51.66	59.24	59.20	58.44	63.25	-3.78
辽宁	4.71	5.37	5.44	5.32	5.21	5.25	5.33	3.02	1.79	1.89	2.30	-2.41
吉林	1.67	1.86	1.90	2.05	2.11	2.20	3.25	2.11	2.11	2.19	2.45	0.78
黑龙江	1.05	1.03	1.04	1.03	0.92	1.08	1.14	0.89	0.84	0.82	0.87	-0.18
东北地区	7.43	8.26	8.38	8.40	8.24	8.53	9.72	6.02	4.74	4.90	5.62	-1.81
山西	1.35	1.03	1.07	1.11	0.99	0.95	0.97	0.68	0.67	0.68	0.75	-0.60
安徽	2.15	2.34	2.60	3.05	2.97	3.22	3.95	3.60	3.78	4.10	4.76	2.61
河南	4.71	4.84	4.93	5.52	5.27	5.79	7.17	6.68	7.04	6.92	7.34	2.63
湖北	2.77	2.91	3.20	3.50	3.61	4.02	4.80	4.29	4.38	3.98	4.28	1.51

续表

地区	2008 年	2009 年	2010 年	2011 年	2012 年	2013 年	2014 年	2015 年	2016 年	2017 年	2018 年	变动
湖南	2.29	2.80	2.75	3.20	3.01	3.26	3.76	3.42	3.51	3.74	4.27	1.98
江西	1.70	1.82	2.05	2.23	2.22	2.48	3.11	2.81	2.96	3.23	3.77	2.07
中部地区	**14.97**	**15.74**	**16.60**	**18.61**	**18.07**	**19.72**	**23.76**	**21.48**	**22.34**	**22.65**	**25.17**	**10.20**
内蒙古	1.30	1.48	1.37	1.43	1.27	1.35	1.43	1.17	1.20	1.29	0.75	-0.55
四川	2.90	3.24	3.26	3.51	3.08	3.36	3.97	3.50	3.57	3.76	4.25	1.35
广西	1.12	1.25	1.39	1.55	1.65	1.81	2.18	2.03	2.12	2.24	2.53	1.41
重庆	1.17	1.27	1.34	1.47	1.43	1.61	2.08	2.00	2.14	1.86	1.93	0.76
陕西	1.12	1.22	1.25	1.31	1.34	1.45	1.64	1.45	1.53	1.59	1.78	0.66
云南	0.90	0.87	0.84	0.84	0.85	0.87	0.97	0.79	0.79	0.86	1.01	0.11
甘肃	0.68	0.62	0.63	0.65	0.63	0.67	0.76	0.56	0.50	0.46	0.44	-0.24
贵州	0.47	0.46	0.43	0.50	0.48	0.57	0.75	0.75	0.82	0.76	0.76	0.29
新疆	0.53	0.49	0.54	0.58	0.57	0.63	0.54	0.56	0.56	0.63	0.62	0.09
宁夏	0.23	0.22	0.22	0.22	0.24	0.26	0.30	0.27	0.28	0.31	0.36	0.13
青海	0.15	0.14	0.14	0.17	0.17	0.18	0.22	0.19	0.21	0.23	0.28	0.13
西藏	0.01	0.01	0.01	0.01	0.01	0.01	0.01	0.01	0.01	0.01	0.01	0.00
西部地区	**10.58**	**11.27**	**11.42**	**12.24**	**11.72**	**12.77**	**14.85**	**13.28**	**13.73**	**14.00**	**14.72**	**4.14**

2. 区位商与集中系数

区位商也称专业化率，是长期以来得到广泛应用的衡量地区专业化的重要指标。它是某地区某工业部门在全国该工业部门的比重与该地区整个工业占全国工业比重之比。在分析指标的选择上，最初人们一般使用就业指标，后来由于研究的需要和数据的限制，也大量使用生产量、总产值、净产值、增加值、销售收入等指标。该指标既可用于产品分析，也可用于行业分析。在应用领域上，目前区位商分析已由工业部门扩展到农业和第三产业，由传统的专业化分析扩展到产业竞争力分析上。而且，其应用范围还在不断拓展。区位商的计算公式为：

$$LQ_{ij} = \frac{L_{ij}}{L_i} \Big/ \frac{L_j}{L} = \frac{L_{ij}}{L_j} \Big/ \frac{L_i}{L} \qquad (4-1)$$

其中，LQ_{ij} 为区位商或专业化率；L_{ij} 为 i 地区 j 部门的就业人数；L_i 为 i 地区的总就业人数；L_j 为全国 j 部门的就业人数；L 为全国的总就业人数。

一般认为，如果 $LQ_{ij} > 1$，表明该部门的产品除区内消费外，还可以向外输出，属于专业化部门；若小于1，表明该部门的产品不能满足区内需要，需要从区外调入，属于非专业化部门；若等于1，表明该部门产品供需平衡。所以只有

LQ_{ij} 值大于 1 的部门才能构成地区的专业化部门。LQ_{ij} 值越大，说明该部门的专业化程度越高；反之亦然。

如果对区位商进行适当的变换，以人口分布作为参照，就可以得到集中系数。该系数是区域某产业的人均产出与全国相应产业的人均产出之比。其计算公式为：

$$CC_{ij} = \frac{Q_{ij}}{P_i} \bigg/ \frac{Q_j}{P} = \frac{Q_{ij}}{Q_j} \bigg/ \frac{P_i}{P} \qquad (4-2)$$

其中，CC_{ij} 为 i 地区 j 产业的集中系数；Q_{ij} 为 i 地区 j 产业的产出；P_i 为 i 地区的人口；Q_j 为全国 j 产业的产出；P 为全国总人口。如果系数值大于 1，说明该产业比较集中，属于专业化部门。

显然，无论是区位商还是集中系数，都是一个相对指标，不能反映该产业在全国和地区经济中的地位。同时，该指标的重要假定前提是，各地区具有大体一致的消费需求结构。若非如此，就不能以 1（也许是 1.1 或 1.2）作为判断专业化的标准。

这里以制造业为例，计算 2008～2018 年中国 31 个省份的区位商，以分析中国制造业的地区专业化程度，具体结果如表 4-4 所示。

表 4-4　　　　　　　　　　2008～2018 年中国制造业区位商

地区	2008 年	2009 年	2010 年	2011 年	2012 年	2013 年	2014 年	2015 年	2016 年	2017 年	2018 年
福建	1.73	1.72	1.71	1.67	1.64	1.35	1.31	1.27	1.25	1.21	1.25
江苏	1.54	1.54	1.58	1.54	1.55	1.27	1.33	1.37	1.39	1.39	1.40
浙江	1.53	1.47	1.43	1.33	1.24	1.15	1.11	1.09	1.09	1.14	1.18
广东	1.47	1.51	1.53	1.48	1.48	1.79	1.79	1.79	1.79	1.80	1.83
上海	1.35	1.31	1.29	1.32	1.41	1.18	1.11	1.08	1.05	1.04	1.04
山东	1.34	1.32	1.30	1.25	1.27	1.17	1.17	1.20	1.21	1.22	1.25
天津	1.29	1.30	1.31	1.48	1.49	1.39	1.40	1.34	1.27	1.11	1.10
辽宁	1.02	1.03	1.00	1.02	1.01	0.90	0.87	0.87	0.86	0.86	0.92
河南	0.76	0.76	0.76	0.81	0.89	1.00	1.06	1.12	1.16	1.19	1.00
江西	0.86	0.85	0.86	0.90	0.95	0.97	1.00	1.03	1.10	1.08	1.01
湖北	0.85	0.88	0.97	1.01	0.96	0.94	0.95	0.95	0.95	0.92	0.89
吉林	0.77	0.80	0.82	0.82	0.81	0.90	0.90	0.92	0.93	0.88	0.84
安徽	0.70	0.71	0.73	0.73	0.74	0.80	0.82	0.84	0.86	0.88	0.97
重庆	0.82	0.83	0.84	0.83	0.83	0.74	0.75	0.77	0.79	0.78	0.84
陕西	0.88	0.84	0.80	0.76	0.75	0.74	0.72	0.73	0.73	0.75	0.77
河北	0.82	0.84	0.83	0.83	0.84	0.79	0.78	0.78	0.78	0.73	0.74

续表

地区	2008 年	2009 年	2010 年	2011 年	2012 年	2013 年	2014 年	2015 年	2016 年	2017 年	2018 年
湖南	0.71	0.74	0.75	0.83	0.81	0.77	0.76	0.75	0.70	0.73	0.72
四川	0.80	0.79	0.78	0.81	0.81	0.83	0.76	0.72	0.69	0.71	0.67
云南	0.66	0.70	0.65	0.64	0.64	0.60	0.60	0.58	0.58	0.58	0.61
宁夏	0.66	0.65	0.64	0.62	0.57	0.60	0.62	0.62	0.63	0.67	0.60
山西	0.67	0.65	0.65	0.60	0.58	0.54	0.53	0.53	0.54	0.57	0.59
青海	0.60	0.62	0.67	0.70	0.68	0.64	0.62	0.62	0.61	0.61	0.59
广西	0.71	0.71	0.71	0.70	0.72	0.69	0.68	0.67	0.66	0.64	0.57
甘肃	0.68	0.72	0.65	0.60	0.57	0.53	0.49	0.48	0.47	0.46	0.49
内蒙古	0.57	0.55	0.54	0.54	0.56	0.54	0.54	0.56	0.55	0.49	0.49
新疆	0.36	0.37	0.37	0.38	0.38	0.37	0.40	0.39	0.41	0.40	0.44
贵州	0.63	0.61	0.59	0.58	0.63	0.54	0.50	0.49	0.47	0.47	0.42
黑龙江	0.63	0.60	0.52	0.50	0.48	0.48	0.47	0.47	0.45	0.42	0.41
北京	0.60	0.58	0.56	0.55	0.54	0.48	0.46	0.42	0.40	0.39	0.38
海南	0.34	0.34	0.35	0.35	0.38	0.37	0.33	0.31	0.29	0.29	0.30
西藏	0.14	0.13	0.13	0.10	0.09	0.12	0.12	0.12	0.11	0.10	0.10

表 4 - 4 展示了 2008～2018 年中国各省份制造业的区位商，不难发现，2008～2018 年，区位商数值全部大于 1 的省份有 7 个，分别为福建省、江苏省、浙江省、广东省、上海市、山东省和天津市，这些省份均属于东部地区，因此，可以看出中国东部地区的制造业专业化程度较高，已形成产业集聚，即在东部地区，中国制造业除供给本区域内消费以外，还可以向其他各地区输出，属于专业化部门，这也是样本年份内东部地区制造业向中西部地区转移的重要原因。然而，北京市制造业的区位商小于 1，尚未达到专业化生产的临界值。究其原因，可能与北京城市功能的定位有关，在京津冀协同发展规划的总要求中，北京市被定位为"全国政治中心、文化中心、国际交往中心、科技创新中心"。这说明制造业已不再是北京重点发展的领域，虽然北京地区的制造业区位商还未达到 1，整体上还未形成产业集聚，但也许制造业中的某些具体行业已经达到专业化的程度。另外，中西部地区制造业的区位商大多数都小于 1，尤其是西部地区全部小于 1，说明中西部区域制造业部门生产的产品不仅不能满足自己本区域内的需要，而且还要从区域外调入，属于非专业化部门，所以近些年西部地区成为了制造业承接的主战场。同时，辽宁省、江西省和河南省等中部地区某些年份的制造业区位商等于 1，说明制造业部门在该地区生产的产品供需平衡，既不需要区域内转出，也不需要区域外调入。综上分析可知，中国东部地区的制造业专业程度

最高，集聚程度较高，中部地区次之，西部地区最低。

集中系数的计算是在区位商基础之上，以人口分布作为参照进行适当的变换得到的。这里以 2008～2018 年中国制造业为例，计算其集中系数，分析中国制造业的专业化程度。具体计算结果如表 4－5 所示。

表 4－5　　　　　　　　　2008～2018 年中国制造业集中系数

地区	2008 年	2009 年	2010 年	2011 年	2012 年	2013 年	2014 年	2015 年	2016 年	2017 年	2018 年
上海	3.41	2.87	2.72	2.41	2.01	1.90	2.07	1.68	1.60	1.74	2.02
江苏	2.39	2.27	2.42	2.36	2.27	2.39	2.55	2.43	2.44	2.53	2.82
天津	2.78	2.58	2.36	2.34	2.22	2.27	2.51	2.19	2.10	2.12	2.30
浙江	2.13	1.92	1.83	1.66	1.50	1.49	1.71	1.44	1.42	1.32	1.42
山东	1.81	1.92	1.74	1.70	1.74	1.83	0.02	1.88	1.85	1.66	1.58
广东	1.85	1.72	1.65	1.48	1.28	1.38	1.61	1.42	1.45	1.44	1.44
福建	1.15	1.15	1.17	1.22	1.11	1.18	1.43	1.30	1.34	1.38	2.05
北京	1.51	1.39	1.18	1.00	0.86	0.87	0.99	0.80	0.80	0.81	0.87
辽宁	1.44	1.64	1.66	1.63	1.60	1.62	1.65	0.94	0.56	0.60	0.74
河北	0.76	0.81	0.79	0.84	1.76	0.79	0.89	0.74	0.75	0.77	0.86
吉林	0.80	0.90	0.92	1.00	1.03	1.08	1.61	1.05	1.07	1.12	1.26
河南	0.66	0.68	0.70	0.79	0.76	0.83	1.04	0.97	1.02	1.01	1.07
湖北	0.64	0.67	0.75	0.81	0.84	0.94	1.12	1.00	1.03	0.94	1.01
江西	0.51	0.54	0.61	0.67	0.67	0.74	0.93	0.84	0.89	0.97	1.13
安徽	0.46	0.51	0.58	0.69	0.67	0.72	0.89	0.80	0.84	0.91	1.05
内蒙古	0.70	0.79	0.74	0.77	0.69	0.73	0.78	0.64	0.66	0.71	0.41
重庆	0.54	0.59	0.62	0.68	0.65	0.74	0.95	0.91	0.97	0.84	0.87
山西	0.52	0.40	0.40	0.41	0.37	0.36	0.36	0.26	0.25	0.26	0.28
湖南	0.47	0.58	0.56	0.65	0.61	0.66	0.76	0.69	0.71	0.76	0.86
四川	0.47	0.52	0.54	0.58	0.51	0.56	0.67	0.58	0.60	0.63	0.71
宁夏	0.48	0.47	0.47	0.46	0.50	0.55	0.62	0.55	0.57	0.63	0.74
陕西	0.40	0.43	0.45	0.47	0.48	0.52	0.59	0.52	0.55	0.57	0.64
黑龙江	0.36	0.36	0.36	0.36	0.32	0.38	0.41	0.32	0.30	0.30	0.32
青海	0.37	0.34	0.34	0.39	0.39	0.43	0.50	0.44	0.48	0.54	0.64
海南	0.34	0.30	0.31	0.29	0.27	0.26	0.31	0.25	0.23	0.24	0.29
新疆	0.32	0.30	0.33	0.35	0.35	0.38	0.32	0.32	0.32	0.35	0.35
甘肃	0.35	0.32	0.33	0.34	0.33	0.35	0.40	0.30	0.27	0.24	0.24
广西	0.31	0.34	0.40	0.45	0.48	0.52	0.63	0.58	0.60	0.64	0.72
云南	0.26	0.25	0.24	0.24	0.25	0.25	0.28	0.23	0.23	0.25	0.29
贵州	0.17	0.17	0.16	0.19	0.19	0.22	0.29	0.29	0.32	0.29	0.30
西藏	0.03	0.03	0.03	0.03	0.03	0.03	0.04	0.04	0.04	0.05	0.05

表4-5展示了2008~2018年中国各省份制造业的集中系数，从计算结果上看，集中系数值与中国各省份制造业的区位商数值较为相似。具体来说，从整体上，系数值大于1的省份多数为东部和中部地区，说明东部、中部地区的制造产业比较集中，属于专业化部门。上海市、江苏省、天津市和浙江省的集中系数大多在2以上，表明这些地区的制造业专业化程度相对较高。同时，西部地区制造业的集中系数较小，揭示了西部地区制造产业比较分散，还未形成制造业产业集聚的格局，制造产业专业化程度较低。但从时间趋势上看，大多数东中部地区的集中系数呈现逐年下降的趋势，而西部地区出现上升的态势，说明东部、中部地区的制造业逐渐向西部地区转移。

综上分析可知，无论是区位商还是集中系数，都是一个相对指标，均反映了制造业在中国各省份的专业化程度。通过计算2008~2018年中国各省份制造业的区位商和集中系数，比较分析得出了一致的结论：2008~2018年，中国东部地区的制造业专业化程度相对较高，中部地区次之，西部地区最低，且随着时间的推移，东部地区的制造业专业化集聚程度逐渐下降，而中西部呈现上升趋势。这说明近些年东部地区的制造业逐渐向中西部转移，尤其是西部地区成为承接制造业转移的主战场。

3. 产业集中度指标

借用产业组织理论中的集中度指标，可考察地区的总体专业化程度。主要有 SCR_n 指数和 $SHHI$ 指数两个指标。

（1）SCR_n 指数。该指标主要是借用产业集中率来衡量地区前几位产业所占的份额大小。其计算公式为：

$$SCR_n = \sum_{k=1}^{n} s_k \qquad (4-3)$$

其中，s_k 为前 n 个产业所占的就业份额，为某地区产业的就业数占地区总就业数的比重；n 为按从高到低排列的前几位产业数，一般取值1、4或8。如果将各产业的就业份额从大到小排列，SCR_n 为前 n 位产业的就业份额之和。例如，SCR_4 为地区前4位产业的就业份额之和，由此来考察地区的总体专业化程度。若 SCR_n 数值较大，则表示地区的总体生产专业化程度较高，该地区就业岗位的提供主要来源于少数几个产业。该方法计算较为简便，但它不能确定哪些产业属于专业化部门，而且其数值因 n 取值的不同而不同。

（2）$SHHI$ 指数。该指标来源于赫芬达尔指数，主要用于衡量地区产业的总体专业化程度。其计算公式为：

$$SHHI = \sum_{k=1}^{n} s_k^2 \qquad (4-4)$$

其中，n 为地区的全部产业数。$SHHI$ 值在 $1/n \sim 1$ 之间变动。若 $SHHI$ 值为 $1/n$，表示地区产业高度多样化；若 $SHHI$ 值为 1，表示地区产业集中在一个部门。其值越大，表示地区的产业结构越不均衡，地区专业化程度越高。但是，$SHHI$ 值并没有确切的含义，只能衡量地区的相对专业化程度。

（3）区域熵指数（entropy index）。与 $SHHI$ 强调规模大的产业不同，区域熵指数以产业份额 s_k 的对数为权值，比较强调规模小的产业的权数。其计算公式为：

$$SE = \sum_{k=1}^{n} s_k \log_2 s_k^{-1} \qquad (4-5)$$

SE 值在 $0 \sim \log_2 n$ 之间变动。其值越小，越趋近于零，表示地区专业化的程度越高。

对 SE 进行适当的转换，可以得到相对熵指数 RSE。其计算公式为：

$$RSE = \frac{SE}{\log_2 n} = \frac{\sum\limits_{k=1}^{n} s_k \log_2 s_k^{-1}}{\log_2 n} \qquad (4-6)$$

RSE 值在 $0 \sim 1$ 之间变动。其值越小，表示地区的专业化程度越高。与 SCR_n 和 $SHHI$ 一样，无法了解 SE 指标数值大小所代表的含义。

【SCR_n 指数算例】

以 2018 年中国国民经济行业为例，这里通过计算 SCR_4（即中国各地区前 4 位产业的就业份额之和）来探讨每个地区的总体专业化程度。考虑到数据的可获得性，本部分采用国际标准产业分类即中华人民共和国国家标准（GB/T 4754—2017）《国民经济行业分类》中的分类标准，将产业分为 19 大类。首先，标记出中国各省份 19 大类产业中就业人数位于前 4 的产业，然后计算每个地区前 4 个产业所占的就业份额之和。计算结果如表 4-6 所示。

表 4-6　　　　　　　　　　　2018 年中国各省份 SCR_n 指数

地区	SCR_4 指数	地区	SCR_4 指数	地区	SCR_4 指数
河　南	0.95	重　庆	0.63	吉　林	0.54
江　苏	0.75	四　川	0.62	宁　夏	0.54
福　建	0.73	广　西	0.62	青　海	0.52
西　藏	0.73	湖　北	0.61	辽　宁	0.51

续表

地区	SCR_4 指数	地区	SCR_4 指数	地区	SCR_4 指数
浙 江	0.71	山 西	0.61	天 津	0.51
江 西	0.70	云 南	0.61	内蒙古	0.50
安 徽	0.67	甘 肃	0.60	黑龙江	0.48
广 东	0.65	河 北	0.59	海 南	0.45
山 东	0.65	新 疆	0.59	北 京	0.38
湖 南	0.64	上 海	0.55	——	——
贵 州	0.63	陕 西	0.55	——	——

表 4-6 展示了 2018 年中国各省份的产业集中率，并将其计算结果按降序的顺序排列。可以发现，河南省的 SCR_4 指数数值最大，为 0.95，说明河南省的总体生产专业化程度较高，该地区就业岗位的提供主要来源于少数几个产业。而北京市的 SCR_4 指数数值最小，仅为 0.38，说明北京地区的总体生产专业化程度较低，国民经济生产部门较为广泛，具有综合性特征，该地区的生产活动不只集中在几个产业部门，就业岗位的来源分布较广，是一个多样化发展的城市，这也符合对北京市功能性城市的定位。通过分析可知，该方法虽然计算较为简便，但它只能看出某一地区的总体生产专业化程度，不能确定具体哪些产业属于专业化部门，不能进行分行业分析，而且其数值因 n 取值的不同而不同。

【$SHHI$ 指数算例】

本部分计算中国各省份的 $SHHI$ 指数时，为保持全书口径的统一以及使结果具有可比性，计算过程中用到的产业划分与前面计算 SCR_n 指数的划分标准一样，均将国民经济行业划分为 19 大类，即每个地区均有 19 个产业部门。具体计算结果如表 4-7 所示。

表 4-7 　　　　　　　　　2018 年中国各省份 $SHHI$ 指数

地区	$SHHI$ 指数	地区	$SHHI$ 指数	地区	$SHHI$ 指数
河 南	0.29	湖 南	0.12	青 海	0.11
西 藏	0.24	湖 北	0.12	辽 宁	0.10
广 东	0.22	贵 州	0.12	吉 林	0.10
江 苏	0.21	四 川	0.11	宁 夏	0.10
福 建	0.19	上 海	0.11	陕 西	0.10
浙 江	0.18	山 西	0.11	内蒙古	0.09
山 东	0.14	天 津	0.11	黑龙江	0.09
江 西	0.14	广 西	0.11	海 南	0.08

续表

地区	SHHI 指数	地区	SHHI 指数	地区	SHHI 指数
安　徽	0.14	河　北	0.11	北　京	0.07
重　庆	0.13	甘　肃	0.11	—	—
新　疆	0.12	云　南	0.11	—	—

表 4-7 展示了 2018 年中国各省份的 SHHI 指数值，并按降序顺序排列。从整体上看，SHHI 指数值均在 1/19（0.05）到 1 之间变动。分地区来看，北京市的 SHHI 指数值最小，为 0.07，非常接近 1/19，说明北京地区的产业专业化程度较低，也就是该地区产业高度多样化，产业结构较均衡。同样地，我们发现河南省的 SHHI 指数值相对较高，说明河南省的地区产业化程度较高，该地区的产业结构相对不均衡，产业只集中在某几个部门。综上分析可知，这里计算出的 SHHI 指数与前面计算出的 SCR_n 指数结果含义极为相似，且得出的结论一致，两者计算结果均表明河南省的地区生产专业化程度较高，北京市的最低。其实得出一致的结论也不足为奇，因为 SHHI 指数和 SCR_n 指数都是衡量地区产业的总体专业化程度的指标，且计算过程中划分的产业部门也是一致的。但两个指标均只能衡量地区的相对专业化程度，而不能够确定具体哪些行业属于专业化产业部门。

【区域熵指数（SE）算例】

区域熵指数与 SHHI 指数的不同是区域熵指数以产业份额 s_k 的对数为权值，比较强调规模小的产业的权数，而 SHHI 指数重在强调规模大的产业。

表 4-8 展示了 2018 年中国各省份的 SE 指数值，并按升序顺序排列。从整体数值上看，SE 指数值在 $0 \sim \log_2 19$（4.25）之间变动，且变动幅度微小。分地区来看，西藏和江苏的 SE 指数值相对较小，但并没有小到趋近于 0，因而这两个地区的专业化程度相对高些。然而，北京的 SE 指数值较高，达到 3.92，接近于 $\log_2 19$（4.25），说明北京的地区专业化程度相对较低，这一结论也与前面通过计算 SCR_n 和 SHHI 指数得出的结论相吻合。

表 4-8　　　　　2018 年中国各省份区域熵（SE）指数

地区	SE 指数	地区	SE 指数	地区	SE 指数
西　藏	2.90	山　西	3.52	宁　夏	3.70
江　苏	2.92	湖　北	3.52	陕　西	3.71
广　东	3.07	广　西	3.52	辽　宁	3.72
福　建	3.07	四　川	3.53	河　南	3.73
浙　江	3.10	新　疆	3.54	吉　林	3.73
江　西	3.28	河　北	3.57	内蒙古	3.77

续表

地区	SE 指数	地区	SE 指数	地区	SE 指数
安 徽	3.34	上 海	3.59	黑龙江	3.83
山 东	3.36	甘 肃	3.60	海 南	3.85
重 庆	3.45	云 南	3.61	北 京	3.92
湖 南	3.46	青 海	3.62	—	—
贵 州	3.50	天 津	3.66	—	—

【相对熵指数（RSE）算例】

相对熵指数（RSE）是对区域熵（SE）指数进行适当的转换得到的。这里以 2018 年中国各省份国民经济行业为例，计算其相对熵指数。具体结果如表 4 – 9 所示。

表 4 – 9 　　　　　　　　2018 年中国各省份相对熵（RSE）指数

地区	RSE 指数	地区	RSE 指数	地区	RSE 指数
西 藏	0.68	山 西	0.83	宁 夏	0.87
江 苏	0.69	湖 北	0.83	陕 西	0.87
广 东	0.72	广 西	0.83	辽 宁	0.88
福 建	0.72	四 川	0.83	河 南	0.88
浙 江	0.73	新 疆	0.83	吉 林	0.88
江 西	0.77	河 北	0.84	内蒙古	0.89
安 徽	0.79	上 海	0.84	黑龙江	0.90
山 东	0.79	甘 肃	0.85	海 南	0.91
重 庆	0.81	云 南	0.85	北 京	0.92
湖 南	0.81	青 海	0.85	—	—
贵 州	0.82	天 津	0.86	—	—

表 4 – 9 展示了 2018 年中国各省份的 RSE 指数值，并按升序顺序排列。从计算公式上看，RSE 指数的计算是在 SE 指数计算基础上的转换，所以其计算结果所代表的含义并没有改变。从整体数值上看，RSE 指数值在 0 ~ 1 之间变动。其值越小，表示地区的专业化程度越高。分地区来看，西藏和江苏的 RSE 指数值相对较小，说明这两个地区的专业化程度相对较高，产业结构相对较为均衡。而北京的 RSE 指数值达到 0.92，接近于 1，表明北京的地区专业化程度较低，产业高度多样化，这也与前面得出的结论相一致。

通过以上计算以及结果分析可以发现，SE 和 RSE 指数与 SCR_n 和 $SHHI$ 指数一样，都是衡量地区专业化程度的相对指标，只是测度了某一地区的总体专业化水平，其指标数值具体大小所代表的含义无法了解，而且也不能确定具体哪些产业属于专业化部门。

4. 部门内贸易指数

该指数是衡量部门内分工和专业化的重要指标。既可用于分析国家之间的专业化，也可用于分析国内地区之间的专业化。其计算公式为：

$$A_i = 1 - \frac{|X_i - M_i|}{X_i + M_i} \qquad (4-7)$$

其中，X_i 为某地区 i 产品的输出额；M_i 为该地区 i 产品的输入额；A_i 为产品的部门内贸易指数。A_i 在 $0 \sim 1$ 之间变动。A_i 值越大，表明部门内分工和专业化越深化，部门内贸易越发达；反之，则越不发达。从一个地区的角度看，部门内贸易指数可由各种产品的部门内贸易指数加权平均求得，其计算公式为：

$$A = 1 - \frac{\sum_{i=1}^{n} |X_i - M_i|}{\sum_{i=1}^{n} X_i + \sum_{i=1}^{n} M_i} \qquad (4-8)$$

其中，n 为地区产品的种类。

由于缺乏统计数据，采用该方法来研究地区专业化还比较困难。

鉴于数据的可获得性，本部分以北京市 2008～2018 年高新技术产品、机电产品、医疗仪器及器械和汽车零件产品四部门为例，计算其部门内贸易指数，进一步分析部门分工以及专业化程度。具体计算结果如表 4-10 所示。

表 4-10　　　　　　　北京市 2008～2018 年四部门内贸易指数 A_i

年份	高新技术产品	机电产品	医疗仪器及器械	汽车零件
2008	0.88	0.80	0.68	0.64
2009	0.85	0.74	0.61	0.58
2010	0.83	0.68	0.54	0.50
2011	0.73	0.63	0.49	0.44
2012	0.78	0.68	0.44	0.45
2013	0.82	0.70	0.43	0.61
2014	0.78	0.65	0.45	0.63
2015	0.70	0.65	0.48	0.63
2016	0.61	0.59	0.43	0.58
2017	0.60	0.60	0.41	0.50
2018	0.71	0.64	0.36	0.49

表 4-10 展示了北京市 2008～2018 年高新技术产品、机电产品、医疗仪器

及器械和汽车零件产品四部门内的贸易指数 A_i。从整体上看，各产品的部门内贸易指数均在 0 ~ 1 之间变动。从时间趋势上看，2008 ~ 2012 年呈现递减的态势，产品的部门内贸易指数越小，表明部门内分工和专业化程度越低，部门内贸易越不发达。究其原因，可能是由于 2008 ~ 2012 年处于后金融危机阶段，受到了 2008 年全球金融危机的影响，导致此阶段部门内贸易不够发达。然而，到 2013 年，各产品的部门类贸易指数均有微小的上升，随后年份又出现轻微下降，总的来说，2008 ~ 2018 年整体变动趋势是下降的。从产品部门来看，2008 ~ 2018 年，高新技术产品的部门内贸易指数 A_i 数值是最大的，说明高新技术产品部门内分工和专业化相对较为深化，其部门内贸易比较发达。其次是机电产品和汽车零件产品部门，最低的是医疗仪器及器械产品部门，表明其部门内贸易相对较不发达。即高新技术产品贸易指数 A_i > 机电产品贸易指数 A_i > 汽车零件产品贸易指数 A_i > 医疗仪器及器械部门贸易指数 A_i。

5. 地区结构差异指标

自克鲁格曼（2000）采用两个地区之间的结构差异指数来衡量地区分工和专业化程度以来，这种方法日益流行起来。概括起来，主要有如下流行的方法。

（1）克鲁格曼专业化指数。 该指数由克鲁格曼（2000）在《地理与贸易》一书中首先提出。主要是考察两个地区之间的结构差异性程度。其计算公式为：

$$GSI = \sum_{k=1}^{n} |s_{ik} - s_{jk}| \qquad (4-9)$$

其中，GSI 为克鲁格曼专业化指数；s_{ik} 为地区 i 产业 k 在所有制造业就业中的份额；s_{jk} 为地区 j 产业 k 在所有制造业就业中的份额；n 为全部制造业部门数。

在分析中，可以将 s_{jk} 换成 s_k，即全国产业在所有制造业就业中的份额，由此可以考察地区与全国平均之间的结构差异性。其计算公式为：

$$GSI_1 = \sum_{k=1}^{n} |s_{ik} - s_k| \qquad (4-10)$$

GSI 值在 0 ~ 2 之间变动。如果两个地区有相同的行业结构，GSI 值为 0；如果两个地区的行业结构完全不一致，GSI 值为 2。因此，该指数可以衡量地区结构差异，进而衡量地区分工和专业化的程度。GSI 值越大，说明地区专业化程度越高。

（2）地区专业化系数。 该系数是从区位商方法中衍生出来的一种专业化指数，目前应用较为广泛。该指数实际上是由克鲁格曼专业化指数除以 2 得到。其

计算公式为：

$$CS = \frac{1}{2} \sum_{k=1}^{n} | s_{ik} - s_k | \qquad (4-11)$$

CS 值在 $0 \sim 1$ 之间变动。在分析中，既可以采用就业数据，也可以采用总产值、增加值或销售额数据。

（3）专业化偏差指数。沿着克鲁格曼的思路，有的学者将所有地区分成两组，即所考察的地区和其他地区。其他地区也称为风险分担组（risk sharing group），它是所考察地区的竞争对手。由此可以构筑一个专业化偏差指数，包括平方偏差指数（square deviations index）和绝对离（偏）差指数（absolute deviations index）。

$$SDI = \sum_{k=1}^{N} \left(\frac{VA_i^k}{VA_i} - \frac{1}{J-1} \sum_{i \neq j} \frac{VA_j^k}{VA_j} \right)^2 \qquad (4-12)$$

$$ADI = \sum_{k=1}^{N} \left| \frac{VA_i^k}{VA_i} - \frac{1}{J-1} \sum_{i \neq j} \frac{VA_j^k}{VA_j} \right| \qquad (4-13)$$

其中，N 为制造业部门数量；J 为其他地区的数量；VA_i^k 为地区 i 部门的增加值；VA_i 为地区 i 的全部制造业增加值；VA_j^k 为其他地区部门的增加值；VA_j 为其他地区的全部制造业增加值；SDI 为平方偏差指数；ADI 为绝对离（偏）差指数。

【克鲁格曼专业化指数（GSI）算例】

克鲁格曼专业化指数主要考察两个地区之间的结构差异性程度。限于篇幅，本部分拟以北京、天津、上海制造业分行业相关数据为基础，分别计算出北京与天津、北京与上海以及天津与上海的克鲁格曼专业化指数，以进一步分析两个地区之间的结构差异性程度，进而衡量地区分工和专业化程度。具体计算结果如表 4-11 所示。

表 4-11　　北京、天津和上海（2008~2018 年）GSI（地区）指数

年份	GSI（北京、天津）	GSI（北京、上海）	GSI（天津、上海）
2008	0.340873	0.417627	0.317827
2009	0.388237	0.449833	0.328202
2010	0.365431	0.424467	0.312979
2011	0.387816	0.432071	0.354731
2012	0.421506	0.459339	0.364126
2013	0.549409	0.479728	0.402888
2014	0.549502	0.512147	0.452232
2015	0.542180	0.503918	0.439508
2016	0.539876	0.522886	0.438625

续表

年份	GSI（北京、天津）	GSI（北京、上海）	GSI（天津、上海）
2017	0.474172	0.529026	0.355588
2018	0.530233	0.528045	0.380156
2008~2018	0.189360	0.110418	0.062330

表4-11展示了2008~2018年北京与天津、北京与上海以及天津与上海的GSI指数值及变动情况。从GSI数值大小上来看，北京、天津、上海2008~2018年的GSI值均在0.5上下波动，理论上来说，GSI值在0~2之间变动，因此可以判断出北京、天津、上海地区间的分工以及专业化程度总体上是较低的。接下来从北京与天津、北京与上海以及上海与天津三对地区进行比较分析。从时间趋势上看，2008~2018年，整体变动趋势是上升的。具体来说，2018年与2008年相比，北京与天津的GSI指数增加了0.189360，北京与上海的GSI指数增加了0.110418，天津与上海的GSI指数增加了0.062330，表明两地区间的专业化程度总体上越来越高。从分地区上看，北京与上海、北京与天津的GSI指数值比天津与上海的相对较大，说明北京和上海两个地区的行业结构差异相对较大，北京和天津两个地区间的结构差异也较为明显，而天津与上海的GSI值相对较小，表明这两个地区的行业结构较为相似，地区专业化程度较低。

【克鲁格曼专业化指数（GSI_1）算例】

前面计算了GSI指数，其主要是考察两个地区之间的结构差异性程度，本部分将进一步计算GSI_1指数，即在GIS指数计算公式基础上将s_{jk}换成s_k而得到，以用此指数来考察某一地区与全国平均之间的结构差异性，进而衡量地区的分工和专业化程度。这里仍以北京、天津以及上海为例，来考察其地区分别与全国平均水平的结构差异。具体计算结构如表4-12所示。

表4-12　　北京、天津和上海（2008~2018年）GSI_1（全国）指数

年份	GSI_1（北京、全国）	GSI_1（天津、全国）	GSI_1（上海、全国）
2008	0.449509	0.435257	0.437247
2009	0.438532	0.461859	0.451727
2010	0.451652	0.444214	0.433331
2011	0.499330	0.462460	0.458191
2012	0.513829	0.459339	0.469385
2013	0.531954	0.479728	0.483694
2014	0.562187	0.512147	0.512587
2015	0.579879	0.572379	0.502889

年份	GSI_1（北京、全国）	GSI_1（天津、全国）	GSI_1（上海、全国）
2016	0.612774	0.502695	0.514638
2017	0.629480	0.444387	0.501333
2018	0.618028	0.478776	0.504597
2008～2018	0.168519	0.043518	0.067350

表4-12展示了2008～2018年北京、天津和上海的GSI_1（全国）指数值及变动情况。从时间上来看，随着时间的推移，北京、天津和上海的GSI_1数值是不断增大的，且北京的增加幅度最大，上海次之，天津最小，说明北京地区与全国平均水平的行业结构差异较大，该地区的专业化程度相对较高。分地区来看，可以看出北京市的GSI_1值较上海与天津的相对大些，同样表明了北京的地区分工和专业化水平较高，产业结构与全国平均水平之间差异较明显，具有独特的地区特色，地区专业化特征较显著。反之，天津与上海的GSI_1（全国）指数值相对较小，说明该地区与全国平均之间的行业结构较为相似，其专业化程度相对较低。

【地区专业化系数（CS）算例】

地区专业化系数是从区位商方法中衍生出来的一种专业化指数，目前应用较为广泛。该指数实际上是由克鲁格曼专业化指数除以2得到。这里以2008～2018年北京、上海和天津为例，计算其地区专业化系数，分析其地区专业化程度。具体计算结果如表4-13所示。

表4-13　　　　北京、天津和上海（2008～2018年）地区专业化系数

年份	CS（北京、全国）	CS（天津、全国）	CS（上海、全国）
2008	0.224754	0.217629	0.218623
2009	0.219266	0.230930	0.225864
2010	0.225826	0.222107	0.216665
2011	0.249665	0.231230	0.229096
2012	0.256915	0.229669	0.234693
2013	0.265977	0.239864	0.241847
2014	0.281094	0.256074	0.256294
2015	0.289940	0.286190	0.251444
2016	0.306387	0.251348	0.257319
2017	0.314740	0.222193	0.250667
2018	0.309014	0.239388	0.252298
2008～2018	0.084260	0.021759	0.033675

表4-13展示了2008～2018年北京、天津和上海的地区专业化系数值及变

动情况。由于地区专业化系数（CS）是在克鲁格曼专业化指数计算结果的基础之上除以 2 得到的，且其数值大小以及变动所代表的解释含义与克鲁格曼专业化指数是一样的，因此，本部分对其计算结果的解释不再赘述，具体可以参考前面对克鲁格曼专业化指数含义的解读。

二、结构趋同与专业化

产业结构趋同是近年来我国学术界研究的热点问题。产业结构趋同，从动态的角度看，指各地区产业结构的相似性程度呈现出不断提高的趋势。国内学术界衡量产业结构的相似性主要采用联合国工业发展组织（1980）提出的结构相似性系数。其计算公式为：

$$S_{ij} = \sum_k x_{ik} x_{jk} \Big/ \sqrt{\sum_k x_{ik}^2 \cdot \sum_k x_{jk}^2} \tag{4-14}$$

其中，S_{ij} 为地区 i 与地区 j 之间产业结构的相似系数；x_{ik}、x_{jk} 分别为地区 i 和地区 j 产业 k 某经济指标（如产值、增加值、销售收入、就业等）占全部工业的比重。S_{ij} 值在 0~1 之间变动。其值为 0，表示两地区的产业结构完全不同；其值为 1，表示两地区的产业结构完全一致。如果两地区各产业部门的构成越接近，则相似系数越大；反之，相似系数越小。可见，相似系数同样是衡量地区产业结构的差异性。因此，采用一些专业化指标，同样可以衡量地区产业结构的相似性程度，只不过其经济含义恰好相反。

显然，按上述相似系数判断的产业结构趋同是一种行业结构趋同。一般来讲，随着经济社会的不断发展，不同地区产业结构的相似系数将日益提高，区域产业结构趋同将不可避免。从某种程度上说，行业结构的趋同是经济社会发展的必然趋势，至少从较大的地域范围和大的行业分类来看是如此。以我国的省和两位数行业为例，过去西部落后省份工业化严重滞后，工业部门主要集中在采掘和少数原料工业，而加工工业甚至原料工业都高度集中在沿海一些发达省份。在这种不合理的分工格局下，各地区工业行业的相似系数很低。随着西部工业化的不断推进，一些落后省份同样发展了冶金、化工、机械、汽车、轻纺等产业，这样就必然导致行业结构相似系数的提高。事实上，这种行业结构趋同是区域协调发展的表现，它符合科学发展观的思想。

国内外的经验已经表明，产业结构的趋同并非意味着地区间分工和专业化的弱化。近年来，随着经济全球化的推进和科学技术的迅猛发展，地区间产业分工出现了一些新的特点和趋势，即由传统的部门间分工逐步发展为部门内的产品间分工，进而又开始向产业链分工方向发展。也就是很多产品生产过程包含的不同工序和区段，被拆散分布到不同国家或区域进行，形成以工序、区段、环节为对象的产业链分工体系。这种产业链分工是一种更为细致和发达的产业分工形态。在这种新型分工格局下，一方面是出现产业结构趋同的趋势，另一方面区域产业分工和专业化却在不断深化。也就是说，产业结构趋同并非一定意味着区域产业分工的弱化。恰恰相反，产业结构趋同与区域分工深化可以并存（魏后凯，2005）。

关于产业结构相似系数（S_{ij}）。本部分以北京、天津和上海为例，根据表4-2中对工业行业的划分，利用工业各分产业的就业人数数据，计算2008～2018年北京、天津和上海的产业结构相似性系数。具体计算结果如表4-14所示。

表4-14　　北京、天津和上海（2008～2018年）产业结构相似系数

年份	S_{ij}（北京、天津）	S_{ij}（北京、上海）	S_{ij}（天津、上海）
2008	0.883326	0.914341	0.935455
2009	0.903862	0.908072	0.906516
2010	0.923139	0.918656	0.936989
2011	0.907433	0.913421	0.917593
2012	0.877094	0.898169	0.907923
2013	0.849912	0.892444	0.896019
2014	0.858490	0.879829	0.893725
2015	0.856147	0.883537	0.893021
2016	0.842440	0.872167	0.871652
2017	0.882986	0.864799	0.917730
2018	0.865255	0.877917	0.908146
2008～2018	-0.018071	-0.036424	-0.027309

表4-14展示了2008～2018年北京、天津和上海的产业结构相似系数值S_{ij}及其变动。从数值上看，S_{ij}值在0～1之间变动，且整体变动趋势较小，在0.85上下浮动，有的达到0.90以上，说明总体上北京、天津和上海三个地区的产业结构较为相似。从时间趋势上来看，2008～2018年，北京、天津和上海三个地区的产业结构相似系数值变化趋势均是递减的，但其幅度微小，即北京与天津S_{ij}值2018年较2008年变动-0.018071，北京与上海变化-0.036424，天津与上海变化-0.027309，可以看出三个地区S_{ij}值的变化幅度极其微小。分地区来看，天津与上海的产业结构相似系数值相对较大，基本在0.90附近波动，说明天津

与上海两个地区的产业相似性程度呈现不断提高的趋势，两个地区的产业部门构成较为相似，即产业结构趋同。另外，北京与上海的产业结构相似程度次之，北京与天津的相对较低，表明这两个地区的产业结构差异相对较大，地区专业化程度较高。显然可以发现，相似系数判断的产业结构趋同是一种行业结构趋同，这里所指的是工业行业的产业结构趋同。

三、地区多样化

地区多样化（regional diversification）是与地区专业化相对应的概念，通常是指地区产业发展的多样性程度。一个具有产业多样性的地区，其经济发展将不依赖于少数几个产业部门。一般来说，衡量专业化的许多指标都可直接用于衡量地区多样化。地区专业化程度越低，就说明其多样化程度越高。目前，学术界衡量地区多样化的指标较多，常用的主要有以下几类。

1. 吉布斯—马丁多样化指数

吉布斯—马丁多样化指数简称 GM 指数。其计算方法为：

$$GM = 1 - \sum_{k=1}^{n} x_k^2 \Big/ \Big(\sum_{k=1}^{n} x_k \Big)^2 \qquad (4-15)$$

其中，x_k 为某地区部门 k 的就业人员（产值、增加值、销售额等）或所占比重；n 为地区全部部门数。这里，$0 \leq GM \leq 1$。其值越大，说明地区部门分布越均衡，多样化程度越高；反之，则多样化程度越低。

本部分吉布斯—马丁多样化（GM）指数的计算仍然以北京、天津和上海三个地区为例，采用前面工业行业的就业人员数据计算所得，具体结果如表4-15所示。

表4-15　北京、天津和上海（2008~2018年）吉布斯—马丁多样化（GM）指数

年份	GM 指数（北京）	GM 指数（天津）	GM 指数（上海）
2008	0.946692	0.940792	0.936220
2009	0.949431	0.942745	0.934337
2010	0.948918	0.942649	0.932130
2011	0.943463	0.941571	0.924811
2012	0.947084	0.943500	0.926474
2013	0.944542	0.943265	0.926893
2014	0.944201	0.944240	0.923963
2015	0.943569	0.945656	0.926657

年份	GM 指数（北京）	GM 指数（天津）	GM 指数（上海）
2016	0.939788	0.948725	0.925553
2017	0.937823	0.945775	0.921901
2018	0.936838	0.942527	0.924822
2008 ~ 2018	− 0.009854	0.001734	− 0.011398

表 4 – 15 展示了 2008 ~ 2018 年北京、天津和上海的吉布斯—马丁多样化（GM）指数值及变化趋势。理论上，GM 指数的取值范围在 0 到 1 之间。其值越大，说明地区部门分布越均衡，多样化程度越高；反之，则多样化程度越低。从表 4 – 15 中的计算结果，可以发现北京、天津以及上海的吉布斯—马丁指数值均较高，普遍在 0.90 以上，说明这三个地区的产业部门分布较为均衡，多样化程度较高，均属于产业多样性的地区，其经济发展不依赖于少数几个产业部门，而是多种产业共同作用的结果。究其原因，可能主要在于北京、天津以及上海均属于东部地区，经济发展较快，资源禀赋、基础设施、科技创新以及机器设备等条件都较为优越，再加之国家政府的扶持等政策，产业结构得到优化升级，产业朝着多样化的方向发展，进而促进经济的快速发展，最终形成产业经济的良性循环。从时间趋势上看，2008 ~ 2018 年北京、天津和上海的 GM 指数都变化不大，出现微小幅度的波动，说明这三个地区在研究样本期间多样化程度均处于相对较高的水平。

2. 赫芬达尔多样化指数

为赫芬达尔指数的倒数，是衡量绝对多样化程度的重要指标。其计算公式为：

$$HDI = 1 / \sum_{k=1}^{n} S_k^2 \tag{4-16}$$

这里，$0 \leqslant HDI \leqslant n$。其值越大，说明地区多样化程度越高。若地区产业集中在一个部门，则 HDI 值为 1；若所有部门均衡发展，则 HDI 值为 n。

本部分使用 2008 ~ 2018 年北京、天津和上海的制造业分行业就业人员数据计算赫芬达尔多样化指数。具体结果如表 4 – 16 所示。

表 4 – 16　北京、天津和上海（2008 ~ 2018 年）赫芬达尔多样化（HDI）指数

年份	HDI 指数（北京）	HDI 指数（天津）	HDI 指数（上海）
2008	16.326301	15.548971	15.245410
2009	16.837889	15.442255	14.804784
2010	16.403447	15.220695	14.332118

续表

年份	*HDI* 指数（北京）	*HDI* 指数（天津）	*HDI* 指数（上海）
2011	14. 514008	14. 818944	12. 878762
2012	15. 382828	15. 568024	13. 011345
2013	14. 727240	11. 121568	13. 237305
2014	14. 729343	11. 438310	12. 746350
2015	14. 585547	12. 119065	13. 221064
2016	13. 672193	17. 087195	12. 989719
2017	13. 225135	15. 706365	12. 226447
2018	12. 952240	14. 649479	12. 389230
2008 ~ 2018	– 3. 374061	– 0. 899492	– 2. 856180

表 4 – 16 展示了 2008 ~ 2018 年北京、天津和上海的赫芬达尔多样化指数及
变动情况。由于计算时使用了 30 个产业的数据，所以表 4 – 16 中 *HDI* 指数的取
值范围为 0 到 30，其值越大，说明地区多样化程度越高，若 *HDI* 值为 1，则表明
地区产业集中在一个部门，若为 30，表明地区所有产业部门均衡发展。从整体
HDI 指数数值上来看，北京、天津和上海三个地区的 *HDI* 指数均在 15 水平上下
变动，说明这三个地区的产业多样化程度处于中等水平，仍需朝着产业多样化的
方向进一步发展，使得地区产业部门均衡发展。北京、天津和上海三个地区相比
较而言，北京和天津两个地区的 *HDI* 指数值相对较大，说明这两个地区制造业的
产业部门发展较为均衡，而上海制造业产业部门较为集中。

3. 相对多样化指数

相对多样化指数为克鲁格曼差异指数的倒数，主要是衡量地区相对多样化程
度。其计算公式为：

$$RDI = 1/ \sum_{k=1}^{n} |S_{ik} - S_k| \qquad (4-17)$$

这里，$RDI \geq \dfrac{1}{2}$。其值越大，说明相对于全国平均而言，其多样化程度
越高。

一般来讲，地区产业的多样化可以获取范围经济，促进地区经济增长，并减
少经济增长的波动性。一些经验研究表明，在就业增长、失业率、收入水平以及
经济稳定性等方面，地区经济多样化可以改善地区经济绩效（特伦德尔和肖内
Trendle & Shorney，2004）。事实上，采用区位商方法和经济基础理论，可以证明
区域乘数大小是区域多样化水平的线性函数（Boisier，1981）。用公式表示为：

区域乘数 $R = 1 / \sum_{k=1}^{n} (S_{ik} - S_k)$。这说明，区域多样化水平越高，区域乘数也就越大。在一个产业多样化的区域中，建立新的专业化部门比较容易，由此产生的影响也较大。因此，在地区经济发展中，一般需要把专业化与多样化有机结合起来。

本部分相对多样化指数的计算是将前面克鲁格曼差异指数取倒数所得，其目的主要是衡量一地区的相对多样化程度。具体结果如表 4 - 17 所示。

表 4 - 17　　北京、天津和上海（2008 ~ 2018 年）相对多样化（RDI）指数

年份	RDI（北京、全国）	RDI（天津、全国）	RDI（上海、全国）
2008	4. 449309	4. 594976	4. 574084
2009	4. 560671	4. 330317	4. 427443
2010	4. 428188	4. 502334	4. 615420
2011	4. 005367	4. 324698	4. 364982
2012	3. 892338	4. 354092	4. 260885
2013	3. 759724	4. 169029	4. 134846
2014	3. 557529	3. 905121	3. 901769
2015	3. 448989	3. 494182	3. 977029
2016	3. 263846	3. 978548	3. 886227
2017	3. 177226	4. 500592	3. 989356
2018	3. 236099	4. 177319	3. 963567
2008 ~ 2018	- 1. 213210	- 0. 417657	- 0. 610517

表 4 - 17 展示了 2008 ~ 2018 年北京、天津和上海的相对多样化指数值以及变动。一般来说，相对多样化指数的数值越大，说明相对于全国平均而言，其多样化程度越高。由表 4 - 17 可以看出，北京、天津和上海三个地区的相对多样化指数都普遍较高且数值差异不大，但三个地区相比较而言，天津的相对多样化指数较高，上海次之，北京最低。以上计算结果表明，相对于全国水平，相较于其他两个地区而言，天津产业多样化程度较高。

四、区域就业增长率差异

在任何国家，地区间的就业增长率差异都是客观存在的，只不过有的国家这种差异大一些，有的国家相对小一些。为什么会产生这种区域差异呢？这里我们并不去探寻其中的原因，着重介绍分析区域就业增长率差异的三种主要方法，即转移—份额分析（shift - share analysis）、劳动力需要方法（labour requirements approach）和劳动力配置方法（labour manning approach）。本节主要介绍转移—份额分析方法。

转移—份额分析是当今国际上分析区域就业增长差异的一种流行方法。使用简便，容易理解，只需要有限的数据，这是该方法得以流行的三个主要原因。该方法将一个区域的就业增长分解为三个组成部分：第一部分为区域特殊的产业结构对总体就业增长的贡献；第二部分为决定区域就业增长的所有其他因素的综合影响；第三部分为区域在全国就业增长中的份额。在这三个组成部分中，转移—份额分析方法把区域特殊的产业结构看成是影响区域就业增长的关键因素。

区域就业增长的三个组成部分可采用下述公式来进行计算：

1. 区域就业增长率（g_r）

$$g_r = \frac{\sum r_{t,i} - \sum r_{0,i}}{\sum r_{0,i}} \times 100\% \tag{4-18}$$

其中，r_i 为区域第 i 产业的就业；$\sum r_i$ 为区域所有产业就业的总和；0 为研究时期的起始年份；t 为研究时期的最终年份。

2. 国家就业增长率（g_n）

$$g_n = \frac{\sum n_{t,i} - \sum n_{0,i}}{\sum n_{0,i}} \times 100\% \tag{4-19}$$

其中，n_i 为全国第 i 产业的就业；$\sum n_i$ 为全国所有产业就业的总和。

3. 区域各产业按全国增长率的就业增长（g_{rn}）

$$g_{rn} = \frac{\sum \left[r_{0,i}(n_{t,i}/n_{0,i}) \right] - \sum r_{0,i}}{\sum r_{0,i}} \times 100\% \tag{4-20}$$

其中，g_{rn} 指区域每个产业均按全国相应产业相同的增长速度增长所得到的增长率。因此，在转移—份额分析中，全国各产业增长率被用作区域的起始产业结构。根据以上三个定义，可以把区域就业增长分解为三个独立的组成部分：

$$g_r = (g_r - g_{rn}) + (g_{rn} - g_n) + g_n \tag{4-21}$$

式（4-21）右边的第三项（g_n）是区域在全国就业增长中的份额。如果全国就业增长较快，那么区域就业也能期望有较快的增长。第二项（$g_{rn} - g_n$）是由于区域结构因素所引起的就业增长。它是区域按照给定的产业结构和全国增长率所形成的预期增长率与全国就业增长率之间的差额。因此，如果区域拥有一个有利的产业结构，g_{rn} 与 g_n 之差额将为正值；反之，则为负值。最后，第一项因素是没有得到解释的区域就业增长部分。它是一个残差，可以作出多种多样的解释（MacKay，1968）。若该残差值为正，表明区域实际增长率已超过其预期的增长率；若残差值为负，则恰好相反。

转移—份额分析是一种简便实用的分析方法，而不是一种理论。它主要用于分析区域产业结构不同对区域就业增长的影响。自 20 世纪 60 年代以来，虽然该方法在许多国家得到了较为广泛的应用，但同时也遭到了一些学者的批评。总体上看，转移—份额分析主要具有以下几个缺陷。

首先，转移—份额分析的理论基础是把一个区域的就业增长归因于它拥有的特殊产业结构，这无疑就排除了其他因素可能造成的影响。然而，福瑟吉尔和古德金（Fothergill & Gudgin，1982）对英国的研究表明，区域就业增长的差异不仅取决于地区产业结构的不同，而且也决定于城市化地区某些产业向非城市化地区的转移。

其次，在某些情况下，转移—份额分析可能会对产业结构对区域就业增长的影响估计不足（MacKay，1968）。一个产业在某一地区比其他地区发展更快，可能并非由于它更具有效率，而是由于它与其他产业相联系。假如区域 A 的主要出口产业增长迅速，而区域 B 增长缓慢，那么区域 A 的服务业也将会比区域 B 增长得快一些，即使两个区域在其他方面的条件完全相同。这说明，采用转移—份额分析可能会低估产业结构对区域就业增长的影响。

再次，转移—份额分析受所采用的产业分类体系的影响较大。采用不同的产业分类体系，可能会得出不同的结果。因此，在进行转移—份额分析时，必须选择合适的产业分类体系。一般来说，随着产业分类的不断细化，所解释的结构部分将逐步增加，而未解释的残差部分将逐步下降（Armstrong & Taylor，1993）。如果采用三次产业或采掘业、原料工业和加工工业这种粗略的产业分类方法，显然难以得到满意解释。

最后，转移—份额分析中残差值的大小容易受某些极端情况的影响。例如，一个区域可能受着一、二个低于全国相应工业增长速度的大工业所支配。在这种情况下，尽管该区域大多数产业比全国相应产业的增长速度快，但它仍可能有一个负的残差值。因为在转移—份额分析中，残差部分代表的只是所有产业的平均水平，它是采用各产业的规模来进行加权的。

在任何国家，地区间的就业增长率差异都是客观存在的，这里通过计算 2008～2018 年中国各省份的区域就业增长率来分析各区域的就业差异。具体分析如表 4-18 所示。

表 4 - 18　　　　　2008～2018 年中国各省份以及全国区域就业增长率　　　单位:%

地区	区域就业增长率	地区	区域就业增长率	地区	区域就业增长率
黑龙江	- 17.3377	天津	29.6024	贵州	46.1871
辽宁	- 1.7992	海南	29.7061	江西	50.6401
吉林	6.5936	广西	32.0997	福建	53.7848
河北	9.8364	青海	33.3577	重庆	61.8302
内蒙古	11.2614	河南	35.3973	上海	69.8463
山西	13.4928	浙江	36.7385	安徽	72.3218
宁夏	19.0303	湖北	38.9249	西藏	81.8245
湖南	20.1473	云南	40.6902	广东	97.8528
新疆	22.9789	四川	41.6829	江苏	108.0998
山东	25.2432	陕西	43.2097	全国	41.5477
甘肃	28.1252	北京	43.6710	—	—

　　表 4 - 18 展示了 2008～2018 年中国各省份的区域就业增长率以及国家就业增长率,并将区域就业增长率按照升序顺序排列。从表 4 - 18 中可以明显看出 2008～2018 年东北三省的区域就业增长率在全国排名处于后三位,其中,黑龙江和吉林两个地区出现负的就业增长率,甚至黑龙江省达到 - 17.3377 %,说明了东北三省近些年经济下滑,就业人口大量流失,老龄化现象明显。从表中数据可以进一步发现,东北三省流出的人口大多选择了南下或者北上,具体来说,江苏、广东以及上海等的区域就业增长率均较高,其中,江苏的区域就业增长率达到了 108.0998%,超过 100%,说明江苏吸引了大量的外来就业人员,原因也很简单,江苏省经济发展较快,各地级市均拥有许多工厂、企业,外来务工人员在此地区能够拥有较为优越的就业机会,生活经济来源有所保障,而且就业环境较好,幸福感得到提升。譬如,上海、广东、南京、苏州和昆山等地区工厂企业居多,每年都会引进大量的外来务工人员,促进了本地区的经济发展,这也是导致南北、东西区域经济差异的重要原因。除此之外还可以看出,东部三省是传统的老工业基地,以传统制造为主,而随着改革开放进程的推进以及进入新时代,国家不再以传统制造业为主,而是在发展传统制造业的同时,不断进行创新研发,逐渐发展新兴经济和互联网经济,以此来振兴经济,促进国家经济健康发展。综上分析可知,东北以及西部地区的区域就业增长率总体上相对较低,东部发达地区的就业增长率较高。

　　本章在基于理论方法的基础之上,运用多种地区专业化的度量方法进行了一系列实证分析,在理解基础理论的同时,还使用中国各省份国民经济整体行业、工业行业以及制造业的相关分行业数据，从地区专业化的度量、产业集中、产业结构趋同、地区多样化以及区域就业增长差异等方面进行统计分析，其目的主要在于：一是将理论与实际应用结合，即将理论运用到实际之中，进而去发现并解决实际问题；二是帮助大家更好地掌握地区专业化的理论方法及应用。综合本章统计分析，得出以下主要结论。

第一，2008~2018 年，中国制造业的总体空间布局发生了变化，东部地区的制造业专业化程度相对较高，中部地区次之，西部地区最低，但随着时间的推移，东部地区的制造业专业化集聚程度明显下降，而中西部呈现上升趋势，说明近些年东部地区的制造业逐渐向中西部转移，尤其是西部地区成为承接制造业转移的主战场。第二，在地区多样化与产业结构差异方面，北京、天津以及上海三个地区在研究样本期间多样化程度均处于相对较高的水平。另外，北京的地区分工和专业化水平较高，产业结构与全国平均水平之间差异较明显，具有独特的地区特色，地区专业化特征较显著。而天津与上海的 GSI_1（全国）指数值相对较小，说明该地区与全国平均之间的行业结构较为相似，其专业化程度相对较低。第三，在区域就业增长差异方面，总体上东北以及西部地区的区域就业增长率相对较低，东部发达地区的就业增长率较高。

基于以上主要结论，要从三个方面着手推进产业地区专业化优化发展：一是探索建立相对完善的跨地区产业规划对接实施机制。通过产业规划协同，不同地区可立足于自身资源禀赋优势和产业发展基础，进一步明确自身发展的主导产业。二是发挥梯度辐射效应，推进跨地区产业转移。中国幅员辽阔，东部、中部和西部地区之间存在明显的产业梯度差异。加强领先地区与落后地区的对接，把产业转出地区具有转移意向的产业项目与转入地区的比较优势和现有产业基础相结合，明确承接产业转移的类型和重点领域，做到有的放矢。探索跨区域利益共享机制，合理有序地推进区域内产业升级转移。三是完善现行的地方政府绩效考核体制。在这种体制下，地方政府作为一类竞争主体，为追求自身利益最大化，势必围绕有形或无形的资源展开激烈的地区间竞争。通过完善地方政府绩效考核体制，弱化甚至消除地方保护主义的动机，可以推动中国产业分工的深化和地区专业化水平的提升。

第五章　空间趋同统计分析

第一节　经济增长的相关理论

索罗和斯旺（Solow & Swan）在 20 世纪 60 年代提出了新古典增长理论，该理论的提出为研究经济增长趋同提供了理论基础。新古典增长理论认为，各个国家或者地区之间的发展差距依赖于该地区的资本和劳动力之比。基于资本报酬递减规律，资本存量较低的国家或者地区较相对发达的地区有着更快的经济增长速度，从而使得各个国家或者地区之间的发展出现趋同现象。20 世纪 80 年代中期以来，随着罗默（Paul Romer）和卢卡斯（Robert Lucas）为代表的新增长理论的出现，经济增长理论在经过 20 余年的沉寂之后，再度焕发生机。新经济增长模型对新古典增长模型的可靠性提出了质疑，认为新古典增长模型假定的各个经济体之间有相同的储蓄率、人口增长率、技术进步率与现实不符。同时，技术进步内生增长模型认为，技术水平和专业分工等因素会使得资本报酬递减的规律消失，各个国家或者地区之间的经济差距会扩大。两种理论的发展对于经济趋同的研究有着巨大的推动力，本节内容将介绍两种增长理论，为后续的经济趋同理论奠定基础。

一、新古典增长理论

新古典增长理论最早在 1956 年由经济学家索罗和斯旺提出。该理论为解释各个经济体的发展、各个经济体之间的差距和增长率的差异提供了理论基础。经济趋同是新古典增长理论中的一个重要的结论，由于发达国家或者地区的资本存量较大，在资本边际收益递减规律下，发达国家或者地区的经济增长速度较落后地区的增长速度慢，也就是说落后的国家或者地区有着较快的经济增长速度，从而不同国家或者地区的经济逐渐趋同。即在外生变量不变的情况下，不同的经济体之间存在着相同的发展路径和经济稳态。然而在现实情况中，各个国家或者地区往往拥有不同的储蓄率、人口增长率、技术进步率，并且不同地区的市场环境、政府政策也各不相同，所以绝对趋同理论对于现实情况的解释程度十分有限。在随后的新古典增长理论的发展中，提出了较为宽松的趋同概念，即各个国家或者地区在距离自身的经济稳态较远时有着较高的经济增长率，但是由于外生变量的不同，各个经济体之间的经济增长率并不会完全一致，最终各个经济体有着各自的稳态，经济发展的差距也会长期存在。

　　新古典经济学的假定条件是：（1）存在一个完全竞争市场；（2）厂商生产的产品具有同质性；（3）各个经济主体之间具有完全对称的市场信息；（4）生产要素流动由于其市场结构和信息结构而不存在任何广义的运输成本（包括制度成本和摩擦成本）。

　　新古典增长模型中生产函数的具体形式为：

$$Y(t) = F[K(t), A(t)L(t)] \tag{5-1}$$

其中，t 表示时间；$Y(t)$ 表示最终产品的产量；$K(t)$ 表示资本；$A(t)$ 表示技术水平；$L(t)$ 表示劳动力资源；$A(t)L(t)$ 表示有效劳动。因为该模型假定技术水平是外生变量，增长率为 g，初始水平为 A_0，则技术进步可以表示为：

$$A(t+1) = (1+g)^{t+1} A_0 \tag{5-2}$$

　　假定该生产函数满足规模报酬不变，并且资本的边际报酬递减，由于资本存量较低的欠发达地区拥有较高的边际收益，资本就会从发达地区流向欠发达地区，伴随着资本的流动，各个国家或者地区就会向自身的稳态收敛，呈现出趋同的状态。

二、新经济增长理论

　　在新古典增长理论被提出后，被不少经济学家肯定的同时也受到了一些质疑。正是这些质疑推动了新经济增长理论的产生。20 世纪 80 年代中期，罗默和卢卡斯为代表的经济学家提出新经济增长理论，该理论强调知识积累和技术进步的重要性。与新古典增长理论不同的是，新经济增长理论把劳动力定义为人力资本，即人力不仅仅是劳动力的数量，而且还包括劳动力的教育水平、技术水平和协作能力。新经济增长理论认为将技术进步视为外生变量是不合理的，罗默在1990年提出了技术进步内生增长模型，强调技术进步是经济增长的核心，大部分的技术进步是市场鼓励的有意识的行为结果，知识商品可以反复地使用。人力资本和技术进步具有积累性，并且知识和技术具有溢出效应，经济学家们认为知识或者人力资本都具有规模报酬递增的性质，使得较为发达的地区有着较多的人力资本和较高的技术水平，所以发达地区的经济增长率快于较为落后地区，从而各个国家或者地区的经济水平的差距会不断扩大。

新增长理论模型中的生产函数是一个产出量和资本、劳动、人力资本以及技术进步相关的函数形式，即：

$$Y = F(K, L, H, t) \tag{5-3}$$

其中，Y 表示总产出；K、L 和 H 分别表示资本存量、劳动力和人力资本（无形资本）存量；t 表示技术水平。

新经济增长理论将知识和人力资本引入增长模型，突出了技术的内生性，对于新古典增长理论的修正具有重要的意义，同时指出了干中学和知识外溢在经济发展中的重要作用，厂商在经济发展的过程中，其知识存量是投资量的函数。

第二节　经济趋同的相关概念

在新古典经济学的四种假定条件下，以索罗（1956）为代表的新古典增长理论认为，由于不同地区存在着不同的初始条件，但是结构特征相一致，贫困地区往往比富裕地区有着更高的增长率。巴罗和萨拉伊马丁（Barro & Sala-i-Martin，1992）从计量经济学的角度切入，对于经济趋同的概念作出了界定，将趋同分为 β 趋同和 σ 趋同两类。在此之后，一些研究对趋同的概念进行了扩展，将 β 趋同细分为绝对 β 趋同和条件 β 趋同，并且还提出了群体趋同的概念。

在当代增长理论中提出的四种"趋同"概念，需要详细界定它们的关系。

一、绝对 β 趋同

绝对 β 趋同是指拥有相同的经济结构的地区间，经济落后地区较经济发达地区有较高的经济增长率，即贫穷的区域往往比富裕的区域有更高的增长率换句话讲，经济增长率和经济发展水平之间存在着负相关；而且，随着时间的推移，所有的区域将收敛于相同的人均收入水平。不过,"绝对 β 趋同"内含一个严格的条件,该条件假定各经济区域,尽管彼此相互隔绝、封闭,但却具有完全相同的基本经济特征,包括投资率、人口增长率、资本折旧率和生产函数,从而也具有完全相同的增长路径和稳态。例如,1880~1990 年,美国各州的人均收入水平就出现了绝对趋同的情况,其年均增长率与其人均收入水平的对数成反比(巴罗和撒拉伊马丁,2000)。

新古典增长理论定义的绝对 β 趋同模型的形式如下:

$$\frac{1}{k}\ln(Y_{i,T}/Y_{i,t}) = \alpha + \beta\ln(Y_{i,t}) + \varepsilon_{i,t} \qquad (5-4)$$

其中,i 代表地区;$k(k=T-t)$ 代表时间间隔;$Y_{i,t}$ 代表第 i 个省份在第 t 年的实际人均 GDP,$Y_{i,T}$ 代表第 i 个省份在第 T 年的实际人均 GDP;$\frac{1}{k}\ln(Y_{i,T}/Y_{i,t})$ 代表第 i 个地区在 $T-t$ 年间的实际 GDP 的平均增长率。当参数 β 小于 0 时,说明该地区的经济增长率在 k 时间段内与初始时期的经济水平呈负相关,表示该地区的经济增长存在趋同性,即落后地区的经济增长比发达地区高;当参数 β 大于 0 时,说明该地区的经济增长率在 k 时间段内与初始时期的经济水平呈正相关,表示该地区的经济增长存在趋异性。

根据趋同系数 β 的估计值可以计算出趋同速度:

$$\theta = -\ln(1+t\beta)/t \qquad (5-5)$$

消除落后地区和发达地区之间差距的一半所需要的时间,叫作趋同的半生命周期:

$$\tau = -\ln2/\ln(1+\beta) \qquad (5-6)$$

如果将空间因素加入上述的绝对 β 趋同模型之中,可以得到空间滞后绝对 β 趋同模型和空间误差绝对 β 趋同模型,如下所示:

$$\frac{1}{k}\ln(Y_{i,T}/Y_{i,t}) = \alpha + \beta\ln(Y_{i,t}) + \rho W\frac{1}{k}\ln(Y_{i,T}/Y_{i,t}) + \varepsilon_{i,t} \qquad (5-7)$$

$$\frac{1}{k}\ln(Y_{i,T}/Y_{i,t}) = \alpha + \beta\ln(Y_{i,t}) + \mu_{i,t}$$

$$\mu_{i,t} = \lambda W\mu_{i,t} + \varepsilon_{i,t} \qquad (5-8)$$

绝对 β 趋同模型,方程的右边没有加入任何控制变量,一旦加入物质资本、人力资本、劳动力等控制变量,则模型就会变成条件 β 趋同模型。

二、条件 β 趋同

条件 β 趋同在绝对 β 趋同的基础上放弃了各个地区具有完全相同的基本经济特征的假定，并认为不同的经济结构将导致不同的经济稳态，也就意味着不同的地区具有不同的稳态。按照新古典增长理论，每个地区都收敛于自身的稳态，离自身的稳态越远，其增长速度也就越快。由于许多的外生变量对不同的地区产生了不同的作用，不同的地区也就具有异质的特征，即不同的增长路径和稳态。所以，条件 β 趋同所考察的是，如果这些外生变量保持不变，初始收入水平与增长率是否呈负相关。这是一个富有重要现实意义的概念。

在控制变量的相互作用下，不同区域的经济发展特征表现为：贫穷地区的经济增长速度比较为富裕的地区的经济增长速度快，直至各个经济体的经济发展水平达到各自稳态，即不同地区具有不同的稳态。

条件 β 趋同模型如下：

$$\frac{1}{k}\ln(Y_{i,T}/Y_{i,t}) = \alpha + \beta_1\ln(Y_{i,t}) + \beta_2 X_{i,t} + \varepsilon_{i,t} \tag{5-9}$$

其中，$X_{i,t}$ 表示控制变量。将空间因素加入上述的条件 β 趋同模型中，可以得到空间滞后条件 β 趋同模型和空间误差条件 β 趋同模型，如下所示：

$$\frac{1}{k}\ln(Y_{i,T}/Y_{i,t}) = \alpha + \beta_1\ln(Y_{i,t}) + \beta_2 X_{i,t} + \rho W \frac{1}{k}\ln(Y_{i,T}/Y_{i,t}) + \varepsilon_{i,t}$$

$$\tag{5-10}$$

$$\frac{1}{k}\ln(Y_{i,T}/Y_{i,t}) = \alpha + \beta_1\ln(Y_{i,t}) + \beta_2 X_{i,t} + \mu_{i,t}$$

$$\mu_{i,t} = \lambda W \mu_{i,t} + \varepsilon_{i,t} \tag{5-11}$$

条件 β 趋同模型和群体趋同模型十分相似，将条件 β 趋同模型的控制变量换为代表区域属性的虚拟变量，就可以得到群体趋同模型。

三、σ 趋同

σ 趋同指的是各国或地区的人均收入水平随着时间的推移差距逐渐缩小的状态，即随着时间的推移，各个国家或者地区的人均收入的离散程度降低并且趋于同一稳态。σ 趋同研究不同的地区之间的人均实际收入的离差，随着时间的推移，如果离差下降，则说明各个地区经济增长存在 σ 趋同，区域经济的发展差距缩小，反之，差距则扩大。其本质就是研究静态的区域差异，通常用区域间的人均收入或人均 GDP 的标准差、基尼系数等衡量。σ 趋同这一概念最接近于现实中人们对趋同的直观理解。

有许多的方法对区域经济增长的 σ 趋同进行检验。一般选用人均收入的对数形式（$\ln Y$）来度量绝对差异的变化，经典的标准差计算公式如下：

$$\sigma_t = \sqrt{\frac{1}{n-1}\sum_{i=1}^{n}(y_{it} - \bar{y}_t)^2} \qquad (5-12)$$

其中，$i = 1, 2, \cdots, n$ 表示样本地区；$t = 1, 2, \cdots, T$ 表示年份；$y_{it} = \ln Y_{it}$；$\bar{y}_t = \frac{1}{n}\sum_{i=1}^{n} y_{it}$。当 $\sigma_{t+1} < \sigma_t$ 时，经济增长存在 σ 趋同，反之，存在 σ 趋异。

四、群体趋同（俱乐部趋同）

群体趋同或俱乐部趋同（club convergence）是指拥有相似经济初始水平与经济结构特征的地区组成的集合。也就是说，这些地区的人均收入在长期中相互趋同。群体趋同指的是某一群体内部的各个地区存在经济增长速度与发展水平的趋同，但是群体之间并不存在趋同的趋势。人们根据各地区经济增长的截面数据进行聚类分析，将那些基本经济特征和初始条件类似的地区划分在一个样本或群体中，比如中国的东部沿海地区或西部内陆地区，以此描述它们的群体趋同特征。实证分析表明，中国自 20 世纪 90 年代就存在群体趋同的倾向，即东部地区向更高的收入水平趋近，而西部内陆地区的收入水平也逐步接近（邓翔，2002）。

趋同现象不存在于区域经济集团外部，而是存在于区域经济集团内部。也就是说，如果结构特征相似且初始收入水平也相同的区域，它们的人均收入在长期中相互趋同。

群体趋同模型如下：

$$\frac{1}{k}\ln(Y_{i,T}/Y_{i,t}) = \alpha + \beta_1 \ln(Y_{i,t}) + \beta_2 D_k + \varepsilon_{i,t} \qquad (5-13)$$

其中，D_k 代表不同属性的区域虚拟变量。如果将空间因素加入模型中，就可以得到空间滞后群体趋同模型和空间误差群体趋同模型，如下所示：

$$\frac{1}{k}\ln(Y_{i,T}/Y_{i,t}) = \alpha + \beta_1 \ln(Y_{i,t}) + \beta_2 D_k + \rho W \frac{1}{k}\ln(Y_{i,T}/Y_{i,t}) + \varepsilon_{i,t}$$

$$(5-14)$$

$$\frac{1}{k}\ln(Y_{i,T}/Y_{i,t}) = \alpha + \beta_1 \ln(Y_{i,t}) + \beta_2 D_k + \mu_{i,t}$$

$$\mu_{i,t} = \lambda W \mu_{i,t} + \varepsilon_{i,t} \tag{5-15}$$

五、四种趋同的区别与联系

以上四种趋同既有区别又有着紧密的联系。首先，β 趋同意味着落后区域的经济增长速度快于发达国家，即增长率趋同；而 "σ 趋同" 则意味着各地区人均收入水平的绝对趋同，即收入水平趋同。其次，β 趋同是 σ 趋同存在的必要条件，因为若不存在着 β 趋同，那么富裕地区将比贫困地区增长得更快，区域间的收入差距将会无限地增加；然而，β 趋同不是 σ 趋同的充分条件，因为在收入水平差距减少的过程中，常常受到新的随机因素的冲击。再次，从数理统计的角度来看，β 趋同相当于不同地区的增长率向期望值的回归，该期望值就是由技术进步决定的长期均衡增长率；而 σ 趋同描述的即是人均收入的离差的衰减。所以说，β 趋同表现了总体收入在不同国家和地区之间分配的变动，σ 趋同表现了总体收入在地区中分布格局的变化。

两种类型的 β 趋同也有一定的区别。绝对 β 趋同意味着最初贫穷的地区将增长得更快，直到它们追赶上富裕的地区为止；对于条件 β 趋同，各个地区仅仅收敛于自身的稳态，它们的稳态可能彼此不同。因此，即便在长期中，不平等仍然可能会持续，不同地区的相对稳态也会存在下去；换句话说，富裕的地区将仍然保持富裕，而贫困地区将依然贫困。

另外，条件趋同的假说与每个地区只有唯一的稳态的观点契合；而群体趋同却与每个地区存在着多重均衡点的假定相联系。现实中，由于经济个体的差异性，往往会产生多重均衡增长路径，因此，即便结构特征相同的区域也不一定收敛于同一稳态，最后的增长结果还部分决定于初始条件。只有结构特征相同、初始条件相互近似的国家才最终收敛于同一稳态。结构特征和历史因素共同决定了经济增长的结果。与条件趋同一样，群体趋同也是同样富有说服力的概念。

除了以上四种趋同，如果不同国家（或地区）间仅仅初始财富水平不同，给定相同的技术参数或偏好，那么人均收入应该趋同到一个稳态水平，这一结果被广泛称为 "非条件 β 趋同"。与此相反，以罗默（Romer，1986、1990）和卢卡斯（Lucas，1988、1990）为代表的内生增长理论则认为，由于存在外部性、知识溢出、专业化分工等因素，稳定状态的趋同难以实现，发达地区经济将不断增长，经济差距可能不断扩大（Durlauf，2000）。

第三节 中国区域经济发展差异趋势及分析

经济差异的描述主要分为绝对差异和相对差异两种。绝对差异是指经济水平在绝对量上的差距，通常使用经济指标的极差和标准差进行衡量和测度；相对差异是指经济水平偏离参照值的相对量，通常用变异系数、泰尔系数、基尼系数等进行衡量。绝对差异的大小往往受到数据量纲的影响，使不同时期的绝对差异可比性降低，相对差异消除了数据量纲的影响，使不同时期的数据具备可比性，但也因此可能无法充分表达数据之间的真实差距。本章对于中国各个省域的经济发展差异趋势进行描述，从绝对差异和相对差异两个方面进行分析，并且在最后一节进行探索性空间数据分析，目的是测度我国省域经济发展是否存在整体和局部的空间自相关。

中国省域经济差异将以 2000 ~ 2018 年全国 31 个省份作为研究对象，这里采取实际人均 GDP 来作为衡量指标，将历年各省份名义人均 GDP 用 GDP 价格指数进行平减，得到以 2000 年为基期的各个省份的实际人均 GDP。数据来源于 2001 ~ 2019 年《中国统计年鉴》。

一、绝对差异趋势分析

衡量地区间经济绝对差异常用的方法有：实际人均 GDP 的极差和标准差。极差反映一组数据的变异量数，即用一组数据的最大值和最小值的差来衡量最大离散程度。极差表达式如下：

$$R = y_{\max} - y_{\min} \tag{5-16}$$

其中，$y_{\max}$ 表示各个省份人均 GDP 的最大值；$y_{\min}$ 表示各个省份人均 GDP 的最小值。

标准差能够反映一组数据的离散程度，标准差越大则表示数据的离散程度越大，反之，则离散程度越小。标准差的表达式如下：

$$S = \sqrt{\frac{\sum_{i=1}^{n}\left(y_i - \bar{y}\right)^2}{n}} \tag{5-17}$$

其中，y_i 表示各个省份的实际人均 GDP；$\bar{y}$ 表示实际人均 GDP 均值，$n = 30$。计算的中国 30 个省份实际人均 GDP 的极差和标准差的结果如图 5 - 1 所示。

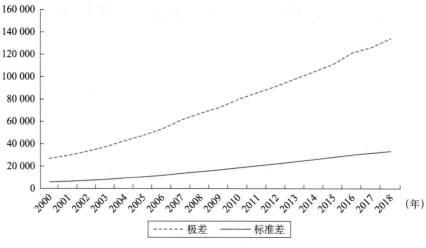

图 5 - 1 极差与标准差趋势

由图 5 - 1 可以明显地看出，中国各个省份实际人均 GDP 的极差和标准差呈现出逐年上升的趋势，国内经济的绝对差距逐渐扩大。实际人均 GDP 的极差自 2000 年的 26 912 上升至 2018 年的 134 060，扩大了近 5 倍。实际人均 GDP 的标准差从 2000 年的 5 841.9 上升至 2018 年的 33 552.2，扩大了 5.74 倍，上升的趋势较为平稳。由标准差的计算公式可知，标准差的扩大可能与实际人均 GDP 逐年上升有关，因此还需要从相对差异的角度对地区间经济差异进行说明。

二、相对差异趋势分析

变异系数是一组数据标准差与平均值的比值，是用来衡量地区间经济相对差异的常用测度指标。变异系数在一定程度上可以剔除由于实际人均 GDP 均值的上升而造成其标准差扩大所产生的误差，从而能够更准确分析我国各地区经济相对差异的变化。因此，将以变异系数作为我国各个地区经济相对差异的测度指标。变异系数的表达式如下：

$$V = \frac{s}{\bar{y}} \times 100\% \qquad (5-18)$$

其中，s 表示各地区实际人均 GDP 的标准差；$\bar{y}$ 表示各地区实际人均 GDP 的均值。依据式（5 - 18）测算出我国各地区实际人均 GDP 的变异系数如表 5 - 1 所示。

表 5 - 1   中国人均 GDP 变异系数

项目	2000 年	2001 年	2002 年	2003 年	2004 年	2005 年	2006 年
变异系数	68.57%	69.34%	69.95%	70.33%	71.17%	70.79%	70.52%
项目	2007 年	2008 年	2009 年	2010 年	2011 年	2012 年	2013 年
变异系数	70.83%	69.88%	68.98%	68.05%	66.69%	65.68%	65.26%
项目	2014 年	2015 年	2016 年	2017 年	2018 年		
变异系数	65.04%	64.94%	65.01%	64.30%	63.89%		

从图 5 - 2 可以看出，我国经济增长的相对差异并没有像绝对差异那样呈现持续上升的趋势，相对差异的变化大致可以分为三个阶段。第一阶段为 2000～2004 年，相对差异呈现扩大的趋势；第二阶段为 2004～2007 年，相对差异先缩小之后扩大，但是总体上变化不是很明显；第三阶段为 2007～2018 年，相对差异在不断缩小，在 2016 年稍微有波动，但是整体上呈现下降的趋势。

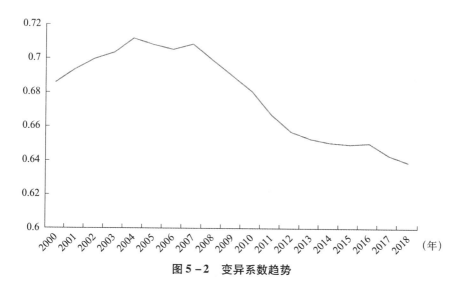

图 5 - 2　变异系数趋势

综合上述绝对差异和相对差异的分析，并不能准确地判断出我国各个地区的经济增长是否存在趋同。从绝对差异的变化趋势来看，我国各个省份的绝对差异呈现逐年上升的趋势，其中极差的变化主要因为上海、北京、江苏、浙江等发达地区和贵州、云南、青海、甘肃等落后地区的差距不断扩大，而标准差的变化趋势归因于我国经济总体的发展使得人均 GDP 不断提高。标准差与极差的计算方式不同导致二者上升趋势程度有所区别，但我国总体的经济离散程度变化并不剧烈。从相对差异的变化趋势来看我国经济差距除个别年份外总体呈现下降趋势，因此，我国各地区间存在经济趋同的可能性。

三、探索性空间数据分析

1. 中国实际人均 GDP 的空间分布

本节选取 2000 年、2007 年、2012 年和 2018 年的实际人均 GDP 的数值分析可知，我国实际人均 GDP 的空间分布差距较大，位于东部地区的北京、江苏、浙江、上海、广东等地区的经济发展水平（以人均实际 GDP 衡量）较高，东部地区处于沿海地区，地势平缓，地理位置优越，交通发达，人才集中，所以经济发展势态良好，有着较高的发展水平；2007 年和 2012 年的实际人均 GDP 的空间分布相差不大，但是到 2018 年我国人均实际 GDP 的空间分布发生了一些变化，内蒙古、黑龙江、吉林等地距离首都经济圈近，受到的经济辐射强，经济发展状况有所改善；整体来看，东部地区的经济发展状况最好，中部地区例如河南、湖南等地经济发展相对较慢，有待进一步提升，然而西部地区例如甘肃、云南、贵州等地没有较为优厚的发展资源，经济发展较为落后。

2. 省域经济增长的空间相关性分析

空间相关性的度量依赖于莫兰指数（Moran's I）统计量。Moran's I 指数用于探测和检验变量的空间相关性，其取值的大小直接反映空间相关的程度。全局 Moran's I 指数为：

$$\text{Moran's } I = \frac{\sum_{i=1}^{n} \sum_{j=1}^{n} (x_i - \bar{x})(x_j - \bar{x})}{s^2 \sum_{i=1}^{n} \sum_{j=1}^{n} w_{ij}} \qquad (5-19)$$

其中，x_i 是区域 i 的空间变量；n 是区域单元的个数；w_{ij} 是区域 i 的邻近单元 j 的空间权重矩阵；$s^2 = \frac{1}{n} \sum_{i=1}^{n} (x_i - \bar{x})^2$ 为样本方差；$\bar{x} = \frac{1}{n} \sum_{i=1}^{n} x_i$ 为样本均值。Moran's I 指数度量的是一种简单的线性关系，其取值范围为 [-1, 1]。$I > 0$ 表示高值与高值相邻或者低值与低值相邻的正相关；$I < 0$ 表示高值与低值相邻的负相关；$I = 0$ 表示不存在空间相关性。

由表 5-2 可知，2000~2018 年中国人均实际 GDP 的平均值的全局 Moran's I 为 0.401，并且在显著性水平上，表示中国各个省份之间经济发展的空间相关性较强。

表 5 – 2   **Moran's *I* 信息**

项目	*I*	E（*I*）	sd（*I*）	z	p – value*
ave	0.401	– 0.033	0.112	3.894	0.000

由实际人均 GDP 的莫兰散点图（见图 5 – 3）可以看出，较多省份集中在第一象限和第三象限，呈现出"高—高"和"低—低"集聚，说明中国的实际人均 GDP 呈现出较强的空间正相关性。由该图进一步可以看出，浙江、北京、天津、福建、上海、江苏等地区在第一象限，呈现出"高—高"集聚，说明这几个地区与其周围其他地区的实际人均 GDP 较高，在空间上存在着相互集聚的现象；云南、新疆、陕西、青海、贵州、甘肃等地区在第三象限，呈现出"低—低"集聚，说明这些地区与其周围地区的实际人均 GDP 较低；吉林、黑龙江、安徽、河北等地区位于第二象限，呈现出"低—高"的集聚，这些省份位于拥有更大的实际人均 GDP 的地区周围，相较而言实际人均 GDP 较小进而呈现出这样的情况；内蒙古、山东、广东位于第四象限，呈现出"高—低"集聚，说明这些地区的实际人均 GDP 较大，而其相邻区域的实际人均 GDP 较小。

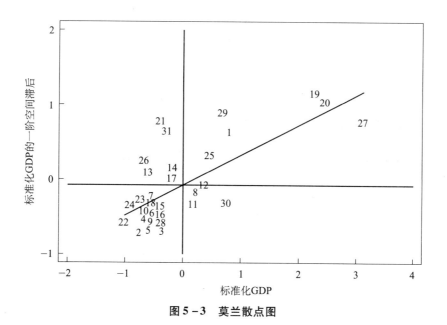

图 5 – 3　莫兰散点图

第四节 区域经济趋同类型研究

一、绝对 β 趋同检验

在对于 β 趋同模型设定的基础上，本章将选取 2000～2018 年我国各个省份的实际人均面板数据，进行省域经济增长的趋同性检验。由于空间效应对经济增长的影响显著，所以利用空间滞后自回归模型和空间误差自回归模型进行估计，并与经典 OLS 模型进行对比。空间权重矩阵 W 通常设计为一阶空间邻接矩阵，这一类型的权重矩阵形式简单，同时也突出了空间地域相邻的信息，可以满足大多数模型设计和参数估计的需要。

绝对 β 趋同模型的形式如下：

$$\text{OLS}: \frac{1}{k}\ln(GDP_{i,T}/GDP_{i,t}) = \alpha + \beta\ln(GDP_{i,t}) + \varepsilon_{i,t} \quad (5-20)$$

$$\text{SLM}: \frac{1}{k}\ln(GDP_{i,T}/GDP_{i,t}) = \alpha + \beta\ln(GDP_{i,t})$$
$$+ \rho W\frac{1}{k}\ln(GDP_{i,T}/GDP_{i,t}) + \varepsilon_{i,t} \quad (5-21)$$

$$\text{SEM}: \frac{1}{k}\ln(GDP_{i,T}/GDP_{i,t}) = \alpha + \beta\ln(GDP_{i,t}) + \mu_{i,t}$$
$$\mu_{i,t} = \lambda W\mu_{i,t} + \varepsilon_{i,t} \quad (5-22)$$

其中，$i=1，2，\cdots，31$，表示中国 31 个省份；$t=2000，2001，\cdots，2018$，表示年份。基于上述模型的设定检验结果，这里的空间计量模型估计采用固定效应模型，绝对 β 趋同检验的结果如表 5-3 所示。

表 5-3 　　　　　　　　　　　绝对 β 趋同模型估计结果

模型参数	OLS		SLM		SEM	
	Coef	Prob.	Coef	Prob.	Coef	Prob.
常数项	0.1437	0.0000	—	—	—	—
β	-0.0295	0.0000	-0.0167	0.0000	-0.0275	0.0000
ρ	—	—	0.3461	0.0000	—	—
λ	—	—	—	—	0.5814	0.0000
R^2	0.8476		0.8369		0.8476	
对数似然值	—		2 471.6325		2 594.6644	

经济增长的绝对 β 趋同模型估计结果如表 5 - 3 所示，三种不同模型的 β 估计值均为负数，并且通过了 1% 的显著性水平检验，说明 2000 ~ 2018 年我国的 31 个省域经济增长存在绝对 β 趋同的趋势，落后地区的经济增长速度高于较为发达地区的经济增长速度，这样的现状有利于我国实现"先富带动后富，最终实现共同富裕"的发展要求。空间滞后自回归模型的 ρ 系数和空间误差自回归模型的 λ 系数也都通过了 1% 的显著性水平检验，表示我国省域经济增长趋同现象的空间效应是由随机干扰项的冲击和相邻地区的溢出效应共同实现的，从模型的拟合优度和极大似然对数的数值来看，空间误差自回归模型（SEM）的两个指标值高于空间滞后自回归模型（SLM），这也说明了省域经济增长趋同现象的空间效应更多的是通过随机干扰项的冲击而体现出来的。

二、条件 β 趋同检验

条件 β 趋同检验是在绝对 β 趋同检验的基础上引入其他可能影响经济趋同的控制变量。虽然条件 β 趋同检验比绝对 β 趋同检验更加接近现实的情况并且更加具有说服力，但是由于影响经济增长的变量十分复杂，导致各种影响因素都可以加入模型做控制变量，使得条件趋同模型可以无限制地扩展，而这样做的后果就是不利于发现影响经济增长的本质因素。控制变量的选择应该满足：（1）指标数据在研究时间范围内可以获得；（2）控制变量指标是具有代表性的，符合研究区域自身的特点。鉴于此，这里选择人口自然增长率、固定资产投资水平、政府消费支出水平、产业结构这四个指标，并将其作为控制变量加入条件 β 趋同的模型，构建我国省域经济增长的条件 β 趋同模型：

$$\text{OLS}: \frac{1}{k}\ln(GDP_{i,T}/GDP_{i,t}) = \alpha + \beta_1\ln(GDP_{i,t}) + \beta_2\ln(POP_{i,t})$$
$$+ \beta_3\ln(INV_{i,t}) + \beta_4\ln(GOV_{i,t}) + \beta_5\ln(IND_{i,t}) + \varepsilon_{i,t} \qquad (5-23)$$

$$\text{SLM}: \frac{1}{k}\ln(GDP_{i,T}/GDP_{i,t}) = \alpha + \beta_1\ln(GDP_{i,t}) + \rho W\frac{1}{k}\ln(GDP_{i,T}/GDP_{i,t})$$
$$+ \beta_2\ln(POP_{i,t}) + \beta_3\ln(INV_{i,t}) + \beta_4\ln(GOV_{i,t}) + \beta_5\ln(IND_{i,t}) + \varepsilon_{i,t}$$
$$(5-24)$$

$$\text{SEM}: \frac{1}{k}\ln(GDP_{i,T}/GDP_{i,t}) = \alpha + \beta_1\ln(GDP_{i,t}) + \beta_2\ln(POP_{i,t})$$
$$+ \beta_3\ln(INV_{i,t}) + \beta_4\ln(GOV_{i,t}) + \beta_5\ln(IND_{i,t}) + \mu_{i,t}$$
$$\mu_{i,t} = \lambda W\mu_{i,t} + \varepsilon_{i,t} \qquad (5-25)$$

模型变量及相关描述如表 5 - 4 所示。

表 5 - 4　　　　　　　　　　　　模型变量及相关描述

变量		变量描述
被解释变量	$\frac{1}{k}\ln(GDP_{i,T}/GDP_{i,t})$	人均国内生产总值的年均增长率
解释变量	$\ln(GDP_{i,t})$	期初人均国内生产总值的自然对数
	$\ln(POP_{i,t})$	人口自然增长率
	$\ln(INV_{i,t})$	固定资产投资水平——固定资产投资额占 GDP 的比重
控制变量	$\ln(GOV_{i,t})$	政府消费支出水平——地方政府财政支出额占 GDP 的比重
	$\ln(IND_{i,t})$	产业结构优化水平——二、三产业产值占 GDP 的比重

对于上述模型的设定检验结果，这里的空间计量模型估计采用固定效应模型，估计检验结果如表 5 - 5 所示。

表 5 - 5　　　　　　　　　　　　条件 β 趋同模型估计结果

模型参数	OLS		SLM		SEM	
	Coef	Prob	Coef	Prob	Coef	Prob
常数项	0.1202	0.0000	—	—	—	—
β	- 0.0255	0.0000	- 0.1966	0.0000	- 0.0297	0.0000
$\ln POP$	0.0029	0.0000	0.0022	0.0000	0.0013	0.0090
$\ln INV$	0.0037	0.0160	0.0032	0.0240	0.0014	0.2530
$\ln GOV$	- 0.0062	0.0010	- 0.0017	0.4230	0.0042	0.0270
$\ln IND$	0.0132	0.1880	0.0163	0.1040	0.0043	0.6260
ρ	—	—	7.68	0.0000	—	—
λ	—	—	—	—	0.5872	0.0000
R^2	0.8598		0.8547		0.8510	
对数似然值	—		2 560.7647		2 602.1088	

由表 5 - 5 可知，三种不同模型的 β 估计值均为负数并且通过了 1% 的显著性水平检验，说明我国的省域经济增长存在条件 β 趋同；ρ 和 λ 的估计值是显著的，说明在省域经济增长的趋同过程中存在着较强的空间效应；空间滞后自回归模型（SLM）和空间误差自回归模型（SEM）对于区域经济增长趋同性的分析优于普通的条件 β 趋同模型。从拟合优度和极大似然对数值方面来看，普通条件 β 趋同模型的拟合优度高于其他两种空间模型，空间误差自回归模型的极大似然对数值高于空间滞后自回归模型。因此，整体上认为空间误差自回归条件趋同模型是分析区域经济增长趋同效应的较优模型。

进一步地解释各变量对于区域经济增长趋同效应的影响机制，下面对于以上模型的估计结果进行详细的分析。

普通条件 β 趋同模型中，固定资产投资水平（INV）和产业结构优化水平（IND）没有通过1%的显著性检验，说明这二者对于经济增长的趋同效应没有显著的影响；人口自然增长率（POP）和政府消费支出水平（GOV）通过了模型的显著性检验，其中人口自然增长率的系数为正，说明人口增长对于经济的增长具有显著的促进作用；政府消费支出水平的系数显著为负，说明不同地区的政府财政支出在一定程度上抑制了区域经济迈向趋同状态。

空间自回归趋同模型中，固定资产投资水平（INV）、政府消费支出水平（GOV）、产业结构水平（IND）均没有通过1%的显著性水平检验，说明在空间效应的存在下，这三者对于区域经济增长的趋同性没有显著影响；人口自然增长率（POP）通过了显著性检验并且系数为正，说明在空间效应的影响下，人口增长促进了我国省域经济增长趋同。

对比普通的趋同模型和加入了空间因素的趋同模型可以发现，加入了空间因素的模型和普通模型的估计结果相差甚大，说明区域经济增长的研究需要进一步地考虑空间效应。随着我国经济的快速发展，地区间的合作日益密切，要素流动更加自由，探讨区域经济增长和趋同效应等问题时，普通的经典回归模型可能已经无法满足解释现实经济状况的需要，加入空间因素可能更加全面，也更加贴合现实情况。

三、σ 趋同

在经典的趋同性研究中，σ 趋同是关于横截面上的离差。如果离差值随着时间的推移而减小，则存在 σ 趋同，说明区域经济增长的差异呈现缩小的趋势；如果离差随着时间的推移而增大，则说明区域经济增长存在 σ 趋异。这里采用人均GDP的对数形式（lnGDP）的标准差来判断我国区域经济是否存在 σ 趋同，计算公式如下：

$$\sigma_t = \sqrt{\frac{1}{n-1}\sum_{i=1}^{n}\left(\ln GDP_{it} - \overline{\ln GDP_{it}}\right)^2} \qquad (5-26)$$

其中，$i = 1, 2, \cdots, n$；$t = 1, 2, \cdots, T$；$\overline{\ln GDP_{it}} = \frac{1}{n}\sum_{i=1}^{n}\ln GDP_{it}$。当 $\sigma_{t+1} < \sigma_t$ 时，经济增长存在 σ 趋同，反之，存在 σ 趋异。计算结果如表 5-6 和图 5-4 所示。

表5-6　　　　　　　　中国2000～2018年人均GDP对数标准差　　　　　　　单位：%

项目	2000年	2001年	2002年	2003年	2004年	2005年	2006年
对数标准差	22.84	23.02	23.23	23.52	23.85	24.01	24.16
项目	2007年	2008年	2009年	2010年	2011年	2012年	2013年
对数标准差	24.30	24.26	24.16	24.03	23.65	23.25	22.99
项目	2014年	2015年	2016年	2017年	2018年		
对数标准差	22.82	22.67	22.49	22.27	22.09		

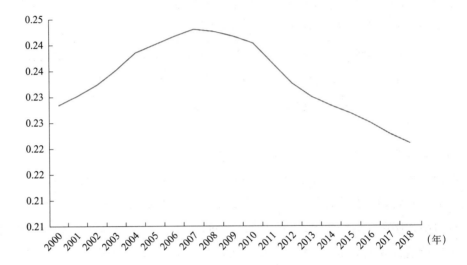

图5-4　中国2000～2018年人均GDP对数标准差

由表5-6和图5-4可知，我国2000～2007年的人均GDP对数标准差呈上升趋势，σ值不断增大，由2000年的22.84%上升到2007年的24.30%，区域经济差异扩大，存在σ趋异；2008～2018年的人均GDP对数标准差呈下降趋势，由2008年的24.26%下降到2018年的22.09%，区域经济差异缩小，存在σ趋同。2004～2008年的上升速度慢于2000～2004年上升速度，可能是因为中国的经济保持高速增长的同时，开始实施积极的财政政策，改善了经济的发展状况，σ趋异的速度放缓。2010～2018年的下降速度快于2007～2010年的下降速度，σ趋同速度加快，区域经济的差异缩小。可以看出，我国的区域经济差异在2008年前后有较大的变化，究其原因，2008年的金融危机对于经济的发展有一定的冲击，所以金融危机过后的那几年趋同的速度较慢，在此后中国的经济在危机过后强劲复苏，国家出台的一系列政策也优化了经济结构，缩小地区间的差异，趋同的速度加快。

四、群体趋同

群体趋同（俱乐部趋同）是指趋同现象存在于区域经济集团的内部，不存在于各个区域经济集团之间。也就是说，一个国家或者地区的经济结构特征相似并且初始收入水平也相同，那么这些地区的人均收入趋同。这里将中国划分为中部、中部和西部三大区域，设置两个地区虚拟变量 D_1 和 D_2，当研究省份属于东部地区时，$D_1 = 1$，属于其他地区时，$D_1 = 0$；当研究省份属于西部地区时，$D_2 = 1$，属于其他地区时，$D_2 = 0$。群体趋同的 OLS 模型、空间滞后模型、空间误差模型如下所示：

$$\text{OLS：} \frac{1}{k}\ln(GDP_{i,T}/GDP_{i,t}) = \alpha + \beta_1\ln(GDP_{i,t})$$
$$+ \beta_2 D_1 + \beta_3 D_2 + \varepsilon_{i,t} \qquad (5-27)$$

$$\text{SLM：} \frac{1}{k}\ln(GDP_{i,T}/GDP_{i,t}) = \alpha + \beta_1\ln(GDP_{i,t})$$
$$+ \rho W \frac{1}{k}\ln(GDP_{i,T}/GDP_{i,t})$$
$$+ \beta_2 D_1 + \beta_3 D_2 + \varepsilon_{i,t} \qquad (5-28)$$

$$\text{SEM：} \frac{1}{k}\ln(GDP_{i,T}/GDP_{i,t}) = \alpha + \beta_1\ln(GDP_{i,t}) + \beta_2 D_1 + \beta_3 D_2 + \mu_{i,t}$$
$$\mu_{i,t} = \lambda W \mu_{i,t} + \varepsilon_{i,t} \qquad (5-29)$$

其中，$i = 1$，2，3，$\cdots$，31，表示中国 31 个省份；$t = 2000$，2001，$\cdots$，2018，表示年份；D_1 表示东部地区，D_2 表示西部地区。

由表 5-7 可知区域经济增长的群体趋同估计结果，β 均小于 0，并且都通过了 1% 的显著性水平检验，表明我国省域间经济增长存在群体趋同。D_1 的参数值为正，表明只有在普通的群体趋同模型中通过了显著性检验；D_2 的参数值为负，表明在三种模型中均没有通过显著性检验。以上结果表明东部和西部地区的经济发展存在明显的差距，东部地区的经济发展格局有利于形成地区内部的一个稳定的趋同状态，西部地区显然落后于东部地区，对于经济增长的影响并不显著。空间滞后模型和空间误差模型的 ρ 系数和 λ 系数，都通过了 1% 的显著性水平检验，说明空间效应在群体趋同模型中是存在的。

表 5 −7 群体趋同检验估计结果

模型参数	OLS		SLM		SEM	
	Coef	Prob.	Coef	Prob.	Coef	Prob.
常数项	0.1437	0.0000	—	—	—	—
β	− 0.0252	0.0000	− 0.0161	0.0000	− 0.0268	0.0000
D_1	0.0044	0.0050	0.0022	0.3190	0.0048	0.034
D_2	− 0.0018	0.2480	− 0.0012	0.3910	− 0.0020	0.239
ρ	—	—	0.3644	0.0000	—	—
λ	—	—	—	—	0.5670	0.0000
R^2	0.8476		0.8364		0.8476	
对数似然值	—		2 473.6855		2 512.3043	

　　本章对中国 31 个省份 2000 ~ 2018 年经济增长的趋同状况进行实证检验，研究结果发现，我国省域间经济增长呈现出显著的 β 趋同特征，经济增长率和初始经济发展水平存在着显著的负相关关系，期初经济发展水平较低的地区拥有较高的年均增长率，省域间的经济发展差距呈现出缩小的趋势，这一结论验证了新古典增长理论；在考虑人口自然增长率、固定资产投资水平、政府消费支出水平、产业结构优化水平等影响因素之后，条件 β 趋同速度略有上升，经济增长趋同的特征更加明显。这表明人口增长、固定资产投资和产业结构优化在一定程度上对于区域经济增长有着正向影响，政府的不恰当干预则阻碍了经济增长的健康发展。因此，我国政府可以通过具有针对性的经济政策促进产业结构的优化，不断提高政府管理水平，大力发展创新和特色产业，为进一步缩小各个地区的发展差距创造条件。

　　β 趋同研究的是不同经济体的经济增长率与初始经济水平之间的关系，与 β 趋同不同的是，σ 趋同是关于人均实际收入的离差，离差变小说明存在 σ 趋同。本章对中国 2000 ~ 2018 年实际人均 GDP 取对数标准差的计算，发现我国存在分时段的 σ 趋同和 σ 趋异。2000 ~ 2007 年存在 σ 趋异，并且趋异的速度先快后慢；2008 ~ 2018 年我国区域经济发展存在 σ 趋同，趋同的速度先慢后快。在 2008 年前后的变化较大，可能是因为 2008 年的金融危机带来的影响以及之后我国出台的一系列宏观经济政策对人均实际收入产生了一定的影响。σ 趋同作为趋同研究的基本环节对于 β 趋同和群体趋同（俱乐部趋同）的研究具有一定的导向意义。

　　群体趋同（俱乐部趋同）是指初期的经济发展水平接近的不同经济体之间，在具有相似经济结构的前提下会走向趋同。其中，群体趋同与 β 趋同都研究经济增长率与经济体初始状态的关系。本章将中国的 31 个省份分为东部、中部、西部三大区域，研究 2000 ~ 2018 年的群体趋同。实证结果表明，我国存在着显著的群体趋同。而且，东部和西部的经济发展差距较大，东部地区地理位置优越，资源丰富，劳动者的文化素质较高，工农业基础雄厚，在我国的经济发展中发挥着龙头作用；西部地区地势复杂，经济发展和技术管理水平与东部、中部差距较大，但是拥有丰富的矿产资源，具有较大的发展潜力。地区发展存在差距是一个经济和社会问题，同时也是一个政治问题，需要科学分析，正视区域差距问题，坚持区域经济协调发展，逐步缩小我国东部和中西部的经济发展差距。

随着多年来国家和人民不断地探索与努力，中国的经济发展也迈上了一个新的台阶。我们在享受着经济快速发展带来的好处的同时，也面临着区域经济发展不平衡的现实问题。本章通过实证分析得知我国省域经济增长存在着显著的空间 β 趋同和群体趋同，以及分时段的 σ 趋异和 σ 趋同，针对以上研究结论提出相关的政策建议。

第一，提高劳动力的素质，增加人力资本储备。本章的模型估计结果显示人口自然增长率对于我国省域经济增长有着显著的正面影响。由此可知，经济发展想要取得突破和成就就必须对劳动力进行有效引导和管理。随着人口红利的逐渐衰退，依靠丰富且低价的劳动力资源带动经济发展显然已经跟不上经济发展前进的步伐，因此需要特别注意培养高素质的人才，提高我国劳动力的整体水平。

第二，政策支持是我国各个地区经济发展的软环境。其中，合理的财政支出对于经济增长有着巨大的推动力。本章研究发现政府的财政支出对于经济增长有着负面影响，不合理的财政政策阻碍着区域经济协调健康的发展，因此政府财政支出结构在保持重点支出的同时，应该积极优化调整，加大对于落后地区的财政支出，通过对于基础教育、公共设施、科学技术等方面的扶持，缩小区域经济发展之间的差距。与此同时，政府还应该具有针对性地引导投资的增长、城市化水平的提升等，促进经济联动发展，缩短发达地区和落后地区之间的差距。

第三，产业结构调整优化是我国经济增长的内在驱动力。产业结构优化是指通过产业调整实现各个产业的协调发展。本章研究发现，产业结构优化水平对于省域间经济增长具有正面影响，通过产业结构的调整，使各个产业的整体素质和效率向更高层次不断演进。应该重视产业调整的相关政策，关注影响产业结构变化的供给结构和需求结构，实现资源优化配置，从而推进产业结构的合理化和高级化发展。

第六章　空间溢出效应统计分析

　　经济学中的溢出效应是一类常见的经济现象，它是指一个经济单位所从事的某类经济活动不仅会对该经济单位本身产生影响效果，而且会对单位之外的团体乃至社会产生影响。溢出效应属于经济学中所讨论的"外部性"问题，如果溢出效应所产生的影响是正面的、好的，即通常所说的外部经济。在经济学发展史上，阿罗、罗默、卢卡斯、帕伦特、科高等一批著名学者都对溢出效应进行过深入研究并产生重要影响。在产业经济问题研究中，溢出效应主要是指产业间溢出效应和空间溢出效应，前者主要出现在产业链的上下游之间，后者主要出现在产业发展的不同区域之间，从本质上看，由经济活动造成的产业之间、区域之间的普遍联系使得溢出效应的存在成为必然。随着区域间经济交往的日益扩大和经济地理学学科的快速发展，空间溢出效应问题受到了越来越多的关注。中国作为全球制造业大国，制造业在发展过程中的空间溢出效应是值得研究的一个议题，本章拟在总结相关研究思路的基础上，以中国制造业为例，阐释经济发展中的空间溢出效应问题。具体工作包括探索空间溢出效应模型设计方法、寻找空间溢出效应变量、对溢出效应进行科学地分解和测量，以系统分析和展示中国制造业产业发展的空间溢出效应的数量特征。在实际问题分析中，将主要从要素投入角度对制造业的空间溢出效应进行探讨，主要包括制造业的资本溢出效应、技术知识溢出效应、员工技能溢出效应、基础设施溢出效应等，中国制造业的这些溢出效应是否存在以及溢出效应的大小等都将是我们的关注点。

第一节　空间溢出模型设定

　　模型设定问题是应用计量经济学中一个重要的议题，模型设定正确与否关系到整个应用研究的成败。空间计量经济学回归模型较经典计量经济模型更为复杂，因为其需要展示区域个体间的依赖关系，因而在设定过程中需要考虑更多的影响因素。因此，对于制造业空间溢出模型而言，应充分考虑各类因素，以实现模型的正确设定。

一、空间溢出效应模型

依循一般的空间回归模型的设定思路可构建中国制造业空间溢出模型。根据古典经济理论，产出可以由简单 C－D 生产函数来表示：

$$Q_{it} = AK_{it}^{\alpha}L_{it}^{\beta} \qquad\qquad (6-1)$$

其中，Q 为产出量；K 为资本投入量；L 为劳动投入量；A 表示技术水平。下标 i、t 分别表示观测区域和观测时间。这一生产函数有着严格的假定条件，首先是技术水平的外生性，体现在模型中的常数 A 上；其次是在生产过程中假定其他条件不变或不影响产出，产出只受到资本投入与劳动投入的影响；最后是从计量经济学的角度来看，C－D 生产函数需要在观测个体间相互独立的假定条件下才能进行估计。在实际的经济环境中，这些假定通常都不符合实际或难以满足：技术条件是不断发展变化的，不同的生产者、不同的地域也拥有不同的技术水平；影响产出的因素不局限于资本投入和劳动投入，尤其对行业和区域来说，诸如市场环境等都是重要影响因素；空间区域间的经济是相互联系的，因而独立性假定条件较为苛刻。另外，由于经济空间依赖关系的作用，相邻区域的投入要素对本区域的产出也可能造成影响，即存在空间溢出现象。空间溢出效应的本质就是经济因素在不同的区域（即空间）存在交互影响作用。基于此，这里将在考虑空间效应的框架下对 C－D 生产函数进行拓展，以适应中国制造业空间溢出效应研究的需要。

首先来看技术水平的外生性问题。作为产出的重要影响条件之一，技术水平 A 不是不变的，而是会受到诸多因素的影响，其中科技创新能力、员工的专业技能等都是不可忽略的因素，资本也会对技术水平产生影响。因此，技术水平在生产函数中应属于内生性变量，不妨设为 A_{it}。根据空间经济学理论，地域间的相邻关系也即空间依赖关系在经济学中是普遍存在的，这在分析 A_{it} 的影响因素时需要考虑。资本要素对本区域内的技术水平存在影响作用，对相邻区域的技术水平也存在影响作用，即资本的溢出效应；不同的区域间、上下游产业链间有学习、模仿和技术转让的现象存在，因而科技创新能力也存在溢出效应，员工技能在空间上的流动性形成了专业技术的空间溢出效应。用 R 表示科技创新能力，P

表示员工的专业技能，同时考虑要素的空间溢出因素以及可能出现的非线性关系，技术水平因素可以表示为：

$$A_{it} = \Lambda K_{it}^{\eta} K_{wit}^{\theta} R_{it}^{\vartheta} R_{wit}^{\iota} P_{it}^{\lambda} P_{wit}^{\xi} \qquad (6-2)$$

其中，Λ 为常数参数，w 表示相邻区域。将 A_{it} 的表述式代入拓展的 C－D 生产函数模型中，即可得到生产函数式（6－3）：

$$Q_{it} = \Lambda K_{it}^{\eta+\alpha} K_{wit}^{\theta} L_{it}^{\beta} R_{it}^{\vartheta} R_{wit}^{\iota} P_{it}^{\lambda} P_{wit}^{\xi} \qquad (6-3)$$

空间经济学中将由空间距离所产生的空间运输成本作为产出或经济发展的一个重要影响因素，因此这里将运输条件引入生产函数，用 T 表示，并考虑到它与产出间可能存在非线性关系，进一步将 C－D 生产函数进行拓展，如式（6－4）：

$$Q_{it} = \Lambda K_{it}^{\eta+\alpha} K_{wit}^{\theta} L_{it}^{\beta} T_{it}^{\gamma} T_{wit}^{\delta} R_{it}^{\vartheta} R_{wit}^{\iota} P_{it}^{\lambda} P_{wit}^{\xi} \qquad (6-4)$$

模型中引入相邻区域的运输条件 T_{wit} 是必要的，不同区域之间运输条件相互联系、相互影响，相邻区域的运输条件优越，产品在区域间的运输成本就会降低，这样会对本区域的产出形成正面的影响，因此将相邻区域的运输条件考虑到模型中。由于式（6－4）中 θ、δ、ι、ξ 等参数度量了相邻区域中的要素对中心区域产出的影响作用，因此可以将此模型视为中国制造业空间溢出模型。在实际应用中，需要对模型形式及变量作出进一步的处理，例如为了问题研究的需要，可以将式（6－4）线性化，并加入随机误差项，以构建线性计量经济学模型。

二、空间溢出模型形式与变量选择

根据前面所设定的中国制造业空间溢出模型式（6－4），按照计量经济学参数估计方法，将考虑空间溢出效应的拓展的 C－D 生产函数两边取对数，设计出如下的计量经济学模型形式，如式（6－5）：

$$
\begin{aligned}
\log(Q_{it}) = {} & \alpha_0 + \rho W\log(Q_{it}) + \alpha_1 \log(K_{it}) + \alpha_2 W\log(K_{it}) + \alpha_3 \log(L_{it}) \\
& + \alpha_4 \log(R_{it}) + \alpha_5 W\log(R_{it}) + \alpha_6 \log(P_{it}) + \alpha_7 W\log(P_{it}) \\
& + \alpha_8 \log(T_{it}) + \alpha_9 W\log(T_{it}) \\
& + \varepsilon_{it} \qquad (6-5)
\end{aligned}
$$

其中，W 为一阶空间邻接矩阵；α_0，α_1，$\cdots$，α_9 以及 ρ 为模型参数；ε_{it} 为模型随机项；其他变量及下标同前所述。很明显，模型中各空间滞后项形成了对应要素的空间溢出效应的载体。

在模型的变量选择上,中国的现实状况是,各省份的面积各不相同,且差异性较大,而对于反映总量的经济变量产出、资本、劳动力受到地理面积的影响较大,为剔除地理面积的影响,这里将产出、资本、劳动力等变量除以对应的省域面积,以消除地理面积的影响,即各省域的单位面积产出、单位面积资本量、单位面积劳动投入量等指标。公路、铁路里程数也和区域面积相关,因此也取单位面积公路、铁路里程数,在变量设置中取两者之和。为消除产业规模大小的影响,将制造业的研发投入量(R&D)除以区域内制造业从业人数,以此作为科技创新能力 R 要素变量。员工的专业技能 P 用大学以上人口占劳动力总人口的比重来表示。因此,上述计量经济学模型中的变量对应的统计指标是:Q 表示单位面积国土上制造业总产值;K 表示单位面积国土上制造业固定资产原价;L 表示单位面积国土上制造业劳动投入量;R 表示人均研发经费投入量;P 表示大学以上人口占劳动力总人口的比重;T 表示单位面积国土上公路、铁路里程数。

第二节 空间溢出效应的测度方法

空间溢出效应模型式(6-5)的参数并不能直接用于衡量模型中自变量对因变量的影响关系,这和经典计量经济学模型中的参数意义完全不同。例如参数 α_1 不能直接作为弹性的度量,即不能解释为"在其他变量不变的情况下,制造业资本要素每增加 1 个百分点,产出平均增加 α_1 个百分点",因为模型所表述的个体之间是具有依赖关系的,空间溢出效应的存在使得模型参数的意义更为复杂。为此,这里需要对模型系数进行进一步的运算分析,以实现对空间溢出效应的科学测度。

一、空间溢出效应的分解设计

这里首先对空间溢出模型式(6-5)的回归系数作出分析。式(6-5)所刻画的模型本质上是一类空间杜宾模型(SDM),不失一般性,可写为如下的矩阵形式:

$$(I_n - \rho W)y = X\beta + WX\theta + \varepsilon \qquad (6-6)$$

其中,W 为空间邻接矩阵,β、θ 为参数向量,ε 为误差向量。此处用矩阵表示的被解释变量 y 和解释变量 X 可对应式(6-5)中各对数形式的变量,即式(6-

5）可以按此思路进行分析。SDM 模型进一步可改写为：

$$y = \sum_{r=1}^{k} S_r(W) x_r + (I_n - \rho W)^{-1} \varepsilon \qquad (6-7)$$

其中：

$$S_r(W) = (I_n - \rho W)^{-1} (I_n \beta + W \theta) \qquad (6-8)$$

将上述模型按样本点（n 个区域）展开即为如下形式：

$$
\begin{bmatrix} y_1 \\ y_2 \\ \vdots \\ y_n \end{bmatrix} = \sum_{r=1}^{k} \begin{bmatrix} S_r(W)_{11} & S_r(W)_{12} & \cdots & S_r(W)_{1n} \\ S_r(W)_{21} & S_r(W)_{22} & \cdots & \\ \vdots & \vdots & & \ddots \\ S_r(W)_{n1} & S_r(W)_{n1} & \cdots & S_r(W)_{nn} \end{bmatrix} \begin{bmatrix} x_{1r} \\ x_{2r} \\ \vdots \\ x_{nr} \end{bmatrix} + (I_n - \rho W)^{-1} \varepsilon
$$

$$(6-9)$$

其中，k 为解释变量的个数。用 $S_r(W)_{ij}$ 表示矩阵 $S_r(W)$ 中的第 i 行、第 j 列元素，对于第 i 个样本点（区域），可以得到：

$$
\begin{aligned}
y_i = &\sum_{r=1}^{k} \left[S_r(W)_{i1} x_{1r} + S_r(W)_{i2} x_{2r} + \cdots + S_r(W)_{in} x_{nr} \right] \\
&+ \left[(I_n - \rho W)^{-1} \varepsilon \right]_i
\end{aligned} \qquad (6-10)
$$

不难看出，y 的变化在理论上会受到解释变量 x 的所有观测样本信息的影响，由此能够得出：

$$\frac{\partial y_i}{\partial x_{jr}} = S_r(W)_{ij} \quad i,j = 1,2,\cdots,n \qquad (6-11)$$

显然，不能保证 $S_r(W)_{ij} = 0$ 成立，事实上，$S_r(W)_{ij}$ 通常不为零。在经典线性回归模型中，由于被解释变量是假定相互独立的，因而有 $\frac{\partial y_i}{\partial x_{jr}} = 0 (i \neq j)$，这是空间回归模型的系数与经典回归模型系数的差异所在。

上述偏导函数的现实经济意义是，在不考虑其他因素的情况下，一个地区的解释变量的变化会影响其他地区因变量的变化。这便从模型数理结构上阐述了空间溢出效应的存在，而上述偏导函数值也构成了空间溢出效应的一部分。区域内部解释变量对因变量的影响效应可以表述为：

$$\frac{\partial y_i}{\partial x_{ir}} = S_r(W)_{ii} \qquad (6-12)$$

这个效应包括了解释变量对因变量的直接影响作用——这种影响作用并不是我们所讨论的空间溢出效应，也包括了迂回路径的影响，即从观测值 i 到 j 再返回 i 的影响，抑或是其他更长的影响路径——这是一种空间溢出效应。

在进行空间溢出效应的计算与分解之前，先测算模型中解释变量对被解释变量的影响效应，这是空间溢出效应的基础。对于解释变量 x_r，其对被解释变量 y 影响的总体效应（total effect）可以通过偏导函数 $\dfrac{\partial y_i}{\partial x_{jr}}$ 来表示，$\dfrac{\partial y_i}{\partial x_{jr}}$ 实际上是矩阵 $\boldsymbol{S}_r(\boldsymbol{W})$ 中的元素。总体效应 TE 可表示为：

$$TE = \sum_{j=1}^{n} \sum_{i=1}^{n} \frac{\partial y_i}{\partial x_{jr}} = \sum_{j=1}^{n} \sum_{i=1}^{n} \boldsymbol{S}_r(\boldsymbol{W})_{ij} \qquad (6-13)$$

值得注意的是，此处可以有 $i=j$，因此总体效应 TE 并非全部属于空间溢出效应。在实际中使用样本平均总体效应更有助于对问题进行分析，平均总体效应可定义为：

$$ATE = \frac{1}{n} \sum_{j=1}^{n} \sum_{i=1}^{n} \boldsymbol{S}_r(\boldsymbol{W})_{ij} \qquad (6-14)$$

区域内部解释变量对被解释变量的影响可以通过偏导函数 $\dfrac{\partial y_i}{\partial x_{ir}}$ 反映，因此可以定义解释变量 x_r 对被解释变量 y 影响的平均直接效应（average direct effect）：

$$ADE = \frac{1}{n} \sum_{i=1}^{n} \frac{\partial y_i}{\partial x_{ir}} = \frac{1}{n} \text{trace}\left[\boldsymbol{S}_r(\boldsymbol{W})\right] \qquad (6-15)$$

由此可以进一步计算解释变量 $\boldsymbol{x}_r$ 对被解释变量 $\boldsymbol{y}$ 影响的平均间接效应（average indirect effect）：

$$AIE = ATE - ADE \qquad (6-16)$$

很明显，平均间接效应 AIE 是空间溢出效应。

这样，可以通过将总溢出效应分解为平均直接效应和平均间接效应之和的形式，即：

$$ATE = ADE + AIE \qquad (6-17)$$

从而完成对空间溢出效应大小的测度。需要指出，平均总体效应 ATE 反映了解释变量对被解释变量的影响作用，并非全部是空间溢出效应，其中包含了区域内部解释变量对被解释变量的直接影响作用，这些直接的影响作用在分解之后包含在平均直接效应 ADE 中。

二、空间溢出效应测度的拓展

前面空间溢出效应的分解过程是基于勒萨吉和佩斯（LeSage & Pace，2009）的分解思想而设计的，其主题思路是，通过对空间杜宾模型（SDM）的解释变量及其空间滞后形式进行整合，并施以空间自相关的影响作用，进而得到一个整体系数矩阵$S_r(W)$，并通过对该矩阵的分解构造出不同的影响效应。这种分解设计把给定解释变量对被解释变量的影响的平均总效应分解为平均直接效应和平均间接效应之和的形式，分解的方法技术上简单且易于理解，但也有不足之处：一是没有对空间溢出效应进行有效的测度，直接效应中的空间溢出效应并没有提取；二是影响路径过于笼统，不同相邻空间上的影响效应统统归结为平均间接效应。为克服这些不足，这里在原方法基础上拓展一种新的分解思路。

这一部分的研究仍是从矩阵$S_r(W)$开始，但并不将解释变量及其空间滞后形式整合在一起，而是分开讨论。$S_r(W)$可写为：

$$S_r(W) = (I_n - \rho W)^{-1}\beta + (I_n - \rho W)^{-1}W\theta \qquad (6-18)$$

显然，等式右边的第一个矩阵$(I_n - \rho W)^{-1}\beta$反映了区域内解释变量对被解释变量的影响作用，不妨称为直接效应矩阵；第二个矩阵$(I_n - \rho W)^{-1}W\theta$反映了相邻区域内的解释变量对本区域被解释变量的影响作用，不妨称为间接效应矩阵。依照本节关于空间溢出效应的分解设计的分析思路，直接效应矩阵列和的平均值即为平均直接效应（ADE），间接效应矩阵列和的平均值即为平均间接效应（AIE）。平均总体效应（ATE）依旧使用前面的定义：

$$ATE = \frac{1}{n}\sum_{j=1}^{n}\sum_{i=1}^{n}S_r(W)_{ij} \qquad (6-19)$$

不难发现，这一新方法可以在保证分解式$ATE = ADE + AIE$成立的同时，还可以分别计算ATE、ADE和AIE的值，这和前面的方法是不同的。

由于矩阵$(I_n - \rho W)^{-1}W\theta$反映了相邻区域的解释变量对本区域被解释变量的影响作用，因而由该矩阵定义的AIE可以全部解释为空间溢出效应。但是矩阵$(I_n - \rho W)^{-1}\beta$反映的是同一区域内解释变量对被解释变量的影响作用，因此由该矩阵定义的ADE不能全部视为空间溢出效应，ADE中包括观测区域内解释变量对被解释变量的直接影响作用，这类直接的影响作用显然不能定义为空间溢出效应。将这种"观测区域内解释变量对被解释变量的直接影响作用"记为$ANDE$，除了$ANDE$之外，ADE中还存在另一效应，且这类效应属于空间溢出效应。因为，根据 *SDM* 模型，中心区域的解释变量会对外围区域的被解释变量产生影响，由于被解释变量的空间依赖作用，外围区域的被解释变量对中心区域被解释变量又会产生影响，形成一种迂回形式的中心区域解释变量对被解释变量的影响作用。就结果来看，这是中心区域的解释变量对本区域被解释变量形成的影响，但就过程来看，这种影响越过了区域界限，形成了空间溢出效应，其形式是迂回的。例如，江苏的制造业资本投入量对相邻的安徽的制造业产出产生影响，而由于制造业产出存在空间依赖性，安徽的产出对江苏省的产出产生影响，从结果上看形成了江苏省域内部制造业资本投入量对产出的影响，但其影响路径出了江苏省，经过了安徽乃至其他更远的省份，形成一种迂回的影响路径。因此，*ADE* 中还存在这种迂回形式的空间溢出效应，不妨记为 *AYDE*。因此有：

$$ADE = ANDE + AYDE \qquad (6-20)$$

为方便分析，这里将迂回形式的空间溢出效应（*AYDE*）定义为"空间迂回溢出效应"，将平均间接效应（*AIE*）定义为"空间单向溢出效应"（因为通过进一步分析不难发现，*AIE* 所表述的空间溢出效应全部发生在区域之间，是一种单向的影响）。很明显，对于单个样本点而言，空间单向溢出效应即为偏导数 $\dfrac{\partial y_i}{\partial x_{jr}}$ 所表述的空间溢出效应，而空间迂回溢出效应包含在偏导数 $\dfrac{\partial y_i}{\partial x_{ir}}$ 之中。这样，通过对平均总体效应的分解而探索到了模型的空间溢出效应，并将空间溢出效应成功分解为空间迂回溢出效应和空间单向溢出效应两种形式。下面对空间溢出效应进行进一步的分解，并实现数值上的可测性。

考虑到矩阵 $(I_n - \rho W)^{-1}$ 可以近似写成如下形式：

$$(I_n - \rho W)^{-1} \approx I_n + \rho W + \rho^2 W^2 + \cdots + \rho^q W^q \qquad (6-21)$$

于是矩阵 $S_r(W)$ 可以写为：

$$
\begin{aligned}
S_r(W) &\approx (I_n + \rho W + \rho^2 W^2 + \cdots + \rho^q W^q)\beta \\
&\quad + (I_n + \rho W + \rho^2 W^2 + \cdots + \rho^q W^q)W\theta \\
&= (I_n\beta + \rho W\beta + \rho^2 W^2\beta + \cdots + \rho^q W^q\beta) \\
&\quad + (W\theta + \rho W^2\theta + \rho^2 W^3\theta + \cdots + \rho^q W^{q+1}\theta) \qquad (6-22)
\end{aligned}
$$

在 $S_r(W)$ 矩阵的这种表达式下，很容易对 *ANDE*、*AYDE* 和 *AIE* 进行测算，同时可进一步根据空间邻接矩阵 *W* 的阶数对空间溢出效应的实现路径作进一步的分析展示。也就是说，可以将解释变量对被解释变量的影响效应分解成不同阶空间相邻的形式，进而可以看出不同影响路径下空间溢出效应的大小。例如，$\rho W \beta$ 是经历了一阶相邻区域而传导的直接溢出效应，$\rho W^2 \theta$ 是相邻区域经历了另一相邻区域后传导至中心区域的间接溢出效应。显然，除了 $I_n \beta$ 外，其他项均为空间溢出效应。$I_n \beta$ 即为观测区域内解释变量对被解释变量的直接影响作用 $ANDE$。为展示空间溢出效应在区域间影响作用的变动轨迹，这里对一阶相邻（W）、二阶相邻（W^2）和三阶相邻（W^3）下的空间溢出效应进行分解，以展示和分析不同空间距离下的空间溢出效应的变化。

第三节　空间溢出效应的测度与分析

实际问题研究中使用的样本数据是中国制造业 2007～2017 年全国 31 个省份的面板数据，涉及制造业总产值、资本投入量、劳动投入量、研发经费投入量等制造业产业指标以及员工技能、公路和铁路里程数等外围指标，具体见前面所述。各类指标数据均来源于全国 31 个省份对应年份的统计年鉴，考虑到数据存在两种统计口径，因此这里按统计口径的不同将数据分为两组：一组为 2007～2012 年的面板数据，时间跨度为 6 年；另一组为 2013～2017 年的面板数据，时间跨度为 5 年。因此，这里针对上述模型构建两组空间面板数据模型，可以观察和比较全球金融危机发生期间和经济新常态背景下中国制造业空间溢出效应的变化。

一、空间溢出模型参数估计

利用上述两组样本数据对式（6－5）进行参数估计。通过 BSJK 检验和 BSK 检验的信息发现，两组数据均支持选择个体固定效应模型，由此得到模型参数估计结果如表 6－1 所示。

表 6－1　　　　　　　　　　空间面板数据模型参数估计结果

模型	参数	估计值	标准差	t 统计量	t 检验 p 值
2007～2012	ρ	0.1957942	0.0682835	2.8700	0.00400 ***
	α_1	0.3889683	0.1323027	2.9400	0.00300 ***
	α_2	0.2073718	0.1127392	1.8400	0.06600 *
	α_3	0.6582777	0.1705612	3.8600	0.00000 ***
	α_4	0.0517919	0.0391108	1.3200	0.18500

续表

模型	参数	估计值	标准差	t 统计量	t 检验 p 值
2007～2012	α_5	0.0542905	0.0411630	1.3200	0.18700
	α_6	0.0472936	0.0372484	1.2700	0.20400
	α_7	0.1473710	0.0731994	2.0100	0.04400 **
	α_8	0.0029133	0.2667545	0.0100	0.99100
	α_9	− 0.5067473	0.4209054	− 1.2000	0.22900
2013～2017	ρ	− 0.2231190	0.0901735	− 2.4700	0.01300 **
	α_1	0.5903440	0.1376595	4.2900	0.00000 ***
	α_2	0.2667454	0.1582327	1.6900	0.09200 *
	α_3	0.6800171	0.1696373	4.0100	0.00000 ***
	α_4	0.1202622	0.0704067	1.7100	0.08800 *
	α_5	− 0.1237305	0.0946081	− 1.3100	0.19100
	α_6	− 0.0648616	0.0727197	− 0.8900	0.37200
	α_7	0.0758781	0.1053136	0.7200	0.47100
	α_8	0.1498706	0.4046478	0.3700	0.71100
	α_9	− 0.1694368	0.9653034	− 0.1800	0.86100

注：＊、＊＊、＊＊＊分别代表显著性水平 0.1、0.05、0.01。

由表 6-1 可以看出，两组模型的空间自回归系数 ρ 的估计结果均显著，其中"2007～2012"模型的空间自回归系数 ρ 为 0.1957942，表明 2007～2012 年我国各省份制造业经济发展存在明显的空间溢出效应，而"2003～2017"模型的空间自回归系数 ρ 为 − 0.2231190，正负号的不同体现了空间溢出方向的不同，则说明 2013～2017 年我国各省份制造业经济发展存在虹吸效应，即空间溢出方向是向内的。根据解释变量的空间滞后项的显著性检验可以发现，在"2007～2012"模型中，资本和员工技能的空间滞后项均是显著的，即外围区域的资本投入和员工技能等解释变量对中心区域的制造业产出这一被解释变量产生了显著影响，因而可以认为，2007～2012 年，中国制造业存在资本溢出效应和员工技能溢出效应。另外，模型中公路、铁路里程数的空间滞后变量不是显著的，因而这里不再进一步分析研究公路、铁路等基础设施的空间溢出效应。同时，科技创新能力也没有显示出溢出效应，这意味着区域间制造业的技术学习和模仿现象并不十分明显。在"2013～2017"模型中，资本的空间滞后项在 10% 的显著性水平下是显著的，其他空间滞后变量均不显著，这意味着在 2013～2017 年只有资本存在明显的空间溢出效应，而其他变量的空间溢出效应都相对较弱。2007～2012 年，中国制造业员工技能存在显著的空间溢出效应，但中国经济进入新常态以后，即 2013～2017 年，员工技能的空间溢出效应明显减弱了。究其原因，可以认为在中国经济发展的初期，高学历人才偏好于在中心城市（例如北京、上海、广州、深圳等）工作发展。但随着中国经济的发展，高学历人才不再像前些年那样追求大城市的工作与生活，二线乃至三线城市也开始逐渐汇聚人才。加之近年来东部中心城市房价的持续上升以及快节奏的生活方式这一现实，使中心城市的生活成本大幅提高，中心城市已不再是诸多人工作生活地方的首选，高学历人才开始向周边扩散。这样，中心城市对高学历人才的吸引集聚能力下降，因而在模型中显示出员工技能的空间溢出效应由之前的显著转变为经济新常态下的不显著。另外，如果将其他因素视为控制变量，同时忽略空间上的依赖关系，仅考察资本投入和劳动投入对制造业产出的影响，则不难发现，2007～2012年资本投入和劳动投入对产出的弹性系数分别为0.3889683和0.6582777，而2013～2017年的弹性系数分别为0.590344和0.6800171，这意味着资本投入和劳动投入对产出的贡献均在增加，且资本投入对产出的贡献增加幅度较大些，而劳动对产出的贡献增加幅度小些。同时，2007～2012年和2013～2017年的资本投入和劳动投入的弹性系数之和分别为0.9793和1.3383，表明经济新常态时期的制造业发展对投入要素的使用效率更高，这也间接说明了供给侧结构性改革取得了现实进步。

二、中国制造业空间溢出效应分解

根据式（6-5）在"2007～2012"和"2013～2017"两组样本数据下（为方便表述，后面直接称呼为模型"2007～2012"、模型"2013～2017"）的参数估计结果和前述空间溢出效应的分解过程，计算出中国制造业各省域资本投入量的影响系数矩阵$S_{K(2007～2017)}(W)$、$S_{K(2013～2017)}(W)$和员工技能影响系数矩阵$S_{P(2007～2012)}(W)$，并通过这三个矩阵按照本章关于空间溢出效应的分解设计部分给出的方法计算出每一组的平均影响效应的分解结果，如表6-2所示。

表6-2　　　　　　　　　资本投入量、员工技能的影响效应分解

变量（模型）	ATE	ADE	AIE
$K(2007～2012)$	0.741526734	0.402550650	0.338976084
$K(2013～2017)$	0.700740811	0.583822714	0.116918097
$P(2007～2012)$	0.242058190	0.054796926	0.187261263

表6-2是根据本章第二节第一部分的空间溢出效应的分解设计而得到的结果，由该部分的论证可看出，它并不能很好地体现中国制造业的资本投入要素、

员工技能投入要素的空间溢出效应，虽然 AIE 反映了空间溢出效应的信息，但 ADE 中的溢出效应难以提取，且空间溢出的路径形式难以确定。下面即使用本章第二节第二部分提出的空间溢出效应测度方法对中国制造业生产投入要素的空间溢出效应进行测算和分析。根据该部分的分解设计方法对空间面板数据模型"2007～2012"中的资本投入量 K 和员工技能 P 以及模型"2013～2017"中的资本投入量 K 作空间溢出效应分解，得出分解结果如表 6-3 所示。

表 6-3　　　　　　　　资本投入量和员工技能的影响效应新分解结果

变量（模型）	ATE	ADE	AIE
K（2007～2012）	0.741526734	0.483667613	0.257859120
K（2013～2017）	0.700740811	0.482654590	0.218086221
P（2007～2012）	0.242058190	0.058807833	0.183250357

将表 6-3 的影响效应分解结果和表 6-2 的分解结果相比较可以看出，平均总效应 ATE 是相同的，且都是各自的平均直接效应 ADE 和平均间接效应 AIE 之和；模型"2007～2012"的 ADE 和 AIE 值都大于模型中对应的解释变量及空间滞后解释变量的回归系数的估计结果；然而模型"2013～2017"的 ADE 和 AIE 值均小于模型中对应的解释变量及空间滞后解释变量的回归系数的估计结果，则说明 2013～2017 年制造业的资本要素投入对产出产生负向的空间溢出效应，即存在虹吸效应。另外也容易看出，表 6-3 中的 ADE 和 AIE 的计算结果和表 6-2 是有差异的，这体现了新分解方法和原分解方法的不同：表 6-3 和表 6-2 的计算过程不同，表 6-2 先计算了 ATE 和 ADE，并由此计算出 AIE，而表 6-3 则先计算出 ADE 和 AIE，再计算 ATE；表 6-2 的计算过程将解释变量及其空间滞后变量作为一个变量来处理，而表 6-3 的计算则是将解释变量和对应的空间滞后变量当作两个变量来分别处理。根据前面的分析论证，表 6-3 的计算结果是进一步展开科学分析的基础。

"2007～2012"模型显示中国制造业的资本投入存在溢出效应，模型中资本投入量变量的回归系数是 0.3889683，这个数值所度量的是目标区域内制造业资本投入量对产出的平均影响作用。目标区域内资本投入量对产出的总影响就是表 6-3 中所计算的平均直接效应 ADE 的值 0.483667613，它显然大于资本投入量变量的回归系数值 0.3889683，两者的差异为 0.094699313，即迂回影响效应，这种影响效应虽然最终回到了所研究的目标区域内部，但过程中存在跨区域的影响路径，因而是一种空间溢出效应，即为前面所定义的空间迂回溢出效应。

"2007～2012"模型中的资本投入量变量，其空间滞后项回归系数估计结果是0.2073718，反映了资本投入量对相邻区域内的制造业产出所产生的影响作用，这是相邻区域间直接的影响作用。而在实际中，变量间的这种影响作用可能由第三方区域导入，例如天津制造业资本投入量对北京制造业产出的影响，不仅包含这两个区域间的直接影响作用，也包含了天津制造业资本投入量通过对河北省产出的影响，进而对北京制造业产出产生的影响，当然还包含了其他更为复杂的路径形式的影响。也就是说，空间滞后项回归系数估计结果0.2073718并不能表述全部的资本投入量对相邻区域内的制造业产出所产生的影响作用，这种全部的影响作用应由表6－3中的平均间接效应AIE来表述，对"2007～2012"模型中的资本投入量变量而言，这种全部的影响作用为0.25785912，这也就是前面中所定义的空间单向溢出效应。空间单向溢出效应和回归系数估计结果的差异为0.05048732，这是除相邻区域间直接影响之外的其他更为复杂的路径形式的影响，也就是说，空间单向溢出效应包含了相邻区域间的直接影响效应和经由第三方区域的间接影响效应。

对于"2007～2012"模型中的员工技能变量和"2013～2017"模型中的资本投入量变量的平均直接效应和平均间接效应，均可以按上述分析过程来理解。通过上述分析，可以在表6－3的基础上对空间溢出效应进行分解和计算。分解结果如表6－4所示。

表6－4　　　　　　　　　资本投入量和员工技能的空间溢出效应

变量（模型）	空间溢出总效应（$AYDE + AIE$）	空间迂回溢出效应（$AYDE$）	空间单向溢出效应（AIE）	区域内直接影响效应（$ANDE$）	平均总体效应（ATE）
$K(2007 \sim 2012)$	0.35255843	0.09469931	0.257859120	0.38896830	0.741526734
$K(2013 \sim 2017)$	0.11039681	-0.10768941	0.218086221	0.59034400	0.700740811
$P(2007 \sim 2012)$	0.19476459	0.01151423	0.183250357	0.04729360	0.242058190

由表6－4可以看出，空间溢出总效应包含了空间迂回溢出效应和空间单向溢出效应两部分，而空间溢出总效应也是平均总体效应的一部分，空间溢出总效应和区域内平均影响效应共同组成了平均总体效应。在经济新常态下，资本投入总体平均效应和空间溢出效应较金融危机发生时期均有所减少，且空间迂回溢出效应为负，说明此时期空间溢出方向发生变化，但由于空间单向溢出效应弥补了空间迂回效应的抑制作用，使得空间溢出总效应为正。另外，在新常态之前的时期，员工技能变量的空间溢出总效应明显大于区域内直接影响效应，溢出效应较强。

继续根据所设计的新的分解方法，将模型"2007～2012"和模型"2013～2017"的资本投入量变量 K、员工技能变量 P 对产出的空间影响效应进行分解，结果如表6-5所示。由表6-5不难看出，ADE 中的区域内的直接影响是在 W^0 阶出现的，其值即为对应的解释变量的回归系数；AIE 中的相邻区域间的溢出在 W^1 阶出现，其值为对应的空间滞后解释变量的回归系数；迂回溢出效应和复杂路径溢出效应随着阶数的增加呈现出衰减的趋势，这实际上是一种指数衰减过程，体现了随着距离的增加，空间相关性减小、空间影响作用也随之减小的特征。空间溢出总效应即为空间迂回溢出效应和空间单向溢出效应的总和，在表6-5中体现为空间迂回溢出效应、相邻溢出效应和复杂路径溢出效应三者之和。相邻溢出，即具有直接相邻关系的区域间的溢出。通过表6-5可以发现，无论是资本投入要素 K 还是员工技能要素 P，其相邻溢出效应明显高于迂回溢出效应和复杂路径溢出效应。随着相邻阶数的增加，即随着距离的扩大，高阶的空间溢出效应也呈现出渐小的趋势。资本投入的相邻溢出效应和复杂路径的空间溢出效应在经济新常态下都有明显的增加，这意味着资本要素使得制造业在省域空间层面上联系得更加紧密，这与第三章的探索性分析结果一致。同时，可以发现，在经济新常态时期，资本投入要素的正向相邻溢出大于负向的空间迂回溢出效应，最终促使空间溢出总效应为正；然而在对资本投入要素进行更高阶空间溢出效应分解时，发现资本投入要素的二阶相邻空间溢出总效应呈现负值，即空间单向溢出的负向效应绝对值大于空间迂回效应而导致空间溢出总效应为负，表明中国制造业在较高阶邻近地区之间的资本投入要素存在着虹吸效应。另外，可以看出，资本投入要素的三阶相邻空间溢出总效应为正，但其溢出效应较弱。总体来看，资本投入要素对产出的空间溢出总效应是正向的。

表6-5　　　　　　　　资本投入量、员工技能的影响效应深层分解

变量（模型）	阶数	平均直接效应 ADE		空间单向溢出效应（AIE）		空间溢出总效应（AYDE + AIE）
		直接影响	空间迂回溢出效应（AYDE）	相邻溢出	复杂路径溢出	
$K(2007～2012)$	W^0	0.3889683	—	—	—	—
	W^1	—	0.07615774	0.2073718	—	0.28352954
	W^2	—	0.01491124	—	0.04060220	0.05551344
	W^3	—	0.00291953	—	0.00794967	0.01086921
$K(2013～2017)$	W^0	0.5903440	—	—	—	—
	W^1	—	−0.13171696	0.26674540	—	0.13502844
	W^2	—	0.02938856	—	−0.05951597	−0.03012741
	W^3	—	−0.00655715	—	0.01327914	0.00672200

续表

变量（模型）	阶数	平均直接效应 ADE		空间单向溢出效应（AIE）		空间溢出总效应（AYDE + AIE）
		直接影响	空间迂回溢出效应（AYDE）	相邻溢出	复杂路径溢出	
P(2007～2012)	W^0	0.04729360	—	—	—	—
	W^1	—	0.00925981	0.1473710		0.15663081
	W^2	—	0.00181302	—	0.02885459	0.03066740
	W^3	—	0.00035498	—	0.00564952	0.00600450

在方法层面上，这种新的分解思路是在对矩阵 $S_r(W)$ 进行分析计算的基础上设计的，根据矩阵计算过程而展示的空间溢出效应的分解内容也较为直观并便于理解。从分解路径上看，这种新的空间溢出效应分解方法在第一层的分解基础上再进行了第二层的空间溢出效应的分解，即将总体平均效应分解成平均直接效应和平均间接效应之后，再分别对平均直接效应和平均间接效应进行了二次分解，并由二次分解得结果进一步构造出空间溢出效应成分。因此，这种新的分解方式将空间溢出效应分解得更细致，实现了对勒萨吉和佩斯原分解思路的有效拓展。

在中国制造业空间溢出效应问题研究方面，这里在 C－D 生产函数的基础上设计了中国制造业投入要素空间溢出效应模型，并对模型进行了估计。在模型估计过程中，考虑到经济发展的背景以及数据自身的特征，将样本分为"金融危机期间的 2007～2012 年"和"经济新常态下的 2013～2017 年"。通过两组样本数据对制造业空间溢出效应模型的估计和分析发现，在金融危机发生期间的 2007～2012 年和在经济新常态下的 2013～2017 年，中国制造业投入要素对产出产生的空间溢出效应都是存在的，但存在形式明显不同。本章进一步对制造业空间溢出效应进行了分解，并作了进一步的分析研究。需要指出的是，这里重点研究了"资本"和"员工技能"两组因素的空间溢出效应，但这并不是否认其他因素的空间溢出效应不存在，空间溢出效应存在的显著性不能完全依赖空间溢出模型的参数显著性检验，这里仅认为"资本"和"员工技能"两组因素的空间溢出效应最为明显，因而将它们作为研究的重点对象。综合本章的研究，可得下述几点结论。在要素层面上，一是中国制造业的空间溢出效应主要体现在资本投入要素上，员工技能要素对制造业的产出亦存在空间溢出效应，但在经济新常态下明显减弱，并且研究发现，在经济新常态下，中国制造业的资本投入要素变量对产出产生的空间溢出效应为负，即存在虹吸效应；二是研发投入、公路铁路等基础设施要素对制造业产出产生影响的空间溢出效应有待于进一步扩大。在空间层面上，一是中国制造业的空间溢出效应主要存在于相邻区域（地域接壤）之间，非直接相邻区域的空间溢出效应不明显；二是制造业的空间溢出效应主要体现为相邻区域间的溢出，即相邻溢出，迂回溢出效应以及更复杂路径的溢出效应相对较弱。

总体来看，投入要素对产出的空间溢出效应是一种正的外部性效应，就制造业来说，这种正外部性的空间溢出效应可以带动周边区域制造业的发展，实现相关投入要素的高效利用，有效促进制造业的空间集聚和收敛，进而有利于实现制造业的区域协调发展和共同进步。因此，提升制造业空间溢出效应有助于推进中国制造业的整体发展。基于此，并结合研究结论，就中国制造业的发展可得下述几点政策启示。

一是进一步扩大资本要素、人力资源（尤其是高层次人才在区域间的流动）。资本要素的流动可以带动资本运作模式、生产资料以及生产技术在不同地域间的转移，可以促进企业间互相学习与借鉴，从而形成空间溢出效应；人力资源的流动，尤其是高层次人才的流动可以促进管理模式、生产技术、创新能力在区域间的流动，进而形成空间溢出效应。因此，可以通过制定相关的政策法规及进一步扩大制造业的资本、人才等要素的流动，尤其是由发达地区向欠发达地区的流动，有效实现对产出的正外部性作用，形成空间溢出效应，促进中国制造业更快发展。

二是努力激发研发投入、基础设施的空间溢出效应。诸多经济学研究文献及经济发展现实均显示，研发投入、基础设施等要素对相邻区域的经济发展均存在空间溢出效应，虽然这里的研究表明中国制造业的研发投入、基础设施等要素的溢出效应并不明显，但这并不意味着这些溢出效应不存在，而是存在更大的激发和拓展的空间，例如加强省际间的研发项目合作和产学研合作、加大省际铁路公路乃至航运的投资建设力度等。因此，可以通过激发研发投入和基础设施的空间溢出效应，以实现对中国制造业的带动式发展。

三是积极构建非相邻区域的多重经济联系，扩大非相邻区域间的空间溢出效应。发达省份可以扩大对落后省份的投资开发，加强对落后省份的人才培育力度和其他各类帮扶力度，落后省份也可以增加对发达省份的劳动力输出，通过诸如此类的帮扶合作方式来构建发达省份和落后省份等非相邻区域之间的经济联系，来实现和扩大非相邻区域间的空间溢出效应，以促进中国制造业的区域协调发展。

第七章　地区主导产业统计分析

现代区域经济的成长，首先是区域主导产业的成长。主导产业是区域经济的核心，区域主导产业的形成是生产要素和资源在特定时空的聚集优化，它决定着区域经济的发展方向、速度、性质和规模，其选择的合理与否不仅关系到主导产业本身的发展，而且决定着整个区域的经济发展和产业结构的合理化。因此，区域产业结构的优化，关键是正确选择主导产业，并确定其发展规模。

区域经济面临的目标随着区域发展的阶段不同而不同，区域开发的初期主要任务是扩大生产规模，加快区域经济增长的速度，而在区域发展的后期，则面临着怎样使区内不同地方获得同等发展的机会，使区内所有居民获得同样美好的生活条件，换言之，欠发达地区面临的主要是速度问题，而发达地区则面临着均衡、公平问题。而通过主导产业的扩张，联动相关产业、辅助产业、基础产业的发展，主导产业是能够带动其他产业发展的先导性产业。

第一节　主导产业的概念和特征

主导产业（leading industries）的概念最早是由美国经济学家罗斯托（W. W. Rostow）1963 年在其所编的《由起飞进入持续增长的经济学》中提出来的。他认为，主导产业是在经济增长中起主导作用的新部门，这些部门能有效地吸收新技术，本身具有较高的增长率，并且能够影响和带动其他部门发展（罗斯托，1988）。因此，可以认为，区域主导产业就是那些创新能力强、增长速度较快、带动作用较大，能够支撑区域经济发展的优势部门。

这里必须区分主导产业、专业化产业和支柱产业等不同的概念。专业化产业是主要为区外市场服务的优势部门，它与诺斯（North，1955）的输出产业概念大体相同。对一个地区来说，专业化的优势部门通常较多，但只有那些规模较大、带动作用较强、增长潜力广阔的专业化部门才有可能成为主导产业部门。反过来说，主导产业一般都属于具有竞争优势的专业化部门。支柱产业一般是指那些现有规模较大，对地区经济的贡献率较高的产业部门。这些产业往往是历史时期主导产业发展的结果。从发展的眼光看，并不是所有的现有支柱产业都能成为未来的主导产业。因为随着科技进步和市场需求的变化，区域的优势和竞争态势也将随之发生变化。因此，在未来的市场竞争中，现有支柱产业中有些将继续保持其竞争优势，有些产业的竞争优势将会逐步减弱甚至有可能消失。

一般地说，区域主导产业具有以下几个特点：

（1）从产业规模来看，主导产业有显著的规模优势，其优势体现在其在区域经济中的绝对规模水平和相对规模水平。具体地，主导产业的规模一般通过产值来体现，主导产业的绝对产值和相对产值水平较高，是国民生产总值和国民收入的重要贡献者。

（2）生产增长率高。主导产业的部门生产增长率要显著高于地区总体的经济增长率，从而有力地带动区域经济的发展水平和国民收入的增长。

（3）具备创新能力。主导产业能迅速有效地吸收新成果，引入新的生产函数，带动整个产业的技术进步和技术改造。这是主导产业的本质。

（4）关联性强。产业的关联性是指产业之间以各种投入品和产出品为连接纽带的技术经济联系。主导产业的产业链比较长、关联度高，能通过拉动和推动效应对经济体中的其他经济部门产生关联带动经济发展。

（5）主导产业应该具备较强的竞争优势，属于区域的专业化生产部门，以及广阔的市场发展前景，处于产业生命周期中的成长和成熟阶段。

在一定时期内，区域主导产业以 3 ~ 5 个为宜。这些主导产业既可以是单一的部门，也可以是由若干个相互关联的部门有机结合形成的主导产业群。

主导产业的形成受到很多因素的共同制约。在不同地区，由于经济环境和经济政策的不同，影响主导产业形成的具体因素也不尽相同，从而形成了各个地区不同的主导产业。影响主导产业形成的主要因素包括区域内部因素和区域外部因素。具体地，影响主导产业形成的区域内部因素主要是区域内相关产业发展所需的资源禀赋状况，产业现有的市场需求状况以及未来市场空间的拓展潜力，支撑区域内产业发展的各种辅助产业的发展状况。影响主导产业形成的区域外部因素指区域政府所制定的鼓励和促进一种或几种产业发展的各种政策、措施、法规等。其中，区域内部因素起主要作用。

需要指出的是，随着时间的推移，区域的优势条件和市场需求将会发生变

化。这样，主导产业是动态的，是不断发展变化的，有生有死。区域的主导产业
也会出现相互更替的现象。由于区域的产业发展本身具有一定的生命周期，它同
任何事物一样也是要经历一个从产生到形成不断发展壮大直至逐渐衰亡最后被逐
渐取代的过程，存在着引入、成长、成熟、衰退（或转移）的变化，从长远发
展看，罗斯托认为，一个地区的经济增长就是一个地区主导产业依次更替的结
果。区域主导产业迅速发展，带动了区域经济的快速增长，表现为拉动整个区域
经济发展强有力的核心引擎，体现着区域主导产业的性质；当区域主导产业衰退
时，就会有新的区域主导产业形成。即：增长的完整序列就不再仅仅是总量的运
动了，它成了在一连串的部门中高潮迭起并依次关联于主导产业的序列，而这也
标志着现代经济史的历程。因此，要想保持一个地区经济持续稳定高速发展，在
第一代主导产业进入成熟期之前，就应该着手培育第二代主导产业，这样通过新
老主导产业的顺利接替，可以保持区域经济的持续稳定快速发展（见图 7 - 1）。
否则，一旦现有的主导产业出现衰退趋势，而新的主导产业又没有及时培育起
来，将影响到整个区域经济的增长，严重时会导致整个区域经济的衰退。因此，
在选择区域主导产业时，产业政策的选择目标就不应该仅仅落在当前已经起到主
导作用的产业上，更需要将目标定位于可能成为未来主导产业的产业上。

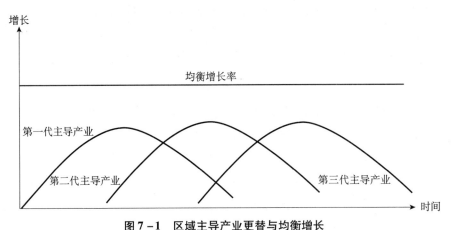

图 7 - 1　区域主导产业更替与均衡增长

第二节　主导产业选择的基准

在产业经济理论史上，许多经济学家提出了界定和选择主导产业的基准，最
著名的是罗斯托基准、筱原基准和赫希曼的产业关联基准（关爱萍和王瑜，

2002）。

一、罗斯托基准

对主导产业研究比较明确、系统的是美国经济学家罗斯托，对主导产业的研究与界定作出了开创性贡献，他在著名论著《经济成长的阶段》一书中首次提出并解释了主导部门的概念，他认为，在主导产业部门中，革新创造可能或利用新的有利可图的至今未开发的资源的可能性，将造就很高的增长率并带动这一经济中其他方面的扩充力量。同时，他还将产业部门分为主导增长部门、辅助增长部门和派生增长部门，研究并得出了经济成长阶段的一次更替与经济部门重要性的依次变化之间的关系的结论，持续的经济增长依赖于不断获得新技术和新生产函数的储备，这些新技术和新生产函数，通过有限的若干部门高速增长，就能够保证平均增长水平的相对稳定。他认为，在众多不同的部门中，每一成长阶段都是与之相适应的、起主导作用的部门，即主导部门。罗斯托认为，主导部门不仅本身具有高的增长率，而且能带动其他部门的经济增长，经济成长阶段的更替就表现为主导部门序列的变化。他在《主导部门和起飞》中，提出了产业扩散效应理论和主导产业的选择基准，称之为"罗斯托基准"。他把主导部门的扩展效应分为三种影响：回顾影响、旁侧影响、前瞻影响。他认为这三种效应本身难以用精确的统计数据来说明，尤其是旁侧效应和前瞻效应。他将主导产业的产业优势辐射传递到产业链的各产业中，以带动和促进区域经济的全面发展（罗斯托，1988）。

罗斯托依据自己的方法剖析了经济成长阶段与主导部门更替之间的重要关系，特别是主导部门带动经济成长的传导过程，并探寻了一个产业部门之所以成为主导部门的决定因素。他说，一个新部门可以视为主导部门的这段时间，是两个相关因素的复合物：第一，这个部门在这段时间里，不仅增长势头很大，而且还要达到显著的规模；第二，这段时间也是该部门的回顾和旁侧效应渗透到整个经济的时间。同其经济成长阶段相对应，罗斯托还提出了五种主导部门综合体系。但是，客观而论，罗斯托的主导部门理论也有其不足之处。正如库兹涅茨所说，主导部门的识别和延续需要详细的说明和证据，这在罗斯托教授的讨论中是缺乏的。换言之，如何选择主导部门，还缺乏可供操作的选择依据。

罗斯托采用历史分析的方法对经济发展不同阶段的主导部门作出了排列。他认为主导产业的更新换代推动了人类社会发展的进程，因此，纵观发达国家现代化工业历程，他将人类社会的发展进程跨分成六个由高到低的"经济成长阶段"，并指出每一阶段中的相应主导产业，如表 7 – 1 所示。

表 7-1　　　　　　　　　　罗斯托的经济增长阶段相应的主导产业

经济成长阶段	相应的主导产业
传统社会阶段	绝大部分以农业为主
为起飞创造前提阶段	仍以农业为主体
起飞阶段	纺织工业、铁路建筑
向成熟推进阶段	钢铁工业、电力工业
高额群众消费阶段	汽车工业
追求生活质量阶段	服务业、城郊建筑业

　　罗斯托指出主导产业主要从三个方向对经济增长产生影响：（1）拉动效应。主导产业作为上游产业在发展的过程中需要消耗大量的生产要素投入，从而刺激其下游产业的发展。（2）推动效应。主导产业作为下游产业在生产经营的过程中产生大量的产品和半成品，为其上游产业提供生产要素，从而支撑了上游产业的发展。（3）旁侧效应。主导产业在生产经营的过程中会利用自身的影响力对当地经济以及社会发展等产生影响，甚至改变整个地区的经济环境。

二、筱原两基准

　　明确提出主导部门选择依据（基准）的是以研究产业结构而著名的日本经济学家筱原三代平。他在 20 世纪 50 年代中期为规划日本产业结构提出了选择主导产业的两条重要基准："需求收入弹性基准"和"生产率上升基准"。这两条基准被称为"筱原两基准"。"筱原两基准"提出来之后，很快为日本政府所采纳，它成为 20 世纪 60 年代甚至 70 年代日本政府制定产业政策的基调。

　　某一产业产品的需求收入弹性，用需求收入弹性系数 E 表示，即 $E = \dfrac{\Delta Q/Q}{\Delta Y/Y} =$

$\dfrac{Q_2 - Q_1 \Big/ \dfrac{Q_2 + Q_1}{2}}{Y_2 - Y_1 \Big/ \dfrac{Y_2 + Y_1}{2}}$。其中，$\Delta Q/Q$ 表示某一产品的需求增加率；$\Delta Y/Y$ 表示人均国

民收入的增加率，表示人均国民收入每增加一个单位，对某一产品需求的变化。E 的大小，反映了某一产业产品潜在市场份额的大小。弹性系数大于 1，说明随着收入的增加，需求增加更快，弹性系数小于 1，说明随着收入的增加，需求相对减少。显然，随着人均国民收入的增长，收入弹性高的产品在产业结构中的比重将逐渐提高，选择这些产业为重点产业，符合产业结构的演变方向。弹性系数 E 越大，则该产品潜在市场容量越大，市场发展的机遇、效益越好，发展速度越

快，在国民经济增长中所占的份额也越大。需求收入弹性基准是说，要选择收入弹性系数大于1的产业作为主导产业。

生产率上升基准则是指某一产业的要素生产率与其他产业的要素生产率的比率。筱原三代用全要素生产率进行比较，主要揭示技术进步水平。全要素生产率上升率，是综合要素生产率的加权平均，该基准是以各产业生产效率上升的快慢作标准来规划产业结构，并选取生产率上升得快的产业作为主导产业。这是因为生产率上升快的产业，其技术进步的速度较快，单位产品的生产费用较低，能够吸引各种资源向该产业流动，从而促进该产业更快发展，促进国民收入较快增长和经济快速健康发展。

纵观这两个方面，收入弹性基准是从需求角度提出的面向市场的选择基准，生产率上升基准是从供给角度提出的立足于生产的选择基准。这两个基准的提出，使主导产业政策具有了坚实的理论基础和明确的行动指南，据此选择主导产业，并通过政府的产业政策促进其发展，可望带动整个经济的更快发展。筱原两基准提出后，很快为日本政府所采纳，它成为20世纪60年代甚至70年代日本政府产业政策的基调。

主导产业对其他产业具有带动和推动作用，但是这一作用并不是无条件释放的，它必须建立在产业结构大体协调的基础上。由于各产业之间存在着千丝万缕的联系，某些产业尽管其生产率上升较快，需求收入弹性也大，但是脱离了原有产业结构体系，成为产业结构上的"飞地"，它的发展不能带动原有产业的发展或推进产业结构的高度化，也不能促进新兴产业的成长，那么该产业也就难以成为主导产业。因此，还应当从产业关联的角度来考虑主导产业的选择问题。

本章以新疆2013～2017年生产性服务业为例，数据来自2014～2018年《新疆统计年鉴》，通过整理计算得2013～2017年新疆服务业增加值和人均GDP，见表7-2；根据上述公式，计算得服务业需求收入弹性，如表7-3所示。

表7-2　　　　新疆2012～2017年部分服务业总产值和人均国民收入　　单位：亿元

项目	2012年	2013年	2014年	2015年	2016年	2017年
交通运输、仓储和邮政业	357.9	391.97	480.44	536.06	567.54	668.15
批发和零售业	426.65	480.94	550.67	523.58	586.32	702.18
金融业	360.40	420.29	536.94	563.8	573.7	623.53
租赁和商务服务业	57.28	62.54	68.91	93.03	104.93	120.65
科学研究、技术服务	66.17	71.35	81.24	76.13	83.8	87.28
人均国民收入	33 614.19	37 291.17	40 354.48	39 511.86	40 240.62	44 506.99

表 7 - 3　　　　　　　　新疆服务业需求收入弹性系数

服务业	2013 年	2014 年	2015 年	2016 年	2017 年
交通运输、仓储和邮政业	0.88	2.57	- 5.19	3.12	1.62
批发和零售业	1.15	1.71	2.39	6.19	1.79
金融业	1.48	3.09	- 2.31	0.95	0.83
租赁和商务服务业	0.85	1.23	- 14.12	6.58	1.38
科学研究和技术服务业	0.73	1.64	3.08	5.25	0.40

根据新疆 2013 ~ 2017 年的产业发展和产业结构状况来看，选取服务业需求收入弹性排名靠前的产业，由表 7 - 3 可见，新疆地区服务业以交通运输、仓储和邮政业以及批发和零售业、金融业、租赁和商务服务业、科学研究和技术服务业为主导产业，除批发和零售业属于消费性服务业外，其余产业均属于生产性服务业，可见，新疆地区服务业主导发展生产性服务业，其中交通运输、仓储和邮政业以及租赁和商务服务业发展良好，且发展速度较快，具有较强的市场扩张能力和广阔的市场发展前景。由表 7 - 3 可见，2015 年为产业发展分界线，在 2015 年之前，产业均呈扩增发展状态，在 2015 年缩减，之后回升后但又有所降低。

三、产业关联基准

差不多与罗斯托·筱原三代平提出主导产业理论的同一时期，美国经济学家艾伯特·赫希曼提出了"产业关联度基准"。产业关联度是指各产业在投入产出上的相关程度。产业关联度高的产业对其他产业会产生较强的后向关联、前向关联、旁侧关联，选择这些产业为主导产业，可以促进整个产业的发展。由此看来，产业关联度基准的理论含义也是十分清楚的：政府应当优先扶持那些能带动其他产业发展的产业。赫希曼在《经济发展战略》一书中，主张不平衡发展，提出将产业关联效应作为选择主导产业的标准，也即产业关联基准。

他认为，发展政策的目标应挑选和集中力量发展那些在技术上相互依赖、产业关联效应强烈的"战略部门"即主导产业部门。这种产业关联是前向联系和后向联系的有机结合（赫希曼，1991）。这些产业的发展，对其前、后向产业的发展有较大的影响，可以促进或带动其前、后向产业，以主导产业带动其他产业的发展。前向关联是指一个产业通过向其他产业提供投入品而起带动作用，后向关联是指产业通过对其他产业产品的购买而起拉动作用。应该选择关联强度较大，能对其前、后向产业起较大带动作用的产业作为主导产业。在赫希曼看来，后向关联比前向关联更为重要，在主导产业的过程中应该更重视对后向联系的考察，从而使他的选择理论有更大的倾斜性。他说："一个行业之所以能够生存，必须是事先已形成某种需求的结果，但是，它是否能够导致新的生产活动和需求呢？这方面的反应不会像道路的拓展那样永远会助长新的交通流量那么明显。"而且，他认为，前向关联将永远不会以单纯的方式出现，它必将永远伴随着"需求压力"所造成的后向关联而发生。换句话说，现有或预期的需求是前向联系作用表现出来的一项条件。在不能将前向联系看成是一种独立的诱发机制时，它对加强后向联系是一个重要和有力的因素。赫希曼总结说，中间的或基本行业的产品，除直接分配于最终需要外，还分配于其他许多部门作为投入。显然，如果经济上完全可行的话，这类行业比"最终"行业应优先选择。

前向关联度：

$$F_i = \sum_{j=1}^{n} X_{ij}/X_i \qquad (7-1)$$

其中，F_i 表示产业 i 的前向关联度；X_{ij} 表示产业 i 对 j 的中间投入；X_i 表示产业 i 的总产值；n 表示部门总个数。

后向关联度：

$$B_j = \sum_{i=1}^{n} X_{ij}/X_j \qquad (7-2)$$

其中，B_j 表示产业 j 的后向关联度，其他同上。

前向关联系数与后向关联系数均以 0.5 为界，前向关联系数与后向关联系数均较大时，说明该产业属于中间投入型产业；前向关联系数与后向关联系数均较小时，说明产业属于最终需求型产业。

本节选取新疆地区 2012 年生产性服务业投入产出简表，数据来源于 2013 年《新疆统计年鉴》，通过相关数据整理得到表 7-4。

表 7-4　　　　　新疆地区 2012 年生产性服务业投入产出表

产出 投入		中间使用					中间使用 合计	总产出
		交通运输、仓储和邮政	信息传输、软件和信息技术服务	金融	租赁和商务服务	科学研究和技术服务		
中间投入	交通运输、仓储和邮政	892 501	54 223	93 897	100 077	107 839	7 192 331	9 723 249
	信息传输、软件和信息技术服务	65 524	251 388	134 287	47 169	9 886	768 917	2 550 899
	金融	365 050	118 773	167 893	238 382	106 377	4 346 440	5 282 813

续表

产出 投入		中间使用					中间使用合计	总产出
		交通运输、仓储和邮政	信息传输、软件和信息技术服务	金融	租赁和商务服务	科学研究和技术服务		
中间投入	租赁和商务服务	137 321	87 087	148 518	43 089	9 784	1 525 311	1 534 559
	科学研究和技术服务	3 076	32	14	0	321 100	800 258	1 820 261
中间投入合计		6 175 450	1 307 202	1 678 768	961 752	1 132 005		
增加值合计		3 547 799	1 243 697	3 604 045	572 807	688 256		
总投入		9 723 249	2 550 899	5 282 813	1 534 559	1 820 261		

通过相关数据计算可得生产性服务业前向直接关联系数和后向直接关联系数，如表 7 - 5 所示。

表 7 - 5　　　　　　新疆地区 2012 年生产性服务业产业直接关联度

项目	前向直接关联	后向直接关联
交通运输、仓储和邮政	0.128407387	0.150512653
信息传输、软件和信息技术服务	0.199245050	0.200518719
金融	0.188625832	0.103090721
租赁和商务服务	0.277473202	0.279374726
科学研究和技术服务	0.178118413	0.304893639

由表 7 - 5 可见，就新疆地区生产性服务业来看，以 0.5 为界，均属于最终需求型产业，对比各产业的前向和后向直接关联系数，不难发现，除金融业外，其余生产性服务业的后向关联系数大于前向关联系数，即该部分产业需要增加对其他产业产品的购买而起拉动作用，对于金融业而言，则是通过向其他产业提供投入品而起带动作用。

四、主导产业比较优势理论

除了上述选择基准外，还有"比较优势基准"。这一选择理论导源于古典经济学家李嘉图以及后来的赫克夏和俄林。"赫克夏—俄林定理"对李嘉图的比较成本理论作了进一步的发展。这一定理主张，每个国家在国际贸易中的优势来自这个国家利用了比其他国家相对丰富的生产要素或资源。每个国家都要重点发展适合利用这种相对丰富的生产要素或资源的产业，生产产品予以出口。比较优势基准，主张以要素密集度为基准来选择主导产业。例如，从资源禀赋条件进行论证，其认为资本丰裕的国家应以资本密集型产业为发展重点，劳动力资源丰富的国家则应以劳动密集型产业为发展重点。

主导产业是指那些占据产业结构比例较大、市场前景广阔、创新能力突出并且对其他经济部门有突出带动部门的一类产业。在研究主导产业理论的过程中很多经济学家直接或间接地提出了选择主导产业的基准，将其中具有代表性的基准整理如下（见表7-6）。

表7-6　　　　　　　　　　　主导产业代表性基准

提出者	基准	评价指标
罗斯托《经济成长的阶段》	扩散效应基准	关联度系数
经济发展战略	产业关联度基准	感应度系数
		影响力系数
产业结构和投资分配	需求收入弹性基准	需求收入弹性系数
	生产率上升基准	生产率上升系数
赫克歇尔和俄林	动态优势比较基准	比较优势系数

第三节　主导产业选择的基本原则

根据主导产业的特点以及国内外现有的研究成果，区域主导产业的选择需要考虑以下六方面的原则。以此为基础，可以设计出主导产业选择的综合指标体系。

一、产业规模原则

该标准反映了产业的支柱性地位，主导产业必须具有一定的经济规模、雄厚的经济实力和先进的技术设备，才能够充分发挥带头和促进作用。它包括如下具体指标（陈晓剑和王淮学，1996）：

（1）产值规模指标：

$$SY_i(t) = \frac{Y_i(t)}{\sum_{i=1}^{n} Y_i(t)} \times 100\%　　　　　　(7-3)$$

其中，$SY_i(t)$为产业在年的总产值比重；$Y_i(t)$为该产业在年的总产值；n为产业个数（下同）。

（2）固定资产规模指标：

$$SKO_i(t) = \frac{KO_i(t)}{\sum\limits_{i=1}^{n} KO_i(t)} \times 100\% \qquad (7-4)$$

其中，$SKO_i(t)$ 为产业在 t 年的固定资产比重；$KO_i(t)$ 为该产业在 t 年的年末固定资产原值。

（3）就业规模指标：

$$SL_i(t) = \frac{L_i(t)}{\sum\limits_{i=1}^{n} L_i(t)} \times 100\% \qquad (7-5)$$

其中，$SL_i(t)$ 为产业在 t 年的就业人数比重；$L_i(t)$ 为该产业在年的年平均职工人数。

（4）利税规模指标：

$$SU_i(t) = \frac{U_i(t)}{\sum\limits_{i=1}^{n} U_i(t)} \times 100\% \qquad (7-6)$$

其中，$SU_i(t)$ 为产业在年实现的利润和税收在全部利税总额中的比重；$U_i(t)$ 为该产业在 t 年的利润和税收。

本节选择新疆地区 2013～2017 年服务业细分行业数据，数据来自 2014～2018 年各年的《新疆统计年鉴》，选取分行业总产值、就业人数、固定资产指标进行整理计算，由于利润和税收数据缺失利税规模指标无法展示。

由于服务业分行业数据较多，无法详细展示，因此选取每个指标的前 5 个的行业进行列举。由表 7-7 所示，就新疆地区产值规模指标来看，各产业发展较为稳定，交通运输、仓储和邮政业以及教育业，总体呈现缓慢上升趋势，相较于 2013 年，2017 年分别上升 1.26% 和 0.21%，其余产业缓慢下降，但教育业总体占比较低，从发展趋势来看，走势良好；相较于 2013 年，2017 年公共管理和社会组织业产值规模占比下降 2.51%。从就业规模指标来看，公共管理和社会组织就业人数占比最高，其次是教育业，而金融业就业人数占比最低；从发展趋势来看，各行业发展稳定，变化幅度较小，其中公共管理和社会组织呈上升趋势，相较于 2013 年，2017 年上升 6.04%；其余行业呈下降走势，与 2013 年相比，2017 年交通运输、仓储和邮政业下降 2.05% 达最大。就固定资产规模指标来看，交通运输、仓储和邮政业以及水利、环境和公共设施管理业总体呈明显上升趋势，相较于 2013 年固定资产规模占比，2017 年分别上升 8.71% 和 10.92%，且规模指标总体较高；房地产业下降幅度较大，相较于 2013 年，2017 年下降 25%，公共管理和社会组织业虽基数偏低，但指标发展趋势良好。

表 7 - 7　　　　　　　2013～2017 年服务业分行业规模指标　　　　单位：%

服务业	$SY_i(t)$				
	2013 年	2014 年	2015 年	2016 年	2017 年
交通运输、仓储和邮政业	12.58	13.16	13.31	13.42	13.84
批发和零售业	15.44	15.08	13.00	13.86	14.54
金融业	13.49	14.70	14.00	13.56	12.92
教育业	10.18	9.37	10.17	9.90	10.39
公共管理和社会组织	19.85	17.54	18.26	17.57	17.34
服务业	$SL_i(t)$				
交通运输、仓储和邮政业	10.49	10.01	9.33	8.97	8.44
金融业	5.24	5.12	5.04	5.10	4.96
教育业	22.23	21.87	21.43	21.13	20.25
卫生、社会保障和社会福利业	10.03	10.11	10.06	10.02	9.57
公共管理和社会组织	28.34	29.13	30.11	31.40	34.38
服务业	$SKO_i(t)$				
交通运输、仓储和邮政业	16.00	18.27	20.47	14.91	24.71
批发和零售业	4.18	4.51	3.51	2.88	2.19
房地产业	46.21	42.49	37.28	34.20	21.21
水利、环境和公共设施管理业	16.84	19.10	21.10	27.47	27.76
公共管理和社会组织	4.09	3.37	3.85	5.81	7.72

综上所述，交通运输、仓储和邮政业虽产值规模和固定资产规模较大，但是就业人数较少，因此可以适当引进高知人员，进行产业结构改革，充分利用资源；对于教育业来讲，产值和就业人数均占比较低，因此可以通过政策吸引人才，进而大力发展教育业；公共管理和社会组织业的产值走势稳定，但就业人数和固定资产近年来呈上升趋势，可见，新疆地区该产业产能偏低，而该产业属于消费性服务业，因此需要结合政府政策和市场经济导向，进行结构转型升级，发展趋势良好。

二、市场需求原则

一个产业的需求弹性高，意味着其产品有着广阔的市场，而这正是大批量生产和加速技术创新的先决条件。因此，只有那些需求弹性高的产业才有可能作为主导产业优先发展。其实质就是使产业结构同经济发展和国民收入增加所引起的需求结构相适应。需求收入弹性的表达式为：

$$e_i = \frac{\Delta Q_i / Q_i}{\Delta NI / NI} \qquad (7-7)$$

其中，e_i 为产业 i 的产品需求收入弹性；$\Delta Q_i / Q_i$ 为该产业产品的需求增长率；$\Delta NI / NI$ 为国民收入增长率。

然而，在具体甄别社会需求时，需要认真分析：第一，不仅要考虑产品的现实巨大需求，而且更要把握产品的潜在的巨大需求。对于选择具有较长时间跨度的主导产业来说，潜在的需求更为重要。第二，由于中国是发展中国家，其社会需求同先行国家有着不同的演变进程，可能会受到先行国家消费示范效应的影响，消费过程变换往往具有"超前"倾向，这种消费也许是扭曲的、变型的，这就需要及早地作选择，有意识地进行消费引导与调节，而不是一味地适应它（王辰，1994）。

三、产业关联原则

主导产业之所以能够起主导作用，最重要的是需求。当每一部门对它的需求以及它对各个部门的需求都比较高时，优先发展这一部门便可以为发展其他部门创造条件，或者促进其他部门的加速发展。因此，当那些关联强度大的产业优先发展时，必然要影响到与其有关产业的发展，受到影响的产业又进一步影响了与它有关的更多产业的发展，产生连锁效应，从而推动和促进地区产业的发展。

一般利用投入产出逆阵系数表定量计算产业之间的关联度。表 7-8 为简易投入产出表。在各产业总产品与最终产品的矩阵关系式中，设：

$$C = (1-A)^{-1} \qquad (7-8)$$

表 7-8　　　　　　　　　　简易投入产出表

投入 ＼ 产出		中间产品			最终产品	总产出 X
		甲	乙	丙		
中间投入	甲	x_{11}	x_{12}	x_{13}	Y_1	X_1
	乙	x_{21}	x_{22}	x_{23}	Y_2	X_2
	丙	x_{31}	x_{32}	x_{33}	Y_3	X_3
最终投入	c_1	c_{11}	c_{12}	c_{13}		
	v	v_1	v_2	v_3		
	m	m_1	m_2	m_3		
总投入 X		x_1	x_2	x_3		

$$\begin{cases} a_{11}x_1 + a_{12}x_2 + a_{13}x_3 + Y_1 = X_1 \\ a_{21}x_1 + a_{22}x_2 + a_{23}x_3 + Y_2 = X_2 \\ a_{31}x_1 + a_{32}x_2 + a_{33}x_3 + Y_1 = X_3 \end{cases} \qquad (7-9)$$

其中：

$$a_{ij} = \frac{x_{ij}}{x_j}$$

写成矩阵形式：

$$AX + Y = X \qquad (7-10)$$

移项归并，得：

$$X = (I - A)^{-1}Y \qquad (7-11)$$

$C = (I - A)^{-1}$ 称为列昂惕夫逆矩阵。设 x_{ij} 是列昂惕夫逆矩阵中第 i 行、第 j 列的元素，其经济学含义是：j 部门生产每单位最终产品时 i 部门的应有总产品量。产业关联包括两个指标：影响力系数和感应度系数是利用投入产出表计算的重要参数，利用影响力系数和感应度系数指标可以分析、比较经济发展过程各行业的重要地位以及各行业带动和推动作用，且影响力系数和感应度系数还可以帮助判断产业性质，在确定主导产业方面有着不可低估的作用。

（1）产业感应度指标。

$$F_i = \frac{\sum_{j=1}^{n} C_{ij}}{\frac{1}{n}\sum_{i=1}^{n}\sum_{j=1}^{n} C_{ij}} \qquad (7-12)$$

感应度系数是指经济运行过程中各产品部门均增加一个单位的最终产品时，某一个产品部门由此而受到的需求感应程度，也就是需求该部门为其他部门的生产而提供的产出量。感应度系数越大，该部门所受到的需求压力越大。如式（7-12）所示，其含义是其他产业对该产业的平均感应程度与各产业感应程度平均值的比值。$F_i > 1$ 时，表明各部门对 i 部门需求程度超过社会平均需求程度，F_i 越大，各部门对 i 部门相对需求程度越大，即 i 部门受其他部门影响越大；当 $F_i = 1$ 时，说明 i 部门收到的需求程度等于社会平均需求水平；$F_i < 1$ 时，各部门对 i 部门需求程度小于社会平均需求程度，F_i 越小，表明各部门对 i 部门产品的需求小，即 i 部门的感应性弱，受其他部门影响小，甚至很少受到其他部门的影响。

（2）产业影响度指标。

$$B_j = \frac{\sum\limits_{i=1}^{n} C_{ij}}{\frac{1}{n} \sum\limits_{j=1}^{n} \sum\limits_{i=1}^{n} C_{ij}} \qquad (7-13)$$

产业影响度系数是国民经济某一产品部门增加一个单位最终产品时，对国民经济各部门所产生的生产需求波及程度。影响力系数越大，该部门对其他部门的拉动作用也越大。如式（7-13）所示，其含义是某产业对各产业总产出的平均影响程度与各产业对各产业影响程度平均值的比值。$B_j > 1$，表示第 j 部门的生产对其他部门产生的影响程度超过社会平均影响力水平（即各部门所产生的影响效果的平均值），影响力系数越大，对其他部门的需求率越大，即对其他部门的拉动作用越大；$B_j = 1$ 时，则表示第 j 部门对其他部门所产生的影响程度等于社会平均影响力水平；$B_j < 1$ 时，第 j 部门对其他部门所产生的影响程度低于社会平均影响力水平。

某产业的上述两个系数 F_i 与 B_j 值越大，说明该产业在区域产业结构中的关联度越高，对区域经济发展及产业结构演变所起的作用也越大。

虽然影响力系数与感应度系数都反映了国民经济各部门的经济技术联系，但两者又是有区别的，前者反映的是某一个部门提出一个单位的最终需求对国民经济各部门所产生的需求影响程度，即该部门的投入产出关系的变动对供给部门的影响程度；后者表明国民经济各个部门都提出一个单位的最终需求时对某一个部门的需求程度，即某产业的投入产出关系受需求部门的影响程度。

经过实证研究，得出这样的结论：影响力系数越大，j 部门越具有原材料加工产业的性质，即具有较强的制造业性质，相反，如果影响力系数越小，j 部门越具有对劳动和资本等基本生产要素的依赖程度很大的基础产业性质。感应度系数越大时，i 部门越具有中间产品产业的性质，反之，感应度系数越小，则 i 部门具有最终产品产业的性质。

因此，各部门的影响力系数和感应度系数对判断产业性质、确定主导产业、进行宏观调控等有一定的参考价值。当经济过热时，感应度系数较大的部门首先受到最大的社会需求压力，容易造成这些部门产品供不应求，物价上涨。一方面，必须控制信贷规模，压缩影响力系数大的部门发展和建设，从而减少需求，相对增加供给；另一方面，必须加强感应度系数大的基础产业的投资、建设，防止这些部门成为经济发展的"瓶颈"、或消除已有"瓶颈"的约束。当经济不太景气时，可以积极发展影响力系数大的产业，进而刺激需求，带动国民经济部门的发展。

依据这一基准，要求所选择的主导产业部门具有较强的带动性和推动性，但是，仍有一些问题需要注意：第一，产业之间联系的有效传递，有赖于市场体系的完备。如果市场体系不健全，其所释放的市场信号是失真的，失真的市场信号引致的产业联系很可能是一种错乱的联系。而且，由于价格、需求、生产结构的变化所引起的产品的强制替代和交叉价格弹性在投入产出表中不能得到充分的反映，投入产出表的某一时点上的均衡并不代表经济运行的长期均衡。在基础产业瓶颈状态十分严重时，过分强调发展关联度高的产业，可能会进一步强化"瓶颈状态"和强制替代。第二，有时候产业关联度的高低，本身就需要加以鉴别。推崇"产业关联效果"的 A. 赫希曼也承认，在某些情况下，试图证明相互依存与联系效应相一致的理论验证是不可思议的。钱纳里和渡部经彦曾对意大利、日本以及美国各行业的相互依存度进行了计算，按照产业关联度的高低排列，钢铁业排在首位（Chenery and Watanabe，1958）。对此，A. 赫希曼提醒人们，不能因为钢铁工业具备最大的联系效应，便认为任何地方的工业发展都可以由此入手。粮食加工业的后向联系得分最高，但是 A. 赫希曼说，如果认为稻麦的生产是受粮食加工厂的"引导"，则是大谬不然（赫希曼，1991）。

根据表 7-4 新疆地区 2012 年生产性服务业投入产出表，通过计算得到各生产性服务业的影响力系数和感应度系数：

$$A = \begin{vmatrix} 0.091790 & 0.021256 & 0.017774 & 0.065215 & 0.059244 \\ 0.006739 & 0.098549 & 0.025420 & 0.030738 & 0.005431 \\ 0.037544 & 0.046561 & 0.031781 & 0.155342 & 0.058441 \\ 0.014123 & 0.034140 & 0.028113 & 0.028079 & 0.005375 \\ 0.000316 & 0.000013 & 0.000003 & 0.000000 & 0.176403 \end{vmatrix}$$

$$I - A = \begin{vmatrix} 0.908210 & -0.021256 & -0.017774 & -0.065215 & -0.059244 \\ -0.006739 & 0.901451 & -0.025420 & -0.030738 & -0.005431 \\ -0.037544 & -0.046561 & 0.968219 & -0.155342 & -0.058441 \\ -0.014123 & -0.034140 & -0.028113 & 0.971921 & -0.005375 \\ -0.000316 & -0.000013 & -0.000003 & 0.000000 & 0.823597 \end{vmatrix}$$

$$C = (I - A)^{-1} = \begin{vmatrix} 1.103509 & 0.030209 & 0.023337 & 0.078730 & 0.081748 \\ 0.010158 & 10112685 & 0.030582 & 0.040759 & 0.010504 \\ 0.046149 & 0.061307 & 1.040255 & 0.171300 & 0.078656 \\ 0.017729 & 0.041297 & 0.031503 & 1.036421 & 0.010547 \\ 0.000424 & 0.000029 & 0.000013 & 0.000031 & 1.214218 \end{vmatrix}$$

由表7-9可见，就影响力系数来看，租赁和商务服务业以及科学研究和技术服务业的影响力系数较大，这两个产业每增加一个单位最终产品时，对经济运行各部门所产生的生产需求波及程度较大，即这两产业的生产对其他产业产生的影响程度超过社会平均影响力水平。就感应度系数来看，交通运输、仓储和邮政以及金融业的感应度系数较大，这两个产业在经济活动的过程中通过产业之间的相互联结对其余产业的波及效果较大，必然影响其他产业的生产活动，即各产业对这两个产业需求程度超过社会平均需求程度。

表7-9　　　　　　新疆地区生产性服务业影响力系数和感应度系数

生产性服务业	影响力系数	感应度系数
交通运输、仓储和邮政业	0.939054	1.050312
信息传输、软件和信息技术服务业	0.992911	0.960355
金融业	0.897379	1.114193
租赁和商务服务业	1.058052	0.906791
科学研究和技术服务业	1.112604	0.968348

四、技术进步原则

技术进步是经济增长的重要因素，是推动社会生产效率提高和产业结构向高层次发展的关键。因此，应该选择拥有较高技术水平、较快技术进步速度、技术进步对产值增长速度贡献大的产业作为主导产业。

假定技术进步是非物化的希克斯中性，并以一个固定的指数比率增长，则扩展的柯布—道格拉斯生产函数可以描述为：

$$Y_t = A_0 e^{\lambda t} L_t^{\alpha} K_t^{\beta} e^u \qquad (7-14)$$

其中，Y_t、L_t、K_t 分别表示 t 时期的 GDP、从业人数和资本存量；A_0 表示初始技术水平；λ 表示技术进步比率；α 和 β 分别表示劳动和资本的边际产出弹性系数；e^u 表示误差项，对方程两边同时取对数，得：

$$\ln Y_t = \ln A_0 + \lambda t + \alpha \ln L_t + \beta \ln K_t + u_t \qquad (7-15)$$

两边同时求导，得：

$$\frac{\mathrm{d}\ln Y_t}{\mathrm{d}t} = \frac{\mathrm{d}\lambda t}{\mathrm{d}t} + \alpha \frac{\mathrm{d}\ln L_t}{\mathrm{d}t} + \beta \frac{\mathrm{d}\ln K_t}{\mathrm{d}t} \qquad (7-16)$$

$$\frac{\mathrm{d}Y_t/\mathrm{d}t}{Y_t} = \lambda + \alpha \frac{\mathrm{d}L_t/\mathrm{d}t}{L_t} + \beta \frac{\mathrm{d}K_t/\mathrm{d}t}{K_t} \qquad (7-17)$$

$$\lambda = \frac{\mathrm{d}Y_t/\mathrm{d}t}{Y_t} - \alpha \frac{\mathrm{d}L_t/\mathrm{d}t}{L_t} - \beta \frac{\mathrm{d}K_t/\mathrm{d}t}{K_t} \qquad (7-18)$$

λ 为产业的技术水平，反映了产业的技术创新能力和科技对产业发展演变的影响，同时体现出产品的综合质量。$\frac{\mathrm{d}Y_t/\mathrm{d}t}{Y_t}$ 为产业增长率，$\frac{\mathrm{d}K_t/\mathrm{d}t}{K_t}$ 为投资增长率，$\frac{\mathrm{d}L_t/\mathrm{d}t}{L_t}$ 为劳动力的增长率，$\alpha + \beta = 1$。

用新疆地区 2004～2017 年三次产业产值来衡量经济产出，数据来源于 2005～2018 年《新疆统计年鉴》，且根据 GDP 平减指数调整为以 2004 年为不变价格的实际值，这里用全社会就业人数来表示劳动力投入，数据同样取自相应年份的《新疆统计年鉴》。由于目前官方并未对资本存量进行统计，这里与大部分学者一样采用永续盘存法对资本存量进行估算，在资本存量的估算过程中，采用张军等（2004）相同的方法，资本存量数据同样调整为以 2004 年为不变价格的实际值。永续盘存法计算资本存量的公式为：

$$K_t = K_{t-1}(1-\delta) + I_t \qquad (7-19)$$

其中，K_t 表示第 t 年物质资本存量；δ 表示经济折旧率；I_t 表示当年资本投资额。这里采用固定资本形成总额作为衡量当年投资 I 的指标，用固定资本投资价格指数对投资额进行平减，将其折算为以基年不变价格表示的实际值。固定资本形成总额的经济折旧率为 9.6%。

为克服残差异方差对回归结果的影响，采用广义最小二乘法进行参数估计，利用 EViews8 进行估计的结果见表 7-10 至表 7-14。

表 7-10　2004～2017 年新疆地区交通运输、仓储和邮政业生产函数回归结果

变量	系数	标准误差	t 统计量	p 值
C	62.31571	11.21535	5.556289	0.0002
K	0.072472	0.007253	9.992634	0.0000
L	3.090464	1.179676	2.619757	0.0238
R^2	0.975658	被解释变量均值		171.3573
调整后的可决系数	0.971232	被解释变量标准差		40.87362
回归标准误差	6.932601	赤池信息准则		6.897756
残差平方和	528.6705	施瓦兹信息准则		7.034697
似然函数的对数	-45.28430	H-Q 信息准则		6.885080
F 统计量	220.4473	DW 统计量		0.568241
F 统计量的概率即 p 值	0.000000			

表 7 - 11　　　　2004～2017 年新疆地区信息传输、软件和信息技术
服务业生产函数回归结果

变量	系数	标准误差	t 统计量	p 值
C	30.13896	6.789137	4.439292	0.0010
K	0.138083	0.019206	7.189613	0.0000
L	5.685665	4.345255	1.308477	0.2174
R^2	0.965795	被解释变量均值		73.85944
调整后的可决系数	0.959575	被解释变量标准差		17.61759
回归标准误差	3.542170	赤池信息准则		5.554766
残差平方和	138.0167	施瓦兹信息准则		5.691706
似然函数的对数	-35.88336	H - Q 信息准则		5.542089
F 统计量	155.2931	DW 统计量		0.409375
F 统计量的概率即 p 值	0.000000			

表 7 - 12　　　　2004～2017 年新疆地区金融业生产函数回归结果

变量	系数	标准误差	t 统计量	p 值
C	25.63827	12.87311	1.991614	0.0718
K	1.095318	0.219870	4.981667	0.0004
L	6.579277	2.526886	2.603709	0.0245
R^2	0.975543	被解释变量均值		111.8016
调整后的可决系数	0.971097	被解释变量标准差		26.66787
回归标准误差	4.533805	赤池信息准则		6.048409
残差平方和	226.1092	施瓦兹信息准则		6.185350
似然函数的对数	-39.33887	H - Q 信息准则		6.035733
F 统计量	219.3870	DW 统计量		0.495414
F 统计量的概率即 p 值	0.000000			

表 7 - 13　　　　2004～2017 年新疆地区租赁和商务服务业生产函数回归结果

变量	系数	标准误差	t 统计量	p 值
C	14.48931	1.495265	9.690132	0.0000
K	0.256256	0.030888	8.296421	0.0000
L	1.932846	0.451640	4.279617	0.0013
R^2	0.985167	被解释变量均值		38.33858
调整后的可决系数	0.982470	被解释变量标准差		9.144847
回归标准误差	1.210772	赤池信息准则		3.407803
残差平方和	16.12567	施瓦兹信息准则		3.544744
似然函数的对数	-20.85462	H - Q 信息准则		3.395127
F 统计量	365.3014	DW 统计量		0.937139
F 统计量的概率即 p 值	0.000000			

表7-14 2004~2017年新疆地区科学研究和技术服务业生产函数回归结果

变量	系数	标准误差	t统计量	p值
C	10.57207	3.854790	2.742581	0.0191
K	0.368431	0.056030	6.575649	0.0000
L	1.641844	1.013461	1.620037	0.1335
R^2	0.968085	被解释变量均值		31.88349
调整后的可决系数	0.962283	被解释变量标准差		7.605123
回归标准误差	1.476990	赤池信息准则		3.805299
残差平方和	23.99649	施瓦兹信息准则		3.942240
似然函数的对数	-23.63709	H-Q信息准则		3.792622
F统计量	166.8339	DW统计量		0.315009
F统计量的概率即p值	0.000000			

由表7-10至表7-14可知,回归结果表明F检验统计量显著,说明整个方程显著,不难发现,交通运输、仓储和邮政业以及信息传输、软件和信息技术服务业、租赁和商务服务业、租赁和商务服务业的技术进步系数显著,金融业的技术进步系数在0.05的显著性水平下不显著,可见,技术进步因素对于新疆地区金融业的影响不显著,对其余生产性服务业的影响较为显著,即通过先进技术的引入和发展,能够带动新疆地区除金融业之外的生产性服务业快速发展,并促进生产力,因此在主导产业选择方面具有优势。

五、经济效益原则

经济效益是衡量产业对资源合理使用的程度,即产出与投入比。主导产业的选择应该有利于工业经济效益的提高,因此,只有投入少、产出高的产业才可能作为主导产业。经济效益包括如下指标:

(1)净产值率指标。

$$D_i(t) = \frac{N_i(t)}{Y_i(t)} \times 100\% \qquad (7-20)$$

其中,$N_i(t)$为产业i在t年的净产值。

(2)资金利税率指标。

$$R_i(t) = \frac{V_i(t)}{K_i(t)} \times 100\% \qquad (7-21)$$

其中,$V_i(t)$为产业i在年的产品销售收入。

以2004年为基期,折旧率以张军等(2004)提出的0.096为主,因此以固定资产投资的 0.096 为折旧，通过相关数据的整理计算得出新疆地区 2004～2017 年生产性服务业的净产值和总产值，见表 7－15 至表 7－18。由于生产性服务业产品销售收入的数据缺失，因此资金利税率指标无法展示，方法与净产值率指标计算类似。

表 7－15　　　　　　　2004～2017 年新疆地区生产性服务业生产总值　　　　　　单位：亿元

年份	交通运输、仓储和邮政业	信息传输、软件和信息技术服务业	金融业	租赁和商务服务业	科学研究和技术服务业
2004	114.21	49.23	74.52	25.55	21.25
2005	121.63	52.43	79.36	27.21	22.63
2006	128.57	55.42	83.88	28.76	23.92
2007	137.57	59.29	89.75	30.78	25.60
2008	146.37	63.09	95.50	32.75	27.23
2009	152.96	65.93	99.80	34.22	28.46
2010	159.84	68.90	104.29	35.76	29.74
2011	170.07	73.30	110.96	38.05	31.64
2012	181.80	78.36	118.62	40.68	33.83
2013	194.35	83.77	126.80	43.48	36.16
2014	205.43	88.54	134.03	45.96	38.22
2015	217.96	93.95	142.21	48.76	40.55
2016	228.64	98.55	149.17	51.15	42.54
2017	239.61	103.28	156.33	53.61	44.58

表 7－16　　　　　　　2004～2017 年新疆地区生产性服务业折旧　　　　　　单位：亿元

年份	交通运输、仓储和邮政业	信息传输、软件和信息技术服务业	金融业	租赁和商务服务业	科学研究和技术服务业
2004	0.00	0.00	0.00	0.00	0.00
2005	14.73	3.48	0.52	0.77	0.54
2006	15.14	3.58	0.53	0.80	0.55
2007	15.48	3.66	0.54	0.81	0.56
2008	16.16	3.82	0.57	0.85	0.59
2009	17.97	4.25	0.63	0.94	0.65
2010	17.61	4.17	0.62	0.93	0.64
2011	18.42	4.36	0.65	0.97	0.67
2012	19.73	4.67	0.69	1.04	0.72
2013	19.84	4.69	0.70	1.04	0.72
2014	19.94	4.72	0.70	1.05	0.73
2015	20.00	4.73	0.70	1.05	0.73
2016	19.65	4.65	0.69	1.03	0.71
2017	19.63	4.64	0.69	1.03	0.71

表 7 - 17　　　　　　　2004～2017 年新疆地区生产性服务业净产值　　　　单位：亿元

年份	交通运输、仓储和邮政业	信息传输、软件和信息技术服务业	金融业	租赁和商务服务业	科学研究和技术服务业
2004	114.21	49.23	74.52	25.55	21.25
2005	106.90	48.94	78.84	26.44	22.10
2006	113.42	51.83	83.35	27.97	23.37
2007	122.09	55.63	89.21	29.96	25.03
2008	130.21	59.27	94.93	31.90	26.65
2009	134.99	61.68	99.16	33.28	27.81
2010	142.23	64.73	103.67	34.84	29.10
2011	151.65	68.95	110.31	37.08	30.97
2012	162.08	73.70	117.92	39.64	33.11
2013	174.50	79.08	126.10	42.44	35.44
2014	185.48	83.83	133.33	44.91	37.50
2015	197.95	89.21	141.50	47.71	39.83
2016	208.98	93.90	148.48	50.12	41.83
2017	219.98	98.63	155.64	52.58	43.87

表 7 - 18　　　　　　　2004～2017 年新疆地区生产性服务业净产值率　　　　单位：%

年份	交通运输、仓储和邮政业	信息传输、软件和信息技术服务业	金融业	租赁和商务服务业	科学研究和技术服务业
2004	100.00	100.00	100.00	100.00	100.00
2005	87.89	93.35	99.35	97.15	97.63
2006	88.22	93.54	99.36	97.23	97.70
2007	88.75	93.83	99.39	97.36	97.80
2008	88.96	93.94	99.40	97.41	97.84
2009	88.25	93.55	99.37	97.24	97.70
2010	88.98	93.95	99.41	97.41	97.85
2011	89.17	94.06	99.42	97.45	97.88
2012	89.15	94.05	99.41	97.45	97.88
2013	89.79	94.40	99.45	97.60	98.00
2014	90.29	94.67	99.48	97.72	98.10
2015	90.82	94.96	99.50	97.84	98.21
2016	91.40	95.28	99.54	97.98	98.32
2017	91.81	95.50	99.56	98.07	98.40

　　由表 7 - 18 可见，各生产性服务业净产值率在 2005～2017 年均呈上升趋势，其中交通运输、仓储和邮政业以及信息传输、计算机服务业和软件业在 2004～

2017 年波动较为明显，其余产业整体波动较小。新疆属于经济欠发达地区，发展现代物流业是其经济发展的必要选择，物流业发展对新疆第三产业的发展具有举足轻重的地位，并且现代物流业的发展空间也是非常广阔的，物流业是新疆看好的产业之一，且国际以及国内大型物流企业开始关注新疆，公路交通基础设施也快速发展，物流配送中心的建设、发展前景良好。信息传输、软件和信息技术服务业的良好发展符合现行产业发展背景，产业的转型升级离不开信息技术的支持，信息技术贯穿产业发展的上游、中游和下游。

六、比较优势原则

按照主导产业的特点和功能，主导产业必须同时具有区内比较优势和区际比较优势，即不仅是与区内其他产业相比具有比较优势，同时与外区同类产业相比，也具有比较优势。产业比较优势度的大小，可以用"比较劳动生产率"来衡量（郝寿义和安虎森，1999）。其表达式为：

$$B_i = \frac{g_i/g}{l_i/l} \qquad (7-22)$$

其中，g_i 和 l_i 分别代表区域内产业 i 的国民收入和劳动力；g 和 l 分别代表区域国民收入总额和劳动力总数；B_i 代表区域内 i 产业的比较劳动生产率。

依据比较优势基准，每一个国家或地区在每一时期都只能具有某种要素或资源的相对优势，而不可能同时具有各方面的优势，这就要求重点发展那些可以充分利用相对优势的产业部门，然后以此为中心按照产业部门直接的技术联系，逐步推动相关产业部门的发展，形成一个能够充分利用本国或本地区优势的产业结构。但是，在应用比较优势基准时，要注意比较优势的全面性和动态性。

第一，比较优势的全面性。不仅要从生产角度考虑生产某种产品在要素投入上的相对优势，还要从需求角度考虑某种产品在需求上的相对优势，后者也许更为重要。对主导产业的发展，不仅要按照"资源—生产—销售"这种程序进行思维，而且要从"需求—生产—资源"的角度进行思维。在现代经济中，后者往往更能成功。

第二，比较优势的动态性。如果片面从需求组织生产也是不完整的，还需要有资源的保证。但是，资源投入品的保证并不是一个静态的封闭的概念，并不以一个时期所拥有的实际资源为限，而是以一定时期内可以调动和运用的资源为限。在开放经济中，一国或者一个地区所能够调动的资源可以大大超过本国所实际拥有的数量。资源是这样，技术也是如此。因此，对比较优势进行全面的、动态的剖析和把握，是选择主导产业的一个重要标准。

本节选取 2017 年新疆地区和全国生产性服务业国民收入和劳动力数量，数据来源于 2018 年的《新疆统计年鉴》，通过相关整理，得表 7 – 19。

表 7 – 19　　　　　　2017 年新疆地区和全国生产性服务业数据

生产性服务业	全国		新疆	
	国民收入（亿元）	劳动力（万人）	国民收入（亿元）	劳动力（万人）
交通运输、仓储和邮政业	37 172.60	843.90	668.15	16.69
信息传输、软件和信息技术服务业	26 400.60	395.40	145.04	2.85
金融业	65 395.00	688.80	623.53	9.81
租赁和商务服务业	21 887.80	522.60	120.65	8.62
科学研究和技术服务业	16 198.50	420.40	87.28	6.34

通过公式计算得到新疆地区比较劳动生产率，见表 7 – 20。

表 7 – 20　　　　　　2017 年新疆地区生产性服务业比较劳动生产率

生产性服务业	B_i
交通运输、仓储和邮政业	0.91
信息传输、软件和信息技术服务业	0.76
金融业	0.67
租赁和商务服务业	0.33
科学研究和技术服务业	0.36

由表 7 – 20 可知，交通运输、仓储和邮政业以及信息传输、软件和信息技术服务业的比较劳动生产率偏高，比较劳动生产率反映 1% 的劳动力在该部门创造的产值（或收入）比重，可见新疆地区在主导产业选择时，可以优先选择发展这两个产业。

综合可见，就新疆地区生产性服务业发展来看，在主导产业选择方面，可以考虑大力发展交通运输、仓储和邮政业以及信息传输、软件和信息技术服务业，尤其是交通运输、仓储和邮政业，它符合新疆地区现行发展形势，感应度系数较大，技术因素影响明显，净产值率逐年上升，比较劳动生产率较大，因此可考虑通过发展现代物流业从而带动其余产业的快速发展。

第四节 主导产业选择的约束条件

区域主导产业的发展是一个动态的过程，并不存在着永恒的基准，也没有能一劳永逸的方法，只有根据现实情况的变化不断作出调整才能保证被选择的主导产业可以带动经济社会的稳定持续增长。因此，选择主导产业要充分考虑其所面临的约束条件，这些约束条件包括资源约束、经济状况约束、产业状况约束、生产技术水平约束和政策约束。

一、资源水平约束

产业的培育和发展离不开当地的资源享赋，区域所具有的资源条件是主导产业选择和培育问题的基础约束条件。不同的产业部门所需要资源的种类和需求数量是不同的，在特定的生产条件下选择主导产业必须考虑到这种实际的资源条件的约束，以及克服和替代这些约束条件的可能。实际上，区域内的自然资源种类、分布、储量和开发利用状况会影响当地的产业形态和主导产业选择：资源匮乏地区的主导产业都具有高度加工的产业特征；资源密集地区的主导产业则倾向于具有资源开发和加工为主要的产业特征。因此，在其他条件相同或相似的情况下选择主导产业要建立在具有区域资源比较优势的条件下，这种由资源禀赋决定的比较优势是区域主导产业发展的基础条件。

二、经济状况约束

在选择主导产业时必须重视区域经济在运行过程中出现的新现象和新特点。在经济运行的过程中主导产业赖以生存的技术水平、经济形势、产业结构和市场供需状况都是不断变化发展的，而且随着产业关联的日益紧密，产业间的相互影响也日益显著和频繁，每个产业的变动可能都会通过这种产业联系对区域经济整体产生影响，使得区域经济的经济状况变动越来越快剧烈和频繁。主导产业需要在经济的不同状况下带动区域经济发展、完成各个时期相对应的战略目标，因此，主导产业也需要随着经济环境和经济状况的变动而作出更替。市场需求是产业运行和发展的根本动力。选择主导产业必须要重视区域经济的市场供需状况，选择那些具有长期、大量、稳定市场需求的产业作为主导产业选择对象，避免由于时滞而造成的主导产业选择错误加重市场的负担。

三、产业状况约束

主导产业具有很强的前向关联效应、后向关联效应和旁侧效应，因而能带动和拉动其他产业共同发展，同时，其他产业也为主导产业的运行和发展提供资源和条件。在区域经济中不同时期经济发展的水平和产业结构是可以相对应的，因而可以从地区的产业结构状况看出其经济发展水平所处的阶段，进而指导我们进行主导产业选择问题的研究。从产业结构协调发展的角度看，当区域经济中的某一重要产业尤其是为其他产业提供基础生产和生活资料的基础产业处于瓶颈状态时，会导致其他产业因供给而产生大量的剩余生产能力，因此若能首先打通这些处于瓶颈状态产业的窘局无疑会提高全社会的生产效率，带动提供整体经济水平。

四、生产技术水平约束

主导产业之所以能够拉动经济增长不仅是因为其具有产业规模，更重要的是它具有先进的技术水平，同时，区域生产技术结构和水平同时也是影响主导产业选择的重要条件。区域的生产技术结构能影响主导产业的生产技术水平，具有较高综合技术水平的地区更易于催生出具有较高技术水平的主导产业，而具有较高技术水平的主导产业更能进一步带动区域经济的增长。区域生产技术结构的进步是主导产业发展和更替的主要动因，因此，要选择出能代表生产技术水平的主导产业，必须合理完善区域的综合生产结构，提高区域的整体生产水平考虑。可见，区域生产技术结构和水平为选择主导产业提供了依据，同时也约束着主导产业选择问题。

五、政策约束

国家和地区对经济的宏观调控一般通过制定法律政策来实现，宏观区域经济政策、区域性地方政策以及国家和地区针对现阶段主导产业发展制定的政策都影响着区域的比较优势，进而影响着新主导产业的选择。同时，这些政策也指引着区域经济发展的方向，使得主导产业的发展方向符合国家和地区的整体利益。但有时候区域性地方政策和国家政策的着眼点是不尽相同的，区域政策的目标是让经济发展符合地方经济的利益，因此地方政府会依据本区域的实际情况制定相关的鼓励和限制性的产业政策。国家经济政策的实施均会对区域经济产生效应，这种效应也在很大程度上影响区域主导产业的选择。

六、区位条件约束

某些产业的选择也受制于区位条件的制约，区位条件直接影响第二产业和第三产业的选择，间接影响第一产业的选择。区位条件主要是指位置、交通和信息条件。位置对接续产业的选择主要通过距离成本来发生作用，与燃料、原料地和消费区的距离远近是影响产品成本大小的重要因素之一。

七、人口和劳动力条件约束

产业选择是以一定的人口和劳动力为前提的。人口数量对资源的开发程度有很大影响，人口、劳动力过多的地区适合发展劳动密集型产业。在大多数情况下，人口只能影响而不能决定一个城市的产业选择，例如，人口的素质状况能影响到接续产业的选择，高素质的人口劳动力是发展电子计算机等高科技指向型产业的基础。

第八章　空间经济差异统计分析

第一节　区域差异及其衡量方法

一、区域差异的类型

区域差异可以按照不同的方法来进行分类。按照研究对象的性质和内涵，可以把区域差异分为自然差异、人文差异、经济差异和组织体制差异（韦伟，1995）；按照区域差异的形成机制和发展趋势，可以把区域差异分为自然差、位势差和趋势差，或者自然差异、发展水平的现状差异和发展趋势的差异（程必定，1989）；按照所采用的衡量方法，则可把区域差异分为绝对差异、相对差异和综合差异三种（魏后凯，1990）。这里采用第三种分类方法。

1. 绝对差异

绝对差异是指某地区某经济指标偏离参照值的绝对额。由于绝对差异反映了地区间经济发展的实际差距，是一种等级水平的差异，因而它受到广大民众、各级政府和欠发达地区的极大关注。衡量绝对差异的最简单方法，就是直接比较一个地区与另一地区某经济指标的实际差额。当所考察的地区数目较多时，一般采用极值方法来计算极值差幅或极均值差幅，或者计算其标准差。由于各地区特别是极值区域可能存在一些特殊的情况，如人均收入最高的地区属人口和面积均较小的大城市，因此，单纯采用极值方法有时并不能较好地反映地区差异的实际情况。在这种情况下，一般可以采用极分位数差幅方法，选择占总人口 10% 或 15% 的较高和较低收入地区的平均值作为极分位数并采用前述的方法计算极分位数差幅，以此来衡量地区间的绝对差异（韦伟，1995）。

2. 相对差异

相对差异是指某地区某经济指标偏离参照值的相对额（多为倍数或百分比）。由于相对差异反映了地区间经济发展速度的差异，具有动态的性质，而且消除了不同计量单位和物价水平的影响，便于进行不同地区和年份的比较，因而受到学术界的普遍重视。衡量相对差异的最简单方法，就是直接比较一个地区与另一个地区某经济指标的相对差率。例如，2002 年浙江省人均国内生产总值是贵州省的 5.3 倍，贵州省比浙江省低 81%。当所考察的地区数目较多时，一般也使用极值方法计算极值差率或极均值差率来进行衡量。同时，为了消除极值区域特殊情况的影响，也可以使用极分位数差率方法，计算占总人口 10% 或 15% 的高收入与低收入地区间的相对差异。

3. 综合差异

无论是绝对差异还是相对差异，一般都是针对两个地区之间的差异而言的。为了能综合反映各地区间某经济指标值差异的总体趋势，一般多以绝对差异和相对差异为基础，利用数理统计方法，并根据不同的需要而设计一些综合差异指标。目前，学术界大多使用相对平均离差和变异系数作为综合差异指标。然而，利用相对平均离差和变异系数来衡量地区综合差异有一个明显的缺陷，即它忽视了分析样本中各地区的重要性是不一样的，为此，有必要根据各地区的重要性大小进行加权处理。如果利用各地区人口占总人口的比重作为权重，则可以得到加权平均离差和加权变异系数两个新的综合差异指标。当然，也有的学者建议采用各地区收入占总收入的比重来作为权重（覃成林，1997）。除此以外，其他经常采用的综合性指标还有基尼系数和锡尔系数等。

二、衡量指标与方法

地区差异的测量是一件十分复杂的事情。它受着所采用的指标体系、衡量方法、地域单元以及价格和时段的选择等诸多因素的综合影响（魏后凯和刘楷等，1997）。

1. 经济指标

人均国内生产总值是衡量地区经济发展水平的重要综合指标。然而，由于国内生产总值的统计是从 1978 年开始的，在这之前各地区只有国民收入的系统资料，因此，在研究中一般多选择人均国内生产总值和人均国民收入作为主要指标。当然，人均国内生产总值和人均国民收入指标也具有其局限性。一方面，国内生产总值衡量的是一个地区所有常住单位在一定时期内创造的增加值之和，而国民收入计算的是各物质生产部门新创造的净产值，二者反映的都是初次分配收入，没有考虑到政府收入再分配的影响。另一方面，对一个地区的居民家庭来说，他们往往更关心的是自己所得到的实际收入或可支配收入，而不是人均占有的国内生产总值或国民收入的多少（程必定，1989）。因此，使用人均国内生产总值或人均国民收入衡量的地区差异大小及其变动趋势，并不能较好地反映居民家庭对地区差异的实际心态与承受能力。为弥补这一缺陷，一般需要选择多方面的指标，如人均国内生产总值、人均国民收入、城镇居民人均收入、农村居民人均纯收入等进行综合分析。此外，在计算人均国内生产总值时，应该采用地区常住人口而不是户籍人口指标，尤其在一些外来打工人员较多的沿海城镇地区，二者的差别通常很大。

2. 衡量方法

地区差异的大小及其变动趋势也往往受着所采用的衡量方法的影响。研究结果表明，由于受各地区经济发展原有水平的影响，可能会出现这样的情况，即地区间人均收入的相对差异在缩小，而绝对差异却在扩大（魏后凯，1992；刘树成等，1994）。即使采用离差系数和变异系数这两个常用的综合指标，也并不能比较客观地反映地区间收入的差异。因为离差系数和变异系数衡量的是地区平均收入水平与国家平均收入水平的差异，也即平均对平均的差异，它既没有考虑到全国范围内的收入差异，也没有考虑到地区内的收入差异。从理论上看，如果各地区的平均收入水平趋同，那么离差系数和变异系数将趋于下降，而实际地区收入差异的变动也可能恰恰相反（Metwally & Jensen，1973）。这样，就很有必要采用离差系数、变异系数、锡尔系数和基尼系数等多种方法进行综合分析。

3. 地域单元

地区差异的大小及其变动趋势与地理面积和所采用的地域单元密切相关。一般来说，大国国内地区差异往往要大于小国；所采用的地域单元越大，地区差异也就越小。学术界在研究中国地区差异的过程中，大多选择三大地带或省份作为地域单元。三大地带由于地域范围太大，划分过于粗糙，以致无法进行政策分析（World Bank，1995）。同时，当研究省际差异时，由于把省份看成为一个均质的地域单元，省内地区差异和城乡差异往往受到忽视。事实上，对地方政府来说，省内地区差异和城乡差异具有同样重要的意义。

三、单变量地区差异的衡量

国内外文献中关于地区差异定量描述和衡量的方法很多。大体说来，这些方法可分为两类：一类是衡量单个经济指标（变量）的地区差异；另一类是比较两个经济指标（变量）的地域分布。单变量地区差异的衡量，又可分为两种不同情况，即分析单个变量的极值差异和离散趋势（Molle，Holst & Smit，1980）。

1. 衡量单个变量的极值差异

最常用的方法主要有：

（1）极值差幅（I_v），指某经济指标最大值（I_{max}）与最小值（I_{min}）之差额，它反映了地区间绝对差异变动的最大幅度。其计算公式为：

$$I_v = x_{max} - x_{min} \qquad (8-1)$$

（2）极值差率（I_r），指某经济指标最大值与最小值之比率，它反映了地区间相对差异变动的最大幅度。其计算公式为：

$$I_r = x_{max} / x_{min} \qquad (8-2)$$

（3）极均值差幅（I_{vm}），指某经济指标最大值与平均值或者平均值与最小值之差额。它反映了各地区某经济指标偏离均值的最大绝对幅度。其计算公式为：

$$I_{vm} = x_{max} - \bar{x} \quad 或 \quad \bar{x} - x_{min} \qquad (8-3)$$

（4）极均值差率（I_{rm}），指某经济指标最大值与平均值或者平均值与最小值之比率。它反映了各地区某经济指标偏离均值的最大相对幅度。其计算公式为：

$$I_{rm} = x_{max} / \bar{x} \quad 或 \quad \bar{x} / x_{min} \qquad (8-4)$$

（5）相对差距系数（I_{vr}）。它是衡量地区间相对差距的重要指标。其计算公式为：

$$I_{vr} = \left(1 - \frac{x_{min}}{x_{max}} \right) \times 100\% = \frac{x_{max} - x_{min}}{x_{max}} \times 100\% \qquad (8-5)$$

I_{vr}值在 0 ~ 100 之间变动。如果I_{vr}值越接近于 0，表示地区差距越小；如I_{vr}值越接近于 100，表示地区差距越大。

此外，如果最高或最低收入地区存在一些特殊情况和不可比因素，可以考虑在剔除最高和最低收入地区之后，重新计算极值差异；也可以选择占总人口 10% 或 15% 的高收入和低收入地区，计算极值分位数差幅或差率。

下面对衡量单个变量极值差异的指标进行实证分析，按照东部、中部、西部的地理区域对 31 个省份进行划分[①]，具体划分内容为东部地区（北京、天津、

---

① 对于东部、中部、西部三大区域的划分，学术界存在"地理"和"经济"两种划分方式，这两种方式主体一致但个别省份上有差异，例如广西在地理上属于东部，但在经济上一般划归为西部。本教材在不同的算例中将根据实际需要选择不同的划分方式。但无论哪种方式，都不影响本教材对相关问题的分析和展示。

河北、辽宁、上海、江苏、浙江、山东、福建、广东、广西、海南、重庆），中部地区（山西、内蒙古、吉林、黑龙江、安徽、江西、河南、湖北、湖南），西部地区（四川、贵州、云南、西藏、陕西、甘肃、青海、宁夏、新疆）。

由表8-1可知，2000～2019年，东部、中部、西部地区的极值差幅和极均值差幅总体上呈平稳上升态势，东部地区的极值差幅和极均值差幅始终高于中部地区和西部地区，但是2006～2015年东部地区的极均值差幅增长速度最为缓慢，甚至有轻微下降的趋势；2000～2005年，西部地区的极值差幅略高于中部地区，在2017年也是如此，但在其他的年份，西部地区的极值差幅始终低于中部地区；2000～2014年，中部地区的极值差幅呈平稳较快增长态势，且明显高于西部地区，但2015～2017年，中部地区极均值差幅有缓慢下降趋势，之后两年又开始增加，但是始终没有高过2014年的极均值差幅，而西部地区与中部地区之间极值差幅和极均值差幅的差距从2017年开始均逐步缩小，但东部地区极值差幅和极均值差幅始终远高于中部地区和西部地区的指标。

表8-1　　　　　三大经济区域人均地区生产总值单变量极差绝对指标

年份	极值差幅			极均值差幅		
	东部	中部	西部	东部	中部	西部
2000	25 019	3 515	4 613	16 946.54	2 219.89	2 478.78
2001	27 143	3 679	4 945	18 319.00	2 265.00	2 571.11
2002	29 771	3 805	5 200	19 873.62	2 238.56	2 554.22
2003	32 959	4 263	6 127	21 465.92	2 247.44	3 111.00
2004	38 877	5 086	7 020	25 448.92	2 596.22	3 369.33
2005	42 686	7 661	8 056	27 431.92	4 339.78	4 015.89
2006	47 070	10 003	9 121	30 006.69	6 155.00	4 363.00
2007	49 764	14 482	9 121	29 992.85	9 308.00	4 072.22
2008	52 280	20 421	9 942	30 056.23	13 850.11	4 079.67
2009	53 120	23 327	10 976	29 665.77	16 652.33	4 919.67
2010	55 855	26 459	14 014	30 227.00	19 400.67	6 429.11
2011	59 887	32 315	17 051	32 140.54	24 067.67	8 175.22
2012	65 221	35 094	18 854	35 569.62	26 354.56	9 857.11
2013	69 364	35 906	19 966	37 466.54	27 185.33	10 993.33
2014	72 141	36 621	20 496	38 281.69	27 813.89	12 085.00
2015	72 770	36 182	21 461	37 385.62	26 454.33	11 369.22
2016	80 171	36 532	23 372	42 521.00	24 677.44	12 184.67
2017	90 892	21 848	28 769	47 526.08	14 226.89	14 864.78
2018	113 083	37 132	31 398	67 031.31	19 842.56	14 962.33
2019	121 256	41 204	33 654	72 381.31	22 252.67	15 962.89

资料来源：《中国统计年鉴》（2020年）。

由表 8 - 2 可知，东部地区的极值差率始终明显高于其他两个地区，且 2000～2015 年持续平稳下降，2015 年以后开始平稳缓慢上升，而中部地区和西部地区的极值差率除了在 2017 年有较大差距之外，在其他年份都基本持平，且在 2007 年之前西部地区的极值差率略高于中部地区，2007 年及以后的年份中，中部地区的极值差率均略高于西部地区。东部地区的极均值差率在 2015 年以前逐年递减，而在 2015 年以后逐年上升，中部地区的极均值差率在 2012 年以前逐年上升之后逐年下降，变化方向与东部地区恰好相反，而西部地区在 2006 年以前的极均值差率水平整体高于 2006 年以后，在 2006 年以后基本稳定在 1.30 到 1.35 之间。东部地区的相对差距系数在 2015 年以前呈平稳缓慢下降趋势，2015 年之后逐年缓慢上升，中部地区的相对差距系数在 2009 年之前逐年上升，之后有轻微下降趋势但基本稳定在 0.5 到 0.6，这之间在 2017 年有一次较大幅度的下降，西部地区的相对差距系数在 2006 年以前略高于 0.6，之后有轻微下降趋势并稳定在 0.5 左右。

表 8 - 2　　　　　三大经济区域人均地区生产总值单变量极差相对指标

年份	极值差率			极均值差率			相对差距系数		
	东部	中部	西部	东部	中部	西部	东部	中部	西部
2000	6.38	2.36	2.67	2.33	1.37	1.51	0.84	0.42	0.63
2001	6.37	2.42	2.65	2.32	1.34	1.48	0.84	0.41	0.62
2002	6.36	2.51	2.60	2.29	1.31	1.43	0.84	0.40	0.61
2003	6.34	2.50	2.66	2.22	1.27	1.46	0.84	0.40	0.62
2004	6.21	2.51	2.63	2.22	1.26	1.42	0.84	0.40	0.62
2005	5.86	2.13	2.59	2.14	1.36	1.44	0.83	0.47	0.61
2006	5.60	2.00	2.59	2.10	1.44	1.42	0.82	0.50	0.61
2007	5.05	2.20	2.16	1.94	1.54	1.32	0.80	0.55	0.54
2008	4.57	2.41	2.01	1.82	1.66	1.26	0.78	0.59	0.50
2009	4.31	2.42	2.00	1.75	1.72	1.29	0.77	0.59	0.50
2010	3.76	2.27	2.07	1.66	1.69	1.31	0.73	0.56	0.52
2011	3.36	2.26	2.04	1.61	1.71	1.32	0.70	0.56	0.51
2012	3.33	2.22	1.96	1.62	1.70	1.34	0.70	0.55	0.49
2013	3.26	2.12	1.86	1.60	1.67	1.34	0.69	0.53	0.46
2014	3.18	2.06	1.78	1.57	1.64	1.35	0.69	0.52	0.44
2015	3.07	2.04	1.82	1.53	1.59	1.31	0.67	0.51	0.45
2016	3.11	2.03	1.85	1.56	1.52	1.31	0.68	0.51	0.46
2017	3.39	2.92	2.01	1.58	1.29	1.35	0.70	0.34	0.50
2018	3.83	2.09	2.02	1.78	1.39	1.32	0.74	0.52	0.50
2019	3.82	2.14	2.02	1.79	1.40	1.31	0.74	0.53	0.50

2. 分析样本观察值的离散趋势

最常用的方法主要有：

（1）相对平均离差（D_r）。其计算公式为：

$$D_r = \frac{D_m}{|\bar{x}|} = \frac{1}{n} \sum_{i=1}^{n} \left| \frac{x_i - \bar{x}}{\bar{x}} \right| \qquad (8-6)$$

其中，x_i 为第 i 个地区某经济指标值（如人均收入）；$\bar{x}$ 为所有地区该经济指标的平均值；n 为地区个数；D_m 为平均离差系数，它反映了各地区某经济指标值偏离平均值的平均绝对幅度。

（2）加权平均离差（D_w）。其计算公式为：

$$D_w = \sum_{i=1}^{n} \left| \frac{x_i - \bar{x}}{\bar{x}} \right| \times \frac{p_i}{p} \qquad (8-7)$$

其中，p_i 为各地区人口数；p 为各地区人口之和，即全国总人口数。

由表 8-3 的计算结果可知，2013～2019 年我国 31 个省份居民人均可支配收入的相对平均离差基本维持在 0.24 到 0.25 之间，有轻微下降趋势，而加权平均离差系数从接近 0.3 下降到 0.28 左右，总体上呈缓慢下降趋势。可以看到，以各地区人口作为权重进行加权以后的平均离差系数低于相对平均离差，说明以各地人口进行加权可以降低各省份居民人均可支配收入偏离平均值的平均绝对幅度，而每年的平均离差系数有缓慢下降则说明我国各省份居民人均可支配收入偏离平均值的程度在逐年下降，居民人均可支配收入的波动微小且保持在可控范围内。

表 8-3　　　　　**我国 31 个省份居民人均可支配收入平均离差系数**

年份	相对平均离差	加权平均离差
2013	0.297316	0.253556
2014	0.293412	0.250349
2015	0.289784	0.247311
2016	0.288298	0.246214
2017	0.286463	0.245130
2018	0.284168	0.243286
2019	0.280349	0.240104

（3）变异系数（CV）。其计算公式为：

$$CV = \frac{\sigma}{\bar{x}} = \frac{1}{\bar{x}} \sqrt{\sum_{i=1}^{n} \frac{(x_i - \bar{x})^2}{n}} \qquad (8-8)$$

（4）加权变异系数（CV_w）。该系数最早由美国经济学家威廉逊（Williamson，1965）提出，所以也称威廉逊系数，主要是采用各地区人口进行加权。其计算公式为：

$$CV_w = \frac{1}{\bar{x}} \sqrt{\sum_{i=1}^{n} (x_i - \bar{x})^2 \times \frac{p_i}{p}} \qquad (8-9)$$

（5）对数变异系数（$CV_{\ln}$）。它是在变异系数的基础上，通过对分析变量进行对数转换而得。进行这种转换的目的，主要是强调对低收入阶层和低收入地区收入转移的重要性。其计算公式为：

$$CV_{\ln} = \frac{1}{\bar{x}} \sqrt{\sum_{i=1}^{n} \frac{(\ln x_i - \ln\bar{x})^2}{n}} \qquad (8-10)$$

D_r、D_w、CV、CV_w、$CV_{\ln}$ 值均大于或等于 0。当系数值等于 0 时，表示最大的平等。系数值越大，表明地区间差异也越大。

由表 8-4 的计算结果可知，2013～2019 年我国 31 个省份人均可支配收入的变异系数均呈现出逐年下降的趋势，但下降的幅度不大，其中变异系数基本保持在 0.4 左右，加权变异系数基本保持在 0.33 左右，对数变异系数在 0.000010 到 0.000020 之间变动，用各省份人口比重作为权重加权以后得到的变异系数低于未加权变异系数，在变异系数的基础上，通过对分析变量进行对数转换而得出的对数变异系数明显低于前两种变异系数。变异系数整体逐年下降的趋势表明，2013～2019 年我国 31 个省份的人均可支配收入的变异程度逐年平稳缓慢下降，居民人均可支配收入的变化相对稳定。

表 8-4　　　　　　　　　我国 31 个省份人均可支配收入变异系数指标

年份	变异系数	加权变异系数	对数变异系数
2013	0.413273	0.341203	0.000019
2014	0.407631	0.337100	0.000017
2015	0.403535	0.333649	0.000015
2016	0.402839	0.332966	0.000014
2017	0.401066	0.331856	0.000013
2018	0.400445	0.331331	0.000012
2019	0.397018	0.329047	0.000011

四、双变量地区差异的比较

衡量地区差异的第二类重要方法，就是比较两个经济指标（变量）的地区分布。这种方法通常又可分为两种类型，即单一效果系数（one effect coefficients）和可分解系数（decomposable coefficients）。

1. 单一效果系数

这是比较两个经济指标地区差异最简单、直接的方法。具体包括：

（1）两变量平均离差（D_t）。其计算公式为：

$$D_t = \sum_{i=1}^{n} \left| \frac{x_i - y_i}{n} \right| \tag{8-11}$$

其中，x_i和y_i分别为第i个地区的两经济指标值；i为所分析的地区数。

（2）两变量标准差（S_{td}）。其计算公式为：

$$S_{td} = \sum_{i=1}^{n} \frac{(x_i - y_i)^2}{n} \tag{8-12}$$

D_t和S_{td}值均大于或等于0。当系数值等于0时，表示完全平等。系数值越大，表明两经济指标的地区差异也越大。

将式中x_i和y_i分别用城镇和农村人均可支配收入指标进行代替，由表8-5的计算结果可知，2013~2019年，我国31个省份城镇和农村人均可支配收入的平均离差和标准差均呈逐年平稳上升趋势，说明我国31个省份城镇和农村人均可支配收入之间的差距在逐年平稳扩大，且两种离差指标的在数值上相似表明，用两变量平均离差和两变量平均标准差衡量我国城镇和农村居民人均可支配收入的结果相差不大。

表8-5　　　　　　　　31个省份城镇与农村人均可支配收入离差指标比较

年份	两变量平均离差	两变量标准差
2013	15 468. 76	15 851. 98
2014	16 637. 54	17 055. 24
2015	18 023. 51	18 467. 91
2016	19 413. 02	19 903. 15
2017	20 976. 09	21 520. 01
2018	22 522. 23	23 134. 50
2019	24 082. 21	24 764. 64

（3）地理联系率（F），也称弗罗伦斯系数（coefficient of Florence）。其计算公式为：

$$F = 1 - \frac{1}{2} \sum_{i=1}^{n} \left| x_i^* - y_i^* \right| \tag{8-13}$$

其中，x_i^*和y_i^*分别为各地区两个经济指标占各地区总和的比重。F值大于或等于

0，小于或等于1。F 值若等于1，表示最大的平等；若等于0，表示最大的不平等。

（4）零相关系数（R）。其计算公式为：

$$R = \frac{\sum x_i y_i}{\sqrt{\sum x_i^2 \sum y_i^2}} \tag{8-14}$$

该系数主要是测量两变量之间的线性联系。系数值为零，表示最大的不平等；系数值为1，则表示最大的平等。

由表8-6的计算结果可以看到，2013~2019年的地理联系率指标在0.94到0.95之间变动，零相关系数则基本稳定在0.991左右，两种指标都非常接近于1，且整体上呈逐年增加趋势，说明我国31个省份城镇和农村居民人均可支配收入总体上接近于平等程度，且这种平等保持逐年稳定平稳增加的态势。

表8-6　　　　　31个省份城镇与农村居民人均可支配收入平等指标比较

年份	地理联系率	零相关系数
2013	0.946166	0.991002
2014	0.946605	0.991278
2015	0.946149	0.991225
2016	0.946564	0.991307
2017	0.947113	0.991474
2018	0.948350	0.991880
2019	0.950412	0.992379

2. 可分解系数

通常采用的方法主要有：

（1）锡尔 U 系数。该方法由锡尔（Theil，1958）在20世纪50年代提出，其计算公式为：

$$U = \frac{\sqrt{\sum_{i=1}^{n} \frac{(x_i - y_i)^2}{n}}}{\sqrt{\frac{\sum x_i^2}{n}} + \sqrt{\frac{\sum y_i^2}{n}}} \tag{8-15}$$

U 值在0~1之间变动。若 U 值为0，表示完全平等；若 U 值为1，则表示最大的不平等。

（2）锡尔 T 系数。该方法由锡尔（Theil，1967）在20世纪60年代提出，

其计算公式为：

$$T = \sum_{i=1}^{n} \frac{y_i}{y} \log \frac{y_i / x_i}{y / x} \qquad (8-16)$$

$$y = \sum_{i=1}^{n} y_i \qquad (8-17)$$

$$x = \sum_{i=1}^{n} x_i \qquad (8-18)$$

该系数能够分解为组内和组间差异两个部分（详细讨论见本章第二节）。T值在 $0 \sim \log N$ 之间变化。若 T 值为 0，表示最大的平等；若为 $\log N$，则表示最大的不平等。

由表 8-7 的计算结果可以看到，2013 ~ 2019 年的锡尔 U 系数从 0.43 逐年下降到 0.41，下降的幅度较小但稳定；锡尔 T 系数则从 0.0042 逐年下降到 0.0035 左右，其中锡尔 U 系数低于 0.5，表示我国城镇和农村人均可支配收入分配较为平等，锡尔 T 系数接近于 0，也表明我国城镇和农村人均可支配收入分配较为平等，表明我国城镇和农村人均居民可支配收入之间的差距呈逐年稳定缩小态势，且城镇和农村人均可支配收入的分配相对平等，没有存在分配不平等的现象。

表 8-7　　31 个省份城镇与农村居民人均可支配收入可分解系数比较

年份	锡尔 U 系数	锡尔 T 系数
2010	0.47606	0.009887
2011	0.44737	0.006552
2012	0.436612	0.005624
2013	0.435151	0.004260
2014	0.427491	0.004109
2015	0.426111	0.004099
2016	0.424458	0.004056
2017	0.423111	0.003949
2018	0.420237	0.003771
2019	0.414869	0.003541

第二节　区域收入差异的分解

一、洛伦兹曲线和基尼系数

基尼系数是衡量地区差异的常用指标之一，它是在洛伦兹曲线的基础上发展起来的。洛伦兹曲线是洛伦兹（Lorenz，1905）最早提出来的，当时主要用于衡量收入和财富分配的不平等程度，现在已广泛用于衡量收入分配、地区差异、产业集中等诸多领域。洛伦兹曲线的绘制方法是：横轴 P 表示由小到大排列的累计人口数占总人口数的百分比，纵轴 Q 表示累计收入占总收入的百分比。这样，洛伦兹曲线将可以反映不同地区或不同人群收入分配的不平等状况。图 8-1 中的对角线 OA 为绝对平均线，OBA 为绝对不平均线。洛伦兹曲线 L 是一条介于绝对平均线和绝对不平均线之间的曲线。当曲线向右下角凸出的程度越大，表明收入分配的不平等程度就越高，地区收入差异也就越大。

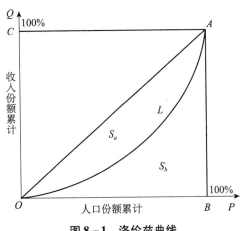

图 8-1 洛伦兹曲线

基尼系数是以洛伦兹曲线为基础，由基尼系数的定义推导出来的。它是洛伦兹曲线与对角线之间的面积与对角线以下的三角形面积之比。即：

$$G = \frac{S_{\text{曲线}L\text{与}OA\text{围成的面积}}}{S_{\triangle OAB}} = \frac{S_a}{S_a + S_b} \qquad (8-19)$$

其中，S_a、S_b 分别表示洛伦兹曲线 L 与绝对平均线 OA、洛伦兹曲线 L 与绝对不平均线 OBA 所围成的面积。当洛伦兹曲线与绝对平均线重合，即 $S_a = 0$，这时 $G = 0$，表明收入分配是绝对平均的；当洛伦兹曲线与绝对不平均线重合，即 $S_b = 0$，这时 $G = 1$，表明收入分配是绝对不平均的，所有的收入都集中在一个人手中。显然 $0 \leqslant G \leqslant 1$。

虽然式（8-19）是一个极为简明的数学表达式，但它并不具有实际的可操作性。为了寻求具有可操作性的估算方法，许多经济学家和统计学家进行了有益的探索，提出了各种不同的方法。在地区差异研究中，国内学术界通常采用的估算基尼系数的方法之一是：

$$C_k = \frac{2}{n} \sum_{i=1}^{n} i \, x_i - \frac{n+1}{n}, \quad x_i = \frac{y_i}{\sum_{i=1}^{n} y_i} \quad (x_1 < x_2 < \cdots < x_n) \quad (8-20)$$

其中，x_i是按各地区人均收入占总收入的份额从低到高的顺序排列的；y_i为各地区的人均收入；n是地区数量。

表 8-8 中的C_{k1}表示 31 个省份居民人均可支配收入的基尼系数，C_{k2}表示除去 4 个直辖市以后的居民人均可支配收入基尼系数，由表 8-8 和图 8-2 可知，我国 31 个省份居民人均可支配收入的基尼系数整体高于除去 4 个直辖市以后的居民人均可支配收入基尼系数，说明 4 个直辖市的人均居民可支配收入明显拉高了整体水平，使得我国居民人均可支配收入分配的不平等性明显增大。2013～2019 年，我国人均居民可支配收入的基尼系数波动微小，总体上呈轻微缓慢下降趋势，且不超过 0.2，接近于 0，说明我国人均居民可支配收入分配相对平等，逐年下降的趋势说明这种收入分配的平等性在逐年增强。

表 8-8　我国 31 个省份和除去直辖市居民人均可支配收入基尼系数估算值对比

年份	C_{k1}	C_{k2}
2013	0.196849	0.139233
2014	0.194686	0.137705
2015	0.191862	0.133862
2016	0.190991	0.131861
2017	0.189561	0.13005
2018	0.188276	0.128646
2019	0.186137	0.126891

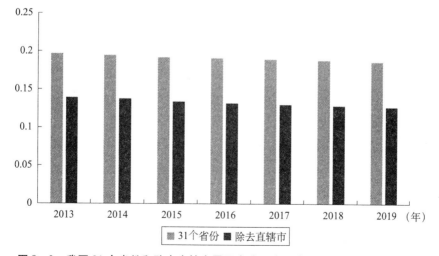

图 8-2　我国 31 个省份和除去直辖市居民人均可支配收入基尼系数对比柱状图

一般认为，基尼系数具有不可按地区进行分解的特点（崔启源，1994），但是可以对基尼系数进行按产业分解：

$$G = \sum_k (\mu_k/\mu) C_k = \sum_k S_k C_k \qquad (8-21)$$

其中，G 为总的基尼系数；C_k 为分项集中率，也即分项基尼系数；μ_k 和 μ 分别代表平均分项收入和平均总收入。$S_k C_k/G \times 100\%$ 表示第 k 项产业收入对基尼系数的贡献率。这里，C_k/G 为相对集中系数，如该系数大于 1，表示对基尼系数起促进作用（范剑勇和朱国林，2002）。

根据式（8-21），假设相邻两期的基尼系数的变化率为 ΔG，则 ΔG 可以写成：

$$\Delta G = \sum_k S_{k_{t+1}} C_{k_{t+1}} - \sum_k S_{k_t} C_{k_t} = \sum_k (S_{k_{t+1}} C_{k_{t+1}} - S_{k_t} C_{k_t}) \quad (8-22)$$

通过整理得到：

$$\Delta G = \sum_k \Delta S_k C_{k_t} + \sum_k \Delta C_k S_{k_t} + \sum_k \Delta C_k \Delta S_k \qquad (8-23)$$

其中：

$$\Delta S_k = S_{k_{t+1}} - S_{k_t}, \Delta C_k = C_{k_{t+1}} - C_{k_t} \qquad (8-24)$$

其中，$\sum_k \Delta S_k C_{k_t}$ 是由收入结构变化引起的总基尼系数变化，称为"结构性效应"；$\sum_k \Delta C_k S_{k_t}$ 是收入集中程度引起的总基尼系数变化，称为"集中效应"；$\sum_k \Delta C_k \Delta S_k$ 是由于收入结构变化和收入集中变化二者综合引起的总基尼系数变化，称为"综合效应"（范剑勇和朱国林，2002）。采用这种方法，可以分析引起总基尼系数变化的产业或行业的结构性原因。

由表 8-9 可知，我国 31 个省份第一产业人均生产总值的总基尼系数变化，整体上呈现出先上升后下降的趋势，即 2010~2012 年，第一产业总基尼系数变化量为正，说明第一产业人均生产总值在全部产业人均生产总值中所占的比重逐年增加，而 2013~2019 年，第一产业总基尼系数变化量为负，说明第一产业人均生产总值在全部产业人均生产总值中所占的比重逐年减少；第二产业人均生产总值的总基尼系数变化，表现出持续下降的趋势，即 2010~2019 年，第二产业总基尼系数变化量始终为负，说明第二产业人均生产总值在全部产业人均生产总值中所占的比重逐年降低；我国 31 个省份第三产业人均生产总值的总基尼系数变化，表现出先下降后上升的趋势，即 2010~2012 年，第三产业总基尼系数变化量为负，说明第三产业人均生产总值在全部产业人均生产总值中所占的比重逐年降低，而 2013~2019 年，第三产业总基尼系数变化量为正，说明第三产业人均生产总值在全部产业人均生产总值中所占的比重逐年增加。综上所述，第一产业人均生产总值的变化趋势和第三产业人均生产总值的变化趋势恰好相反，说明第一、第二产业在我国人均生产总值中所占的比重相比于第三产业明显下降。

表 8 - 9　　　　　　　　　　按产业分解以后的总基尼系数变化结果

年份	总效应			
	一产 $\Delta C_1 \Delta S_1$	二产 $\Delta C_2 \Delta S_2$	三产 $\Delta C_3 \Delta S_3$	总计 $\sum_k \Delta C_k \Delta S_k$
2010	0.001534	− 0.021716	− 0.029540	− 0.049722
2011	0.000247	− 0.018289	− 0.018896	− 0.036938
2012	0.000904	− 0.019487	− 0.006583	− 0.025165
2013	− 0.001930	− 0.017928	0.006830	− 0.013028
2014	− 0.001165	− 0.012182	0.003449	− 0.009897
2015	− 0.000959	− 0.008642	0.014769	0.005169
2016	− 0.001585	− 0.014390	0.022798	0.006823
2017	− 0.002602	− 0.008955	0.000302	− 0.011859
2018	− 0.001560	− 0.010639	0.017727	0.005527
2019	0.000462	− 0.006543	0.004857	− 0.001224

由表 8 - 10 可知，由收入集中程度引起的我国 31 个省份第一产业人均生产总值的分项基尼系数变化，整体上呈现出先上升后下降的趋势，即 2010 ~ 2013 年，第一产业集中分项基尼系数变化量为正，说明第一产业人均生产总值在全部产业人均生产总值中所占的比重逐年增加，而从 2014 年开始到 2019 年，第一产业总基尼系数的集中分项基尼系数变化量为负，说明第一产业人均生产总值在全部产业人均生产总值中所占的比重逐年减少；由收入集中程度引起的我国 31 个省份第二产业人均生产总值的分项基尼系数变化，整体上表现出持续下降的趋势，但在 2015 年和 2018 年，第二产业集中分项基尼系数变化量为负，说明这两年由收入集中效应引起的第二产业人均生产总值增加；由收入集中程度引起的我国 31 个省份第三产业人均生产总值的基尼系数变化，整体上表现出持续下降的趋势，但在 2016 年的变化量为正，说明由收入集中程度引起的第三产业人均生产总值变化，在人均生产总值中所占的比重整体呈下降趋势。由收入集中程度引起的总基尼系数变化整体呈逐年下降趋势，但在 2015 年、2016 年和 2018 年的变化量为正，说明这三年中由收入集中程度引起的总基尼系数变化表现为上升趋势。

表 8 – 10   按产业分解以后的集中分项基尼系数变化结果

年份	集中效应			
	一产 $\Delta C_1 S_{1_t}$	二产 $\Delta C_2 S_{2_t}$	三产 $\Delta C_3 S_{3_t}$	总计 $\sum_k \Delta C_k S_{k_t}$
2010	0.002641	– 0.033245	– 0.016375	– 0.046979
2011	0.001234	– 0.021969	– 0.015485	– 0.036219
2012	0.000780	– 0.012993	– 0.015001	– 0.027213
2013	0.000091	– 0.005092	– 0.012627	– 0.017628
2014	– 0.000247	– 0.006442	– 0.005315	– 0.012004
2015	– 0.000458	0.009379	– 0.008385	0.000537
2016	– 0.000324	– 0.001678	0.004957	0.002955
2017	0.002544	– 0.007637	– 0.008520	– 0.013613
2018	– 0.000534	0.011948	– 0.010631	0.000784
2019	– 0.000047	– 0.001966	– 0.000031	– 0.002044

由表 8 – 11 可知，由收入结构变化引起的我国 31 个省份第一产业人均生产总值的分项基尼系数变化，整体上呈现出持续下降的趋势，但 2012 年和 2019 年的变化量为正，说明这两年中由收入结构变化引起的第一产业人均生产总值增加；由收入结构变化引起的我国 31 个省份第二产业人均生产总值的分项基尼系数变化，整体上呈现出先上升后下降的趋势，2010 ~ 2011 年，第二产业结构效应变化量为正，而 2012 ~ 2019 年，第二产业结构效应变化量始终为负，说明第二产业人均生产总值对总人均生产总值的贡献总体上呈逐年下降态势；由收入结构变化引起的我国 31 个省份第三产业人均生产总值的分项基尼系数变化，整体上呈现出先下降后上升的态势，即 2010 年和 2011 年的结构效应变化量为负，而 2013 ~ 2019 年的结构效应变化量为正，说明第三产业人均生产总值对总人均生产总值的贡献总体上呈现出逐年增加的态势。

表 8 – 11   按产业分解以后的结构分项基尼系数变化结果

年份	结构效应			
	一产	二产	三产	总计
2010	– 0.001057	0.012570	– 0.013644	– 0.002131
2011	– 0.000966	0.003906	– 0.003537	– 0.000597
2012	0.000123	– 0.006737	0.008731	0.002117
2013	– 0.002017	– 0.013030	0.020072	0.005025
2014	– 0.000922	– 0.005856	0.008877	0.002099
2015	– 0.000505	– 0.017494	0.023624	0.005624
2016	– 0.001269	– 0.012782	0.017640	0.003589

年份	结构效应			
	一产	二产	三产	总计
2017	− 0.004912	− 0.001354	0.008373	0.002107
2018	− 0.001037	− 0.021661	0.029030	0.006331
2019	0.000510	− 0.004611	0.004888	0.000786

基尼系数的最大缺陷就是它不能清楚地反映国民收入在一定地域内的各个群体或收入组中的分布状况。因为，对应于同一个基尼系数，可以有许多不同形状的洛伦兹曲线，只要这些洛伦兹曲线与绝对平均线所围成的面积相等。同时，基尼系数对高收入地区的影响给予了较大的权重，而对低收入地区的权重较小。相比较而言，变异系数则对高收入地区和低收入地区对不平等的影响均给予了较大的权重。因此，考虑到高收入地区和低收入地区对中国区域经济总体不平衡的主要影响，变异系数更适合于衡量中国目前的区域不平衡性（梁进社和孔健，1998）。

二、锡尔系数的分解

目前，国内外经常采用的不平等指数有不少，这些指数大都具有一些可取的特征。例如，从比较富裕的人的收入中将一部分转移给较穷的人，基尼系数和标准差等指数均会下降。但是，能够完全满足所有公理要求的只有广义熵指数（Shorrocks，1984）。其计算公式如下：

$$I_c(x) = \frac{1}{n} \frac{1}{c(c-1)} \sum_{i=1}^{n} \left[\left(\frac{x_i}{\bar{x}} \right)^2 - 1 \right], c \neq 0,1 \tag{8-25}$$

$$I_1(x) = \frac{1}{n} \sum_{i=1}^{n} \frac{x_i}{\bar{x}} \log \frac{x_i}{\bar{x}}, c = 1 \tag{8-26}$$

$$I_0(x) = \frac{1}{n} \sum_{i=1}^{n} \log \frac{\bar{x}}{x_i}, c = 0 \tag{8-27}$$

其中，x_i 是第 i 个人的福利指标；$\bar{x}$ 是该指标的平均值；n 是总人数；c 是参数。c 决定福利（如收入）的转移对不平等指数的影响。当 c 小于 2，指数对低福利水平的人的收入转移比较敏感。在计算地区收入差异时，可将其看成是第 i 个地区的人均收入，每个地区的人口比重可作为权重，代替公式中的 $\frac{1}{n}$（夏洛克斯，1984）。显然，当 $c = 0$，1 时，广义熵指数就变成了锡尔系数。

锡尔系数具有可加分解特性，且能够满足达尔顿—庇古转移原理（Dalton - Pigou principle of transfers）、收入零均质性和人口规模独立性。达尔顿—庇古转移原理指的是，从富裕者向贫困者所做的任何支出转移，在不改变它们的相对位次的情况下，将减少锡尔系数的值；收入零均质性指的是，如果每个人的支出按相同比例变动，锡尔系数仍将保持不变；而人口规模独立性则意味着，指数值只取决于各个支出水平上相对人口的频数，而不取决于绝对人口的频数。

由于锡尔系数能够满足所有的公理，因此可以将锡尔系数分解为"组内"差异和"组间"差异两部分。如果将总体样本分为 K 组，那么锡尔系数的分解如下（夏洛克斯，1980）：

$$I_0(x) = \sum_{k=1}^{K} p_k I_0(x)_k + \sum_{k=1}^{K} p_k \log\left(\frac{p_k}{v_k}\right) \qquad (8-28)$$

其中，第一项为每个组内的差异；第二项为各组之间的差异。K 为总组别数；p_k 为第 k 组人口在总人口中的份额；v_k 为第 k 组收入在总收入中的份额。例如，如果将全国分为东部、中部和西部，则可以将总体差距分解为三大地带内省际差异和地带间差异之和，其中第一项为各地带内省际差异，第二项为三大地带之间的差异。按照上述的分解方法，可以计算出三大地带内差异与地带间差异在总体差异中的重要性。

对锡尔系数进行分解具有十分重要的意义。因为采用这种方法可以对地区差异的地理构成进行分解，考察不同层次或不同地域单元之间的差异对地区总体差异的影响，揭示地区总体差异变动的主要影响因素，从而为中央区域政策制定提供科学的依据。该方法不仅被用来分析国家之间的收入差异（Levy & Chowdhury，1995），而且广泛用于考察国内地区之间的发展差异。例如，施瓦茨（Schwarze，1996）采用该方法分析了东西德合并对地区收入差异变动的影响；香港学者崔启源（Kai - Yuen Tsui，1993）则利用 1987 年的数据，考察了省际差异、省内差异和城乡差异对中国地区总体差异的影响。

采用同样的方法，魏后凯（1996）发现，中国地区间居民收入差异主要表现为三大地带间差异和东部地区内的省际差异。自 1985 年以来，中国地区间居民收入差异的扩大有 64% 以上是由东西差异扩大引起的，有 28% 左右来源于东部地区内省际差异的扩大。同时，对城乡居民收入差异进行分解的结果表明，1985 年以来，中国城乡居民收入总体差异的扩大，大约有 55% 是来源于城乡之间居民收入差异的扩大，另有 38% 左右则是由农村地区内省际收入差异扩大引起的。

范剑勇和朱国林（2002）的研究也表明，1978～1999 年，中国人均 GDP 的地区差距按东中西部地区内部各省份间来看是逐步缩小的，而三大地区间的差距逐步显得重要起来，从期初占总体差距的 37.75% 上升到期末的 70.01%。

下面将中国划分为七大区域，每个区域中包含的省份具体包括：华北地区（北京、天津、河北、山西）；东北地区（黑龙江、吉林、辽宁、内蒙古）；华东地区（江苏、浙江、上海、安徽、福建、江西、山东）；华中地区（河南、湖北、湖南）；华南地区（广东、广西、海南）；西南地区（重庆、四川、贵州、云南、西藏）；西北地区（陕西、甘肃、青海、宁夏、新疆）。按照锡尔系数的分解公式，分解为组内效应和组间效应，结果分别如表 8-12 和表 8-13 所示。

表 8-12　　　　　　　　各地区内部省际之间的差异

年份	华北	东北	华东	华中	华南	西南	西北	总计
2013	0.004154	0.000278	0.007951	0.000143	0.001286	0.001083	0.000162	0.015057
2014	0.004135	0.000281	0.007715	0.000146	0.001238	0.001089	0.000147	0.014751
2015	0.004179	0.000305	0.007553	0.000155	0.001242	0.000947	0.000140	0.014521
2016	0.004233	0.000298	0.007536	0.000180	0.001256	0.000889	0.000137	0.014529
2017	0.004298	0.000307	0.007449	0.000176	0.001267	0.000791	0.000137	0.014425
2018	0.004313	0.000313	0.007398	0.000175	0.001288	0.000721	0.000133	0.014341
2019	0.005550	0.000314	0.007253	0.000193	0.001318	0.000648	0.000129	0.015405

表 8-13　　　　　　　　　各地区之间的差异

年份	华北	东北	华东	华中	华南	西南	西北	总计
2013	0.021982	0.010229	0.000224	0.047318	0.012747	0.015259	0.015135	0.122894
2014	0.021564	0.010279	0.000061	0.046761	0.012714	0.014857	0.015235	0.121471
2015	0.021375	0.009924	0.000021	0.04645	0.013259	0.01405	0.015501	0.12058
2016	0.021299	0.009541	0.000104	0.046311	0.013559	0.01334	0.015559	0.119713
2017	0.021196	0.009199	0.000106	0.045821	0.014037	0.012566	0.015594	0.118519
2018	0.021082	0.008922	0.000304	0.045476	0.014609	0.011875	0.015593	0.117861
2019	0.020956	0.008618	0.000153	0.044801	0.015153	0.010943	0.015584	0.116208

由表 8-12 可知，除了华东、西南和西北地区省际之间的人均可支配收入差异在逐年递减以外，其他地区省际之间的人均可支配收入差异均呈现出上升态势，其中，东北、华中、西南和西北地区省际之间的人均可支配收入差距较低，华东地区省际之间的人均可支配收入差距最大，华北地区省际之间的人均可支配收入差距略高于华南地区省际之间的人均可支配收入差距，由总计结果可知，各地区内部省际之间的差距有轻微下降的趋势，但是在 2013 年和 2019 年的差距相比于其他年份较大。

由表 8-13 可知，东北、西南地区与其他各地区之间人均可支配收入差距有明显下降趋势，华中地区的人均可支配收入差距是最大的，华北地区次之，而华南地区的差异有明显上升趋势，西南和东北地区则与其他地区之间的差距在逐年减小，华东和西北与其他地区之间的差距基本保持不变，且华东与其他地区的人均可支配收入差距最小。

三、威廉逊系数的分解

如果采用人均 GDP 作为衡量地区差异的主要指标，那么就可以对前述的威廉逊系数按部门进行分解，因为 GDP 是全部产业增加值的总和。其分解方法如下：

$$CV_w^2 = \sum_{j=1}^{m} z_j^2\, CV_{wj}^2 + \sum_{j \neq k} z_j z_k\, COV_w(j,k) \tag{8-29}$$

$$CV_{wj} = \frac{1}{\bar{x}_j} \sqrt{\sum_{i=1}^{n} (x_{ji} - \bar{x}_j)^2 \times \frac{p_i}{p}} \tag{8-30}$$

$$COV_w(j,k) = \frac{1}{\bar{x}_j}\frac{1}{\bar{x}_k} \sum_{i=1}^{n} (x_{ji} - \bar{x}_j)(x_{ki} - \bar{x}_k) \frac{p_i}{p} \tag{8-31}$$

其中：z_j 为部门 j 在全国 GDP 中所占的份额；CV_{wj} 为部门 j 的加权变异系数；$COV_w(j, k)$ 为部门 j 和部门 k 之间的加权协方差系数；$\bar{x}_j$、$\bar{x}_k$ 分别为部门 j 和部门 k 的全国人均 GDP；x_{ji}、x_{ki} 分别为地区 i 部门 j 和部门 k 的人均 GDP；m 为部门数量。

如果把产业分为三个部门，如第一、第二和第三产业，或者农业、工业和服务业，那么式（8-28）就变为：

$$CV_w^2 = z_1^2\, CV_{w1}^2 + z_2^2\, CV_{w2}^2 + z_3^2\, CV_{w3}^2 + 2 z_1 z_2\, COV_w(1,2)$$
$$+ 2 z_2 z_3\, COV_w(2,3) + 2 z_1 z_3\, COV_w(1,3) \tag{8-32}$$

根据上述分解方程，可以估计各产业发展对地区总体差异的贡献以及各产业部门的交互影响对地区差异的贡献。以人均 GDP 为例，第一、第二和第三产业对地区总体差异的贡献依次为 $z_1^2 CV_{w1}^2/CV_w^2$、$z_2^2 CV_{w2}^2/CV_w^2$、$z_3^2 CV_{w3}^2/CV_w^2$，各产业的交互影响依此类推。显然，各产业对总体差异的贡献由两方面来决定：一是 CV_{wj} 值的大小；二是 z_j 值的大小。就是说，一个部门在 GDP 中所占的份额越高，地区间该部门发展差异越大，其对总体差异的贡献也就越大。

由表 8-14 可知，2011~2019 年，第一产业人均生产总值在人均地区生产总值中所占比重始终未超过 10%，且逐年下降；第二产业人均生产总值在人均地区生产总值中所占比重由 50% 下降到不足 40%，下降了将近 10%；第三产业人均生产总值在人均地区生产总值中所占比重由 40% 上升到接近 54%，增加了将近 14%，变动的幅度最大。

表 8-14　　　　　　　三种产业在人均地区生产总值中所占比重

年份	z_1	z_2	z_3
2011	0.090994	0.505231	0.403775
2012	0.090839	0.495443	0.413718
2013	0.087211	0.477199	0.43559
2014	0.085243	0.468346	0.44641
2015	0.084197	0.443831	0.471972
2016	0.081615	0.427866	0.490519
2017	0.073305	0.420133	0.506563
2018	0.070831	0.397915	0.531255
2019	0.071516	0.391154	0.53733

由表 8-15 可知，第一产业的加权变异系数最小且呈逐年下降趋势，第二产业的加权变异系数逐年上升，第三产业的加权变异系数基本在 1.5 到 1.6 之间轻微变动；第一、第二产业之间的加权系协方差系数有逐年下降趋势，第一、第三产业之间的加权系协方差系数最小且无明显上升或下降趋势，第二、第三产业之间的加权系协方差系数最大且有增长趋势。通过对人均地区生产总值按行业分解威尔逊系数进行计算可知，2011～2019 年，按行业分解，威尔逊系数持续稳定上升，且 2018 年和 2019 年的威尔逊系数达到 2 以上，说明这两年各产业对人均地区生产总值贡献增幅较为明显。

表 8-15　　　　　　　　　　威尔逊系数分解

年份	CV_{w1}	CV_{w2}	CV_{w3}	$COV_w(1, 2)$	$COV_w(1, 3)$	$COV_w(2, 3)$	CV_w^2
2011	0.733856	1.363786	1.456226	0.214173	0.016615	1.217782	1.342714
2012	0.869046	1.370176	1.567028	0.289482	0.014943	1.220335	1.414816
2013	0.822743	1.360066	1.527549	0.290423	0.025716	1.376486	1.467484
2014	0.779361	1.376815	1.516517	0.162762	0.021053	1.459757	1.503523
2015	0.763842	1.528828	1.490537	0.140595	0.039723	1.467534	1.587947
2016	0.723778	1.696173	1.544879	0.138044	0.034143	1.621956	1.797625
2017	0.776996	1.788066	1.568978	0.193953	0.040464	1.745954	1.957378
2018	0.735255	1.979897	1.513197	0.178657	0.050281	1.971648	2.117077
2019	0.698875	1.951066	1.527654	0.153232	0.040194	1.877242	2.059499

　　区域差异是一个具有描述性意义的中性概念，它本身并不含有人们的主观价值判断。按照所采用的衡量方法，一般可把其分为绝对差异、相对差异和综合差异三种类型。区域差异的衡量是一件十分复杂的事情。它受到所采用的指标体系、衡量方法、地域单元以及价格和时段的选择等诸多因素的综合影响。因此，在分析区域差异时，应综合考虑上述因素。学术界采用的区域差异分解方法主要有3种。其中，基尼系数分解法主要用于分析引起总体差异变化的产业或行业结构性原因；采用锡尔系数分解法，可以对总体差异的地理构成进行分解，考察不同层次或不同地域单元之间的差异对地区总体差异的影响；而采用威廉逊系数分解法则可以估计各产业发展以及各产业部门的交互影响对地区总体差异的贡献。

第九章　产业空间迁移统计分析

第一节　产业区际迁移的宏观解释

本章以制造业为例，着重从宏观角度对产业的区际迁移进行理论解释。正如生产要素的空间流动一样，制造业也可能从一个区域迁移到另外一个区域。例如，在美国，自20世纪70年代以来，制造业从大都市区迁入非都市区，从北方的制造业带向南方的阳光带迁移（Stutz & de Souza，1998）。改革开放以来，中国的制造业也从内地向沿海地带转移。制造业的区际迁移取决于产业特性及其发展变化。产品或产业在不同的生命阶段具有不同的生产要素组合，不同区位的资源禀赋满足产业或产品不同阶段的生产，因此随着产品或产业生命周期的变化，制造业需要迁移到最有利于其生产的区位。这实际上是弗农的产品生命周期理论在国内的应用。制造业的迁移也与区域经济发展阶段和结构转换密切相关，发达区域从以工业为主的经济结构向服务业为主的结构转换，迫使一些制造业，尤其是低附加值制造业向发展中区域转移。在产业结构升级换代的过程中，如由劳动密集型向资本技术密集型转换，资源密集型和劳动密集型产业将逐渐失去比较优势。其中的劳动密集型产业是指资本和技术投资较少、单位投资吸收的劳动力较多、且劳动工具较为简单的产业，这些产业中，劳动的投入比例高于其他生产要素；资本技术密集型产业是指生产要素中单位劳动占用资金和技术装备数量较多的产业，其对劳动的耗费相对较少，技术装备的程度高；资源密集型产业是指在生产要素的投入中需要使用较多的土地等自然资源才能进行生产的产业。

沈能等（2014）按照以上标准，将我国制造业中的不同产业分别归类，并将资本技术密集型产业细化为资本密集型产业和技术密集型产业两类。本教材参考其划分方式，对所选取的 26 个行业进行归类，考虑到资本密集型产业与技术密集型产业重合度较高，因此仍合并为一类，如表 9 – 1 所示。

表 9 – 1　　　　　　　　　　我国制造业行业分类

分类标准	行业
劳动密集型	食品制造业、饮料制造业、纺织业、纺织服装业、造纸业、皮革毛皮业、家具制造业、农副食品加工业、印刷业
资本技术密集型	烟草制品业、木材加工业、化学原料制造业、医药制造业、黑色金属冶炼业、有色金属冶炼业、通用设备制造业、专用设备制造业、交通运输设备制造业、通信设备制造业、仪器仪表制造业
资源密集型	金属制品业、塑料制品业、石油加工业、橡胶制品业、非金属矿物制品业

为增强产品国际竞争力，维持其国际市场份额，这些产业逐渐向发展中经济转移。这是"雁行式"产业转移理论的核心内容。"雁行式"产业转移理论是在 1935 年由日本学者赤松要提出的，赤松要认为，后进国家的产业赶超先进国家时，产业结构的变化呈现出雁行形态，即按"进口—国内生产—出口"的模式相继交替发展。这一过程在图形上像三只大雁，故称为"雁行式"。产业发展的变化是产业迁移的内在原因，而区位比较优势的变化构成产业迁移的外在因素。

我国制造业早期发展集中在东部地区，而东部各个地区由于地理位置存在差异，不同类型产业的分布情况也不同，蒋媛媛（2009）将我国东部地区划分为东部发达地区、中西部、山东河北、东北四个部分，对劳动密集型、原材料密集型、资本技术密集型制造业在 1980 ~ 2006 年的市场份额变化情况进行分析，得出制造业在此期间内没有表现出明显的从东部向西迁移趋势的结论。但长期以来，中国的制造业整体上在东部、中部、西部三个区域形成较大的差距。

根据地理位置将我国的不同省份归入不同区域，划分方式如表 9 – 2 所示。

表 9 – 2　　　　　　　　我国东部、中部、西部省份分类

区域	省份
东部	北京市、天津市、河北省、辽宁省、上海市、江苏省、浙江省、福建省、山东省、广东省、广西壮族自治区
中部	内蒙古自治区、吉林省、黑龙江省、安徽省、江西省、河南省、湖北省、湖南省、海南省、山西省
西部	重庆市、四川省、贵州省、云南省、陕西省、甘肃省、青海省、宁夏回族自治区、新疆维吾尔自治区、西藏自治区

2017 年，党的十九大提出建设现代化经济体系，强调实施区域协调发展战略，而近年来，国家为缩小区域间发展差距、实现协调发展出台了一系列包括西部大开发、"一带一路"倡议在内的政策。本章节使用 2007 ~ 2016 年我国的

制造业数据，分别对不同类型的制造业产业在东部、中部、西部的迁移情况进行分析，计算劳动密集型、资本技术密集型和资源密集型这三种不同类型的制造业在不同区域制造业中所占比重，并分别绘制其随时间变化的趋势，如图9-1、图9-2和图9-3所示。

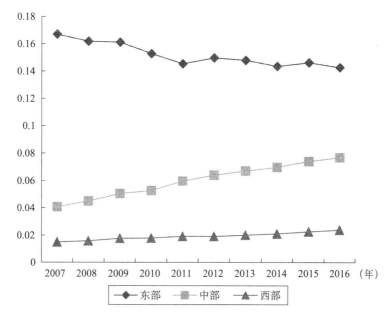

图9-1 劳动密集型产业比重变化趋势

资料来源：作者根据相关资料计算绘制。

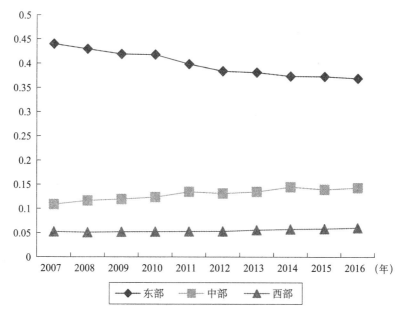

图9-2 技术资本密集型产业比重变化趋势

资料来源：作者根据相关资料计算绘制。

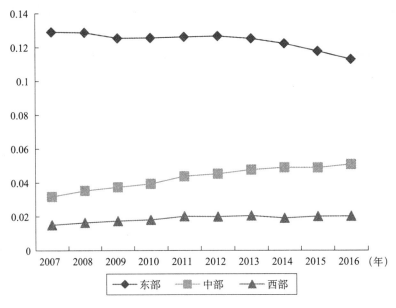

图 9 - 3　资源密集型产业比重变化趋势
资料来源：作者根据相关资料计算绘制。

　　由以上趋势图可以看出，东部地区无论是在劳动密集型产业、技术资本密集型产业还是在资源密集型产业的生产中，都以较高的比重占据绝对优势，但随着时间的推移，东部地区在各个类型的制造业中所占比重逐渐减少。与此同时，中部地区和西部地区所占比重不断增加，但中部地区增长的速度更快，西部地区虽然也保持增长的趋势，但是增长速度却十分缓慢。

　　在这三种类型的产业中，中西部地区对东部地区承接作用最强的为劳动密集型产业，其次是资源密集型产业，最后是技术资本密集型产业。这是因为劳动密集型产业对劳动力的需求较大，因此，劳动力成本是这些产业发展的首要考虑因素。中西部地区的劳动力成本低于东部地区，因此对东部地区劳动密集型产业有较强的承接能力。由于技术资本密集型产业对技术和资金的需求较大，所以中西部地区对技术资本密集型产业的承接能力最弱。资源密集型产业对劳动力和技术、资金的要求都比较适中，因此，中西部地区对资源密集型产业的承接能力介于劳动密集型产业以及技术资本密集型产业之间。

　　产品生命周期理论认为，产品发展经历产品创新、增长、标准化以及老化阶段（Vernon，1966）。在产品的创新阶段，新的产品在产品开发区位生产并在区域性或全国性市场销售，然后逐渐地出口到国际市场，在这个阶段，产品的生产成本高，尤其研究与开发成本高。随着生产技术的逐渐成熟并可转移，产品市场需求显著增加，生产商可能在国内其他区域或发达国家直接投资，建立工厂扩张生产能力以满足市场需求。随后，产品生产进入标准化阶段，劳动力成本和其他投入成本成为维持产品市场竞争力的关键因素，产品因而转移到生产成本低的区位，同时公司需要加大投资以开发新的产品。由于产品生产的不同阶段适合于不同的区位，产品生命周期理论同样可以用来解释制造业在区域之间的迁移（见图 9－4）。

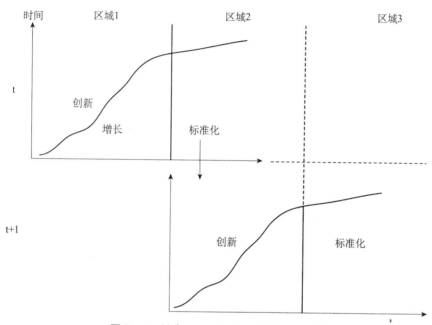

图 9－4　制造业区际迁移的产业周期解释

产品生产的创新期，需要大量的研究与开发投资，生产通常在发达区域和大都市区，前面所说的技术资本密集型产业就基本符合创新期的特征，由于需要创新力与大量资本的支撑，因此发展的主要区域在发达的东部地区，而中西部地区对其的承接能力较弱；标准化生产期，技术成熟，需要大量的廉价劳动力，生产通常转移到经济增长迅速的边缘区和劳动力成本低的区域，前面所说的劳动密集型产业符合标准化生产期的特征，因此需要向中部和西部这样的劳动力成本低的区域转移。产品生命周期理论认为，产品需求与生产成本是制造业区际迁移的原因。图 9－4 也表明随着时间的推移，某些区域可以从产品创新的接纳者变成产品创新者。标准化产品生产向边缘区迁移，可促进其基础设施和服务业的完善，区域内外的经济联系逐渐增强，而城市化水平的提高，集聚经济的强化，区域市场的扩张等条件可能诱发产业的创新。

要分析制造业在不同区域间的转移情况，可以使用转移—份额法。学者通常将转移—份额分析法应用于对政府关于经济扩散政策效果的检验（周尚意和龚丽娟，2000）以及分析某个区域工业结构的特点（王健，2013）。转移—份额法的核心是将区域某个制造业的增长（T_{ij}）分成三个部分：全国份额、产业结构份额和竞争份额。而区域中产业的增长或衰退可以通过产业结构份额和竞争份额两个方面进行解释。如果某城市的产业结构中，快速增长型产业比重较高，该城市的经济增长速度就会高于所在区域的平均增长率水平，这就说明该城市的产业结构能推动经济的增长。而如果某一地区的产业结构与全国总体产业结构保持一致，就只有地区竞争力因素的差异会造成该地区增长率与全国平均增长率水平之间的差异。

在转移—份额法中，全国份额（N_{ij}）是假设区域某产业以全国所有制造业平均增长率增长而导致的变化，N_{ij}值越大，就说明 i 产业在区域 j 中按照上层区域的产业结构比例和平均增长率发展所产生的产值规模的变化量越大；产业结构份额（M_{ij}）是区域某产业的增长和全国制造业增长的差异，可以用来单独评价产业部门结构对区域经济增长的贡献度，所以 M_{ij} 的值与区域内产业 i 对整体经济增长的贡献度成正比；竞争份额（C_{ij}）是区域某产业的实际增长与该产业以全国增长率增长之间的差异，可以用来评价单个产业部门在经济总体发展中的竞争力强弱，所以 C_{ij} 的值与产业 i 在区域经济发展中的贡献度成正比：

$$N_{ij} = e_{ij} r_{on} \tag{9-1}$$

$$M_{ij} = e_{ij}(r_{in} - r_{on}) \tag{9-2}$$

$$C_{ij} = e_{ij}(r_{ij} - r_{in}) \tag{9-3}$$

$$T_{ij} = N_{ij} + M_{ij} + C_{ij} \tag{9-4}$$

其中，e_{ij} 是产业 i 在区域 j 的总就业数或总附加值；r_{on} 是全国制造业的就业人数或总附加值增长率；r_{in} 是产业 i 的全国增长率；r_{ij} 是产业 i 在区域 j 的增长率。

竞争份额、结构份额、全国份额用于衡量区域经济竞争力强弱、结构优劣以及聚集效应强弱。以食品制造业在东部地区的转移为例，将东部地区按省份分为11个区域，经济增长的差别可以从结构分量以及竞争分量两个方面反映出来。

由表9-3可以看出，东部地区各个省份的食品制造业发展存在较大差距，其中天津和福建的结构分量始终为正，说明这两个省份的食品制造业结构较为合理，存在结构优势；而辽宁、上海、江苏、浙江、广东、广西这几个省份的结构分量始终为负，说明其食品制造业结构不合理，尤其是江苏省的结构劣势最为明显，均低于 -150。除此之外，北京、河北的结构分量由负转正，说明其食品制造业结构由劣势转为优势；而山东为由正转负，说明其食品制造业结构由优势转为劣势。

表9-3　　　　　　　　　　　　　　　食品制造业结构分量

地区	2009~2011 年	2012~2014 年	2015~2017 年
北京	-6.06	1.76	1.02
天津	7.98	54.70	109.89
河北	-7.67	-92.85	22.43
辽宁	-58.24	-22.31	-28.13
上海	-35.30	-0.02	-6.53
江苏	-481.80	-164.28	-274.31
浙江	-184.90	-53.26	-93.46
福建	64.66	28.27	64.64
山东	251.92	6.37	-36.66
广东	-157.75	-33.10	-84.03
广西	-12.96	-5.58	-7.23

由表9-4可以看出，天津、河北、江苏、福建、广西的竞争分量均为正，因此，其食品制造业在全国具有竞争优势，其中，天津的竞争优势最为明显，竞争分量始终在200以上；而辽宁、上海、浙江的竞争分量均为负，说明其食品制造业在全国处于竞争劣势。此外，北京、山东、广东的竞争分量在正负之间不断变化，并最终变为负值，因此也处于竞争劣势。

表9-4　　　　　　　　　　　　　　　食品制造业竞争分量

地区	2009~2011 年	2012~2014 年	2015~2017 年
北京	-33.12	9.58	-0.43
天津	323.09	257.16	234.02
河北	28.178	170.74	60.90
辽宁	-23.48	-40.59	-302.32
上海	-70.57	-39.60	-81.22
江苏	23.99	23.43	343.08
浙江	-80.62	-17.59	-114.08
福建	75.47	216.23	70.83
山东	-592.20	80.55	-229.76
广东	-77.16	129.87	-178.60
广西	40.50	86.93	39.41

将上面的结构分量表与竞争分量表结合起来看可以发现，各个省份的结构优势和竞争优势有时并不统一，例如江苏和广西虽然结构分量始终为负，但竞

争分量却始终为正，说明其在整体食品制造业增长中，竞争效应推动作用明显而结构效应推动不明显。在转移—份额分析中，标准化阶段的产业在迁出区的竞争份额和结构份额应为负，在迁入区则两者皆为正；如果区域处于产业创新和增长阶段，则结构份额和竞争份额应该为正的。结合表9-3和表9-4进行分析，天津和福建的结构分量和竞争分量均为正，因此可以说这两个地区是食品制造业的迁入区，且都处于创新和增长阶段。此外，河北的结构分量由负转为正，且其竞争分量始终为正，说明河北的食品制造业有很好的迁入趋势。而辽宁、上海、浙江的结构分量与竞争分量都为负，就说明这三个地区属于食品制造业的迁出区。

从国际角度看，全球的制造业高度集中在少数国家和地区，4/5的制造业生产集中在北美、西欧和日本。但是，根据OECD数据，发展中国家的制造业占全球的比重自从20世纪50年代以来逐渐上升，至90年代末期达到20%以上。制造业的重要性在发达国家也发生了显著变化，如美国占全球制造业的比重从20世纪60年代的40%下降到21世纪初的25%，而日本在同时期从5%上升到20%以上。在发展中国家，制造业增长最快的是东亚和东南亚国家，最慢的是非洲大陆。随着国家经济的发展和经济结构的调整，特定制造业在一个国家或地区的发展存在相应的阶段性。表9-5表示纺织服装业的六个发展阶段以及典型的生产国家或地区。第一阶段是最简单的天然纤维和服装的生产，主要集中在最不发达国家；第二阶段是随着国家经济的进一步发展，纺织服装业逐渐转向标准化生产并大量出口，主要分布在发展中国家；第三阶段是纺织服装业生产的数量、质量和复杂程度以及其参与国际贸易的程度进一步提高，东南亚、东欧和中国处于这一阶段；第四阶段是纤维、化纤和服装生产日趋复杂，并全方位参与国际贸易；第五阶段是随着经济的进一步发展，虽然纺织服装业的产出继续增加但就业开始减少，产品在国际市场上面临严峻竞争，这些国家包括日本、美国和意大利；第六阶段是纺织服装业全面衰退，产出和就业显著减少，出现贸易赤字，如英国、德国、法国、比利时和荷兰等。而汽车工业的发展可能经历如下阶段：（1）整个汽车的进口，由于交通成本高，政府限制较多，通常进口规模较小；（2）为了节省交通成本，进口零部件在本国组装汽车；（3）本国生产部分零部件，同时进口部分部件，在本国组装；（4）整个汽车的生产，通常集中在少数国家或地区（Bloomfield，1978）。

表 9 - 5 纺织服装业的理想发展阶段

发展阶段	生产类型	贸易特点	典型生产区位
第一阶段	简单的天然纤维提炼和服装生产	生产服务于国内市场；进口纤维和服装	最不发达国家
第二阶段	标准化产品生产或需要大量手工制作的产品	生产为了出口，产品价格低是其竞争优势	发展中国家如亚洲、拉丁美洲和非洲
第三阶段	国内纤维生产的数量、质量以及复杂程度显著增加；服装生产扩张	参与国际贸易的强度进一步增加，出口化纤、服装等	东南亚、东欧、中国
第四阶段	纤维、化纤和服装生产日趋复杂化	全方位参与全球贸易系统；贸易盈余	中国台湾、中国香港、韩国
第五阶段	纺织服装的产出进一步增长，但就业减少；资本密集度提高，专业化水平提高	面对急剧国际竞争	日本、美国、意大利
第六阶段	纺织服装业的产出和就业显著减少	贸易赤字	英国、德国、法国、比利时、荷兰

制造业的国际转移也是导致制造业全球地理变化一个直接原因。关于制造业为什么要从一个国家向其他国家转移的问题，"雁行式"产业转移假设和产品生产周期理论提供了经典的解释。"雁行式"产业转移假设的提出是为了解释日本产业向东亚和东南亚国家的转移，其主要论点是日本失去比较优势的产业向在该产业拥有比较优势的国家转移。这个假设后来被进一步扩展，以解释其他亚洲国家或地区的产业国际转移，如韩国和东南亚国家。根据产业周期论，产业从创新、增长到标准化生产，其区位也从发达国家向发展中国家转移，主要原因是产品需求和生产成本结构的变化。这两个理论解释实际上都是新古典贸易理论的扩展，强调资源禀赋决定国际生产的区位。但在经济全球化的今天，制造业国际迁移绝不是仅仅为了索寻低生产成本或比较优势那么简单。许多其他因素，如公司战略、政府政策，技术进步和市场条件变化等都是制造业国际迁移的重要诱导因素（Dicken，1998）。

有学者建立了一个分析制造业国际迁移的菱形框架（见图 9 - 5），认为影响制造业国际迁移的因素包括四类：公司战略、市场条件、生产条件以及政府政策。这些因素之间相互作用，共同影响特定产业的国际迁移。

每类因素中又包括诸多特定因素，具体如下。

市场条件：市场需求是影响制造业区位和生产水平的基本要素。产品需求弹性、市场规模与市场扩张速度，及其国内外市场的差异尤其影响市场导向型和追求规模经济的产业的国际迁移；零售商的国际化及其发展策略也是促进制造业国际转移的重要因素，大型公司如西尔斯、彭尼、凯马特、沃尔玛等的国际化和它们的采购策略显著促进了服装业市场的高度集中，这样送货时间和成本对服装业的生产同等重要。

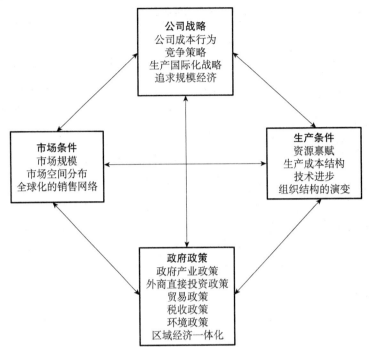

图 9－5　制造业国际转移菱形分析框架

生产条件：包括各个国家和地区的资源禀赋差异和比较优势，产业链中各阶段的生产成本结构及其变化、产业生产组织方式、技术进步等。如由于东南亚、韩国、日本等经济的产业结构升级换代，劳动力成本大幅度提升，失去比较优势的劳动密集型产业大规模迁移到中国。20 世纪 70 年代以来，汽车工业从"福特主义"的集中大规模生产转向"灵活生产系统"使得汽车生产公司可以将零部件生产或汽车组装过程转移到中等发达或发展中国家。交通通信技术的飞速发展大大促进了信息、服务、货物等国际交换和新的国际劳动分工。

公司战略：制造业的国际迁移受到产业内公司的经营战略的影响，如公司的成本行为、市场扩张战略、国际化战略等。例如，为了维持国际竞争力，公司可能采取在大型市场进行大规模生产以追求规模经济降低成本，或者转移到国外成本较低的区位通过国际贸易来服务大型市场。公司还可以采用出口、生产许可转移或直接投资的方式扩张国外市场。公司也可以将市场内部化或采用国际分包的方式将其生产国际化，如很多汽车生产公司都采用"世界车"的战略，这种战略依赖全球生产的一体化，汽车组装在母国或其他国家，零部件生产散布在亚洲、美洲和欧洲。公司采取的各种经营战略直接影响制造业在国际的迁移。

政府政策：各国的产业政策、贸易政策、外商直接投资政策、环境政策、税收政策以及参与区域一体化的程度等政策环境也是影响制造业国际迁移的重要条件。

国家可以制定鼓励或限制某些产业发展的政策，保护性的贸易政策可能诱导跨国公司的直接投资；许多发展中国家开放国门，制定各种财政、税收优惠政策来吸引外商直接投资；发达国家苛刻的环境政策迫使一些污染严重的制造业转移到发展中国家；参与欧洲一体化进程的边缘国家，如西班牙、爱尔兰近年来成为欧洲传统产业的目的地；在北美，自从北美自由贸易协定签订以来，许多美国的劳动密集型产业迁移到墨西哥与美国的边界地区以利用其廉价劳动力，并同时接近美国的市场。

第二节　产业空间迁移的度量与分析

一、产业静态区域集聚指数

产业静态区域集聚系数（LQ）是反映某一产业在某地区的现有生产能力和产值在全国所占比重，是衡量目前产业生产分布的存量指标。

$$LQ_{ir} = \frac{\text{Output}_{ir} / \text{Output}_r}{\text{Output}_i / \text{Output}} \tag{9-5}$$

其中，LQ_{ir} 代表区位熵，即产业集聚指数；Output_{ir} 表示产业 i 在区域 r 的产值，Output_i 表示全国范围内产业 i 的产出；Output_r 表示区域 r 所有产业的总产值，Output 表示全国范围内所有产业的总产值。LQ_{ir} 的值越高，地区产业集聚水平就越高，一般来说：当 $LQ_{ir} > 1$ 时，认为 r 地区中产业 i 的区域经济在全国来说具有优势；当 $LQ_{ir} < 1$ 时，认为 r 地区中产业 i 的区域经济在全国来说具有劣势。区位熵方法简便易行，可在一定程度上反映出地区层面的产业集聚水平。

以东部省份的食品制造业为例，可以得到其 2013～2017 年的产业静态区域集聚系数如表 9-6 所示。

表 9-6　　　　　　　　东部地区食品制造业静态区域集聚系数

年份	北京	天津	河北	辽宁	上海	江苏	浙江	福建	山东	广东	广西
2013	1.02	2.44	1.02	0.76	1.01	0.27	0.47	1.55	0.96	0.81	0.83
2014	0.98	2.57	1.07	0.72	0.94	0.27	0.43	1.53	0.90	0.72	0.85
2015	0.99	2.47	1.15	0.64	0.89	0.30	0.41	1.56	0.87	0.71	0.84
2016	0.94	2.69	1.15	0.59	0.85	0.34	0.39	1.52	0.84	0.67	0.86
2017	0.96	2.89	1.14	0.40	0.75	0.38	0.36	1.51	0.89	0.61	0.82

可以看出，辽宁、江苏、浙江、山东、广东和广西的 LQ_{ir} 值始终小于 1，说明这 6 个省份的食品制造业在全国范围始终不具有产业优势；北京和上海 LQ_{ir} 值

在 2013 年时大于 1，但从 2014 年之后就小于 1，说明北京和上海的食品制造业从 2014 年开始就不再具有产业优势，且其产业优势随时间发展不断减少；对于天津、河北和福建来说，其 LQ_{ir} 值从 2013 年至 2017 年都大于 1，说明这三个省份的食品制造业始终保持在全国食品制造业中的产业优势，除此之外，天津和河北的产业优势还在逐年增加。

产业动态区域集聚指数反映某一产业在一定时间段内向某地区的集聚速度，体现产业生产的区域转移方向和速度。

$$D_{ij}(0-t) = b_{ij}(0-t) / \sum_{j=0}^{n} b_{ij}(0-t) \tag{9-6}$$

其中，$D_{ij}(0-t)$ 表示在时间段 $(0-t)$ 内产业 i 在区域 j 的动态集聚指数；$b_{ij}(0-t)$ 表示在时间段 $(0-t)$ 内产业 i 在地区 j 生产的增长速度；$\sum_{j=0}^{n} b_{ij}(0-t)$ 表示产业 i 在时间段 $(0-t)$ 内的全国平均增长速度；$j=0, 1, 2, \cdots, n$ 表示全国的 n 个行政区。若 $\sum_{j=0}^{n} b_{ij}(0-t) > 0$，表明时间段 $(0-t)$ 内产业 i 在全国的生产是扩大的，该产业为扩张型产业；若 $\sum_{j=0}^{n} b_{ij}(0-t) < 0$，表明时间段 $(0-t)$ 内产业 i 在全国的生产是减少的，该产业为收缩型产业。当 $\sum_{j=0}^{n} b_{ij}(0-t) > 0$ 时，若 $D_{ij}(0-t) > 1$，则表明在时间段 $(0-t)$ 内产业 i 生产向地区 j 迅速集聚；若 $D_{ij}(0-t) < 0$，则表明在时间段 $(0-t)$ 内产业 i 生产从地区 j 向外部转移扩散；若 $0 < D_{ij}(0-t) < 1$，则表明在时间段 $(0-t)$ 内虽然 j 地区产业 i 的生产纵向比较有所增加，但其增长速度小于全国平均增长速度，该产品也相对向外部转移。

当 $\sum_{j=0}^{n} b_{ij}(0-t) < 0$ 时，若 $D_{ij}(0-t) > 0$，则 $b_{ij}(0-t) < 0$，表明在时间段 $(0-t)$ 内产业 i 生产从地区 j 向外部转移扩散；若 $D_{ij}(0-t) < 0$，则 $b_{ij}(0-t) > 0$，表明在时间段 $(0-t)$ 内产业 i 生产向地区 j 集聚。表 9-7 展示了 2013~2017 年东部地区食品制造业的动态区域集聚系数。

表 9-7　2013~2017 年东部地区食品制造业的动态区域集聚系数

项目	北京	天津	河北	辽宁	上海	江苏	浙江	福建	山东	广东	广西
D_{ij}	0.59	1.56	1.35	-1.92	-0.18	2.77	-0.14	1.60	0.46	0.34	1.81

由表 9-7 可以看出，北京、山东和广东的 D_{ij} 值大于 0 但小于 1，说明这些地区的食品制造业生产纵向比较有所增加，但其增长速度小于全国平均增长速度，所以产品相对向外部转移。辽宁、上海和浙江的 D_{ij} 值小于 0，说明 2013~2017

年，这三个地区的食品制造业都向外部转移扩散。天津、河北、江苏、福建、广西这五个地区的 D_{ij} 值均大于1，说明2013～2017年，我国的食品制造业向这些地区迅速聚集，其中，江苏的食品制造业在全国范围虽然处于产业劣势，但是其向省内聚集的速度却是东部地区最快的。

二、区域产业梯度系数模型

戴宏伟等（2003）对产业梯度的度量方法进行了改进，提出产业梯度的高低主要决定于两个因子：一是市场专业化因子，可用区位熵表示；二是创新因子，可用比较劳动生产率表示。他提出了产业梯度系数，其为市场占有程度与产业的创新水平相关的函数：

$$IG = LQ_{ij} \times CP_{ij} \qquad (9-7)$$

$$LQ_{ij} = \frac{X_{ij} \big/ \sum_{i=1}^{m} X_{ij}}{\sum_{j=1}^{n} X_{ij} \big/ \sum_{i=1}^{m} \sum_{j=1}^{n} X_{ij}} \qquad (9-8)$$

$$CP_{ij} = \frac{X_{ij} \big/ \sum_{j=1}^{n} X_{ij}}{Y_{ij} \big/ \sum_{j=1}^{n} Y_{ij}} \qquad (9-9)$$

其中，LQ_{ij} 表示 j 地区 i 产业的区位熵；m、n 分别表示产业数目和地区数目；X_{ij} 表示 j 地区 i 产业的生产总值（或者是产业销售收入等）；$\sum_{i=1}^{m} X_{ij}$ 表示 j 地区所有产业的生产总值之和；$\sum_{j=1}^{n} X_{ij}$ 表示全国范围内（或者该地区所属的特定区域）i 产业的生产总值；$\sum_{i=1}^{m} \sum_{j=1}^{n} X_{ij}$ 表示全国（或特定区域）所有产业的生产总值之和；CP_{ij} 表示 j 地区 i 产业的比较劳动生产率；Y_{ij} 表示 j 地区 i 产业的从业人员；$\sum_{j=1}^{n} Y_{ij}$ 表示全国（或者该地区所属的特定区域）i 产业的从业人员总和。

区位熵（LQ）又称专门化率，是评价区域优势产业基本的分析方法。在衡量某一区域要素的空间分布情况时，LQ 可反映某一产业部门的优劣势，以及某一区域在高层次区域的地位和作用等方面。通过计算某一区域产业的区位熵，可以找出该区域在全国具有一定地位的优势产业。LQ 的值越大，地区专门化率也越大。当 $LQ>1$ 时，表明该地区该产业具有比较优势；当 $LQ=1$ 时，表明该地区该产业处于均势；当 $LQ<1$ 时，表明该地区该产业处于比较劣势。

比较劳动生产率（CP），可反映一个地区某产业的劳动者素质和技术水平的高低，是产业竞争力的关键所在。若一个地区某部门的 $CP<1$，则该地区劳动生产率（技术水平）低于平均水平；若一个地区某部门的 $CP>1$，则该地区高于平均水平。

IG_{ij} 表示产业梯度系数，其大小由产业集中度和劳动生产率共同决定，由区位熵和比较劳动生产率的乘积来衡量。若一个地区某产业的 IG 大于1，则其综合梯度较高，反之，则其综合梯度较低。

由于东部地区食品制造业的区位熵已在表9-6中进行了计算，因此要计算产业梯度系数，需要先计算各个省份的比较劳动生产率。

由表9-8可得，天津和广西的 CP 值始终大于1，而其他省份的 CP 值都小于1，说明在东部地区，只有天津和广西的食品制造业劳动生产率高于平均水平，其他省份的食品制造业劳动生产率都低于全国平均水平，因此得出东部地区食品制造业的劳动生产率在整体上较低的结论。

表9-8　　　　　　东部地区食品制造业比较劳动生产率（CP）

年份	北京	天津	河北	辽宁	上海	江苏	浙江	福建	山东	广东	广西
2013	0.58	1.19	0.78	0.69	0.35	0.12	0.23	0.63	0.22	0.14	1.10
2014	0.58	1.34	0.80	0.75	0.33	0.12	0.22	0.63	0.26	0.13	1.20
2015	0.62	1.41	0.85	0.80	0.34	0.16	0.23	0.66	0.27	0.15	1.34
2016	0.69	1.70	0.83	0.90	0.38	0.19	0.22	0.66	0.28	0.14	1.33
2017	0.66	4.12	1.01	0.63	0.35	0.21	0.20	0.74	0.29	0.14	1.38

由表9-9可得，就东部地区食品制造业来说，只有天津的产业梯度系数始终大于1，河北、福建、广西的产业系数不断增加，由小于1的状态转变为大于1，其他地区产业梯度系数均小于1，说明除部分省份食品制造业中的产业优势有上涨趋势外，食品制造业在东部地区的整体产业优势不强。这是由于食品制造业属于劳动密集型产业，向中部和西部地区转移。

表9-9　　　　　　东部地区食品制造业产业梯度系数（IG）

年份	北京	天津	河北	辽宁	上海	江苏	浙江	福建	山东	广东	广西
2013	0.59	2.91	0.80	0.52	0.35	0.03	0.11	0.97	0.22	0.11	0.91
2014	0.57	3.45	0.86	0.54	0.31	0.03	0.10	0.97	0.24	0.10	1.02
2015	0.61	3.49	0.98	0.51	0.30	0.05	0.09	1.04	0.23	0.10	1.13
2016	0.65	4.57	0.96	0.53	0.32	0.07	0.08	1.00	0.24	0.09	1.15
2017	0.63	11.93	1.15	0.25	0.26	0.08	0.07	1.11	0.26	0.08	1.13

第十章　经济空间作用力统计分析

人类具有在地球表面移动的行为能力，这样你来我往的运动通常被认为是一种相互作用，这样的相互移动所应用的范围较广，在由人产生的各种社会行为，如购物方式的选择、购物中心的距离、出行方式、旅游目的地的选择、零售商品的运输、国际贸易领域中都有广泛的应用。因此，空间相互作用（spatial interaction）包含的内容非常广泛，几乎涵盖了由人类活动所导致的在空间上的任何运动。研究空间相互作用的目的是寻求描述作为所有这些社会行为的基础的根本性质和规律，并将这些性质和规律用来指导社会实践，减少风险，这在实践中具有非常重要的价值。本章通过研究空间的相互作用力来寻求描述这些社会行为的根本性质和规律，并将其用于指导社会实践，着重介绍了描述了空间相互作用的模型——引力模型。

第一节　距离衰减原理

1970 年，托布勒（Tobler）在地理学第一定律中指出，每一事物都是与其他事物相关的，但近的事物比远的事物更为相关，即每个现象之间都会有相互联系，距离更近的联系会更强，应用在经济活动的空间关系中，表现为距离衰减法则，解释为经济现象之间的相互作用是随着距离的增加而递减的，可以用距离衰减函数表示，其定量描述了经济现象中距离的作用，并用于各类经济现象的研究中。学术界一般使用距离衰减函数（distance – decay functions）来表示这种现象，也有的学者使用其他术语，如阻抗函数（impedance function）、梯度曲线、距离衰减率（distance lapse rate），等等。

距离衰减法则虽是地理学家提出的概念，但被社会和经济学家广泛用在分析社会和经济现象中。例如，在旅游业中修正的引力模型被用来研究游客目的地的选择，某地游客随着距离的增加，去较远地方旅游的次数逐渐减少；探索城市群内各城市的网络关系，中心城市和周边城市随着距离的增加联系减少；城市中心向周边发展的过程中，随着距离的增加，人口密度、经济发展、地租和工资水平逐步下降。类似的现象还有很多，只是有些随距离增加衰减得比较快，而有些则衰减得比较慢。这取决于各种经济现象的具体特点以及经济联系的方式和环境条件。泰勒（Taylor，1975）对空间相互作用分析中所使用的各种距离衰减函数进行了归纳，如表 10 - 1 所示。进入大数据时代，距离的定义不仅仅是指"地理距离"，随着交通方式和网络应用的进步，"时间距离""心理距离"逐渐进入人们的生活，人们可以选择更多便捷的工具到达想要去的地方，对于不同现实问题的应用也可以使用不同的"距离"。例如，在物流行业中，可以综合使用不同交通方式的"时间距离"来估算产生的费用多少。

表 10 - 1　　　　　　　　　　　距离衰减函数的一般形式

名称	函数	线性回归转换
一般模型	$T = a\,e^{-bf(d)}$	
单对数模型		
标准模型	$T_{ij} = a\,e^{-bd_{ij}^2}$	$\ln T_{ij} = \ln a - b\,d_{ij}^2$
指数模型	$T_{ij} = a\,e^{-bd_{ij}}$	$\ln T_{ij} = \ln a - b\,d_{ij}$
平方根指数模型	$T_{ij} = a\,e^{-bd_{ij}^{0.5}}$	$\ln T_{ij} = \ln a - b\,d_{ij}^{0.5}$
双对数模型		
巴利多（Pareto）模型	$T_{ij} = a\,e^{-b\ln d_{ij}}$	$\ln T_{ij} = \ln a - b\ln d_{ij}$
对数正态模型	$T_{ij} = a\,e^{-b(\ln d_{ij})^2}$	$\ln T_{ij} = \ln a - b\,(\ln d_{ij})^2$

注：T_{ij} 为地点 i 与 j 之间的相互作用；d_{ij} 为 i 与 j 之间的距离；a 和 b 为常 t 数。

下面以一实例具体描述旅游地游客人数会随着旅游距离的增加而减少的现象：甘肃省位于中国西北地区，东接陕西，南邻四川，西连青海、新疆，北靠内蒙古、宁夏并与蒙古国接壤。随着全省推动"一带一路"倡议发展，"丝绸之路"成为吸引国内外游客的热点，让甘肃省的旅游文化产业有了高质量快速的发展，在 2016 年甘肃省统计局发布的甘肃省旅游市场分析中，省统计局、省旅游局联合进行的国内游客抽样调查显示，2015 年，到甘肃旅游的省外游客占到调查总样本的 61.86%，排名前十位的客源地分别是陕西、四川、青海、河南、广东、山西、河北、宁夏、北京、江苏，这些城市的游客共占到了总样本的 39.14%，而作为甘肃省接壤的地区，陕、青、川、宁 4 个周边市场又占到十大省外客源地的半数以上，在排名前十的地区中，距离甘肃越近的地区排名越靠前，到甘肃旅游的省外游客人数越多，符合距离衰减原理。

第二节　引力模型及其应用

引力模型最早出现于 19 世纪，在过去的实践应用中不断被细化，用来预测影响这些变量和政策的各种变化所产生的影响，空间引力模型最著名也是最成功的应用是在国际贸易领域，已经成为研究双边乃至多边贸易关系的重要工具。

一、引力模型的一般形式

引力模型借鉴了牛顿万有引力定律，用于预测人类、信息和商品在城市间、地区间甚至是国家间的流动。根据牛顿万有引力定律，引力模型需要具备两个因素：（1）研究对象的规模（质量）。例如，人口较多的城市对周边城市的吸引力大于人口较少的城市。（2）研究对象之间的距离（距离）。根据距离衰减原理，空间上的相互作用会随着距离的增加而减小。

图 10－1 显示出了引力模型中内在的基本关系，比较城市 x 和城市 y 以及城市 x 和城市 z 之间预期的流量。当 $d_1 = d_2$ 但 $P_1 = P_2 > P_3$ 时，即城市 x 到城市 y 和城市 z 之间的距离相等但城市 x 和城市 y 人口相等且大于城市 z 时，x 和 y 之间的流量将较大，y、z 同 x 的距离相同，但城市 z 的人口数小于城市 y 的人口数。如果相互作用是任意两个城市间双向人口的函数，那么，x 和 y 间的潜力大于 x 和 z 间的潜力（$P_1 \times P_2$ 大于 $P_1 \times P_3$），这就是规模相乘对于相互作用的影响。

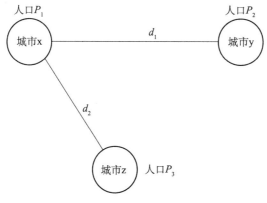

图 10－1　引力模型原理示意图

距离的影响可以通过改变 d 和 P 的关系加以说明。当 $P_1 = P_2 = P_3$ 但 $d_1 > d_2$ 时，在没有进一步信息的情况下，将预期 x 和 y 间的流量将大于 x 和 z 间的流量，因为任何两点间的流量，随距离的增加而减少。

为使其一般化，每一个城市的规模即人口用 P 代表，城市间的距离用 d 代表，每一对城市用下标 i 和 j 表示，任何两个城市间的相互作用被定义为 T_{ij}。这样，任何一对城市间的相互作用，被表示为人口的乘积同距离的比例，即：

$$T_{ij} = \frac{P_i P_j}{d_{ij}} \tag{10-1}$$

为使模型更贴近现实问题的研究，对模型进行如下修正：

（1）对距离的系数进行修正。对距离进行指数化调整，对距离所产生的影响进行讨论，在理论上认为，距离对城市之间的相互作用力有很大程度的影响，在其他元素保持不变的情况下，距离较远的城市之间的相互作用力较弱。距离的影响将不成直线型变化，考虑当指数大于 1 时，随着距离的增加城市之间的相互作用力将成倍减少，此时，距离将在很大程度上影响相互作用，在物理学中，万有引力定律是指物体之间的相互作用力，任何物体都具有相互吸引力，物体之间的相互作用力与他们之间距离的平方成反比，受物理学的启示，取 $\gamma = 2$。

（2）对规模的系数进行修正。与距离的指数化调整相似，对表示区域规模的变量增加指数，在这样的调整下，表示区域规模的变量可以灵活地调整对区域之间相互作用力的影响，例如，我们想研究两个区域的购物支出流，表示区域规模的变量除人口以外，可以认为当地工资水平对吸引资金流有较大影响，对区域的人口和工资水平分别增加不同的指数，此时模型对区域之间相互作用力的描述会更加详细，分为人口规模对购物支出流的影响和当地工资水平对购物支出流的影响。运用指数 α、β 对规模的指数进行修正，当指数为正时表示，人口或质量变量增加时区域之间的相互作用力增加，当指数越大，规模变量对相互作用力的影响越大。

（3）对模型的修正。对整个模型的修正是添加一个规模参数或是一个常数，即 k，使得整个方程同对真实现象模拟的符合程度成比例。假设要对航线每天和每月的乘客流量建模，人口变量 P_i 和 P_j，以及距离变量 d_{ij} 保持不变，但流量的规模将不一样，因为月流量将大于天的流量。常数 k 将用来调整在规模上的这一差异。在对模型进行以上修正之后得到如下公式：

$$T_{ij} = k \frac{P_i^{\alpha} P_j^{\beta}}{d_{ij}^{\gamma}} \tag{10-2}$$

二、引力模型的扩展和一般化

引力模型的第一个一般化扩展是从式（10-2）中计算一对中心的作用力，扩展到系统中所有中心之间全部的作用力。系统中所有中心总作用力的估算是将所有可能成对的引力模型的估计相加。因此，例如存在 x、y、z 三个城市，则各中心间的相互作用为：

$$T_{total} = k \frac{P_x^\alpha P_y^\beta}{d_{xy}^\gamma} + k \frac{P_x^\alpha P_z^\beta}{d_{xz}^\gamma} + k \frac{P_z^\alpha P_y^\beta}{d_{zy}^\gamma} \qquad (10-3)$$

在图 10-1 中，假设 $k = 0.000001$，$\alpha = \beta = \gamma = 1$，P1 = P2 = 2 000 000，P3 = 1 000 000，d1 = d2 = 800，则以 x 为中心的相互作用力为：

$$T_{total} = k \frac{P_x^\alpha P_y^\beta}{d_{xy}^\gamma} + k \frac{P_x^\alpha P_z^\beta}{d_{xz}^\gamma} = 5000 + 2500 = 7500 \qquad (10-4)$$

在实践中，运用更加频繁的是估计一个中心同其他所有相关利益中心之间一对一形式出现的一组作用力。这种单一中心的所有作用力之和，被称为一个中心的相互作用的潜力。

引力模型的第二个扩展是承认发出起点和到达终点间流量的细微差别以及用适当的方法来表示这些变量的重要性。P_i 和 P_j 被分别用来表示 i 的推动力以及 j 的吸引力。在历史上，人口曾被用于这一目的，因为它同我们希望度量的许多流量相关。然而，人口只是一个代理变量，它代表了我们希望度量的推动力和吸引力。在分析零售贸易往来行为的时候，一个地区的贸易引力不在于该地区的人口，而是在于该地区的规模大小和经济发展程度，但通过使用人口变量可以一定程度上代表该地区的吸引力和推动力，当然也可以通过得到贸易需求程度或使用人均可支配收入来计算地区贸易吸引力（或推动力），就不需要使用人口变量作为代理变量，只要简单地指出从每一个起点 O_i 流出的流量和（或）到每一个终点 D_j 的流量。

在这些例子中，O_i 和 D_j 是未知的，而且，在这里，需要估算这些力量，人口是唯一的一个特殊的估计。如果希望将其一般化，就会说，对从一个起点产生流量的能力的估计，将由相当数量的特征所构成。在最简单和最一般的情况下，将起点产生流量的特征，描述为向量 V_i，终点吸引流量的向量描述为 V_j。这样可以区别起点 i 和终点 j，但这并不意味着，一个特殊的估计或单一变量，例如人口，可以作为推动力或吸引力。相反，可以用一些代理变量来代替起点的推动力和终点的吸引力。例如，根据国内的人口迁移，终点的吸引力可以用人口、气候、经济变量和社会变量等代替。

引力模型的第三个扩展是将起点和终点分开，考察起点和终点分离中的干涉距离和空间的影响。不仅距离成反比影响起点和终点间的流量，可替代的另一个终点的存在也会产生影响。例如，中部地区的存在是否对西北地区和东部地区之间的相互作用产生影响，东部地区通过将货物运送到中部地区中转之后再运送到西部地区，减少了一部分运送到西部地区的货物总量，通过距离较近终点的吸收或向其转移相互作用，这些干涉机会减少了起点到终点的流量。这样一个相反的影响，代表了干涉机会对相互作用的负面影响。

另外，以集群形式存在的机会（终点）具有集聚效应，比呈分散状态独立存在的中心能吸引更多的流量。在购物中心，这一集聚效应可以非常明显地看到，因为它比独立分散存在的商店能够吸引更多的顾客。集聚效应产生的原因是，购物中心可产生较高的效率：一个商店就可以使顾客接近几乎所有的零售机会，并因此减少旅行成本。因此，对于一般引力模型，不能仅仅依靠简单的起点和终点间的距离，作为起点和终点间空间分离的度量。因此，最好假设一列变量或一个向量，其性质代表相互作用空间分离的负面影响（例如距离和干涉机会）。因此，用一个一般的向量 S_{ij} 替换距离，代表空间分离对 i 和 j 间相互作用的不同影响。

引力模型的第四个扩展是关于起点和终点的空间分布形式。这一形式一般被称为空间结构，并且对空间相互作用的形式产生影响。

这样，在进行上述四个方面的扩展之后，用来估计空间相互作用的扩展模型，即 T_{ij} 将具有三个向量：

$$T_{ij} = f(V_i, W_j, S_{ij}) \tag{10-5}$$

其中，V_i 代表起点性质的向量；W_j 代表终点性质的向量；S_{ij} 代表具有空间性质的向量。

三、引力模型的应用

引力模型在空间经济统计分析中，常用在研究国际贸易领域，在对引力模型进行对数转换之后，可以产生一个线性模型，在分析空间相互作用方面有广泛应用，例如，人类的迁移行为和国际贸易等，引力模型作为研究国际和区际贸易的重要方法之一，被得到广泛应用，以引力模型的基本形式为基础，增加若干变量，并将引力模型进行对数转换，可以大大丰富国际贸易和区际贸易研究的方法和手段，在此以引力模型在国际贸易领域的应用为例，研究 21 世纪"海上丝绸之路"的贸易潜力和其影响因素，综合考虑一国或地区与其贸易伙伴之间的贸易联系和区域性贸易组织对区域贸易的影响。2013 年 10 月，国家主席习近平在印度尼西亚国会发表演讲，首次提出共同建设 21 世纪"海上丝绸之路"的倡议[①]，此倡议对于深化区域合作、促进我国与周边国家经济关系、推动全球和平发展有重大且深远的意义。

对于国际贸易问题，一些学者采用引力模型的方法进行了深入的探讨（Gibert et al.，2001），贸易引力模型是测算贸易潜力最常用的方法，根据已有研究，本例中计划将基本引力模型作对数转换得到所采用模型的基本形式为：

$$\ln trade_{ijt} = \alpha + \beta_1 \ln CGDP_t + \beta_2 \ln GDP_{jt} + \beta_3 \ln dis_{ij} + \gamma_1 APEC_j + \varepsilon_{ij}$$

$$(10-6)$$

其中，$trade_{ijt}$ 为 t 年起始国 i 和贸易往来国 j 之间的贸易总额；GDP_{it} 和 GDP_{jt} 分别为第 t 年 i 国和 j 国当年的国内生产总值；dis_{ij} 为 i 国和 j 国首都之间的球面距离。结合"新华丝路"中确定的"一带一路"国家名单，收集了与中国有 21 世纪"海上丝绸之路"联系的 23 个国家的 2010～2018 年进出口贸易数据共 171 个观测，数据来源及系数预期如表 10-2 所示，对模型的处理采用 Stata15.0 软件。

表 10-2　　　　　　　引力模型变量说明、来源及系数预期

变量名称	变量含义	数据来源	符号预期
$trade_{ijt}$	t 年中国与 j 国进出口总额	中国统计年鉴（亿美元）	
GDP_{it}、GDP_{jt}	t 年中国和 j 国 GDP，表示一国的经济规模大小，经济规模越大，两国贸易往来越多	世界银行数据库（亿美元）	正
dis_{ij}	中国北京到 j 国首都的球面最短距离	CEPII（KM）	负
$APEC_{ij}$	j 国是否是 APEC 组织成员	APEC 官方网站	正

中国与"海上丝绸之路"各国的 2010～2018 年进出口贸易总额如表 10-3 所示，以 2018 年进出口贸易总额最高的 5 个国家为例做折线图（见图 10-2）表示，其中，日本在 2010～2018 年和中国的贸易往来始终保持最高，而越南从 2010～2018 年进出口贸易总额增加最为明显。

---

① 习近平总书记关于共建"一带一路"重要论述综述［EB/OL］．https：//www.gov.cn/yaowen/liebiao/202310/content_ 6909316. htm.

表 10-3　　　　　　　　　2010～2018 年贸易往来国进出口总额　　　　　　　单位：亿美元

国家	2010 年	2011 年	2012 年	2013 年	2014 年	2015 年	2016 年	2017 年	2018 年
日本	2977.80	3428.34	3294.56	3123.78	3123.12	2785.19	2750.81	3030.53	3277.09
韩国	2071.15	2456.26	2564.15	2742.38	2904.42	2757.92	2527.03	2802.57	3134.00
越南	300.86	402.08	504.39	654.78	836.36	958.49	982.76	1219.92	1478.33
马来西亚	742.49	900.23	948.32	1060.83	1020.06	972.58	869.41	961.38	1085.81
印度	617.61	739.08	664.73	654.03	705.76	715.97	701.79	843.88	955.09
泰国	529.37	647.34	697.51	712.41	726.21	754.60	757.27	801.38	875.08
新加坡	570.76	637.10	692.73	758.96	797.40	795.23	705.26	792.69	827.64
印度尼西亚	427.50	605.55	662.34	683.55	635.45	542.28	535.40	633.32	773.41
沙特阿拉伯	431.95	643.17	733.14	721.91	690.83	516.34	422.81	501.37	632.82
菲律宾	277.62	322.47	363.75	380.50	444.58	456.36	472.39	513.05	556.48
意大利	451.46	512.69	417.21	433.26	480.38	446.54	431.02	496.98	542.34
阿联酋	256.87	351.19	404.20	462.35	547.98	485.34	400.67	410.35	458.89
土耳其	151.11	187.37	190.96	222.33	230.11	215.51	194.75	219.05	215.45
巴基斯坦	86.69	105.58	124.14	142.16	159.98	189.17	191.47	200.84	191.05
科威特	85.57	113.04	125.57	122.62	134.34	112.70	93.72	120.48	186.57
缅甸	44.42	65.01	69.72	101.96	249.69	151.00	122.86	134.75	152.32
埃及	69.59	88.02	95.45	102.14	116.20	128.76	109.90	108.28	138.30
柬埔寨	14.41	24.99	29.23	37.73	37.58	44.30	47.61	57.91	73.84
希腊	43.50	43.03	40.20	36.52	45.31	39.50	44.86	51.81	70.61
肯尼亚	18.26	24.28	28.41	32.70	50.08	60.13	56.85	52.01	53.71
斯里兰卡	20.97	31.42	31.63	36.19	40.41	45.63	45.62	43.98	45.77
坦桑尼亚	16.60	21.44	24.69	36.93	42.79	46.57	38.83	34.55	39.74
文莱	10.32	13.11	16.26	17.94	19.37	15.09	7.33	9.89	18.39

　　用以上 2010～2018 年的 23 个国家的面板数据，通过随机效应回归，得到回归方程式（10-7）。

$$\ln trade_{ijt} = -1.78 + 0.45\ln CGDP_t + 0.87\ln GDP_{jt} - 0.60\ln dis_{ij}$$
$$+ 0.64 APEC_j + \varepsilon_{ij}$$

（10-7）

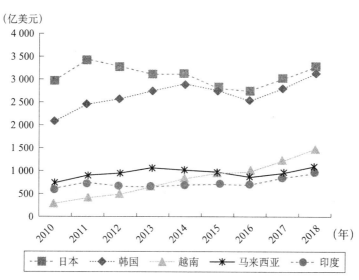

图 10 - 2　2010～2018 年进出口贸易总额排名较高的五个国家

估计结果如表 10 - 4 所示，中国的国内生产总值和贸易往来国的国内生产总值对两国的进出口总额都有正向影响并通过显著性检验，即：两国的国内生产总值代表了其国家的发展水平，国家发展水平越高，国家之间的相互联系越紧密。国内生产总值系数分别为 0. 45 和 0. 86，说明进出口总额会随着两国 GDP 的增加而增加，但增长缓慢；而两国之间的距离系数为负且 p 值小于 0. 05，通过显著性检验，表示距离对两国之间贸易往来有负向影响，即距离越远，贸易往来程度越低，符合距离衰减原理。

表 10 - 4　　　　　　　　　　　　模型估计结果

项目	Coef.	Std. Err.	z	P > | z |	[95% Conf. Interval]	
ln$cgdp$	0. 450378	0. 0510815	8. 82	0. 000	0. 3502601	0. 5504959
lngdp	0. 8674144	0. 0608101	14. 26	0. 000	0. 7482287	0. 9866
ln$distance$	− 0. 5997974	0. 2951685	− 2. 03	0. 042	− 1. 178317	− 0. 0212778
$APEC$	0. 6417549	0. 3216011	2. 00	0. 046	0. 0114283	1. 272081
常数项	− 1. 78417	2. 64704	− 0. 67	0. 500	− 6. 972273	3. 403933
$sigma\_u$	0. 57746748					
$sigma\_e$	0. 15585394					
rho	0. 9321039	(fraction of variance due to u_i)				

研究结果还表明，是否存在区域贸易合作的影响较大，$APEC$ 变量为判断"海上丝绸之路"国家是否是亚洲太平洋经济合作组织成员，结果表示 $APEC$ 变量系数为正，说明贸易往来国是亚太经合组织成员会促进其与中国的贸易往来。

第三节　引力模型族及其应用

本节的目的是研究从式（10-5）中产生出的不同形式的引力模型。以下将假设每一个向量V_i、W_j和S_{ij}中只包含单一的变量。用小写字母来代表这一只包括单一变量形式的向量（v_i，w_j，s_{ij}）。但应注意到，对于描述一个特殊的性质，变量的数量没有限制，一个以上的变量不能改变讨论的普遍性质。为了方便起见，假设空间分离可以通过距离精确地度量，起点推动力和终点吸引力可以通过如人口这样的规模变量精确度量。在某种情况下，起点流出的总量以及终点流入的总量可以得到很好的估计，甚至是非常准确的估计值。因为根据这些全部流量，可以定义起点推动力和终点吸引力，因此我们希望在引力模型中包括这些全部流量，而不是不精确的规模变量。规模变量被流出和（或）流入的全部流量替换的各种方式，产生出了引力模型家族。

从式（10-5）可以导出各种形式的引力模型，在各种特殊情况下应用的模型的形式，依赖于相互作用的系统中可以获取的信息。一般来讲，引力模型族主要包括四种类型，即全部流量约束的引力模型（total flow constrained gravity model）、产出约束的引力模型（production-constrained gravity model）、吸引力约束的引力模型（attraction-constrained gravity model）、双向约束的引力模型（doubly constrained gravity model）。

一、全部流量约束的引力模型

假设对系统内相互作用的总量有一个准确的估计，除此之外没有其他任何信息。在这种情况下，被要求预测系统内的相互作用形式。如果有m个起点和n个终点，很明显，模型需要满足以下条件：

$$\sum_{i=1}^{m}\sum_{j=1}^{n}\widehat{T}_{ij} = \sum_{i=1}^{m}\sum_{j=1}^{n} T_{ij} = T \tag{10-8}$$

其中，$\widehat{T}_{ij}$是i和j间相互作用的估计值，T_{ij}是i和j间相互作用的真实值。T被定义为系统间相互作用的总量。式（10-8）代表了一种约束，这种约束表明，希望从应用的引力模型所预测出的相互作用总量，等于真实的相互作用总量。仅包括这一简单约束的引力模型，被称为"全部流量约束的引力模型"。其形式为：

$$\widehat{T}_{ij} = k\, v_i^{\lambda}\, w_j^{\alpha}\, d_{ij}^{\beta} \tag{10-9}$$

这一方程保证了式（10-8）的约束被满足。如何获取参数 λ、α 和 β 的数值，已超出本教材的范围，但一般情况下，λ、α 为正。这表明，当起点和终点规模增加时，他们之间的相互作用规模也增加；相反，β 为负值，即当一个起点和一个终点间的距离增加时，它们之间的相互作用下降。在实践中，λ、α 的取值范围经常在 0.5~2.0，β 值通常在 -2.0~-0.5。

二、产出约束的引力模型

如果系统内每一个起点的流出量已知或可以被精确地预测出，这就意味着整个系统内相互作用的数量已知或可以被预测。这样就具有在前述情况下所知的一切信息。可是，现在还具有离开每一个起点的相互作用总量的信息。定义这一变量为 O_i，用公式表示为：

$$O_i = \sum_j T_{ij} \tag{10-10}$$

而且，对于所有的 i，模型需要满足如下条件：

$$\sum_j \widehat{T}_{ij} = O_i \tag{10-11}$$

也就是说，预测的离开每一个起点的相互作用的总量，应等于已知的值 O_i。这些"已知"的值，可以从旅行产生方程或从观察中得出。在这两种情况下，可以知道有多少人离开一个特定的起点，但是不知道他们去哪。引力模型的一项任务，就是估计"他们可能去哪"，对此最适合的引力模型就是"产出约束的引力模型"。模型的形式为：

$$\widehat{T}_{ij} = A_i\, O_i\, w_j^{\alpha}\, d_{ij}^{\beta} \tag{10-12}$$

其中：

$$A_i = \Big[\sum_j w_j^{\alpha}\, d_{ij}^{\beta}\Big]^{-1} \tag{10-13}$$

因此，该模型也可以表示为一个"平均"的模型，即：

$$\widehat{T}_{ij} = \frac{O_i\, w_j^{\alpha}\, d_{ij}^{\beta}}{\sum_j w_j^{\alpha}\, d_{ij}^{\beta}} \tag{10-14}$$

在式（10-12）中，A_i 被称为一个平衡因子，因为它对式（10-11）施以约束。同时，A_i 也度量了起点 i 对终点 j 的相对位置。即：高的 A_i 值，同不易接近的起点相联系，低的 A_i 值同可以接近的起点相联系。产出约束的引力模型可用于预测终点的未知流入总量。如果 $\widehat{D}_j$ 是预计的流入 j 的总量，那么：

$$\widehat{D}_j = \sum_i \widehat{T}_{ij} \tag{10-15}$$

在构建现代购物支出模型中，这样的预测十分有用。通常，居住区的人口和人均收入可以获得，因此，O_i（每一个地区用于购物的可支配收入）可以被估计出。因此，产出约束的引力模型可用来预测由于特殊的购物区位所带来的收益。

三、吸引力约束的引力模型

在这种情况下，知道流入每一个终点的流量，而不是流出每一个起点的流量。如果流入的总量已知或可以被准确地估计出，那么，需要这样一个引力模型，该模型需要满足如下条件：

$$\sum_i \widehat{T}_{ij} = D_j，对所有 j \tag{10-16}$$

在这里，D_j 是已知的流入 j 的流量。这一模型被称为"吸引力约束的引力模型"。它具有如下的形式：

$$\widehat{T}_{ij} = v_i^\lambda B_j D_j d_{ij}^\beta \tag{10-17}$$

其中：

$$B_j = \left[\sum_i v_i^\lambda d_{ij}^\beta \right]^{-1} \tag{10-18}$$

该模型可以被表示为：

$$\widehat{T}_{ij} = \frac{D_j v_i^\lambda d_{ij}^\beta}{\sum_i v_i^\lambda d_{ij}^\beta} \tag{10-19}$$

在式（10-17）中，B_j 作为平衡因子，以保证式（10-16）中所给定的限制条件被满足。B_j 同时也度量了从终点 j 到起点 i 的相对位置。即高的 B_j 值同终点的不可达性相联系，低的 B_j 值同终点的可达性相联系。

既运用产出约束的引力模型也运用吸引力约束引力模型性质的一个城市地理学模型是劳里模型（Lowry，1964）。吸引力约束的引力模型，在基本行业分布给定的情况下，用于将工人分配到居住地；而生产约束的引力模型被用于在居住形式给定的情况下，向各个地区分配零售支出和零售业雇用。劳里模型假定基础产业部门的用地规模和就业岗位是已知的，通过工作和居住的出行分布确定各个分区的居住人数，再由居住人数的基础产业部门的就业人数确定非基础产业部门的就业人数，由此产生新一轮的城市活动和新的居住人口，直至收敛，劳里模型可以用于预测岗位和人口数。周彬学等（2013）基于劳里模型探索模型框架在城市空间结构研究中的应用，对人口和功能用地的空间布局进行模拟，分析北京市的城市空间结构。

四、双向约束的引力模型

假设需要预测交通或者人口迁移的形式，并且可以知道或者可以准确估计每一个起点的流出量和每一个终点的流入量。为完成这项工作所选择的引力模型，应该既满足式（10－11）也满足式（10－16）的约束。这样一个模型被称为"产出—吸引约束的引力模型"，或被称为"双向约束的引力模型"。其形式如下：

$$\widehat{T}_{ij} = A_i \, O_i \, B_j \, D_j \, \mathrm{d}_{ij}^{\beta} \qquad (10-20)$$

其中：

$$A_i = \left[\sum_j B_j \, D_j \, \mathrm{d}_{ij}^{\beta} \right]^{-1} \qquad (10-21)$$

$$B_j = \left[\sum_i A_i \, O_i \, \mathrm{d}_{ij}^{\beta} \right]^{-1} \qquad (10-22)$$

其中，A_i 是保证（满足）式（10－11）约束的平衡因子；B_j 是保证（满足）式（10－16）约束的平衡因子。在实际运用上，A_i 和 B_j 互为函数，相互迭代进行估计。通常，迭代从假设 B_j 为1.0开始，从式（10－21）获得 A_i 的最初估计。然后，利用得出的 A_i 通过式（10－22）估计出 B_j，这种过程持续下去，直到所有的 A_i 和 B_j 在连续的迭代中没有变化。

引力模型中所使用数据获取难度较高，在此不进行详细应用介绍，仅介绍相关文献。

第十一章　空间经济统计分析综合研究案例

第一节　西北经济发展的空间差异及收敛性问题

从全国范围来看，西北地区[①]由于地处内陆而发展相对落后，与东中部省域的发展差距较明显，这一现象是中国当前社会主要矛盾的重要体现。欠发达地区对发展的渴望尤为迫切，如何赶超东中部较发达的省域、实现自身的跨越式发展一直是困扰政府管理部门的一个重要问题，也受到学术界的关注。丝绸之路经济带建设已从顶层论证设计阶段进入全面推进和实施阶段，为西北地区经济的发展带来了重大机遇。西北地区如何能够发挥自身优势来积极参与丝绸之路经济带建设，实现自身的快速发展，减小与发达区域之间的差距，是国家发展战略层面的一个重要议题，值得关注与探索。当前，西北地区发展不平衡不充分的一些突出问题尚未解决，发展质量和效益还不高，城乡区域发展差距依然较大。因此，西北地区平衡发展和协调发展是这里所关注的核心议题。从学科研究的角度来看，区域经济平衡与协调发展属于空间经济学研究范畴，空间统计分析方法在研究这一问题时具有独到之处。基于此，这里将通过对西北地区经济发展的空间差异性进行分析，并基于收敛性的经济学思想，使用空间数据分析方法和收敛性研究方法研究西北地区经济发展收敛机制和区域经济协调发展问题。

---

① 本案例研究的西北地区是指陕西、甘肃、青海、宁夏和新疆。

一、文献回顾

历史、区位、环境、政策等诸多因素的影响作用，使得经济发展的空间差异或空间不平衡成为一类普遍的经济现象，这种经济发展的空间不平衡使得收敛成为经济发展的一种重要状态。对经济发展的空间差异问题的研究主要是进行区域间的对比分析。例如，闫小培等（2004）通过对比得出了 20 世纪 90 年代中国城市发展空间差异的变动特征。有学者运用探索性空间数据分析方法研究空间差异问题。例如，冉泽泽（2017）利用该类方法对丝绸之路经济带中国西北段 18 个核心节点城市经济的总体和局部空间差异进行了分析；李丁等（2013）利用该方法对兰州—西宁城镇密集区县域经济空间差异演变趋势、特征与驱动力进行了探索。还有学者利用指标分解等方法研究经济发展的空间差异性。例如，刘华军等（2017）采用 Dagum 基尼系数、Kernel 密度估计方法以及广义脉冲响应函数对中国城市经济发展的空间差异进行了研究；贺灿飞和梁进社（2004）用 Theil 系数测量了中国区域经济地带间、地带内和省际差异以及改革开放后典型年份的各省份内部地区经济差异程度；范剑勇等（2002）用 Theil 系数分析研究了中国区域差距问题。人们对经济发展收敛性问题的研究起源于索罗等以技术进步解释国家或地区间经济增长差距的新古典增长理论，在外生变量储蓄率、人口增长率及技术进步率给定，以及内生变量资本与劳动等要素边际报酬递减规律作用下，落后地区与发达地区经济发展将趋向于同一稳定状态。但卢卡斯利用内生增长理论模型分析发现，欠发达国家的人均收入水平并未显著地向发达国家人均收入水平收敛，而两类国家人均收入水平增长率是收敛的。随后巴罗等采用 β 收敛方程分析美国 1963 年以来和欧洲国家 73 个地区 1950 年以来截面数据后发现，初始人均收入与人均收入增长率之间呈现负相关关系，并且估算出贫穷地区经济增长以每年 2% 的速度追赶富裕地区。改革开放以来中国经济快速发展的区域多样性为经济收敛性问题研究提供了丰富素材，早先学者们大多关注于中国整体经济发展的收敛性问题（蔡昉，2000；林毅夫和刘明兴，2023；许召元，2006）。这些研究均建立在经典 β 收敛模型基础上，通过引入收敛性影响因素来分析多因素作用下中国经济发展的收敛性问题。苏治等（2015）从技术进步收敛角度分析中国经济部门各行业收敛性问题，认为在技术创新与技术效率的替代与互补作用下，各行业趋于技术收敛方能有效促进中国经济可持续发展；张传勇（2017）等以房价上涨视角研究中国区域经济收敛问题，发现房价上涨不利于缩小地区之间的经济差距；戴觅等（2015）以产业结构视角研究中国经济增长收敛性，发现优化落后地区产业结构有助于加快中国地区之间经济收敛进程；张自然（2017）用人均GDP来分析区域经济收敛情况，得出区域 β 收敛判定与样本周期长短有关的结论。这些研究分别以不同视角深入分析中国经济发展收敛性实质，是对中国经济发展收敛性所需信息中某一方面的重点考察。随着新经济地理学的发展，不少学者在收敛性问题研究上加入了空间相关性因素。史修松和赵曙东（2011）借助加入空间依赖信息后的绝对 β 收敛模型研究中国省域经济增长收敛性问题时发现，中国经济增长属于资本驱动型，且具有全域绝对 β 收敛现象。孙向伟等（2017）以中国339个地市为分析单元，采用动态空间杜宾面板数据模型方法，考察中国区域经济增长收敛特征，发现中国经济增长存在收敛情况，但收敛速度有差异。陈创练等（2017）运用空间计量模型研究了中国280个主要城市的经济增长收敛特征。黄德森和杨朝峰（2017）使用类似的方法区域创新能力的收敛性。在对西部经济问题收敛性分析中，刘生龙等（2009）认为，西部地区经济发展在西部大开发政策支持下，借助大量实物投资及交通基础设施建设等手段，使其与中东部地区的经济差距在不断缩小，李晓阳等（2014）借助简单邻接权重下的空间滞后模型分析区域经济收敛问题时也得到类似结论。

通过对文献的梳理不难发现，人们对于经济收敛性的研究主要是基于截面数据和面板数据的分析，同时根据研究对象和研究目的的不同巧妙地设计了收敛模型，得出了有针对性的研究结论。整体而言，后期的相关文献由于使用了信息更为丰富的面板数据和更为巧妙的模型设计而使得研究结论比先期文献更具说服力。但在现有的研究中，诸多文献设计的空间收敛模型并未严格区分收敛过程中的时间路径和空间路径，并且多数文献对于模型估计过程中空间权重矩阵的选取存在随意性，并且停留在简单邻接、距离、经济权重等层面。经济发展的收敛性研究须界定其时间路径和空间路径，同时须进一步通过空间权重矩阵的设置来展示经济社会区域间繁杂紧密的空间依赖信息。另外，国内学者对收敛性分析的研究多数是在国家层面或东部发达省域（如长三角和珠三角），但对西部地区尤其是西北地区收敛性研究的文献相对较少，这给处在丝绸之路经济带核心区的西北地区留下了进一步研究的空间。因此，这里将在已有研究基础上，采用空间计量方法，从空间差异性分析入手，基于时间收敛与空间收敛角度，采取多权重下静态、动态收敛模型相结合的研究方式，综合分析西北地区地市级层面经济发展的 σ 收敛、β 收敛问题，力求克服已有研究的不足。这里以西北五省份52个地市级单位1999~2015年人均GDP作为地区间收敛性研究的主要指标①，数据来源于

---

① 中卫市2003年建立，辖沙坡头区、固原县和中宁县，1999~2002年数据为三县域GDP与常住人口之比。

2000～2016 年各年的《中国区域经济统计年鉴》《中国城市统计年鉴》《中国统计年鉴》以及西北五省份各省份统计年鉴，不同年份各地区人均 GDP 均根据当年各地市级单位人均 GDP 折算指数调整至 2015 年计价水平，个别样本点缺失数据作插补处理。

二、西北经济空间差异性分析

区域经济的空间差异性分析目的在于考察经济发展的空间不平衡性。这里将借助于空间变差函数来完成这一问题的研究。空间变差函数亦称半变异函数，在空间统计分析中常用来刻画区域化变量的随机性与结构性差异。设空间位置为 x_i 和 $x_i + h$ 的区域化变量样本值分别为 $Z(x_i)$ 和 $Z(x_i + h)$，则空间变差函数模型可表示为：

$$\gamma(h) = \frac{1}{2N(h)} \sum_{i=1}^{N(h)} \left[Z(x_i) - Z(x_i + h) \right]^2 \quad i = 1, 2, \cdots, N(h) \quad (11-1)$$

其中，$\gamma(h)$ 为空间变差函数；$Z(\cdot)$ 为区域化变量样本值；$N(h)$ 为滞后距离为 h 时样本点个数。空间变差函数曲线反映了样本点 x_i 与滞后距离为 h 的样本点 $x_i + h$ 之间的空间变异性，如图 11-1 所示。在图 11-1 中，C_0 为块金值，表示采样距离较近时的非连续型变异；$C_0 + C$ 为基台值，表示采样距离增大到相关程 a 时的半变异函数稳态值；相关程 a 则表示样本点间空间相关性存在的最大距离，距离越近相关性越强。另外，C_0 取值大小反映异质性变化幅度，C_0 趋近于 0 表示连续变化，其值越大变化幅度越大。块金系数 $C_0/(C_0 + C)$ 表示随机性引起的空间异质性程度。

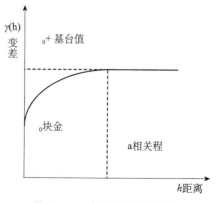

图 11-1　空间变差函数理论

分维数 D 为表征空间变差函数的另一重要参数，其值大小表示空间变差函数　193

的曲率，可度量随机变异，也可比较不同变量间的空间相关性强弱，其值越接近于 2 空间相关性越弱，计算法则为：

$$D = 2 - \frac{\log\left[2\gamma(h)\right]}{\log\left(h^2\right)} \qquad (11-2)$$

其中，D 为分维数；$\gamma(h)$ 为空间变差函数；h 为滞后距离。

西北地区经济发展空间差异性变动规律的归纳可借助空间变差函数分析实现。以西北省份地市级单位 GDP 为研究数据，将其赋予样本空间单元的几何中心，采样步长定为 132.900 千米（步长大小乘步长数约为样点间最大距离的一半），分别计算五个年份的实验变差函数，采用拟合效果最佳的高斯模型模拟理论变差函数的实现，对各方向各年份的分维数进行计算，并对其进行 Kriging 插值，拟合结果如表 11-1 和表 11-2 所示。

表 11-1　　　　　　　西北地区经济发展差异变差函数拟合参数

项目	Year	1999 年	2004 年	2008 年	2011 年	2015 年
相关程	a	1 236.684	1 224.560	1 198.579	1 131.029	1 195.000
块金值	C_0	0.614	0.620	0.634	0.646	0.495
基台值	$C_0 + C$	1.350	1.403	1.479	1.422	1.441
块金系数	$C_0/(C_0 + C)$	0.455	0.442	0.429	0.454	0.344
拟合模型	Model	Gaussian	Gaussian	Gaussian	Gaussian	Gaussian
可决系数	R^2	0.649	0.655	0.686	0.683	0.690

表 11-2　　　　　　　西北地区经济发展差异变差函数分维数

年份	全方向		南—北		东北—西南		东—西		东南—西北	
	D	R^2	D	R^2	D	R^2	D	R^2	D	R^2
1999	1.855	0.684	1.734	0.293	1.984	0.001	1.791	0.455	1.825	0.514
2004	1.850	0.708	1.733	0.301	1.969	0.004	1.776	0.465	1.819	0.516
2008	1.842	0.750	1.727	0.301	1.962	0.006	1.752	0.525	1.824	0.487
2011	1.853	0.748	1.760	0.228	1.956	0.009	1.769	0.476	1.834	0.467
2015	1.851	0.758	1.748	0.219	1.964	0.008	1.771	0.458	1.819	0.496

由表 11-1 不难看出，1999～2011 年块金值平稳增加，样点间年均增速约为 0.424%，2015 年则有所下降，较 2011 年下降了 23.375%，表明小于地市级观测尺度下的县域、乡镇等观测单元间的经济空间差异在 1999～2011 年持续扩大，而经济进入新常态后，空间差异显著减小；基台值样本期间整体上升趋势明显，而相关程表现出整体下降趋势，表明西北地区地市级经济空间差异不断扩大的同

时，稳定差异的呈现范围在不断缩小，即固定范围内空间相关效应的距离弹性逐渐增大，西北经济发展向核心节点区域靠拢力度逐渐加强；块金系数整体呈下降趋势，表明在不断扩大的经济空间差异中，随机成分导致的异质性程度逐渐减弱，而由空间相关引起的结构化分异主导了经济发展的空间变异。

再看表 11 – 2 的变差函数各方向上的分维数，全方向拟合效果最优且拟合优度不断提高，样本点分维数数值虽具波动性但整体呈下降趋势，逐渐远离均质分布状态，说明西北经济差异程度不断加强。在西北经济差异各方向分维数中，南—北方向分维数最小，呈现逐渐增大趋势，表明南北方向上差异性最为突出但存在减弱趋势；东北—西南方向分维数最大，拟合优度接近于零，接近均质分布但拟合效果不佳；东—西与东南—西北方向分维数相对较小且样本期间整体呈现下降趋势，拟合优度较高，表明此两方向上经济差异较为突出且不断扩大。

不难看出，西北经济发展在空间上虽然存在明显的差异性，但发展格局变化连续性较强，以西安、乌鲁木齐为核心的双峰值空间结构较为稳定，核心—外围圈层结构明显，峰值隆起高度持续增大但坡度有所减缓，表明以西安、乌鲁木齐为核心的圈层结构内部空间溢出效应较强，局部经济带动作用突出，空间结构梯度层次分明，圈层区域扩展明显。西北经济发展的这些空间态势，一方面体现了中国社会主要矛盾有关发展不平衡不充分的现实，另一方面反映了实施区域协调发展战略的必要性和紧迫性。

三、西北经济收敛性分析

前面的分析表明，西北地区经济发展存在空间溢出效应，空间结构梯度层次分明，核心城市对经济发展具有辐射带动作用。由此可以推断，西北经济发展存在收敛性的可能。因此，这里进一步对西北经济发展的收敛性进行研究和分析。

（一）收敛模型设定

1. σ 收敛模型

已有描述 σ 收敛的方法多是简单地描述区域发展水平差异的时序变化，本部分也遵循这一研究思路，以人均 GDP 标准差的变动来表述西北地区经济发展的 σ 收敛状况，即 σ 收敛指数。同时综合考虑时间与空间因素，使用简单回归 OLS 估计下以及空间计量模型 MLE 估计下残差标准差拟合西北地区人均 GDP 标准差，从时间与空间视角深入研究西北地区经济发展的 σ 收敛问题。σ 收敛指数计算公式为：

$$\sigma_t = \sqrt{\frac{1}{n-1}\sum_{i=1}^{n}\left[\log(y_{it}) - \frac{1}{n}\sum_{i=1}^{n}\log(y_{it})\right]^2} \qquad (11-3)$$

其中，σ_t 为收敛指数；y_{it} 为 t 时期 i 地区的实际人均 GDP；n 为观测区域的个数。若在样本期 $[0,T]$ 区间内满足 $\sigma_t > \sigma_{t+s}$ 成立，则表示 n 区域经济发展在 $[0,T]$ 存在 σ 收敛现象。

从时间角度出发，将各样本子单元实际人均 GDP 以各时期均值为自变量做 OLS 回归，残差项的标准差即为 σ 收敛标准差拟合值。回归模型矩阵表达式为：

$$y_t = \bar{y}_t + \varepsilon_t \qquad (11-4)$$

其中，y_t 是 t 时期各地区实际人均 GDP 向量；$\bar{y}_t$ 是 t 时期各地区实际人均 GDP 的均值；ε_t 是模型拟合残差。不难发现，由于残差序列和原序列间仅相差一个常数 $\bar{y}_t$，因此由式（11-4）所展示的 σ 收敛信息与式（11-3）是完全一致的。

由于地区间日益增长的空间联系使得式（11-4）展示的简单常数回归残差项经典假定很难满足，因此进一步使用空间因素影响下的残差项标准差来拟合 σ 收敛标准差。这里在已有基础上进一步考虑使用一般形式下的空间计量模型残差标准差来估计 σ 收敛标准差，以矩阵形式表述模型：

$$y_t = \alpha_t + \rho W y_t + \mu$$
$$\mu = \theta W \mu_t + \varepsilon_t$$
$$\varepsilon_t \sim N(0, \sigma^2 I_n) \qquad (11-5)$$

其中，y_t 为 t 时期各地区实际人均 GDP 向量；W 为空间权重矩阵，用来刻画空间单元间的经济联系；α_t 为常数截距向量；μ 和 ε_t 均为误差向量；ρ 和 θ 为模型参数。式（11-5）中的 $\alpha_t + \rho W y_t$ 项或 $\alpha_t + \rho W y_t + \theta W \mu_t$ 项与式（11-4）中时间均值形式类似，是空间相关形式下的空间均值，若 μ 不含空间相关性信息，则估计模型简化为 SAR 模型；若含有空间相关信息，则估计模型为 SAC 模型。以空间计量模型一般形式下的残差标准差估计 σ 收敛标准差的计算公式为：

$$\sigma_t = \sqrt{\frac{1}{n-2}\sum_{i=1}^{n}\varepsilon_{it}^2} \qquad (11-6)$$

其中，σ_t 为收敛指数；ε_{it} 为 t 时期 i 地区形成的模型残差；n 为观测区域的个数。

2. β 收敛模型

在对西北地区经济发展过程中 β 收敛性问题研究时，遵循由简单到复杂的演绎推理规律，从使用横截面数据做 OLS 回归的经典收敛模型出发，初步探索西北地区经济发展的时间收敛规律，接着使用空间路径收敛模型探索其空间收敛规律，然后综合运用时间收敛模型与空间收敛模型研究不同收敛路径下西北地区经济收敛性问题。同时，在上述截面数据静态模型的基础上使用动态面板数据模型检验西北地区经济发展过程中是否存在收敛现象以及收敛速度的稳定性。

（1）经典 β 收敛模型。巴罗和萨拉伊–马蒂（Barro & Sala-I-Martin）由新古典增长模型出发，设计了用于研究经济收敛性的计量模型：

$$\frac{1}{T-t}\log\left(\frac{y_{iT}}{y_{it}}\right) = \Psi - \left[\frac{1-e^{-\beta(T-t)}}{T-t}\right]\log(y_{it}) + \mu_{it} \qquad (11-7)$$

其中，e 为自然对数底数；Ψ 为常系数；参数 β 即为收敛速度；μ_{it} 为模型满足经典假定的随机误差项；下标 i（$i=1,2,\cdots,n$）为样本区域；t、T 分别为研究样本时段内的期初和期末；$T-t$ 为时间跨度；y_{it}、y_{iT} 分别为期初和期末发展水平（这里即为人均 GDP）。

从上述经典 β 收敛模型出发进行简单的数学推演，可得到一相对简化的形式：

$$\log(y_{iT}) = a + \lambda\log(y_{it}) + \varepsilon_{it} \qquad (11-8)$$

其中，y_{it}、y_{iT} 分别为基期与报告期实际人均 GDP，ε_{it} 为模型随机误差项，a 为模型截距项，λ 为模型参数。$\lambda>1$，研究区域经济发展呈发散状态；$\lambda<1$，研究区域经济发展呈收敛状态。此处收敛速度计算公式为：

$$\beta = -\frac{\ln\lambda}{T-t} \qquad (11-9)$$

其中，β 为收敛速度；λ 为式（11-8）计算的模型参数；$T-t$ 为研究样本期时间间隔。考虑到将使用面板数据来估计模型，同时这里将主要研究样本期时间间隔为 1 的情形（即时间跨度为 1 年），因此设计的动态面板收敛模型为：

$$\log(y_{it}) = a + \lambda\log(y_{it-1}) + \alpha_i + \vartheta_t + \varepsilon_{it} \qquad (11-10)$$

其中，$\log(y_{it})$ 为各地区实际人均 GDP 的对数值；a 为模型截距项；α_i、ϑ_t 分别为个体固定效应与时间固定效应；ε_{it} 为模型随机误差项。

（2）空间 β 收敛模型。经典 β 收敛模型考察的是研究期末期 T 时间节点上的经济发展水平相对于基期 t 的收敛状态。依此思路，研究区域经济发展水平同期空间差异的变动趋势，可以得到空间视角下的经济收敛模型。分析 1 期跨度，以一阶地理空间相邻为例，空间维度经济水平差异性以相邻区域人均 GDP 比值的对数来表示，借助空间邻接矩阵 W，一阶空间对数增长率表示为：

$$\log\left(\frac{y_{it}}{\sum_{i}^{n} W_i y_{it}}\right) \qquad (11-11)$$

其中，W_i 为行标准化后一阶空间相邻矩阵 W 的第 i 行；y_{it} 为 t 时点上空间样本观测值，$\sum_{i}^{n} W_i y_{it}$ 表示一阶相邻区域 t 时点观测值均值。因此，空间收敛模型可设计为：

$$\log\left(\frac{y_{it}}{\sum_{i}^{n} W_i y_{it}}\right) = a - (1 - e^{-\beta}) \log\left(\sum_{i}^{n} W_i y_{it}\right) + \mu_{it} \qquad (11-12)$$

其中，a 为模型截距项；W_i 为行标准化后一阶空间相邻矩阵 W 的第 i 行；y_{it} 为 t 时点上空间样本观测值；β 为收敛速度；$\sum_{i}^{n} W_i y_{it}$ 为一阶相邻区域 t 时点观测值均值；μ_{it} 为模型满足经典假定的随机误差项；e 为自然对数底数。式（11-12）的经济学意义为，随着外围区域经济发展水平与中心区域差距的缩小，即外围区域 $\sum_{i}^{n} W_i y_{it}$ 经济增长速度高于中心区域 y_{it}，中心区域与外围区域经济发展水平差异越来越小，国家或区域经济发展处于空间收敛状态。基于模型估计简洁性考虑，将式（11-12）进一步简化：

$$\log(y_{it}) = a + e^{-\beta} \log\left(\sum_{i}^{n} W_i y_{it}\right) + \mu_{it} \qquad (11-13)$$

$\beta < 0$，经济发展是空间发散的；$\beta > 0$，经济发展是空间收敛的；$\beta = 0$，经济发展是均衡的。为进一步考察动态空间收敛视角下西北地区经济发展收敛情况，在式（11-13）的基础上将模型近似设定为：

$$\log\left(\frac{y_{it}}{\sum_{i}^{n} W_i y_{it-1}}\right) = a - (1 - e^{-\beta}) \log\left(\sum_{i}^{n} W_i y_{it-1}\right) + \mu_{it} \qquad (11-14)$$

为方便模型估计，将式（11-14）简化为：

$$\log(y_{it}) = a + e^{-\beta} \log\left(\sum_{i}^{n} W_i y_{it-1}\right) + \mu_{it} \qquad (11-15)$$

式（11-13）、式（11-14）、式（11-15）中各变量意义和式（11-12）相同。

（3）空间权重矩阵。考虑到经济社会区域间日益紧密的空间依赖性，这里从地理特征与经济特征两方面设定空间权重矩阵 W，以全面测度西北地区经济发展收敛性研究中的空间相关性信息。地理特征空间权重包括测定较小范围内空间联系程度的 queen 邻接权重 W_{ij}^q（具有共同边界或顶点的区域属于相邻关系，对应元素为 1，不相邻和对角线元素为 0）与测定较大范围内空间联系的地理距离空间权重。地理距离权重设定形式为：

$$W_{ij}^{d} = e^{-\delta d_{ij}} \tag{11-16}$$

其中，W_{ij}^{d} 为地理距离空间权重矩阵中的对应元素，其对角线元素为 0；d_{ij} 为 i 区域与 j 区域质心间欧式距离[①]，δ 为距离指数衰减参数值，鉴于西北地区地域辽阔，为减小区域自身距离因素对区域间距离测定的影响，这里 δ 值取 1；e 为自然对数底数。

经济空间特征权重矩阵包括简单经济邻近矩阵与经济距离嵌套矩阵，前者设定的目的是从纯经济联系角度出发考察区域间经济空间相关性，后者的设定是综合考察经济相邻与距离相邻对西北地区空间联系的复合影响。简单经济邻近矩阵的设定形式为：

$$W_{ij}^{e} = \frac{1}{|Y_i - Y_j|} \tag{11-17}$$

其中，W_{ij}^{e} 表示简单经济邻近矩阵中的对应元素；Y_i、Y_j 分别表示 i、j 区域样本考察期间人均 GDP 均值。经济距离嵌套矩阵为：

$$W_{ij}^{ed} = W_{ij}^{d} diag\left(\frac{\bar{Y_1}}{\bar{Y}}, \frac{\bar{Y_2}}{\bar{Y}}, \cdots, \frac{\bar{Y_n}}{\bar{Y}}\right) \tag{11-18}$$

其中，W_{ij}^{ed} 表示经济距离嵌套矩阵的对应元素；W_{ij}^{d} 表示地理距离空间权重矩阵中的对应元素；$\bar{Y_i} = \frac{1}{T-t+1}\sum_{t}^{T} Y_{ij}(i=1,2,\cdots,n)$ 表示样本考察期间各地区的人均 GDP 均值；$\bar{Y} = \frac{1}{n(T-t+1)}\sum_{i=1}^{n}\sum_{t}^{T} Y_{ij}$ 表示样本考察期间西北省区人均 GDP 均值。

以上四种空间权重矩阵的设定遵循由简单到复杂的逻辑关系，对西北地区地理空间关系的刻画由邻接关系过渡到距离关系，对经济空间关系的刻画由简单经济邻近过渡到经济距离邻近，在运用空间计量模型研究西北地区经济收敛性问题

---

① 运用 ArcGIS 10.2 计算得出，地理坐标系统为 GCS_ WGS_ 1984。

时，综合使用四种空间权重矩阵可以较为全面地捕捉西北地区经济发展过程中的空间相关性信息，提高对西北地区空间收敛性问题研究的可靠性。

（二）西北五省份经济发展的 σ 收敛分析

经济增长过程中的 σ 收敛是指不同区域间人均收入水平绝对差异的减小，描述区域经济间水平量的收敛。σ 收敛的描述通常使用人均 GDP 的标准差体现，称为 σ 收敛指数。采用西北地区地市级单位实际人均 GDP 数据，运用式（11-4）回归结果残差估计 σ 收敛指数如图 11-2 所示。样本期间西北地区经济发展整体呈现 σ 收敛趋势，但部分时段出现波动，2000～2003 年呈现 σ 收敛趋势，随后的五年间呈现发散趋势，而 2008 年至今，西北地区呈现显著 σ 收敛趋势，且西北五省份 σ 收敛指数值较大，在一定程度上表明了地市间经济发展水平的显著差异性。自西部大开发经济政策实施以来，西北地区整体经济协调发展趋势明显，但在国家政策扶持力度未满足西北省区整体经济发展需求之前，资源配置的趋利性与资本利用的偏好性使得优势资源集聚于西北相对发达地区，资源与产业集聚促进经济发展的时滞效应又将区域间经济发展发散趋势呈现在 2003～2008 年，而在 2008 年金融危机之后，西北地区经济发展呈现显著 σ 收敛趋势。西北地区经济发展受地域限制较为明显，对外贸易相对落后，欠发达区域低端产成品的消费受金融危机冲击较小，发达区域高端产成品的消费受金融危机冲击较大，而在西部大开发政策实施的 2000～2008 年，西北地区整体经济发展的基本物质需求得到了一定满足，发达与欠发达区域之间基础设施、要素资源环境差异不断缩小，在两者的共同作用下，西北地区经济发展呈现显著 σ 收敛趋势。

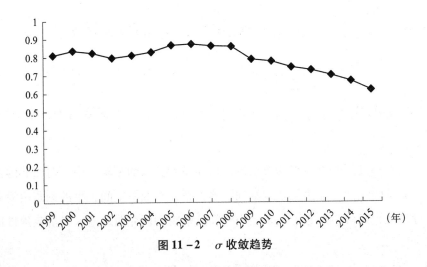

图 11-2 σ 收敛趋势

为进一步全面分析西北地区经济发展的 σ 收敛特征以及检验时间视角下西北地区 σ 收敛特征的稳健性，下面从空间视角出发，采用 MLE 方法对式（11-5）残差项进行有效估计，同时考虑空间联系的多样性以及估计结果的稳健性，这里采用上述四种空间权重矩阵对式（11-5）进行空间回归分析。在使用空间计量模型之前，首先要检验地域间经济发展是否存在空间相关性，这里使用经典 Moran' I 指数对式（11-4）残差项进行空间相关性检验，检验结果如表11-3所示。

表 11-3　　　　　　式（11-4）残差项 Moran' I 指数

年份	w^q	z	w^e	z	w^d	z	w^{ed}	z
1999	0.308	3.548	0.246	3.713	0.315	4.140	0.315	4.067
2000	0.337	3.858	0.268	4.028	0.341	4.451	0.329	4.232
2001	0.346	3.941	0.277	4.133	0.360	4.679	0.348	4.462
2002	0.337	3.839	0.293	4.350	0.369	4.781	0.361	4.612
2003	0.321	3.650	0.322	4.741	0.362	4.672	0.356	4.527
2004	0.316	3.597	0.348	5.094	0.357	4.609	0.346	4.403
2005	0.272	3.120	0.388	5.652	0.309	4.023	0.300	3.845
2006	0.273	3.118	0.412	6.371	0.307	3.986	0.297	3.804
2007	0.260	2.967	0.445	8.072	0.283	3.663	0.270	3.449
2008	0.291	3.275	0.502	7.128	0.328	4.191	0.316	3.986
2009	0.277	3.121	0.528	7.454	0.282	3.632	0.277	3.517
2010	0.281	3.179	0.523	7.421	0.294	3.782	0.294	3.727
2011	0.303	3.403	0.530	7.504	0.324	4.145	0.321	4.042
2012	0.297	3.341	0.544	7.687	0.306	3.928	0.309	3.895
2013	0.304	3.408	0.552	7.803	0.300	3.854	0.297	3.757
2014	0.317	3.534	0.560	7.882	0.318	4.058	0.312	3.924
2015	0.332	3.686	0.552	7.758	0.321	4.082	0.304	3.819

注：w^q、w^e、w^d、w^{ed} 分别表示 queen 邻接权重、经济权重、距离权重、经济距离权重。下同；z 为正态检验统计量值。

由表11-3可知，西北地区地市级层面上的空间相关性很强，这种空间相关性在经济权重表达上最为突出。下面进一步研究加入空间相关性后的西北地区经济发展 σ 收敛特征。研究发现，估计出的 queen 邻接权重下 SAC 模型和经济权重、距离权重、经济距离嵌套权重下 SAR 模型的残差不再有空间相关性，可以有效用于空间 σ 收敛的计算与分析。这几组矩阵下的式（11-5）估计结果如表11-4所示。

表 11 - 4　　　　　　　　　空间 σ 收敛指数模型估计参数表

年份	q_SAC			e_SAR		d_SAR		ed_SAR	
	a	ρ	θ	a	ρ	a	ρ	a	ρ
1999	-4.904***	1.734***	-2.365***	-1.806	1.297***	2.165*	0.672***	3.443***	0.462***
2000	-3.754***	1.550***	-2.008***	-2.281	1.361***	2.010*	0.703***	3.356***	0.487***
2001	-3.810***	1.543***	-2.055***	-2.292	1.353***	2.042*	0.706***	3.329***	0.503***
2002	-4.107***	1.569***	-2.100***	-2.473	1.370***	2.078*	0.708***	3.305***	0.519***
2003	-5.443***	1.731***	-2.354***	-2.747*	1.397***	2.127*	0.711***	3.261***	0.538***
2004	-5.432***	1.702***	-2.353***	-3.269**	1.452***	2.223*	0.709***	3.474***	0.527***
2005	-8.442***	2.048***	-2.686***	-3.723**	1.494***	2.819*	0.646***	3.405***	0.475***
2006	-9.031***	2.087***	-2.724***	-3.844**	1.494***	2.806*	0.659***	3.971***	0.498***
2007	-10.670***	2.241***	-2.857***	-3.962**	1.490***	2.970*	0.652***	4.022**	0.509***
2008	-9.617***	2.080***	-2.731***	-4.211**	1.502***	2.399	0.728***	3.086*	0.627***
2009	-12.117***	2.335***	-3.070***	-4.365***	1.505***	2.968*	0.671***	3.326*	0.611***
2010	-11.826***	2.259***	-2.981***	-4.521***	1.504***	2.945*	0.684***	3.543**	0.601***
2011	-10.378***	2.067***	-2.723***	-4.838***	1.517***	2.622	0.729***	3.100*	0.660***
2012	-10.683***	2.069***	-2.696***	-4.873***	1.506***	2.965	0.702***	3.042	0.675***
2013	-10.554***	2.034***	-2.623***	-4.847***	1.491***	3.002	0.704***	3.006	0.686***
2014	-10.288***	1.993***	-2.593***	-4.777***	1.475***	2.676	0.740***	2.559	0.734***
2015	-10.324***	1.990***	-2.572***	-4.354***	1.429***	2.607	0.749***	2.231	0.768***

注：*、**、***分别代表显著性水平0.1、0.05、0.01。a、ρ、θ 为式（11 - 5）参数。

依据表 11 - 4 的参数估计结果可测算未包含空间信息的模型回归残差项，以 1999 年数据采用行标准化后的邻接权重为例，其残差测算模型矩阵形式如下：

$$y_{1999} = -4.904 + 1.734 W y_{1999} - 2.365 W \mu_{1999} + \varepsilon_{1999} \qquad (11 - 19)$$

其中，y_{1999} 为 1999 年各地区实际人均 GDP 向量；W 为空间邻接权重矩阵；μ_{1999} 和 ε_{1999} 均为 1999 年样本数据形成的误差向量。样本期内其他时点数据处理方式与此类似，不再赘述。接着利用式（11 - 6）估计 σ 收敛指数，其实质为考虑空间信息的标准差。图 11 - 3 显示了包含空间信息的标准差时序变化与传统标准差时序变化情况。不难发现，在考虑地域间空间信息作用后，西北地区经济发展整体差异性显著减弱，这种情况在考虑邻接空间关系及经济联系空间关系的前提下更为突出，这说明了在仅考虑常数回归测度下的 σ 收敛指数夸大了西北地区内部经济发展的差异性；在 queen 邻接权重、距离权重和经济距离权重下，包含空间信息的 σ 收敛指数变化与常数回归 σ 收敛指数变化趋势相似，证明了 1999～2015 年西北地区经济发展呈 σ 收敛趋势的结论是可靠的；在仅考虑区域间经济联系的情况下，样本期间西北地区经济发展 σ 收敛趋势显著，1999～2009 年，收敛速度较快，后期收敛速度与其他权重测度及常数回归下的 σ 收敛速度接近但依然存在差异。

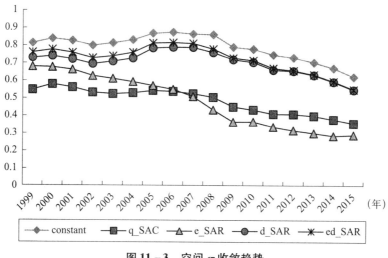

图 11－3　空间 σ 收敛趋势

（三）西北五省份经济发展的 β 收敛分析

上述对西北地区经济发展 σ 收敛的研究表明西北地区 2008 年后存在显著 σ 收敛现象，接下来使用 β 收敛模型对西北地区经济发展的收敛性作更进一步研究。在本部分中，将运用 β 收敛模型分别从时间与空间角度出发，采取静态模型与动态模型相结合的方式对西北地区经济发展收敛性问题展开讨论。

1. 西北地区经济发展的经典 β 收敛分析

基于前面对西北地区经济发展 σ 收敛分析的相关结论，这里将样本区间分为两个时段子样本对西北地区经济发展进行经典 β 收敛分析，即 σ 收敛波动阶段 1999～2007 年及 σ 收敛趋势显著阶段 2008～2015 年，同时，为了有效减少使用截面数据做收敛性分析时收敛信息的丢失，在各子样本中使用隔年数据进行模型估计，以便更准确地刻画西北地区经济发展是否存在 β 收敛现象。式（11－8）估计结果如表 11－5 所示。

表 11－5　　　　式（11－8）回归结果

项目	1999～2001 年	1999～2004 年	1999～2007 年	2002～2004 年	2002～2007 年	2005～2007 年
a	0.416 **	1.227 ***	2.483 ***	0.324 ***	1.474 ***	0.692 ***
λ	0.990 ***	0.973 ***	0.914 ***	1.026 ***	0.986 ***	0.982 ***

续表

项目	1999~2001 年	1999~2004 年	1999~2007 年	2002~2004 年	2002~2007 年	2005~2007 年
β	0.005	0.005	0.011	-0.013	0.003	0.010
a 的 t 值	2.070	4.400	4.960	1.950	3.290	3.820
λ 的 t 值	32.960	23.390	12.230	44.660	15.890	43.790
White 检验	2.923	0.569	0.486	2.647	0.188	2.229
项目	2008~2010 年	2008~2013 年	2008~2015 年	2011~2013 年	2011~2015 年	2013~2015 年
a	1.529 ***	3.423 ***	4.773 ***	1.177 ***	2.838 ***	1.681 ***
λ	0.885 ***	0.766 ***	0.641 ***	0.930 ***	0.784 ***	0.859 ***
β	0.061	0.053	0.064	0.036	0.061	0.076
a 的 t 值	6.630	9.760	11.410	5.910	7.250	5.340
λ 的 t 值	34.170	19.420	13.620	45.430	19.490	27.910
White 检验	3.293	0.961	1.636	1.149	2.639	11.558 ***

注：**、***分别代表显著性水平 0.05、0.01。a、λ 为式（11-8）参数，β 根据式（11-9）计算得出。

观察表 11-5 中的回归系数 λ，在两个子样本多数时间段均显著小于 1，各截面数据模型残差项多数通过异方差检验，个别极端回归结果并不影响整体收敛现象的解释，初步验证西北省区经济发展存在 β 收敛现象。在 1999~2007 年子样本中，除 2002~2004 年显示不存在收敛性特征外，其他时间段样本均显示存在收敛性，但收敛速度相对较小。在 2008~2015 年子样本中，各时段数据验证结论均支持收敛假说，且收敛速度较 1999~2007 年子样本有显著提高，与前面 σ 收敛性分析结论一致；在 2008~2015 年子样本中 β 收敛现象非常显著，收敛系数达到了 0.064，这表明在 2008 年金融危机爆发后，西北地区经济发展收敛速度显著提高，区域经济发展趋同现象更为明显。考虑到地域个体差异及时间效应等因素可能对收敛结论产生影响，这里进一步采用面板数据式（11-10）研究控制相关影响因素后的西北地区经济发展收敛现象，鉴于国家宏观政策及经济形势变化的阶段性与时滞性，在运用式（11-10）做收敛性分析中同时也考虑了整个样本期 1999~2015 年的收敛情况，回归结果如表 11-6 所示。

表 11-6 式（11-10）回归结果

样本区间	模型参数	个体固定效应估计值	时间固定效应估计值	双固定效应估计值	随机效应估计值
2002~2015 年	a	0.293 ***	0.316 ***	0.694 ***	0.313 ***
	λ	0.993 ***	0.978 ***	0.921 ***	0.991 ***
	β	0.001	0.002	0.006	0.001
	R^2	0.990	0.995	0.994	0.990
	AIC	-1164.213	-1371.274	-1482.081	-1094.622

续表

样本区间	模型参数	个体固定效应估计值	时间固定效应估计值	双固定效应估计值	随机效应估计值
	a	-0.267^{***}	0.174^{***}	1.181^{*}	-0.022
	λ	1.068^{***}	0.999^{***}	0.848^{***}	1.035^{***}
2000~2007 年	β	-0.009	0.000	0.024	-0.005
	R^2	0.972	0.989	0.977	0.972
	AIC	-729.499	-656.777	-798.346	-610.435
	a	1.116^{***}	0.696^{***}	2.012^{***}	0.900^{***}
	λ	0.907^{***}	0.952^{***}	0.799^{***}	0.930^{***}
2008~2015 年	β	0.014	0.007	0.032	0.010
	R^2	0.970	0.989	0.981	0.970
	AIC	-720.952	-743.316	-909.431	-615.655

注：*、***分别代表显著性水平0.1、0.01。a、λ为式（11-10）参数，β根据式（11-9）计算得出。R^2是模型可决系数，AIC是模型赤池信息量。

在式（11-10）的参数估计过程中，霍斯曼检验倾向于选择固定效应模型对收敛性问题进行分析，且在同一样本期间，双固定效应模型拟合优度检验及AIC准则检验优于个体、时间固定效应模型，因此分析结论主要以双固定效应模型为基础展开叙述。根据表11-4中的内容，在考虑时间效应与个体效应条件下，各样本数据估计结果依然显示西北地区经济发展呈现 β 收敛现象，在2000~2015年样本下，西北地区 β 收敛现象是存在的，但整体上收敛速度较慢。在2000~2007年样本期间，双固定、时间固定效应模型显示收敛性特征是存在的，但不甚明显；在2008~2015年样本下，西北地区经济发展 β 收敛现象明显，且收敛速度较快。

2. 西北地区经济发展的空间 β 收敛分析

在空间计量经济学模型中，空间依赖性信息通常由空间权重矩阵来表达刻画，考虑到以往多数文献仅以简单权重矩阵来解释空间依赖作用下的经济收敛性问题不够全面等局限性，这里用前面所述四种空间权重矩阵刻画西北地区经济发展中的空间依赖性，由此从空间视角设定空间收敛模型对西北地区经济发展中 β 收敛现象作进一步研究。此处沿用前面中所设立的样本区间构造参数估计的样本，面板数据模型式（11-13）参数估计结果如表11-7所示。

表 11 - 7　　　　　　　　　　　式（11 - 13）回归结果

样本区间	模型参数	w^q	w^e	w^d	w^{ed}
2000~2015 年	a	2. 443 **	- 0. 045	- 0. 378 ***	4. 861 ***
	$e^{-\beta}$	0. 627 ***	1. 005 ***	1. 020 ***	0. 267 *
	β	0. 031	0. 000	- 0. 001	0. 088
	AIC	- 98. 879	71. 501	452. 697	- 11. 487
	BIC	- 23. 297	76. 225	471. 592	64. 094
2000~2007 年	a	- 0. 072	- 0. 095	- 0. 074	- 0. 058
	$e^{-\beta}$	0. 990 ***	1. 011 ***	0. 978 ***	0. 939 ***
	β	0. 001	- 0. 002	0. 003	0. 009
	AIC	- 363. 121	- 377. 009	- 359. 914	- 337. 738
	BIC	- 359. 090	- 372. 978	- 355. 883	- 333. 707
2008~2015 年	a	5. 722 ***	0. 079	- 0. 502 ***	- 1. 414 ***
	$e^{-\beta}$	0. 348 **	0. 993 ***	1. 034 ***	1. 095 ***
	β	0. 151	0. 001	- 0. 005	- 0. 013
	AIC	- 438. 241	- 455. 033	- 25. 494	- 279. 257
	BIC	- 405. 996	- 451. 002	- 9. 371	- 275. 226

注：*、**、***分别代表显著性水平 0. 1、0. 05、0. 01。a、β 为式（11 - 13）参数。AIC 是模型赤池信息量，BIC 为模型贝叶斯信息量。为节约篇幅，表中仅列出诸权重矩阵下的最优模型。

通过表 11 - 7 可知，在 2000~2015 年样本期内，空间视角下的西北地区呈现出微弱的 β 收敛性，可以由邻接权重与经济距离嵌套权重下的空间收敛模型估计结果看出；在 2000~2007 年样本期内，除经济权重测度下西北地区经济发展呈发散状态外，其他三权重测度下西北地区经济发展均呈现出显著空间收敛现象，且在同时考虑经济因素与距离因素下的收敛状态更明显，这表明西北地区各地市间在空间上呈现出显著收敛性状，欠发达区域经济发展对发达区域的追赶趋势明显；在 2008~2015 年样本期，西北地区经济发展空间收敛性在邻接权重与经济权重测度下得到体现。下面运用动态空间收敛式（11 - 15）对西北地区经济发展空间收敛性作进一步探讨。式（11 - 15）回归结果如表 11 - 8 所示。

表 11 - 8　　　　　　　　　　　式（11 - 15）回归结果

样本区间	模型参数	w^q	w^e	w^d	w^{ed}
2000~2015 年	a	2. 567 ***	0. 216	- 0. 106	4. 782 ***
	$e^{-\beta}$	0. 627 ***	1. 002 ***	1. 015 ***	0. 284 *
	β	0. 031	- 0. 000	- 0. 001	0. 084
	AIC	- 96. 804	140. 135	170. 381	- 15. 126
	BIC	- 21. 223	144. 859	175. 105	60. 456

样本区间	模型参数	w^q	w^e	w^d	w^{ed}
	a	-0.340^{**}	3.978^{**}	-0.469^{***}	-0.511^{***}
	$e^{-\beta}$	1.065^{***}	0.427^{*}	1.061^{***}	1.024^{***}
2000~2007 年	β	-0.009	0.122	-0.008	-0.003
	AIC	-7.590	-393.778	2.258	-302.159
	BIC	8.533	-361.532	18.381	-298.128
	a	0.861^{***}	1.082^{***}	0.576^{***}	-0.136
	$e^{-\beta}$	0.922^{***}	0.912^{***}	0.946^{***}	0.990^{***}
2008~2015 年	β	0.012	0.013	0.008	0.002
	AIC	-308.237	-372.704	34.446	78.778
	BIC	-304.206	-368.673	50.569	94.901

注：*、**、***分别代表显著性水平 0.1、0.05、0.01。a、β 为式（11 - 15）参数。AIC 是模型赤池信息量，BIC 为模型贝叶斯信息量。为节约篇幅，表中仅列出诸权重矩阵下的最优模型。

观察表 11 - 8 可知，在 2000~2015 年样本期，估计结果与面板式（11 - 13）结果相似，在经济权重与距离权重测度下西北地区经济发展呈收敛状态，且收敛速度相近；在 2000~2007 年样本期间，仅经济权重测度下的西北地区经济发展呈收敛现象；在 2008~2015 年样本期，各权重矩阵测度下西北地区经济发展均呈现稳定的空间收敛现象。

综合比较分析静态面板式（11 - 13）与动态面板式（11 - 15）回归结果，在空间收敛视角下，2000~2015 年样本期的西北地区经济发展的空间收敛性在一定程度上是存在的，但并不十分明显；2000~2007 年样本期的空间收敛特征不突出，各类模型估计结果并不能有效说明该样本期内西北地区经济发展存在收敛性；在 2008~2015 年样本期内的模型估计结果表明西北地区经济发展呈现收敛状态。综合考虑经典 β 收敛模型估计结果与空间 β 收敛模型估计结果，可以认为在 2000~2015 年和 2008~2015 年样本期内西北地区经济发展呈现收敛特征，但在 2000~2007 年样本期内不能得到收敛性存在的结论。

3. 稳健性检验

由于这里研究的收敛性问题的核心变量为人均 GDP 这一个变量，且模型形式是根据传统收敛模型拓展而来，拓展思路和拓展模型都是唯一的，因而难以从模型和变量的角度展开稳健性检验。因此，这里拟从样本角度对前面模型估计结果进行稳健性检验。考虑到空间样本的改变会对数据空间结构造成不利影响，因此这里从时间角度来调整样本。具体说，对于每一组用于估计模型的样本，均删除起始时间的两个样本点，即样本区间由原来的"2000~2015 年、2000~2007

年、2008～2015 年"，调整为"2002～2015 年、2002～2007 年、2010～2015年"，以完成稳健性检验。利用新设样本估计式（11－10）、式（11－13）和式（11－15）的结果如表 11－9、表 11－10 和表 11－11 所示。

表 11－9　　　　　　　　　　　式（11－10）回归结果

样本区间	模型参数	个体固定效应估计值	时间固定效应估计值	双固定效应估计值	随机效应估计值
2002～2015 年	a	0.443 ***	0.358 ***	0.804 ***	0.436 ***
	λ	0.977 ***	0.975 ***	0.911 ***	0.978 ***
	β	0.002	0.002	0.007	0.002
	R^2	0.989	0.994	0.993	0.992
	AIC	－1093.430	－1240.684	－1370.014	－1015.275
2002～2007 年	a	－0.156 **	0.182 ***	1.049 *	－0.061
	λ	1.055 ***	1.000 ***	0.876 ***	1.026 ***
	β	－0.012	0.000	0.026	－0.005
	R^2	0.967	0.989	0.973	0.987
	AIC	－618.263	－521.558	－674.821	－500.571
2010～2015 年	a	1.960 ***	0.710 ***	1.305 **	1.595 ***
	λ	0.823 ***	0.956 ***	0.891 ***	0.860 ***
	β	0.039	0.009	0.023	0.030
	R^2	0.965	0.990	0.972	0.984
	AIC	－740.848	－673.494	－805.409	－566.234

注：*、**、***分别代表显著性水平 0.1、0.05、0.01。a、λ 为式（11－10）参数，β 根据式（11－9）计算得出。R^2 是模型可决系数，AIC 是模型赤池信息量。

表 11－10　　　　　　　　　　　式（11－13）回归结果

样本区间	模型参数	w^q	w^e	w^d	w^{ed}
2002～2015 年	a	2.958 ***	－0.032	－0.395 ***	5.268 ***
	$e^{-\beta}$	0.577 ***	1.004 ***	1.022 ***	0.250 *
	β	0.042	0.000	－0.002	0.107
	AIC	－169.721	207.939	347.726	－105.766
	BIC	－100.866	226.300	366.087	－41.502
2002～2007 年	a	0.076	－0.055	0.055	0.165
	$e^{-\beta}$	0.972 ***	1.007 ***	0.963 ***	0.913 ***
	β	0.006	－0.001	0.008	0.018
	AIC	－321.092	－45.121	－324.759	－312.524
	BIC	－317.349	－30.1488	－321.016	－308.781

样本区间	模型参数	w^q	w^e	w^d	w^{ed}
2010~2015 年	a	5.402 ***	0.164	-0.378	-1.418 ***
	$e^{-\beta}$	0.418 **	0.985 ***	1.022 ***	1.096 ***
	β	0.175	0.003	-0.004	-0.018
	AIC	-492.273	-491.032	-78.601	-334.903
	BIC	-469.815	-487.289	-63.629	-331.160

注：*、**、***分别代表显著性水平 0.1、0.05、0.01。a、β 为式（11-13）参数。AIC 是模型赤池信息量，BIC 为模型贝叶斯信息量。

表 11-11　　　　　　　　　式（11-15）回归结果

样本区间	模型参数	w^q	w^e	w^d	w^{ed}
2002~2015 年	a	2.922 ***	0.384 *	0.059	5.146 ***
	$e^{-\beta}$	0.596 ***	0.984 ***	0.998 ***	0.271 *
	β	0.040	0.001	0.000	0.100
	AIC	-178.648	23.020	354.402	-111.648
	BIC	-109.793	27.611	372.764	-47.383
2002~2007 年	a	-0.230	-0.399 **	-0.225	-0.094
	$e^{-\beta}$	1.044 ***	1.086 ***	1.031 ***	0.975 ***
	β	-0.009	-0.016	-0.006	0.005
	AIC	9.319	-31.750	-310.391	-289.579
	BIC	24.291	-16.778	-306.648	-285.836
2010~2015 年	a	1.813 ***	2.064 ***	1.574 ***	0.883 **
	$e^{-\beta}$	0.829 ***	0.814 ***	0.848 ***	0.893 ***
	β	0.038	0.041	0.033	0.023
	AIC	-452.341	-475.043	-413.793	-397.457
	BIC	-448.598	-471.300	-410.050	-393.714

注：*、**、***分别代表显著性水平 0.1、0.05、0.01。α、β 为式（11-15）参数。AIC 是模型赤池信息量，BIC 为模型贝叶斯信息量。

对比样本调整前后的模型估计结果不难发现以下四点事实：一是模型参数估计结果相差不甚明显；二是任何重要参数的显著性检验结论没有改变；三是模型整体拟合效果前后接近；四是由模型得出的研究结论没有实质性变化。综合此四点可以认为，这里的研究方法和研究过程是稳健的，研究结论是可靠的。

四、结论与政策建议

在分析空间差异性的基础上，进一步分别从时间角度和空间角度分析研究了西北地区经济发展的收敛性问题，用 σ 收敛和 β 收敛两类分析方法探讨西部大开发战略实施以来到经济进入新常态后西北地区经济发展的收敛性状，以探索西北地区经济发展的平衡性和协调性。总结全书，实证研究得到了如下基本结论：首先，基于时间 σ 收敛方法的分析结果显示，2008 年金融危机前西北地区经济发展 σ 收敛呈较强波动性，2008 年后收敛趋势明显；考虑空间因素分析后，空间 σ 收敛趋势与时间 σ 收敛趋势基本相同，但区域内部经济发展差异性显著减小，空间 σ 收敛测度结果更为明晰。其次，经典 β 收敛分析表明，2008 年金融危机前西北地区经济发展收敛性不明显，但在金融危机之后西北地区经济发展呈现显著的收敛现象。最后，空间 β 收敛研究发现，金融危机后西北地区经济发展呈现显著的空间收敛特征。通过这些实证分析结论不难进一步得出，西北地区经济发展的后发优势是存在的，欠发达地区可以实现向发达地区的赶超。另外，这里在方法应用方面也有一些新发现：其一，与传统的时间视角下的 σ 收敛模型相比，考虑了空间信息的 σ 收敛模型更能精确地展示区域经济发展的收敛性；其二，考虑多种可能的空间权重矩阵并在模型估计过程中加以比较，有助于模型优化，提高分析的可靠性，这无疑是空间权重矩阵在外生性假定条件下实现有效选择的可靠途径；其三，空间 β 收敛模型可以有效解决空间视角下区域经济发展收敛性的测度问题。这里的创新之处在于，从时间收敛与空间收敛角度对比分析着手，使用地市级数据，采取多权重下静态、动态收敛模型相结合的研究方式，综合分析西北地区地市级层面经济发展的时间 σ 收敛、空间 σ 收敛、时间 β 收敛、空间 β 收敛等系列问题，得到了可靠的分析结论。

综合全书研究过程及研究结论，提出西北地区经济发展政策层面的思考。

第一，利用好经济发展的后发优势，实现经济赶超。区域经济发展不平衡是党的十九大报告中对中国经济发展情况的一个科学判断，中国各大区域间经济发展不平衡，同时区域内部经济发展亦不平衡，这里对西北经济的空间差异性分析已印证这一点。进一步结合收敛性分析结论可以发现，西北地区内部存在后发优势，这使得相对落后的区域实现向发达区域的追赶成为可能。相对落后区域可以借助于各项产业发展政策等，探索出适合本地区的经济发展之路，实现经济发展与赶超，这也能够为缓解甚至解决中国社会当前的主要矛盾提供可行之径。

第二，继续培育西北地区经济发展增长极。经济发展呈现出收敛性，表明落后区域正在实现向发达区域的追赶，经济发展进入上升轨道。自西部大开发战略实施以来，西北地区诸多城市经济得利于政策因素而发展较快，尤其是地会城市和区域性中心城市，在西北地区形成增长极，引领地方经济的发展。研究显示，金融危机后西北地区经济发展呈现出显著的收敛特征，而收敛趋势的形成得益于这些城市增长极的带动作用。党的十九大报告中强调，要"以城市群为主体构建大中小城市和小城镇协调发展的城镇格局"，城市作为经济发展增长极的作用须充分体现。因此，可以考虑以地会城市和有发展潜力的地级城市为目标，继续培育西北地区经济发展增长极，带动区域经济发展。

第三，以供给侧结构性改革为契机，促进西北地区产业结构快速升级。从理论上来分析，经济发展过程中呈现出的收敛性，主要因素之一就是区域间产业发展的高度融合。另外，产业结构决定着经济发展的可持续性，也决定着经济发展的质量。因此，西北地区经济发展呈现出的收敛性状也预示着西北地区的产业结构正趋于优化。继续优化产业结构、促进西北地区产业结构快速升级是西北地区经济高质高效发展的必要保证。当前，供给侧结构性改革是国家层面的经济战略部署，是党的十九大报告中所提出的经济发展重大举措，优化产业结构亦是党的十九大报告中提出的经济发展的重要手段，西北地区应以此为契机，逐步淘汰高能耗低效率产业，优化支柱性产业，发展新兴产业和高端产业，以保证经济健康良性发展。

第四，借力于丝绸之路经济带建设布局，为西北地区经济发展注入新动力。丝绸之路经济带建设是党的十九大报告中向相关国家和区域发出的重大倡议。西北地区处于丝绸之路经济带的核心地段，是该战略的直接受益者。这里研究显示西北地区经济发展呈现出收敛性，这意味着其后发优势正逐步显现。为继续挖掘和发挥后发优势，可借力于丝绸之路经济带建设布局，从产业发展、商贸流通、人文交流等领域发掘经济增长潜能，为西北地区经济发展注入新动力，顺应丝绸之路经济带建设需要，促进西北地区经济快速发展。

五、结语

这里关于西北地区经济发展收敛性的研究有一些新的发现，这一研究对于进一步认识和发掘西北地区经济发展后发优势、促进西北地区经济协调发展具有重要参考意义。在研究中也存在一些不足：一是动态空间收敛模型的设计有进一步改进的空间，可从数学推理的角度严格构造；二是空间权重矩阵的选择和县域经济的空间异质性因素没有在模型设计中充分体现，当然这也是当前空间经济学研究的一个难题，同时也是一个有意义的探索方向；三是缺乏西北地区经济空间发展状况与全国其他地区的比较研究，这一比较研究可通过区域内部的空间差异性与收敛性的对比分析，明确西北经济发展的空间地位，这是一个有价值的研究方向。

第二节 兰州都市圈工业经济发展的空间
演化与空间溢出问题

以大城市为核心的都市圈经济发展模式逐渐成为拉动区域经济增长的新动力。兰州都市圈作为丝绸之路经济带上的黄金节点，其发展对协调区域优势产业以及提升区域竞争力和带动甘肃整体发展至关重要。工业的发展离不开基础设施的建设及资本投入，而基础设施中包含的公共物品具有非竞争性、非排他性等特点，导致工业经济区域间外溢现象明显，从工业经济溢出效应视角出发，研究区域间工业经济溢出效应，是分析工业经济优化、空间布局关系以及结构调整的新切入点。

有关都市圈产业的研究中，经济发展作用机制一直以来备受关注。薛家骥（2004）认为，提升都市圈竞争力的核心是产业整合与协同发展，建立产业体系是都市圈一体化发展的关键。李文强（2010）以上海都市圈为例，从产业结构演化与空间结构演化耦合关系角度切入，分析产业结构空间演化过程及其影响因素，发现产业结构演化实质是产业联系与空间联系的相互作用，以合作为基础并具有明显的共生特征。万庆等（2013）认为，城市群产业结构优势体现于城市间的高效空间联系，各子单元在产业结构重组与劳动地域分工中发挥各自优势，进而获取其他城市发展中带来的积极效应来持续发展本区域经济。这些文献在对都市圈产业经济研究中突出了地域空间联系对区域经济一体化发展的重要作用，证明了从空间相互影响视角出发研究产业经济问题的合理性与必要性。

还有学者通过研究都市圈经济空间溢出效应进一步刻画空间联系对经济发展的促进作用。杨丞娟等（2013）对武汉都市圈公共支出及其溢出效应对经济增长的影响进行实证分析，发现公共总支出和维持性支出对经济增长具有空间集聚效应，而社会性支出和经济性支出对经济增长具有空间溢出效应。罗胤晨等（2015）从时空两维度出发分析长三角地区县域工业集聚的空间效应，发现新经济地理因素对工业集聚空间效应影响最为显著。毛琦梁等（2014）通过对首都圈产业分布变化及其空间溢出效应分析发现，北京、天津两个中心城市对区域内的空间溢出效应是首都圈产业空间布局转变的重要原因。上述关于产业经济空间溢出效应的研究，使用空间计量方法定量分析了溢出效应对产业发展的影响作用，但缺少相应的溢出效应分解研究，没有通过溢出效应分解方法准确刻画要素溢出对产业经济的影响，其相应要素溢出效应对产业经济影响强度的测度可能会有偏差。在有关兰州都市圈的研究中，大多局限于兰州都市圈建设规划、发展战略、空间结构等方面，并未对都市圈实体经济及产业发展作出相应的实证分析，如今都市圈经济已成为参与区域竞争和国际竞争的新型地域单元。对于甘肃省经济核心竞争区域——兰州都市圈的经济发展路径和影响因素的运行机理来说，研究和认识是相对薄弱的。

兰州都市圈工业经济发展水平以及发展速度在省内均居于领先地位，但局部发展不均衡问题尤为突出，工业发展等级断层明显，为了分析造成这种不均衡发展现象的原因，这里选取 2006 ~ 2015 年兰州都市圈各县市面板数据，从空间溢出效应视角出发，运用空间计量方法实证分析并测算兰州都市圈工业经济发展的溢出效应及影响因素，以求对兰州都市圈工业经济协同发展提出合理建议。

一、研究区域与研究方法

(一) 兰州都市圈概况与研究视角

依据 2013 年甘肃省建设厅《兰州都市圈发展规划》，兰州都市圈包括城关区、七里河区、安宁区、西固区、红古区、永登县、皋兰县、榆中县、白银区、平川区、靖远县、临夏市、永靖县、广河县、和政县、东乡县、积石山县、安定区、渭源县及临洮县 20 个县区。截至 2015 年，兰州都市圈经济总量为 2 615 亿元，约为甘肃省经济总量的 38.5%，人均 GDP 是甘肃省的 1.45 倍；总人口 720 万人，约为甘肃省总人口的 28%，城镇化率为 37.52%。都市圈首位城市兰州市近年来经济发展更为迅速，城市规模与日俱增，经济扩散能力与强度不断提高，2015 年经济总量占都市圈经济总量的 66.6%，常住人口占 38.69%，就业人口占58%，工业产值约为 65.29%，兰州都市圈工业经济发展地域差异性显而易见。

(二) 指标选取与数据来源

这里从工业空间分布对兰州都市圈县域工业经济发展影响入手，重点研究工业集聚作用对工业经济发展的直接作用及溢出效应，并选取产业集聚水平来反映产业空间分布，计算公式如下：

$$ILQ_{ij} = \frac{q_{ij}/q_j}{q_i/q} \qquad (11-20)$$

其中，ILQ_{ij}、q_{ij}、q_j、q_i、q 分别表示区域 j 的 i 产业在兰州都市圈的区位熵、区域

j 的 i 产业（工业）总产值、区域 j 的所有产业总产值、兰州都市圈 i 产业（工业）总产值和兰州都市圈所有产业总产值。ILQ 数值越高，工业集聚水平也越高，一般来说：当 $ILQ_{ij} > 1$ 时，区域 j 工业发展在都市圈内处于优势地位；当 $ILQ_{ij} < 1$ 时，区域 j 工业发展在都市圈内处于劣势地位。根据柯布—道格拉斯生产理论（资本要素与劳动要素投入对工业经济的直接促进作用），这里将劳动投入、资本投入纳入工业经济模型；考虑到西北地区经济发展相对落后的现实情况，城镇发展水平一定程度上体现了欠发达地区经济发展基础设施的完善程度、投资吸引力强度及发展潜力大小，代表了较高的技术更新速率、劳动生产率水平及资源流动效率，而政府经济政策对地区重点产业发展方向具有导向性作用，这里选取对工业经济发展提供基础设施辅助的政府财政支出表示政策变量，故将城市发展水平与政策变量一并纳入模型分析其对工业经济发展的影响。指标释义如表 11 – 12 所示。

表 11 – 12　　　　　　　　　　模型变量名称及指标释义

变量名称	指标名称	指标释义
工业发展水平 IND	工业总产值	反映地区工业发展水平
工业集聚水平 ILQ	工业区位熵	反映工业发展集聚程度
劳动要素投入 POP	年末总人口	反映地区劳动力供给充盈程度
资本要素投入 INV	固定资产投资	反映地区资本投入量大小
城市发展水平 URB	城镇化率	年末城镇人口与年末总人口之比
政府政策变量 PBE	政府财政支出	反映政府对工业经济发展支持力度

这里使用的样本数据为 2006～2015 年兰州都市圈各县市数据，来源于 2007～2016 年各年的《甘肃发展年鉴》《中国县域经济统计年鉴》《中国统计年鉴》，鉴于县域数据的可获得性，部分缺失数据作插补处理。

（三）工业经济溢出效应模型设定

对兰州都市圈工业经济溢出效应及影响因素分析的空间计量模型选择有很多，若简单分析工业经济溢出效应而不定量分析其影响因素可选择空间滞后模型进行研究，若采用将溢出效应的影响因素归结到误差项的空间误差模型分析则不能反映工业经济溢出效应的实际影响因素，这里以研究兰州都市圈工业经济溢出效应及实际影响因素为主旨，定量分析解释变量溢出效应对工业发展的影响，选取空间杜宾模型对兰州都市圈工业经济溢出效应作相应研究。借鉴相关研究对具有指数增长趋势的指标取对数处理，最终模型设定为：

$$\ln IND = \delta \sum_{j=1}^{N} \omega_{ij} \ln IND + \beta_1 ILQ + \beta_2 URB + \beta_3 \ln PBE + \tau_1 \ln POP + \tau_2 \ln INV + \varphi_1 \sum_{j=1}^{N}$$

$$\omega_{ij} ILQ + \varphi_2 \sum_{j=1}^{N} \omega_{ij} URB + \varphi_3 \sum_{j=1}^{N} \omega_{ij} \ln PBE + \vartheta_1 \sum_{j=1}^{N} \omega_{ij} \ln POP + \vartheta_2 \sum_{j=1}^{N} \omega_{ij} \ln INV + \rho \sum_{j=1}^{N}$$

$$\omega_{ij} \psi_{it} + \mu_{it} + \varepsilon_{it} \tag{11-21}$$

其中，i 为样本的地区；t 为时间维度；β 为解释变量回归系数；τ 为控制变量回归系数；μ_{it} 为固定效应；ω_{ij} 为空间权重矩阵 $\boldsymbol{W}$ 的元素；δ 为被解释变量空间自相关系数；ψ_{it} 为空间误差自相关；ρ 为误差项空间自相关系数；φ 为解释变量空间相关系数；ϑ 为控制变量空间相关系数。由于不同空间权重矩阵 $\boldsymbol{W}$ 的选取对回归模型的影响有限，故在此选择针对较小范围空间效应研究的 Queen 相邻空间权重矩阵。

（四）工业经济空间溢出效应分解与测度

由于空间溢出效应的存在使式（11-21）回归参数与经典计量回归参数意义完全不同，空间计量模型回归参数意义更加广泛，使得经典计量直接以弹性概念分析自变量对因变量的影响的方式不再适用。因此，需要对模型系数作进一步分解以有效测度工业经济空间溢出效应。对兰州都市圈工业经济溢出效应进行如下分解测度。将式（11-21）写成一般空间杜宾模型矩阵形式如下：

$$(\boldsymbol{I}_n - \rho \boldsymbol{W}) \boldsymbol{y} = \boldsymbol{X} \beta + \boldsymbol{W} \boldsymbol{X} \theta + \varepsilon \tag{11-22}$$

其中，解释变量 $\boldsymbol{X}$ 与被解释变量 $\boldsymbol{y}$ 的矩阵形式与式（11-21）变量一一对应，β、θ、ε 依次为解释变量参数向量，解释变量空间滞后项参数向量以及误差向量。为方便溢出效应分解分析，进一步将 SDM 模型写成如下形式：

$$\boldsymbol{y} = \sum_{r=1}^{k} S_r(\boldsymbol{W}) x_r + (\boldsymbol{I}_n - \rho \boldsymbol{W})^{-1} \varepsilon \tag{11-23}$$

其中：

$$S_r(\boldsymbol{W}) = (\boldsymbol{I}_n - \rho \boldsymbol{W})^{-1} \beta + (\boldsymbol{I}_n - \rho \boldsymbol{W})^{-1} \boldsymbol{W} \theta \tag{11-24}$$

矩阵 $(\boldsymbol{I}_n - \rho \boldsymbol{W})^{-1} \beta$ 反映了区域内自变量对因变量的影响作用，称为直接效应矩阵且列和平均值表示平均直接效应（ADE）；矩阵 $(\boldsymbol{I}_n - \rho \boldsymbol{W})^{-1} \boldsymbol{W} \theta$ 反应相邻区域自变量对本区域因变量的影响，称为间接效应矩阵且列和平均值表示平均间接效应（AIE）。平均总效应用 ATE 表示：

$$ATE = ADE + AIE \tag{11-25}$$

空间溢出效应的测度并不能用平均总效应 ATE 表示，这是因为平均直接效应中本区域内部自变量对因变量的影响不属于空间溢出效应测度范畴，而由平均间接效应定义知其实际为空间单向溢出效应，属于空间溢出效应范畴，作为二者之和的平均总效应显然不能作为空间溢出效应来解释，因此空间溢出效应需进一步分解测度。将平均直接效应中不属于空间溢出效应的部分用 $ANDE$ 表示，而将属于空间溢出效应的部分用空间迂回溢出效应 $AYDE$ 表示，即本区域自变量通过空间相关系数 ρ 影响相邻区域因变量，进而由地区间的空间依赖性引起本区域因变量的变化。因此，空间溢出效应的测度即为测算空间迂回溢出效应与空间单向溢出效应的和 $AYDE + AIE$。为测度实际空间溢出效应，将矩阵 $(I_n - \rho W)^{-1}$ 写成如下形式：

$$(I_n - \rho W)^{-1} = I_n + \rho W + \rho^2 W^2 + \cdots + \rho^m W^m \qquad (11-26)$$

矩阵 $S_r(W)$ 进一步变为：

$$S_r(W) = (I_n + \rho W + \rho^2 W^2 + \cdots + \rho^m W^m)\beta + (I_n + \rho W + \rho^2 W^2 + \cdots + \rho^m W^m)W\theta$$

$$= (I_n\beta + \rho W\beta + \rho^2 W^2\beta + \cdots + \rho^m W^m\beta) + (W\theta + \rho W^2\theta + \rho^2 W^3\theta + \cdots + \rho^m W^{m+1}\theta)$$

$$(11-27)$$

在 $S_r(W)$ 矩阵表达式下，不仅可以测度实际溢出效应而且可以分析高阶相邻路径下溢出效应大小。$I_n\beta$ 即为 $ANDE$，其余矩阵均表示溢出效应，其中，$\rho W\beta$ 表示一阶空间迂回溢出效应，$\rho W^2\theta$ 表示二阶相邻溢出效应，依此类推。为进一步分析高阶相邻路径下溢出效应大小及变化，这里对一阶相邻 W、二阶相邻 W^2 及三阶相邻 W^3 空间溢出效应进行分解，并由此归纳高阶相邻路径下溢出效应变化规律。

二、实证分析

在对兰州都市圈工业经济空间效应分析中采取时空演变分析与空间计量分析相结合的方式，首先通过时空演化分析来探究工业发展历程及空间分布变动规律并做可视化处理；其次检验其空间相关性，表明工业空间集聚模式；再次通过空间杜宾模型来分析工业经济的空间溢出效应及其影响因素；最后将其高阶溢出效应分解测算真实溢出效应大小并探讨邻域溢出效应传导机制。

（一）工业经济空间演化分析

"集聚效应"实质是经济活动在地理空间上的集中，是导致城市圈不断形成和扩大的内在因素之一。为直观分析工业集聚时空演变过程，通过 2006 年、2011 年以及 2015 年工业区位熵 ILQ 空间分布，可分析兰州都市圈工业集聚空间分布以及时空演变过程。

2006 年兰州都市圈的县域工业，主要集聚在以白银市区为核心，永登、皋兰、榆中沿线，以及平川区和永靖县，其中白银区和平川区是兰州都市圈工业最为发达的两个地区，其 ILQ 均超过 1.5，处于都市圈工业集聚水平第一梯度。2015 年都市圈工业集聚水平空间结构变为以兰州市区为分界点，北部白银、平川工业集聚水平处于第一梯度，毗邻兰州市区西部方位三县（永登县、皋兰县、永靖县）工业集聚处于第二梯度，东部方位三县（榆中县、临洮县、安定区）处于第三梯度，西南方位五县市加靖远县处于最末梯度。从 2006～2015 年工业区位熵演变过程可以看出，兰州都市圈工业集聚水平整体呈现上升趋势，环兰州县域的工业集聚发展较快（如皋兰县、榆中县），工业发达地区集聚程度较高（如白银区、平川区）。皋兰县和榆中县作为兰州都市圈工业集聚效应增长较快的区域，从地理位置上可以发现，这两县毗邻兰州市区和白银区，同时受到该两地区的工业辐射作用，且强度较高，工业集聚及发展水平增长较快；同样毗邻白银区和平川区的靖远县，由于土壤肥沃、水源丰富、地势平坦、政府支持等原因，第一产业较为发达，工业发展集聚水平没有得到较快的增长，在一定程度上造成了地理区位优势资源的浪费。

（二）工业经济空间相关性分析

本地经济发展与周边地区经济的发展程度、资源环境密切相关，两区域间距离越短，相互影响强度越大，这种空间上的相关性称为空间自相关。这里对兰州都市圈工业发展水平（IND）和工业集聚水平（ILQ）进行全域空间自相关检验，分析兰州都市圈工业发展的空间依赖性，并观察分析 IND 和 ILQ Moran'I 演变过程，结果如表 11－13 所示。

表 11－13　　　兰州都市圈各县市 IND 和 ILQ Moran's I 指数

年份	IND		ILQ	
	Moran's I	p-value*	Moran's I	p-value*
2006	0.0530	0.1690	0.2200	0.0360
2007	0.1030	0.1170	0.1750	0.0660
2008	0.1330	0.0810	0.2020	0.0460
2009	0.1570	0.0600	0.2130	0.0390
2010	0.1530	0.0600	0.2030	0.0440
2011	0.1730	0.0450	0.1770	0.0640

续表

年份	IND		ILQ	
	Moran's I	p-value[*]	Moran's I	p-value[*]
2012	0.1260	0.0880	0.1330	0.1090
2013	0.1950	0.0350	0.1830	0.0600
2014	0.2450	0.0160	0.2580	0.0200
2015	0.2460	0.0160	0.1650	0.0750

由表 11 - 13 可知，兰州都市圈 IND 以及 ILQ 的 Moran'I 取值皆为正值，除个别年份外均在 0.1 的显著性水平下拒绝原假设，且工业生产总值 IND Moran'I 值及置信水平在样本期间整体呈上升趋势，这表明兰州都市圈各县市的工业发展不仅具有显著的正向空间依赖性，且空间依赖性逐年加强。

IND Moran'I 值在 2006 ~ 2011 年处于稳定增长状态，2011 ~ 2012 年短暂降低，2012 ~ 2015 年又急剧上升到 0.2460，整体来看，工业产值的空间相关性样本考察期内逐渐增强。ILQ Moran'I 值变化处于波动状态，2010 ~ 2015 年波动更剧烈，整体围绕均值 0.1930 波动，这与兰州都市圈的三次产业结构由 2010 年的 6.3424:47.9301:45.7275 调整到 2015 年的 5.4997:35.6254:58.8749，由"二三一"向"三二一"的转变相吻合，体现了产业结构调整对工业经济以及集聚程度造成的影响。兰州都市圈工业集聚水平虽有波动但总体呈现空间集聚效应减弱状态，工业发展逐渐落后于服务业发展。

为进一步分析兰州都市圈工业经济局部地区集聚特征，采用局部 Moran'I 指数对 IND 进行局域空间自相关检验。由 2015 年兰州都市圈 IND 的 LISA 集聚情况可知，兰州市各区的工业发展水平较高，处于高—高集聚状态；兰州、白银、平川三区域周围县区发展水平相对较低，高—低集聚发展模式；都市圈南部的县市工业发展相对落后，处于低—低集聚发展模式。

（三）工业经济空间溢出效应分析

前述分析表明，兰州都市圈各县市工业经济具有显著的正向空间相关性。下面通过空间计量模型来作进一步研究，实证分析兰州都市圈工业经济空间溢出效应及其影响因素，测算工业经济溢出效应大小并将溢出效应进行三阶分解以展示区域间溢出效应作用机制，进而分析其工业经济发展的整体协调性。

1. 工业经济溢出效应模型估计

运用 Stata.14 检验模型解释变量、误差项不存在空间滞后性的原假设均被拒绝，p 值分别为 0.0015、0.0462，SDM 模型不可简化为 SAR 模型或 SEM 模型，经霍斯曼检验采用包含随机效应的 SDM 模型对兰州都市圈工业经济进行分析。估计结果如表 11 - 14 所示。

表 11 - 14　　　　　　　　　空间面板数据 SDM 模型估计结果

变量	随机效应模型		空间固定模型		时间固定模型		空间时间固定模型	
	估计值	p 值	估计值	p 值	估计值	p 值	估计值	p 值
_cons	2.1407 **	0.0390	—	—	—	—	—	—
ILQ	1.3362 ***	0.0000	1.4977 ***	0.0000	1.7547 ***	0.0000	1.3724 ***	0.0000
URB	1.2762 **	0.0030	- 0.1662	0.8480	1.7050 ***	0.0010	- 0.1740	0.7940
lnPOP	0.4050 **	0.0250	- 0.3850	0.2740	0.7519 ***	0.0070	- 0.3931	0.2030
lnINV	0.2424 ***	0.0020	0.1516 **	0.0300	0.1012	0.5920	0.1328 **	0.0500
lnPBE	0.2479 ***	0.0000	0.3305 ***	0.0000	0.5291	0.2350	0.1844 *	0.0700
WILQ	- 0.3890 ***	0.0000	- 0.3712 ***	0.0000	- 0.4081 ***	0.0000	- 0.3731 ***	0.0000
WURB	0.4848 ***	0.0000	0.0387	0.8790	0.3374	0.2860	0.3394	0.1870
WlnPOP	0.3251 ***	0.0000	0.1446	0.45000	- 0.2870 ***	0.0020	0.0731	0.6640
WlnINV	- 0.0720 ***	0.0060	- 0.0600 **	0.0410	- 0.1410 *	0.0760	- 0.0224	0.4980
WlnPBE	0.0763 *	0.0530	- 0.0879 *	0.0570	0.2844 ***	0.0010	0.0467	0.3000
δ 或 ρ	0.3054 ***	0.0000	0.3027 ***	0.000	0.3056 ***	0.0000	0.3201 ***	0.0000
R^2	0.9059		0.5606		0.1093		0.0918	
对数似然值	27.8422		96.7266		- 139.4200		127.0492	
样本量	200		200		200		200	

注：*、**、***分别代表 0.1、0.05、0.01 显著性水平。

由回归结果知，各模型的空间自回归系数均通过了 1% 的显著性水平检验，说明兰州都市圈地区间工业经济存在正向空间溢出效应，工业发达县市会对相邻县市工业发展产生积极影响。不论是随机效应或是固定效应，工业集聚系数均显著为正，这充分表明都市圈县域内部工业集聚有利于其工业发展。工业生产活动的集中不仅降低企业间的运输成本，而且加强了资源共享，吸引资本、人才以及关联产业的配套设施，提高工业生产效率，加强知识和技术溢出效应，进而促进地区工业的发展。各解释变量的空间滞后项均显著，说明样本期间各解释变量存在显著空间溢出效应，但资本投入的空间滞后项为 - 0.072，政府支出的空间滞后项仅为 0.0763，两者绝对值均接近于 0，这与经济落后地区政府支出大量投入当地经济发展的现实不符，因此需要进一步对溢出效应分解，探寻各自变量实际空间溢出效应大小，并对兰州都市圈工业经济影响因素溢出效应作出准确分析。

2. 工业经济溢出效应分解实证

由于空间计量模型解释变量的估计系数不能直接准确地反映其对被解释变量溢出效应的影响，因此，对影响工业发展的各自变量按前面所述的工业经济空间溢出效应分解与测度中的方法分解其各自空间溢出效应，结果如表 11 – 15 所示。

表 11 – 15　　　　　　　　各自变量空间溢出效应

变量	空间溢出总效应（AYDE + AIE）	空间迂回溢出效应（AYDE）	空间单向溢出应（AIE）	区域直接影响效应（ANDE）	平均总体效应（ATE）
ILQ	0.0274	0.5874	– 0.5600	1.3362	1.3636
URB	1.2590	0.5610	0.6980	1.2762	2.5352
lnPOP	0.6460	0.1780	0.4680	0.4050	1.0509
lnINV	0.0029	0.1065	– 0.1037	0.2424	0.2452
lnPBE	0.2190	0.1090	0.1099	0.2479	0.4667

据表 11 – 15，工业集聚对工业发展的空间溢出总效应为 0.0274，明显大于其空间滞后项回归系数空间相邻溢出效应，二者之差就是兰州都市圈工业集聚对工业发展的迂回溢出效应与高阶相邻溢出效应之和，因此证明了仅以自变量空间滞后项回归系数作为溢出效应进行实证分析的不足。工业集聚空间单向溢出效应 AIE 为负，是对 Myrdal "回流效应" 在都市圈工业发展影响因素工业集聚上的量化。工业集聚的区域间溢出总效应为正，但绝对值接近于 0，这是由于邻区工业集聚对本地区工业发展抑制作用抵消掉大部分工业集聚的空间迂回溢出效应的缘故，从侧面说明了兰州都市圈工业发展的不均衡现实：工业集聚水平较高地区仅为兰州、白银、平川三地，空间分布较分散，邻域工业集聚水平低地区较多，导致对其工业发展的抑制作用几乎抵消掉其迂回溢出效应；都市圈南部县市距离工业发达区域较远且工业发展处于低—低集聚类型，空间分布相对集中，由于没有局部工业核心区域的引领，彼此工业资源、技术、人才竞争激烈，在相对低下的工业集聚水平下，其迂回溢出效应与相邻溢出效应的绝对值差异接近，致使工业集聚空间溢出总效应绝对值接近于 0。

城镇发展水平对工业发展的空间溢出总效应接近于区域内直接影响效应，且空间溢出总效应为各自变量之最。这是因为兰州都市圈与东部发达地区都市圈城镇化水平差距较大，城镇化水平较高地区相对较少且分散，使得高城镇化水平地区与外围低城镇化水平地区之间工业发展交流合作加强而竞争减弱，资源流动性加强、合理利用效率提高，外围区域低成本要素投入中心区域工业发展以获得高报酬，中心区域高级工业产品对外围区域的合理供给获得高利润，这种良性循环使得城镇发展水平对工业发展的区域间溢出效应损失较少，最终形成了城镇发展水平空间溢出总效应接近于区域内直接影响效应且强度最为突出的现状。

劳动投入的空间溢出总效应明显大于区域内直接影响效应，溢出效应较强。这表明了都市圈工业经济劳动力投入的地域差异性，工业发达地区劳动力需求旺盛但本地劳动力供给相对不足，工业欠发达地区工业劳动力资源丰富但需求疲软，而都市圈工业经济发展处于科学技术含量相对不高阶段，劳动力在可接受的机会成本下自由流动于本区域与相邻区域之间，对区域工业一体化发展不会造成严重影响，反而因为工业劳动力的充分利用而刺激都市圈工业的发展。

资本投入的空间滞后项系数虽负，但空间迂回溢出效应弥补了空间单向溢出的抑制作用，使得溢出总效应为正。这与兰州都市圈的实际情况相符合，资本集聚在工业发达地区，利用发达地区优势资源生产循环积累更多资本，透过空间依赖关系促进相邻区域工业发展，在都市圈工业资本总量供给不足情况下弥补了邻域资本占有对本地工业发展的抑制作用，但溢出总效应相对较弱。政府财政支出对工业发展的溢出总效应与区域内直接影响效应相近。兰州都市圈地处西部，经济发展、基础设施较为落后，政府财政支出大量投入基础设施建设使得区域内工业基础设施、交通条件较差的现状得到进一步改善，工业产品生产运输成本缩减，资源流通利用效率提高，溢出效应较强。

为进一步分析兰州都市圈工业经济溢出效应传导机制，对其工业发展影响因素溢出效应作三阶分解，结果如表 11 - 16 所示。

表 11 - 16　　　　　　　　　各变量溢出效应高阶分解

变量	阶数	平均直接效应（ADE）		空间单向溢出效应（AIE）		空间溢出总效应
		ANDE	AYDE	相邻溢出	高阶溢出	
ILQ	W^0	1.3362	—	—	—	—
	W^1	—	0.4080	- 0.3890	—	0.0190
	W^2	—	0.1246	—	- 0.1188	0.0058
	W^3	—	0.0380	—	- 0.0363	0.0018
URB	W^0	1.2762	—	—	—	—
	W^1	—	0.3897	0.4848	—	0.8745
	W^2	—	0.1190	—	0.1481	0.2670
	W^3	—	0.0363	—	0.0452	0.0815
lnPOP	W^0	0.4050	—	—	—	—
	W^1	—	0.1237	0.3250	—	0.4487
	W^2	—	0.0378	—	0.0993	0.1370
	W^3	—	0.0115	—	0.0303	0.0418

续表

变量	阶数	平均直接效应（ADE）		空间单向溢出效应（AIE）		空间溢出总效应
		ANDE	AYDE	相邻溢出	高阶溢出	
lnINV	W^0	0.2424	—	—	—	—
	W^1	—	0.0740	−0.0720	—	0.0020
	W^2	—	0.0226	—	−0.0220	0.0006
	W^3	—	0.0070	—	−0.0067	0.0002
lnPBE	W^0	0.2479	—	—	—	—
	W^1	—	0.0757	0.0763	—	0.1520
	W^2	—	0.0231	—	0.0233	0.0464
	W^3	—	0.0071	—	0.0071	0.0142

分析表 11 −16 发现，W^0 阶平均直接效应对应其自变量回归系数，W^1 阶空间单向溢出效应对应其自变量空间滞后项系数；迂回溢出、高阶溢出及空间溢出总效应均呈现指数衰减趋势，即随着空间距离的加大，区域间空间相关性及影响作用减小，空间溢出效应逐步减弱；自变量正向相邻溢出大于迂回溢出效应，自变量负向相邻溢出绝对值小于迂回溢出效应，最终促使各自变量空间溢出总效应为正，即兰州都市圈工业经济发展各影响因素总会朝向溢出效应发生方向发展。

三、结论

本章在空间杜宾模型基础上，对兰州都市圈工业经济溢出效应及影响因素展开研究，鉴于回归结果空间滞后项系数并不完全代表空间溢出总效应的事实，进一步将空间溢出效应分解研究，分析并测算兰州都市圈工业经济空间溢出总效应。综合得到以下基本结论：整体来看，工业发展处在兰州—白银—平川线型发展模式，发展不均衡，且工业集聚水平总体呈现空间集聚效应减弱状态，工业发展逐渐落后于服务业发展；从影响因素来看，各解释变量均存在正向空间溢出总效应，城镇发展水平空间溢出效应最强，工业集聚与资本投入的相邻溢出对工业经济的抑制作用被同阶平均直接溢出效应所抵消，溢出总效应为正，劳动投入的空间溢出总效应明显大于区域内直接影响效应，溢出效应较强，政府财政支出对工业经济的溢出总效应与区域内直接影响效应相近；从溢出效应传导机制来看，兰州都市圈工业经济发展影响因素空间溢出效应的主体为相邻溢出，高阶溢出及迂回溢出效果相对较弱，且随阶数增加溢出效应逐渐减弱，即区位相邻距离是溢出效应强弱的主要影响因素；兰州都市圈工业经济发展各影响因素总会朝向溢出效应发生方向发展，即工业发展处于正外部性发展阶段，各影响因素的联合空间溢出效应有助于都市圈工业经济一体化发展。

结合以上主要结论，建议以城镇化发展为主要侧重依据来促进兰州都市圈工业经济协同发展。兰州都市圈工业经济发展处于正外部性的经济发展环境，城镇化水平的溢出总效应最强，以城镇化建设为手段，通过完善基础设施建设，增加企业间的合作交流机遇，减小工业资本投入地区间差距等措施，进一步加强工业经济发达区域与欠发达区域之间的经济联系，以此减少高阶溢出效应损失，发挥好正向空间溢出效应，使正外部性效果进一步加强，进而促进兰州都市圈工业经济整体协调发展。

第三节　中国制造业空间转移趋势及其影响因素

区域间产业级差的持续扩大，制造业作为中国实体经济的主体，存在区域发展不平衡的问题。改革开放以来，中国由计划经济逐步转为市场经济，使劳动力、资源等要素禀赋的优势得以显现，加之经济全球化的驱使，东部地区率先承接由发达国家和地区转移来的制造业，使得东部地区制造业迅速崛起，逐步造就了今日中国的世界制造中心的地位，推动了中国制造业的发展。但由于自然、地理以及历史等条件的限制作用，导致中国制造业的东、中、西部发展差距逐渐增大，这会阻碍中国经济可持续、协调化发展。因此，调整产业的空间布局、改善现有的发展缺陷、缩小区域间的差距是促进经济发展的时代需求。在这一背景下，国家推进"西部大开发""中部崛起""东北振兴"等相关战略，积极引导制造业向中西部地区转移，以促进东部、中部、西部经济的协调发展。根据一般的经济学经验，产业空间转移能够加速技术溢出、提高资源配置效率，是优化生产力的空间分布、形成产业合理布局的重要举措。因此，研究制造业在不同区域的分布格局以及空间转移趋势，探究影响制造业空间转移的因素，对于实现制造业在东、中、西部的合理布局，推进制造业乃至经济整体的区域协调化发展，都有重要的理论和现实意义。

一、文献回顾

产业空间转移是指产业在空间位置上发生了位移，具体来说主要指由于要素禀赋、市场供求等发生变化，或产业的发展经历由盛到衰，所引发的区位重置的过程（张国胜和杨怡爽，2014）。关于产业空间转移的研究一直以来备受学者们关注。就中国制造业空间转移问题而言，学者们的研究主要集中在三个方面：一是关于转移测度的方法研究；二是关于转移趋势的研究；三是关于转移机制的研究。通过梳理文献发现，由于制造业的相关数据难以获取，导致定量研究受阻。再者，测量方法、测度时间及选取指标的不同使所得结论存在差异，所以学术界存在不少争议。

在制造业空间转移的测度方法和空间转移趋势的研究方面，刘红光等（2011）根据 1997～2007 年的制造业相关数据，利用投入产出模型，测算区域间产业的转移情况，发现产业空间转移呈现出"北上"的特征，中部、西部地区承接产业转移的优势并不突出。范剑勇和李方文（2011）根据产业份额的相对变动分析产业空间转移的趋势，发现 2004 年左右东南沿海地区的制造业开始向北部沿海、中部地区转移，但东南沿海地区的区位优势仍比较突出，集聚发展优势明显。黄顺魁（2013）等基于 2005～2010 年的数据，采用了偏离—份额分析方法，研究发现制造业开始从东南沿海地区向广大中部、西南部地区转移，类似结论的研究还有胡安俊和孙久文（2014）。作为统计分析技术，制造业空间转移的测度方法可以进一步探索和改进；就制造业空间转移趋势而言，鲜有文献讨论制造业各细分行业（即子行业）的情形，同时，人们对区域间是否发生空间转移的判断也莫衷一是。这些都将留下值得探索的空间。

在制造业空间转移机制的研究方面，覃成林和熊雪如（2013）的研究表明，影响制造业空间转移的因素较多，根据区域间的异质性可分为区域的经济发展模式、区域间的位置关联度与经济关联度、产业所处的发展时期、产业要素构成和要素流动形式及各区域的相关政策等。毛琦梁（2014）等的结论显示，促进产业发生扩散式空间转移的根本原因在于集聚外部性的变化，同行业的竞争是驱动产业空间转移的主要动力，由劳动密集型产业空间转移趋势可知，拥挤效应的作用尤为重要。樊士德等（2015）利用拓展与修正的核心边缘模型，探究劳动力转移对产业空间转移的影响作用，结果表明，劳动力外流阻碍了产业的空间转移。敖梦娅（2015）通过建立面板回归模型探究产业空间转移的影响因素，发现劳动力、土地成本、工业基础、交通条件以及全球化因子是推动产业空间转移的重要因素。安树伟和张晋晋（2016）的研究表明，相对稀缺的资本要素是推动制造业空间转移的关键因素，劳动力要素的作用明显下降，投入产出关联和交通条件均有显著的正效应，市场化改革也可以推动产业的空间转移。李伟和贺灿飞（2017）利用面板数据回归模型研究劳动力成本上升对制造业空间转移的影响，发现劳动力成本的上升是推动制造业空间转移的重要影响因素，且在时间上具有跳跃性。区域一体化趋势的存在，为制造业在都市圈或省域内部的空间转移创造了条件，因此，刘清春等（2017）选择山东省 17 个地级市 2003～2014 年 27 个制造业分行业的面板数据，基于空间杜宾模型研究影响制造业时空分异的因素，发现市场规模、交通条件、人力资本都对制造业份额的提升有明显的促进作用。上述文献为研究产业空间转移尤其是制造业空间转移的原因和机制等问题作出了重要贡献，但也存在两个方面的不足。一是鲜有文献探讨各种因素对不同类型制造业空间转移的影响作用。制造业包括多种不同的行业，这些子行业在原材料投入、技术水平、劳动者技能等方面均有较大差异性，如果将制造业作为一个整体来考虑，就会忽略行业异质性的影响作用，势必造成估计结果的偏误。二是空间关联性在诸多文献的讨论中被忽略。随着经济社会的快速发展，各区域已经形成"你中有我，我中有你"的共同体，因此某一区域的产业空间转移不仅依赖于本区域的要素禀赋、经济政策等因素，而且与周边区域的发展有着密不可分的联系，若直接用传统的面板数据模型，将会使估计结果存在偏误。

这里在已有研究的基础上综合考虑生产要素、区位要素和全球化因素，进一步引入空间效应探究影响不同类型制造业空间转移的因素，力求突破现有文献的不足，这将有助于更好地理解中国制造业空间格局演变的特征以及其所隐含的机制。首先，根据产业份额的绝对变动，分析制造业整体空间格局的演变特征；其次，借助制造业区位熵的相对变动，分析分行业空间转移趋势；再次，在此研究基础上，进一步引入空间效应构建空间计量模型，分析各类因素对产业空间转移的影响作用，并检验模型的稳健性；最后，总结并提出相应的建议。

二、理论机制和研究设计

本章在对制造业空间转移进行测度的基础上，通过影响机制的分析而构建计量经济学模型，以探索影响中国制造业空间转移的重要因素。从表面上看，产业空间转移和产业集聚是没有关系的两类经济现象，产业空间转移重点关注某类产业在地理空间上的位移，研究方法通常是比较静态分析或动态分析，而产业集聚重点研究的是某类产业向某空间位置集结的状态，通常使用静态分析方法。但是，在经济实践中这两者却有着紧密的关系。经济实践表明，产业的集聚必然先经历产业空间转移，产业集聚是产业空间转移的结果；产业空间转移也不是产业在空间上随机的位移，其结果也会出现产业集聚（或产业扩散）。因此，可以考虑使用产业集聚的测度指标来测度产业空间转移，其他学者对此也有类似的考虑（覃成林和熊雪如，2013）。

就中国制造业而言，产业空间转移有着内在的动力，这种动力可以从转出地和转入地进行分析。从转出地看，随着制造业在转出地（即东部地区）集聚，东部地区非贸易品价格居高不下、劳动力和地租等要素成本不断上升、环境污染加剧，这些对于产业转出有着强烈的推动作用。从转入地看，作为转入地的广大中西部地区市场空间大，原材料等资源和劳动力等要素禀赋较充足，为制造业的发展提供了良好的市场条件，这对于产业转入有着强烈的吸引作用。另外，中国当前推进供给侧结构性改革，产业结构调整步伐明显加快，产业的对外转移和承接转移等都符合经济发展的需求。影响产业空间转移的因素较多，这些影响因素的分析将在后面进一步展开。

1. 制造业空间转移的测度方法

这里选取 2007 ~ 2017 年除西藏、青海及港澳台地区之外的 29 个省份制造业总产值数据，分析制造业的空间转移情况，数据源于 2008 ~ 2018 年各年各省份的统计年鉴以及《中国工业经济统计年鉴》和《中国交通年鉴》。

这里从地理集聚的角度分析中国制造业的空间转移。产业空间结构布局的变动是通过产业活动在地理位置上的迁移和自身结构及规模变动两个途径来实现的（原嫄等，2015）。根据研究目的，这里通过计算各地区的制造业总产值占全国制造业总产值的绝对份额及研究期内份额的增减来反映制造业空间转移的演变特征，揭示制造业空间转移的总体趋势。区位熵是测度地区某产业专业化程度的指标，同时也可以反映某产业在某地区的集聚情况，因此借鉴覃成林和熊雪如（2013）的方法对 i 区域 k 产业的区位熵指数 $LQ_{i,t}^k$ 进行差分处理，用来测度 k 产业的相对空间转移量，进一步研究各子行业的空间转移情况。即：

$$\Delta LQ = LQ_{i,t}^k - LQ_{i,t-1}^k \qquad (11-28)$$

其中，$LQ_{i,t}^k = \dfrac{x_{i,t}^k / \sum\limits_{k=1}^{m} x_{i,t}^k}{\sum\limits_{i=1}^{n} x_i^t / \sum\limits_{k=1}^{m} \sum\limits_{i=1}^{n} x_{i,t}^k}$ ；x 表示 k 产业的总产值；t 表示时间；$LQ_{i,t}^k$ 表示 t 时期 i 区域 k 产业总产值占本地区 m 个产业总产值的份额与全国 k 产业总产值占全国 m 个产业总产值的份额之比。如果 $LQ_{i,t}^k > 0$ ，说明 i 区域为 k 产业的转入区域，如果 $LQ_{i,t}^k < 0$ ，则说明 i 区域为 k 产业的转出区域。如果 $LQ_{i,t}^k = 0$ ，则说明 i 区域 k 产业既没有转出也没有转入。

研究制造业各子行业空间转移格局时，将所研究的制造业 27 个子行业分为劳动密集型、资本密集型和技术密集型产业，并基于 ΔLQ 值的变动测度东部、东北、中部和西部地区三类产业的空间转移情况，从而揭示制造业在区域间的空间转移路径，进一步通过计算 29 个省份制造业的 ΔLQ 值，探索各行业的空间转移情况，最后对比分析三类产业的空间转移特征。

2. 制造业空间转移影响因素分析与模型设计

产业空间转移问题历来受到人们的关注。对产业空间转移问题的讨论将因产业属性、经济发展阶段、区位因素、产业政策等诸多背景的不同而各异，因而没有形成完备的理论体系。因此，本部分结合制造业属性、现阶段经济发展状况等事实，讨论制造业空间转移的影响因素，做到具体问题具体分析。在讨论影响因素的基础上进一步设计计量经济学模型，以展开实证分析。

（1）生产要素对制造业空间转移产生的影响动力。根据比较优势理论，产业是根据每个地区所具备的要素禀赋特征发展的，相对成本差异是影响产业区位选择的重要因素，而成本差异通常由各地区的资源禀赋和技术差异所决定（王业强和魏后凯，2007）。多数产业的比较优势主要来源于资本要素和低技能的劳动力要素（James Harrigan，1995）。此外，各地区的经济也不是相互独立的，而是互相关联的开放的经济系统，资本、劳动力和技术等生产要素在地区间的流动，会相对减弱地区专业化水平，缩小地区间生产要素相对投入量的差异（孙久文，2006）。要素禀赋投入状况是企业生产规模和生产能力的体现，地区间差距的缩小可以推动产业发生空间转移。因此，本部分从资本要素、劳动力要素、技术创新三个角度分析生产要素对制造业空间转移的影响。

资本要素是产业发展的根本保障。从企业运转角度来说，资本存量可以反映企业现有的生产经营规模和水平，对企业发展具有直接影响；另外，资本积累也会促进劳动力要素的积累及技术的进步。比较优势理论认为，地区内相对稀缺的生产要素，其价格越高。由于东部地区资本要素充足，中部、西部地区相对匮乏，所以资本要素在中部、西部地区的价格会高于东部地区，企业倾向于追求利润最大化，因此东部地区的资本要素存在向中部、西部地区流动的动力，从而促使制造业发生空间转移。

劳动力要素首先是影响产业成本的重要因素，为产业的发展提供人力保证。企业获得的劳动力数量越多，劳动力成本相对而言就越低，尤其是劳动密集型产业，因为它对劳动技能没有太高的要求，因此区域间劳动力要素的差异会影响生产相对成本进而影响产业的集聚与空间转移。其次，制造业从业人数反映了一个地区的制造业对缓解就业压力所做的贡献，可观的就业率是衡量地区经济发展状况的重要尺度，经济状况反过来又会对制造业的发展产生重要影响。

创新是提高生产效率的根本动力，经济生产活动中的技术创新重点关注两个方面，一是技术、方法、知识等，二是要将成果最终用于经济领域，给生产者带来一定的经济效益（Joseph，1982）。随着科技的发展，技术创新是生产者追求利润最大化的重要手段，在行业间的竞争中扮演越来越重要的角色，这对于技术密集型产业更为突出。此外，技术创新能力强的地区能够吸引更多高新技术产业的从业人员，科技效应具有外部性，从而能够带动整个地区行业的发展。弗农（Vernon，1996）的研究也证实，产业空间转移最根本的原因是产品具有生命周期，即创新、成熟和标准化三个阶段，其中创新阶段，主要依靠先进的技术，技术创新是产业永葆生机的关键。R&D活动作为技术创新的主要活动之一，代表着创新发展的水平，其规模和强度是衡量一个国家科技综合实力和核心竞争力的重要指标。R&D活动的贯彻与落实是推动技术创新的强大动力，是促进经济增长的主要内在驱动力，同时也是推动中国经济转型必不可少的条件之一。

（2）区位要素对制造业空间转移产生的影响动力。新经济地理学理论认为，影响产业集聚与空间转移的本质因素是经济力量，即规模报酬递增。两个地区即使在自然条件方面基本相近，也有可能因为存在部分偶然因素使产业集聚在某一个地方发展。当地区间的交易成本对交易没有产生直接的影响之前，由于存在规模报酬递增规律，可能会导致产业集聚发展，但当交易成本足够大以至于对交易市场产生影响时，可能会促使产业发生空间转移（金煜等，2006）。在新经济地理中，市场规模及交通条件作为区位要素的代表，被认为是影响产业集聚与空间转移的重要因素。

市场规模是产业产生集聚外部性的根源，正如吴天宝（2009）所述，产业集群能够促进产业空间中的结构组织状态，空间上的关联为企业的合作和竞争提供了良好的条件，从而为企业提供更多的信息交流机会、产品流通途径以及降低交易的成本等。一个地区的企业数目越多，新进入的企业得到生产要素供给的机会就越大，并且所生产的产品在当地的流通越顺畅。通常情况下，产业倾向于向企业数量多、市场规模大的地区转移，当地区的企业集聚达到一定程度时，会为该地区获得产业竞争优势。

产业空间转移受交通条件的影响。当运输成本过高时，市场关联的作用相对会弱化，产业将分布于各地区，本地的市场需求将占据主导地位；但当运输成本没有高到阻碍地区间的贸易时，由于集聚外部性的存在，产业会进一步集聚到市场需求量大的地区发展，因为此时集聚带来的收益大于交易成本。因此，一方面，企业为了降低运输成本会向市场需求大的地区转移形成规模经济；另一方面，良好的交通条件本身具有优势，它可以促进区域内各种产品的流动，这种内生性优势会直接带动关联产业的发展进而带动整个地区的发展。所以，交通条件是制造业区位选择的重要参考因素，王业强和魏后凯（2007）对这一问题也进行了证实研究。

（3）全球化对制造业空间转移产生的影响动力。随着经济全球化的发展，对外开放逐渐成为一个国家或地区经济增长和产业发展的中坚力量。对外开放水平深化往往会引起全球范围内的对外贸易合作和跨国资本的流动，而外贸产品的差异性及外商对投资行业的选择偏好性会对产业的发展产生多种影响。菲戈利奥和布尼根（Figlio & Blonigen，2000）的研究表明，对外开放带来的外资会提高本行业从业人员工资水平，同时也会增强行业的竞争力意识，从而提升自身的效率。产品生命周期理论中强调通过外贸市场输入和输出产品的同时，相应的技术会从先进国家转移至落后国家，有助于提升落后国家的生产效率，这一过程就容易导致产业空间转移。中国倡导全球化发展，坚持推进开放，这为制造业的空间转移提供了动力，是制造业区位选择的重要引导机制。

（4）制造业空间转移模型设计。根据前面关于制造业空间转移的影响因素分析，这里将从生产要素、区位要素和全球化因素入手分析它们各自对中国制造业空间转移的影响作用。

随着经济的发展，区域间的交往日益频繁，因此空间效应在产业空间转移过程中发挥着重要的作用，空间计量模型将空间依赖性纳入传统的面板数据模型，可以有效提高模型估计的精度，而且可以在一定程度上解决模型的遗漏变量问题。空间滞后模型（SLM）和空间误差模型（SEM）是两种空间效应模型，若经济变量间存在空间相关性，则仅考虑自身的解释变量无法很好地估计对被解释变量的影响，可选择 SLM；若模型的空间误差项在空间上相关，可选择 SEM。这里从地理集聚角度研究产业空间转移，区位熵可以度量某一产业在特定区域内的空间分布情况，反映该产业部门的专业化水平，同时也可以反映某产业在地区的集聚情况。为更好地研究上述各因素对不同类型产业空间转移的影响作用，选用制造业分行业的区位熵作为被解释变量，考虑到产业空间转移存在空间相关性，构建如下的计量模型：

$$
\begin{aligned}
y_{it} &= \beta_0 + \rho W y_{it} + \beta_1 \ln Cap_{it} + \beta_2 \ln Lab_{it} + \beta_3 \ln R\&D_{it} + \beta_4 \ln Tra_{it} \\
&\quad + \beta_5 \ln Ent_{it} + \beta_6 Open_{it} + \mu_{it} \mu_{it} \\
&= \lambda W \mu_{it} + \varepsilon_{it}
\end{aligned} \tag{11-29}
$$

其中，y_{it} 表示 i 地区 t 年制造业分行业的区位熵；Cap_{it} 表示 i 地区 t 年的资本存量，是将实际固定资产投资额采用永续盘存法计算的结果，反映资本要素；Lab 表示 i 地区 t 年的制造业从业人数，反映劳动力要素；$R\&D_{it}$ 表示 i 地区 t 年制造业 R&D 投入，反映技术创新；Tra_{it} 表示 i 地区 t 年的公路通车里程数，反映交通条件；

Ent_{it} 表示 i 地区 t 年规模以上工业企业数，用以反映市场规模；$Open_{it}$ 表示 i 地区 t 年进出口总额占 GDP 的比重，是对外开放水平的度量，反映全球化因素；ρ 表示空间自回归系数；W 表示空间权重矩阵，鉴于这里从省际层面研究区域间的相互作用，结合行政区的划分原则，选择空间邻接权重矩阵。为减小因变量单位的不同对模型参数估计结果造成的干扰，对以绝对数衡量的解释变量均取对数。这里给出了空间误差和空间自回归模型的通式，实证分析中将根据样本数据的结构来决定其具体形式。

区位熵作为衡量产业集聚的指标，在计量经济学模型中可以用来展示产业空间转移的信息。如前面所述，产业集聚是产业空间转移的结果，产业集聚的变化正是产业空间转移强度和空间转移趋势的变化。因此，如果衡量产业集聚的指标（例如区位熵）发生了变化，无论是增加还是减少，都意味着出现了产业空间转移，而且增减量越大，产业空间转移的强度越大。计量经济学模型所描述的变量间的关系是一种动态的关系，即解释变量的变化引起的被解释变量的变动状况，因此，式（11－29）的回归系数展示了相关因素对产业空间转移的影响作用。

3. 立体化研究路径

本部分将同时从整体和局部展开，力求从多个方面对中国制造业的空间转移问题进行立体化分析。具体来说，这里将从如下几个角度展开。在产业上，既有对中国制造业整体空间转移状况的分析，更有在制造业进行分类的基础上讨论不同类型的制造业的空间转移状况及影响因素；在时间上，首先利用全时间样本构建计量经济学模型，分析检验制造业空间转移的影响因素，进一步从时间角度对样本进行分割，讨论影响因素的在不同的时期所发生的变化；在空间上，既有对制造业的区域性空间转移的分析，又有省域层面的空间转移状况的探究；在研究方法上，从描述性分析入手，在得到一些基本结论和观点后进一步构建空间计量经济学模型，实现对制造业空间转移影响因素的推断研究。这种立体化的研究路径将始终围绕中国制造业空间转移状况及影响因素这一研究核心展开，力求研究结论丰富而不片面。

三、实证分析

前面定义了基于产业份额的绝对变动测度制造业空间格局演变和根据 ΔLQ 值的相对变动度量分行业空间转移的指标，并综合生产要素、区位要素及全球化因素等影响作用，设计了空间计量经济学模型以探究各因素对制造业空间转移的影响机制。下面通过实际数据展开实证分析。

1. 制造业空间格局的演变

观察不同地区产业产值所占比重的变化情况是分析产业空间格局演变的一个简单而有效的方法。因此，先计算出 2007 ~ 2017 年各省份制造业总产值占全国比重，如表 11 - 17 所示。

表 11 - 17　　　　　　　　　各省份制造业总产值占全国比重及变化　　　　　　　　单位:%

地区	2007 年	2009 年	2011 年	2013 年	2015 年	2017 年	2007 ~ 2017 年增量
北京	2.41	1.96	1.52	1.36	1.26	1.28	-1.14
天津	2.59	2.39	2.37	2.48	2.48	2.39	-0.20
河北	4.14	4.30	4.57	4.31	4.04	4.20	0.06
上海	6.18	4.80	4.23	3.39	2.97	3.04	-3.14
江苏	14.34	13.43	13.91	14.00	14.17	14.67	0.32
浙江	9.21	7.68	6.79	6.07	5.83	5.41	-3.80
福建	3.24	3.18	3.38	3.29	3.64	3.89	0.65
山东	12.99	13.75	12.26	13.15	13.54	11.97	-1.02
广东	14.52	13.15	11.63	10.86	11.25	11.59	-2.93
海南	0.26	0.19	0.19	0.17	0.16	0.16	-0.10
东部地区	69.88	64.83	60.86	59.08	59.36	58.59	-11.29
辽宁	3.57	5.38	5.33	5.26	3.03	1.89	-1.67
吉林	1.60	1.86	2.05	2.21	2.11	2.20	0.60
黑龙江	1.02	1.03	1.03	1.08	0.89	0.82	-0.20
东北地区	6.18	8.27	8.42	8.55	6.03	4.91	-1.27
山西	1.38	1.03	1.11	0.96	0.69	0.68	-0.70
河南	4.34	4.84	5.53	5.80	6.69	6.94	2.60
湖北	2.41	2.91	3.50	4.03	4.30	3.99	1.58
湖南	2.10	2.81	3.20	3.26	3.42	3.75	1.66
江西	1.55	1.82	2.23	2.48	2.81	3.24	1.68
安徽	1.98	2.35	3.06	3.23	3.60	4.11	2.13
中部地区	13.76	15.76	18.63	19.76	21.51	22.71	8.95
广西	1.14	1.26	1.55	1.81	2.04	2.24	1.10
重庆	1.14	1.27	1.48	1.61	2.00	1.86	0.73
四川	2.68	3.24	3.51	3.37	3.50	3.77	1.09
贵州	0.49	0.46	0.50	0.57	0.75	0.76	0.27
云南	1.02	0.88	0.84	0.87	0.79	0.87	-0.16
陕西	1.11	1.22	1.32	1.45	1.45	1.59	0.48

地区	2007 年	2009 年	2011 年	2013 年	2015 年	2017 年	2007 ~ 2017 年增量
甘肃	0.75	0.63	0.65	0.67	0.56	0.46	-0.29
宁夏	0.22	0.22	0.22	0.26	0.27	0.31	0.09
新疆	0.51	0.50	0.59	0.63	0.56	0.63	0.12
内蒙古	1.11	1.48	1.43	1.35	1.18	1.29	0.18
西部地区	10.18	11.14	12.09	12.61	13.10	13.78	3.61

产业所占比重的变化在很大程度上反映了产业空间转移的强度。从四大地区制造业总产值占全国比重来看，2007 年东部、东北、中部、西部地区的占比分别为 69.88%、6.18%、13.76%、10.18%，说明制造业在东部地区集聚程度较高，东部与其他地区间存在较大的差距。随着时间的推移，东部地区的比重呈下降趋势，东北地区先上升后下降，中部、西部地区持续上升。2007 ~ 2017 年，东部地区的份额减少了 11.29%；东北地区减少了 1.27%；中部地区增长了 8.95%；西部地区增加了 3.61%。从各省份的比重来看，2007 年排名前五位的依次为广东、江苏、山东、浙江、上海，2017 年排在前五位的为江苏、山东、广东、河南、浙江，上海已经退出了前五名的行列，取而代之的是河南。从全国来看，2007 ~ 2017 年，制造业总产值占全国比重增长最快的是安徽，增长了 2.13%；其次是江西，为 1.68%；下降最快的是浙江，下降了 3.80%，上海的降幅次之，为 3.14%。东部地区制造业比重呈普遍下降态势，下降最快的三个地区为浙江、上海、广东；中部地区制造业比重除山西存在较小程度下降外其他地区均有明显的增长，增长最快的三个地区为河南、安徽和江西；西部地区虽然在增加的同时伴随有减少，但整体上呈现上升趋势，其中广西和四川最为明显；东北地区整体有所下降。比重的变化态势表明，中国制造业的整体空间布局发生了变化，东部地区的集聚程度明显下降，东部、东北地区的制造业已经向广大中西部地区发生了转移。

2. 制造业空间转移趋势

区位熵可以度量某一产业在特定区域内的空间分布情况，反映该产业部门的专业化水平，这里对区位熵进行了差分处理，用于分析区域间产业相对变化的情况，以考察制造业的空间转移趋势。为弱化行业间异质性的影响，下面将研究制造业各子行业的空间转移情况。

参考张国胜和杨怡爽（2014）、石奇和孔群喜（2012）等的分类方法将制造业分为劳动密集型、资本密集型和技术密集型产业三大类，由于海南、新疆、宁夏和内蒙古的文教、工美、体育和娱乐用品制造业（C_{24}）以及化学纤维制造业

（C_{28}）、废弃资源和废旧材料回收加工业（C_{43}）数据缺失严重，因此未将这三个子行业入样，具体的分类如表 11-18 所示。

表 11-18   **制造业行业分类**

类别	行业
劳动密集型产业	农副食品加工业（C_{13}），食品制造业（C_{14}），饮料制造业（C_{15}），烟草制品业（C_{16}），纺织业（C_{17}），纺织服装、鞋、帽制造业（C_{18}），皮革、毛皮、羽毛（绒）及其制品业（C_{19}），木材加工及木、竹、藤、棕、草制品业（C_{20}），家具制造业（C_{21}），造纸及纸制品业（C_{22}），印刷业和记录媒介复制业（C_{23}）
资本密集型产业	石油加工、炼焦及核燃料加工业（C_{25}），化学原料及化学制品制造业（C_{26}），医药制造业（C_{27}），橡胶制品业（C_{29}），塑料制品业（C_{30}），非金属矿物制品业（C_{31}），黑色金属冶炼及压延加工业（C_{32}），有色金属冶炼及压延加工业（C_{33}），金属制品业（C_{34}）
技术密集型产业	通用设备制造业（C_{35}），专用设备制造业（C_{36}），交通运输设备制造业（C_{37}），电气机械及器材制造业（C_{39}），通信设备、计算机及其他电子设备制造业（C_{40}），仪器仪表及文化、办公用机械制造业（C_{41}），工艺品及其他制造业（C_{42}）

注：根据国家统计局发布的《国民经济行业分类》国家标准（GB/T 4754-2002）进行了分类。

（1）劳动密集型产业的空间转移。根据研究设计，计算出劳动密集型产业的区位熵，并得到其增量 ΔLQ，如表 11-19 所示，用于分析该产业的空间转移问题。

表 11-19   **各区域劳动密集型产业 ΔLQ 值**

区域	劳动密集型产业整体及分行业 ΔLQ 值										
	C_{13}	C_{14}	C_{15}	C_{16}	C_{17}	C_{18}	C_{19}	C_{20}	C_{21}	C_{22}	C_{23}
东部地区	-0.12	-0.11	-0.18	-0.17	0.09	-0.02	-0.21	-0.06	-0.08	-0.14	0.00	-0.08
东北地区	0.27	0.45	-0.01	0.05	0.10	0.02	-0.10	-0.08	0.37	-0.49	0.01	-0.09
中部地区	0.05	-0.13	0.20	-0.33	-0.82	0.13	0.74	0.39	-0.31	0.53	-0.21	0.18
西部地区	-0.01	-0.24	0.18	0.09	-1.00	0.00	0.18	-0.11	0.34	0.19	0.11	-0.23

由表 11-19 可分析劳动密集型产业在全国四大区域间的转移趋势，劳动密集型产业整体上在东部、西部地区有转出趋势，东北、中部地区有不同程度的转入。分行业来看，烟草制造业（C_{16}）在东部、东北地区的 ΔLQ 值仍大于零，中部、西部地区均小于零，表明此行业并未向中部、西部地区空间转移；造纸及纸制品业（C_{22}）的 ΔLQ 值在中部地区小于零，而其他地区大于或等于零，表明中

部地区是这类行业的主要转出地，皮革、毛皮、羽毛（绒）及其制品业（C_{19}），印刷业和记录媒介复制业（C_{23}）与其相反，中部地区是这两类行业的转入地；食品制造业（C_{14}），纺织服装、鞋、帽制造业（C_{18}），家具制造业（C_{21}）出现了从东部、东北地区向中部、西部地区的空间转移，这三类行业的 ΔLQ 值在四大区域间出现了明显的"此消彼长"；农副食品加工业（C_{13}）的 ΔLQ 值在东北地区明显上升，东部、中部、西部地区都有不同程度的下降，可见，这类行业有向东北地区集聚的趋势；纺织业（C_{17}）出现了从东部地区向全国范围内的扩散式空间转移；饮料制造业（C_{15}）、木材加工及木竹藤棕草制品业（C_{20}）的 ΔLQ 值在东、中部地区小于零，东北、西部地区大于零，这种变化表明这两类行业有向东北、西部地区空间转移的趋势，但这种空间转移趋势并未拓展到中部地区。

由表 11 - 20 可分析劳动密集型产业在省域间的转移趋势。整体上看，劳动密集型产业在区域内及区域间均存在空间转移，其中东部地区转出趋势明显，北京、上海、江苏、浙江、山东、广东和海南的 ΔLQ 值均小于零；山西、湖北、江西、安徽、黑龙江、吉林的 ΔLQ 值均大于零，再次表明东北、中部地区为劳动密集型产业的转入地；广西、重庆、四川、新疆和内蒙古的 ΔLQ 值均小于零，表明劳动密集型产业的空间转移并没有拓展到整个西部地区。分行业看，北京、上海、浙江和广东的农副食品加工业（C_{13}），饮料制造业（C_{15}），纺织业（C_{17}），皮革、毛皮、羽毛（绒）及其制品业（C_{19}），木材加工及木竹藤棕草制品业（C_{20}），印刷业和记录媒介复制业（C_{23}）的 ΔLQ 值均小于零，黑龙江、湖北和山西均大于零，表明这几类行业的空间转移呈现出相似特征。虽然东部地区的 ΔLQ 值整体呈下降趋势，但天津与福建出现了明显的上升，特别是农副食品加工业（C_{13}），食品制造业（C_{14}），皮革、毛皮、羽毛（绒）及其制品业（C_{19}），造纸及纸制品业（C_{22}），印刷业和记录媒介复制业（C_{23}）五类行业的 ΔLQ 值均大于零，说明东部地区劳动密集型产业在转出的同时伴随有转入、除了区域间的空间转移外，还存在区域内的空间转移；西部地区中贵州和云南除烟草制造业（C_{16}）、印刷业和记录媒介复制业（C_{23}）外，其他行业的 ΔLQ 值均大于零，说明西部地区部分省份也有较强的承接能力。

表 11 - 20   各省域劳动密集型产业 ΔLQ 值

省域	劳动密集型产业整体及分行业 ΔLQ 值										
	C_{13}	C_{14}	C_{15}	C_{16}	C_{17}	C_{18}	C_{19}	C_{20}	C_{21}	C_{22}	C_{23}
北京	- 0.05	- 0.11	0.55	- 0.08	0.26	- 0.13	- 0.05	- 0.03	- 0.12	- 0.19	0.20	- 0.99
天津	0.37	0.14	1.84	- 0.11	0.12	- 0.09	0.63	0.20	- 0.11	0.09	0.29	0.05

省域	劳动密集型产业整体及分行业 ΔLQ 值										
	C_{13}	C_{14}	C_{15}	C_{16}	C_{17}	C_{18}	C_{19}	C_{20}	C_{21}	C_{22}	C_{23}
河北	0.00	−0.25	−0.68	−0.19	−0.17	0.34	0.08	0.60	−0.34	0.12	−0.18	0.42
上海	−0.08	−0.05	−0.27	−0.26	2.03	−0.17	−0.41	−0.04	−0.29	−0.28	−0.01	−0.61
江苏	−0.26	0.06	−0.19	−0.04	−0.04	−0.36	−1.44	−0.02	0.13	−0.08	−0.14	0.23
浙江	−0.33	−0.10	−0.28	−0.31	0.49	−0.22	0.14	−1.11	−0.54	0.12	0.42	−0.31
福建	0.16	0.02	0.31	0.11	−0.34	0.65	−0.03	0.88	0.04	−0.24	0.39	0.13
山东	−0.29	−0.72	−0.45	−0.41	−0.04	0.10	0.18	−0.39	−0.13	−0.11	−0.43	0.33
广东	−0.04	−0.07	−0.39	−0.12	0.01	−0.02	0.36	−0.10	−0.23	−0.07	0.21	−0.47
海南	−0.08	−0.26	−3.37	−1.08	1.12	−0.11	0.10	−0.01	−0.46	−0.51	0.94	−0.35
辽宁	−0.17	−0.21	−0.20	−0.15	0.17	−0.14	−0.28	−0.35	−0.68	−1.07	0.01	−0.37
吉林	0.23	0.00	−0.37	0.64	−0.32	0.15	0.16	0.04	−0.07	0.26	0.09	0.11
黑龙江	1.02	2.27	0.51	0.06	0.24	0.15	0.10	0.22	1.78	−0.17	−0.15	0.09
山西	0.20	0.37	0.19	0.07	0.29	0.03	0.07	0.06	0.08	0.06	0.05	0.05
河南	−0.16	−0.76	−0.14	−0.34	−0.43	−0.01	0.76	0.41	−0.54	0.35	−0.90	0.23
湖北	0.15	0.29	0.24	0.58	−0.68	0.37	0.39	0.26	0.04	0.37	0.14	0.12
湖南	−0.09	−0.05	0.66	0.10	−2.20	−0.07	0.14	0.37	−0.74	0.12	−0.28	0.24
江西	0.15	0.13	0.23	−0.38	−0.59	0.25	1.17	0.55	−0.77	1.08	0.14	−0.50
安徽	0.03	−0.11	0.01	−0.54	−1.47	0.02	1.09	0.18	−0.18	0.85	0.11	0.22
广西	−0.13	−1.34	−0.49	−0.45	−0.71	0.03	0.32	−0.26	1.27	0.34	0.00	−0.53
重庆	−0.03	−0.02	−0.07	−0.39	−0.67	−0.23	0.10	0.14	0.28	−0.26	0.45	−0.23
四川	−0.08	−0.79	0.40	−0.01	−0.34	0.05	0.14	−0.59	0.01	0.40	0.03	−0.10
贵州	0.29	0.14	0.60	2.83	−2.57	0.06	0.25	0.41	0.03	0.70	0.62	−0.31
云南	0.10	0.57	0.88	0.61	0.50	0.04	0.08	0.07	0.09	0.07	0.08	−1.05
陕西	0.16	0.35	0.20	−0.21	−0.63	0.07	0.14	0.08	0.12	0.19	0.18	−0.19
甘肃	0.13	0.09	−0.22	−0.09	2.18	−0.08	0.03	−0.13	−0.04	0.00	0.08	−0.08
宁夏	0.24	−0.05	0.45	−0.13	0.64	1.51	0.06	0.16	0.21	0.24	−1.27	0.49
新疆	−0.15	−0.22	−0.42	−0.15	−0.03	0.07	0.15	−0.10	−0.36	−0.66	0.06	−0.37
内蒙古	−0.19	0.14	−0.21	−0.09	0.09	−0.45	0.22	0.04	−0.27	−0.11	0.12	0.04

（2）资本密集型产业的空间转移。根据研究设计，计算出资本密集型产业的区位熵，并得到其增量 ΔLQ，如表 11 − 21 所示，用于分析该产业的空间转移问题。

表 11 – 21 　　　　　　　　　**各区域资本密集型产业 ΔLQ 值**

区域	资本密集型产业整体及分行业 ΔLQ 值								
	C_{25}	C_{26}	C_{27}	C_{29}	C_{30}	C_{31}	C_{32}	C_{33}	C_{34}
东部地区	0.01	0.22	– 0.11	0.01	0.06	– 0.05/0.00	– 0.19	0.10	0.05	– 0.08
东北地区	– 0.37	– 0.50	0.05	0.55	0.08	0.22/ – 0.35	0.03	– 0.18	– 0.49	– 0.02
中部地区	– 0.17	– 0.61	0.06	– 0.22	– 0.11	0.18/0.05	– 0.13	– 0.55	– 0.46	0.20
西部地区	– 0.04	– 0.27	0.10	– 0.57	0.10	0.24/ – 0.02	0.18	– 0.11	– 0.79	0.28

注：C_{29} 为 2007~2012 年 "橡胶制品业" 的 ΔLQ 值，C_{30} 中第一列为 2007~2012 年 "塑料制品业" 的 ΔLQ 值，第二列为 2013~2017 年 "橡胶和塑料制品业" 的 ΔLQ 值。

由表 11 – 21 可分析资本密集型产业在全国四大区域间的转移趋势。从整体来看，资本密集型产业仍在东部地区集聚，其他三个地区均未出现转入趋势。分行业来看，石油加工、炼焦及核燃料加工业（C_{25}），黑色金属冶炼及压延加工业（C_{32}），有色金属冶炼及压延加工业（C_{33}）在东部地区的 ΔLQ 值大于零，其他地区均小于零，说明这三类行业持续在东部地区集聚，向外转移迹象不明显，化学原料及化学制品制造业（C_{26}）从东部地区向其他地区扩散；医药制造业（C_{27}）的 ΔLQ 值在东部、东北地区大于零，中、西部地区小于零，说明此行业并未向中、西部地区转移；金属制品业（C_{34}）的转移动向与医药制造业相反；橡胶制品业（C_{29}）的 ΔLQ 值在中部地区小于零，其他地区均大于零，塑料制品业（C_{30}）的 ΔLQ 值在东部地区小于零，其他地区大于零，表明塑料制品业向其他地区扩散式转移，橡胶制品业并未向中部地区转入，反而有转出趋势。统计口径发生变化后[①]，橡胶制品业和塑料制品业合为 "橡胶和塑料制品业"，其空间布局也发生了改变，东北、西部地区成为转出地，中部地区为主要的转入地；非金属矿物制品业（C_{31}）逐渐从东、中部转向东北、西部地区。

由表 11 – 22 可分析资本密集型产业在省域间的转移趋势。整体上看，东部地区中大部分省份的资本密集型产业 ΔLQ 值均大于零，说明东部地区的集聚程度有所上升。其中山东和天津明显大于其他地区；东北地区中吉林、辽宁的 ΔLQ 值大于零，但黑龙江小于零，可见，东北地区此类行业在转入的同时伴随有转入趋势。中、西部地区中大部分省份的 ΔLQ 值小于零，但陕西、新疆和内蒙古的 ΔLQ 值却明显大于零，说明陕西、新疆和内蒙古对此类行业承接能力较强，其他地区有不同程度的转出。分行业来看，天津、河北、浙江和山东的石油加工、炼

---

① 由于 2013 年制造业行业分类标准发生了变化，其中 "橡胶制品业" 和 "塑料制品业" 合并为 "橡胶和塑料制品业"。"交通运输设备制造业" 分为两类行业："汽车制造业" "铁路、船舶、航空航天和其他运输设备制造业"。因此，本教材中几处表格内 C_{30}、C_{37} 列的 ΔLQ 有两组数。

焦及核燃料加工业（C_{25}），橡胶制品业（C_{29}），黑色金属冶炼及压延加工业（C_{32}）的 ΔLQ 值均大于零，东北、中部、西部地区大部分省份这三类行业的 ΔLQ 值存在减小迹象，同时，这些行业的 ΔLQ 值在东部的各省份之间呈现出"此消彼长"的特征，说明这些行业整体上在向东部地区转移，且东部地区内部各省域之间也存在明显的转移趋势。东部地区除海南的非金属矿物制品业（C_{31}）ΔLQ 值大于零外，其他地区均小于零，但东北、西部大部分省份的 ΔLQ 值均大于零，如吉林、黑龙江、山西、甘肃、云南、陕西和贵州等，表明此类行业开始从东部地区向东北、西部地区转移。北京、江苏、海南、吉林、云南和甘肃医药制造业（C_{27}）的 ΔLQ 值明显高于其他地区，可见此类行业是这些地区的优势产业；金属制品业（C_{34}）的 ΔLQ 值既在东部、东北各省域内部出现了"此消彼长"，也在东部、东北地区与中、西部各区域间出现了明显的"此消彼长"，说明此行业既在东部、东北区域内发生了空间转移，也在区域间发生了空间转移，主要表现为从东部、东北地区向中部、西部地区转移。

表 11-22　　　　各省域资本密集型产业 ΔLQ 值

省域	资本密集型产业整体及分行业 ΔLQ 值								
	C_{25}	C_{26}	C_{27}	C_{29}	C_{30}	C_{31}	C_{32}	C_{33}	C_{34}
北京	−0.03	−0.29	−0.35	1.09	−0.05	−0.04/−0.12	−0.20	−0.63	−0.04	−0.17
天津	0.22	0.16	−0.93	−0.39	0.14	−0.05/0.13	−0.05	0.77	0.37	0.28
河北	−0.14	0.00	−0.37	−0.47	0.37	0.03/0.55	−0.43	0.23	−0.03	1.03
上海	−0.04	0.09	0.09	0.10	−0.29	0.01−0.09	−0.16	−0.12	−0.13	−0.53
江苏	−0.37	−0.02	0.03	0.23	0.00	−0.24/0.01	−0.03	−0.15	−0.24	−0.18
浙江	0.16	0.13	0.19	−0.21	0.09	−0.03/−0.32	−0.09	0.12	−0.06	−0.27
福建	0.17	0.46	−0.04	−0.20	−0.16	0.33/−0.28	−0.41	0.13	0.41	0.68
山东	0.33	1.07	0.45	0.10	0.03	0.02/−0.13	−0.55	0.01	0.36	0.15
广东	0.01	−0.09	−0.09	−0.06	0.18−0.11		−0.16	0.08	−0.06	−0.37
海南	0.51	0.30	0.55	1.88	0.03	−0.27/−0.08	0.72	−0.19	0.01	−0.54
辽宁	0.12	1.24	0.27	0.10	0.24	0.23/−0.65	−0.43	0.66	0.03	−0.32
吉林	0.08	−0.14	−0.60	0.68	−0.02	0.15/0.14	0.33	−0.33	−0.17	0.10
黑龙江	−0.27	−2.03	0.29	−0.62	−0.15	0.16/0.10	0.46	−0.36	−0.06	0.08
山西	−0.33	−0.28	−0.41	0.26	0.16	0.12/−0.11	0.30	−0.08	0.46	0.09
河南	−0.09	−0.24	0.04	−0.15	−0.21	0.19/0.02	−0.60	−0.21	−0.66	0.25
湖北	−0.07	−0.31	0.06	−0.48	0.13	0.09/0.05	0.19	−0.30	−0.43	0.18
湖南	−0.25	−0.73	0.00	−0.06	−0.04	0.17/−0.09	0.01	−0.50	−0.83	0.25

续表

省域	资本密集型产业整体及分行业 ΔLQ 值									
	C_{25}	C_{26}	C_{27}	C_{29}	C_{30}	C_{31}	C_{32}	C_{33}	C_{34}
江西	− 0.28	− 0.32	0.47	− 1.02	− 0.03	0.27/0.15	− 0.06	− 0.54	− 1.85	− 0.04
安徽	− 0.21	− 0.41	− 0.02	0.06	− 0.50	0.06/0.06	− 0.09	− 0.47	− 0.69	0.13
广西	0.05	0.59	− 0.24	− 0.69	− 0.09	0.12/ − 0.01	0.04	0.20	− 0.18	0.30
重庆	− 0.15	− 0.04	− 0.21	− 0.48	0.53	0.19/ − 0.01	− 0.22	− 0.22	− 0.83	0.09
四川	− 0.07	0.15	− 0.12	− 0.62	0.04	0.13/ − 0.01	− 0.03	− 0.11	− 0.59	0.11
贵州	− 0.37	− 0.11	− 0.64	− 2.00	0.16	0.18/ − 0.19	1.56	− 0.93	− 1.42	0.04
云南	− 0.07	0.47	0.09	0.20	0.01	0.05/ − 0.04	0.45	0.14	− 2.27	0.25
陕西	0.16	− 1.16	0.52	− 0.73	0.16	0.38/0.14	0.37	0.06	0.39	0.14
甘肃	0.04	− 1.04	− 0.03	0.24	0.00	0.03/0.07	0.57	− 0.27	1.15	0.43
宁夏	− 0.05	2.75	0.54	− 0.25	− 0.76	3.05/ − 0.20	− 0.56	0.24	− 2.00	− 0.15
新疆	0.24	− 2.67	1.88	− 1.67	0.10	− 0.24/ − 0.11	0.11	0.01	2.93	− 0.08
内蒙古	0.33	0.49	0.76	− 0.26	0.03	0.44/0.13	− 0.06	− 0.13	− 0.17	1.38

（3）技术密集型产业的空间转移。根据前面所述的研究安排，这里计算出技术密集型产业的区位熵，并得到其增量 ΔLQ ，如表 11 − 23 所示，用于分析该产业的空间转移问题。

表 11 − 23　　　　　　　　　各区域技术密集型产业 ΔLQ 值

区域	技术密集型产业整体及分行业 ΔLQ 值						
	C_{35}	C_{36}	C_{37}	C_{39}	C_{40}	C_{41}	C_{42}
东部地区	− 0.05	0.02	0.03	0.04/0.02	− 0.05	− 0.13	0.04	− 0.13
东北地区	− 0.07	− 0.55	− 0.36	0.01/0.24	− 0.16	− 0.08	0.01	0.11
中部地区	0.18	0.13	− 0.10	− 0.15/0.01	0.25	0.42	0.13	0.17
西部地区	0.10	− 0.05	− 0.32	− 0.33/ − 0.26	0.02	0.55	− 0.03	0.36

注： C_{37} 中的第一列为 2007 ~ 2012 年"交通运输设备制造业"的 ΔLQ 值，第二列为 2013 ~ 2017 年"汽车制造业"和"铁路、船舶、航空航天和其他运输设备制造业"的 ΔLQ 值。

由表 11 − 23 可分析技术密集型产业在全国四大区域间的转移趋势。东部、东北地区的技术密集型整体上向中部、西部地区发生了空间转移。分行业来看，通用设备制造业（C_{35}）在东部、中部地区的 ΔLQ 值大于零，东北、西部地区小于零，表明此类行业有向中部地区转移的趋势，主要的转出地为东北地区；专用设备制造业（C_{36}）的 ΔLQ 值在东部地区大于零，其他地区均小于零，说明此类行业在东部地区集聚发展；工艺品及其他制造业（C_{42}）与专用设备制造业的空间转移趋势相反，其发生了从东部地区向全国范围内的扩散式空间转移；电气机械及器材制造业（C_{39}），通信设备、计算机及其他电子设备制造业（C_{40}）从东部、东北地区明显向中部、西部地区转移，在东部、东北地区 ΔLQ 值小于零，中部、西部地区大于零；仪器仪表及文化办公用机械制造业（C_{41}）在西部地区的 ΔLQ 值小于零，表明此类行业并没有向西部地区转移；交通运输设备制造业（C_{37}）的空间转移趋势在统计口径发生变化前后略有变动，但整体而言，此类行业并未出现向中部、西部地区转移的趋势，东部、东北地区的 ΔLQ 值均大于零。

由表 11-24 可分析技术密集型产业在省域间的转移趋势。东部、东北地区中天津、福建、山东、海南、辽宁和黑龙江技术密集型产业的 ΔLQ 值小于零，中部及大部分西部省份的 ΔLQ 值大于零，再次表明技术密集型产业发生了从东部、东北地区向中、西部地区的转移，并且中部各省份承接能力较强。分行业来看，辽宁、吉林和黑龙江的通信设备、计算机及其他电子设备制造业（C_{40}）的 ΔLQ 值均小于零，在中部、西部地区大部分省份其值大于零，其中山西、河南、江西、广西、重庆和贵州的 ΔLQ 值明显大于其他地区，表明这些省份为此类行业的主要转入地，东北地区为主要转出地。虽然表 11-23 的结果表明东北地区多数技术密集型产业的 ΔLQ 值小于零，但表 11-24 显示吉林除交通运输设备制造业（C_{37}），通信设备、计算机及其他电子设备制造业（C_{40}）的 ΔLQ 值小于零外，其他各行业的 ΔLQ 值均大于零，综合表 11-23 和表 11-24 可以判断，大部分技术密集型产业的转出仅发生在辽宁和黑龙江，吉林是许多技术密集型产业的转入地；从西部各省份分行业 ΔLQ 值的变化来看，其对技术密集型产业的承接也存在差异，其中甘肃承接能力较强，所承接的主要行业为铁路、船舶、航空航天和其他运输设备制造业，电气机械及器材制造业（C_{39}），工艺品及其他制造业（C_{42}），广西、内蒙古、贵州对通用设备制造业（C_{35}）的承接能力较强。

表 11-24 各省域技术密集型产业 ΔLQ 值

省域	技术密集型产业整体及分行业 ΔLQ 值						
	C_{35}	C_{36}	C_{37}	C_{39}	C_{40}	C_{41}	C_{42}
北京	0.13	0.01	-0.19	2.17/0.84	0.07	-1.29	-0.10	0.10
天津	-0.26	0.19	0.53	-0.31/1.79	-0.09	-1.37	-0.67	1.01
河北	0.17	0.12	0.12	0.31/0.42	0.19	0.06	0.05	0.34
上海	0.08	-0.07	-0.02	1.01/-0.07	-0.18	-0.43	0.03	-0.21
江苏	0.08	-0.03	0.14	0.02/-0.36	0.41	-0.28	1.29	0.11
浙江	0.07	0.04	-0.17	0.13/-0.41	0.11	0.11	0.18	-0.86
福建	-0.21	0.07	-0.17	-0.25/-0.17	-0.08	-0.38	-0.34	-1.54
山东	-0.02	-0.06	-0.07	-0.07/0.06	-0.26	0.03	0.22	1.28

省域	技术密集型产业整体及分行业 ΔLQ 值						
	C_{35}	C_{36}	C_{37}	C_{39}	C_{40}	C_{41}	C_{42}
广东	0.01	0.27	−0.03	−0.03/−0.16	−0.41	0.51	−1.24	−1.33
海南	−0.21	−0.01	−0.04	−1.38/−0.01	0.16	−0.06	0.19	0.98
辽宁	0.07	−0.59	−0.52	0.68/1.24	−0.18	−0.06	0.12	−0.25
吉林	−0.17	0.20	0.29	−0.35/0.19	0.09	−0.01	0.15	0.48
黑龙江	−0.33	−0.98	−1.04	−0.15/−1.21	−0.25	−0.01	−0.24	0.32
山西	0.24	−0.06	−1.13	0.17/−0.32	0.21	0.99	0.05	0.29
河南	0.17	0.14	−0.37	−0.03/0.20	0.21	0.52	0.14	−0.69
湖北	−0.01	−0.27	0.27	−0.58/0.08	0.12	0.06	−0.05	0.55
湖南	0.01	0.20	0.06	0.02/0.09	0.15	0.42	0.20	0.99
江西	0.17	0.24	0.14	−0.32/−0.35	0.33	0.51	0.11	−0.14
安徽	0.15	0.35	0.25	−0.35/−0.04	0.00	0.44	0.16	0.53
广西	0.06	0.05	−0.86	−0.45/0.06	0.07	0.60	0.15	−0.28
重庆	0.12	−0.08	−0.19	−2.51/−1.95	−0.11	1.88	−0.41	0.95
四川	0.10	−0.15	−0.29	0.03/0.15	−0.16	0.50	−0.07	0.44
贵州	0.16	0.04	−0.17	−0.35/−0.16	0.01	0.76	−0.11	0.82
云南	0.06	−0.11	−0.16	0.13/−0.02	0.00	0.16	0.43	0.10
陕西	−0.15	−0.32	−0.44	−0.95/−0.96	−0.03	0.09	−0.44	0.33
甘肃	0.03	−0.06	−0.25	−0.06/0.08	0.05	0.15	0.03	1.84
宁夏	0.00	−0.49	−0.11	0.00/−0.02	0.22	0.01	0.31	−0.35
新疆	0.01	−0.06	−0.01	−0.02/0.01	0.22	−0.06	−0.04	0.05
内蒙古	−0.06	0.17	−0.63	−0.19/−0.12	0.21	−0.17	0.08	0.06

  总的来说，东部地区劳动密集型产业的 ΔLQ 值为 −0.12，下降趋势明显，东北、中部地区劳动密集型产业的 ΔLQ 值分别为 0.27、0.05，出现了明显的增长，西部地区劳动密集型产业的 ΔLQ 值为 −0.01，有轻微的下降，说明劳动密集型产业从东部地区向东北、中部地区进行转移。对于资本密集型产业，东部地区的 ΔLQ 值仍在上升，其他三个地区均下降，并且东北地区下降趋势明显，其 ΔLQ 值为 −0.37，表明资本密集型产业仍在东部地区集聚，向东北、中西部地区的转移并不明显。对于技术密集型产业，东部地区的 ΔLQ 值为 −0.05，东北地区为 −0.07，均下降；中部地区的 ΔLQ 值为 0.18，西部地区为 0.10，均上升，这种"此消彼长"的趋势说明技术密集型产业发生了从东部、东北向中西部地区的转移。通过对三类产业整体及分行业 ΔLQ 值的分析可知，三类产业及其分

行业在中国四大区域间和区域内的空间转移路径不尽相同。劳动密集型产业主要从东部地区向东北、中部地区进行转移，其中北京、上海、浙江和广东的农副食品加工业，饮料制造业，纺织业，皮革、毛皮、羽毛（绒）及其制品业，木材加工及木竹藤棕草制品业，印刷业，记录媒介复制业的转出趋势明显，而黑龙江、湖北和山西均有转入，此外天津与福建也是大部分行业的转入地，说明东部地区劳动密集型产业在转出的同时伴随有转入、除了区域间的转移外，还存在区域内的转移。资本密集型产业仍在东部地区集聚，向东北、中西部地区转移趋势不明显，但橡胶制品业、黑色金属冶炼及压延加工业的 ΔLQ 值在东部的各省份之间呈现出"此消彼长"的特征，表明此类行业的空间转移区域主要集中在东部的各省份之间；技术密集型产业发生了从东部、东北地区向中、西部地区的转移，主要的转出地为上海、福建、广东、海南和黑龙江，转出行业主要为电气机械及器材制造业，通信设备、计算机及其他电子设备制造业，中部各省份基本能承接所有行业的转入，西部地区的各省份承接能力存在较大的差异。

3. 制造业空间转移模型的估计与分析

这里选取 2007～2017 年除青海、西藏及港澳台地区以外的 29 个省份的面板数据建立计量模型。为探索各因素对不同类型产业空间转移的影响作用，将被解释变量分为三类：劳动密集型产业的区位熵。资本密集型产业的区位熵、技术密集型产业的区位熵。模型分别记为 Model Ⅰ、Model Ⅱ、Model Ⅲ。由于 2013 年制造业行业分类标准发生了变化导致"橡胶制品业""塑料制品业""交通运输设备制造业"的统计口径发生了变化，因此没有将这三个行业入样。

根据 Hausman 和 BSJK 检验结果，选择个体随机效应的 SLM 模型，对于空间计量模型，采用普通最小二乘法估计是有偏的，这里选择极大似然估计，估计结果如表 11 – 25 所示。

表 11 – 25　　　　　　　　全样本模型估计结果

变量	Model Ⅰ		Model Ⅱ		Model Ⅲ	
	估计值	p 值	估计值	p 值	估计值	p 值
常数项	– 2. 3048	0. 000	3. 3659	0. 000	0. 5369	0. 161
lnLab	0. 1206	0. 000	– 0. 0186	0. 386	– 0. 0298	0. 107
lnCap	0. 0812	0. 179	0. 2041	0. 005	0. 1023	0. 022
ln$R\&D$	0. 1506	0. 102	0. 1099	0. 033	0. 0784	0. 000
lnTra	0. 1313	0. 000	0. 1744	0. 000	0. 1977	0. 000
lnEnt	0. 1380	0. 000	– 0. 1420	0. 002	0. 0503	0. 078
$Open$	– 0. 0108	0. 693	0. 0545	0. 098	0. 0807	0. 000

变量	Model I		Model II		Model III	
	估计值	p 值	估计值	p 值	估计值	p 值
ρ	0.2230	0.000	0.1240	0.037	-0.2170	0.000
R^2	0.3496		0.4942		0.6298	
对数似然值	162.9597		119.9971		304.1963	
样本量	319		319		319	

对于劳动密集型产业，劳动力要素、交通条件、市场规模是发生空间转移的重要驱动因素，说明劳动密集型产业倾向于劳动力资源丰富、交通便利、市场潜力较大的区域布局。随着"西部大开发""中部崛起"等战略的提出，劳动力向中西部流动频繁，加之劳动密集型产业对劳动力技能的要求并不高，新流入的劳动力很快能为产业的发展贡献力量，且由前面分析可知东部地区向广大中西部地区转移的主要是劳动密集型产业，中西部地区劳动力市场并没有达到饱和，因此劳动力发挥了重要的作用。交通条件的完善使运输成本下降，促使生产要素由中心向外围区域扩散。此外，市场规模反映了地区的产业基础和配套能力，市场规模越大，越有利于发挥规模经济效应，降低企业的生产成本，使产业向该地区转移。资本要素的作用不显著，主要原因在于中、西部尤其是西部的经济增长是投资拉动型的，投资的影响作用已经达到瓶颈状态。对外开放水平对其有负影响，说明对外贸易和外部环境的变化会对该类产业的转移产生反向影响作用，即促使产业由该区域内向外转出。劳动密集型产业大多属于低端产业，技术创新的影响并不显著。

对于资本密集型产业，资本要素、技术创新、交通条件和对外开放水平对空间转移有显著的正影响。决定相对成本差异的资本要素和技术创新是产业区位选择的重要因素，资本要素为承接产业转移提供强劲的动力；一个地区技术创新能力的提高可以吸引更多的高技术产业向该地区转移，同时技术外部性的存在，可提高享受到的技术优势，形成循环优势（Crozet，2004）。此外，交通条件的改善会降低运输成本，提高区域的可达性，促进跨区域的经济贸易合作流动，而对外开放程度的加深会进一步提高地区信息化与市场化程度，较高的信息化和市场化会打破贸易壁垒，降低贸易成本，促进产业转移。因此，东部地区凭借区位优势和早期的政策支持，成为资本密集型产业的主要承接地。市场规模的影响为负，主要原因在于随着东部地区市场规模的扩大，带来规模经济的同时导致地租等成本要素持续上升，成本上升的空间大于规模经济效应，从而抵消了其正向影响。劳动力要素的作用不显著，这在一定程度上反映了资本密集型产业逐渐摆脱了依赖于低技能劳动力的现状。

对于技术密集型产业，资本要素、技术创新、交通条件、市场规模、对外开放水平对空间转移均有显著的正影响，中西部地区是技术密集型产业的主要承接地。该类产业正面临着转型升级，技术创新和资本要素发挥着关键作用：一方面，创新是其发展的立足点，扩散能够促进部分技术在企业间传递，因此可以节约企业的研发成本；另一方面，资本要素为其提供动力，从而推动该类产业发生空间转移。在市场达到饱和状态之前，市场规模是企业集聚发展的关键所在，因为范围经济可使一些有关联度的企业集聚进一步形成某一类型产业的产业集群，壮大产业发展，由于中西部地区的市场需求大，交通条件不断完善，故对该类产业具有重要的影响作用。此外，虽然 2008 年金融危机导致全球需求下降对产业发展造成了一定冲击，但外需对产业的发展仍有较强的拉动作用。劳动力要素的作用不显著。

一般认为，2013 年是全球金融危机发生后世界经济增长发生根本性转折的起始年，同时也是中国经济发展进入新常态的标志性年份。基于此，以 2013 年为界限，将样本数据进行分割，分为 2007 ~ 2012 年和 2013 ~ 2017 年两组样本，以研究制造业空间转移影响因素的变动作用，分析 2013 年前后各因素对制造业空间转移影响的变化特征。

由表 11 - 26 的结果可知，2007 ~ 2012 年，对劳动密集型产业而言，交通条件的影响作用显著增强，在早期，主要是 2007 ~ 2010 年，交通条件的优劣直接影响产业的区位选择，但 2011 ~ 2012 年，各地区交通条件逐渐趋于均等化，因此，交通条件的影响有所下降。对资本密集型产业，技术创新的影响偏小，表明 2011 ~ 2012 年技术创新对产业空间转移的影响相对较弱。此外，对外开放水平不显著，可见，2008 年的全球金融危机对该类产业的空间转移产生了一定的冲击。对技术密集型产业而言，各因素的作用并未发生明显变化。

表 11 - 26　　　　　　　　2007 ~ 2012 年样本数据的模型估计结果

变量	Model I		Model II		Model III	
	估计值	p 值	估计值	p 值	估计值	p 值
常数项	− 2. 2397	0. 000	3. 6342	0. 000	0. 4379	0. 363
$\ln Lab$	0. 1068	0. 000	− 0. 0289	0. 315	− 0. 0190	0. 287
$\ln Cap$	0. 0907	0. 293	0. 2190	0. 044	0. 1110	0. 093
$\ln R\&D$	− 0. 0908	0. 112	0. 0049	0. 016	0. 0641	0. 029
$\ln Tra$	0. 1510	0. 001	0. 1597	0. 007	0. 1966	0. 000
$\ln Ent$	0. 1679	0. 001	− 0. 1402	0. 034	0. 0554	0. 017

续表

变量	Model Ⅰ		Model Ⅱ		Model Ⅲ	
	估计值	p 值	估计值	p 值	估计值	p 值
Open	− 0.0093	0.218	− 0.0737	0.165	0.0137	0.025
ρ	0.1640	0.069	0.1390	0.081	− 0.1450	0.069
R^2	0.3541		0.4986		0.6076	
对数似然值	− 127.3068		165.4067		108.2493	
样本量	174		174		174	

由表 11 − 27 的结果可知，2013 ~ 2017 年，对劳动密集型产业而言，资本要素和技术创新的作用显著增强，由于中国的实体经济正面临着结构调整，传统的劳动密集型产业开始转型升级，因此对资本和技术的需求有所上升；对资本密集型产业而言，市场规模的负影响作用有所弱化。对技术密集型产业而言，技术创新和对外开放水平的影响作用有所提升，市场规模的影响不再显著，表明市场中的竞争作用有所加强，产业空间转移的成本有所上升。

表 11 − 27　　　　　　　　2013 ~ 2017 年样本数据的模型估计结果

变量	Model Ⅰ		Model Ⅱ		Model Ⅲ	
	估计值	p 值	估计值	p 值	估计值	p 值
常数项	0.3444	0.6946	3.1098	0.005	− 0.6827	0.288
ln*Lab*	0.1380	0.000	− 0.0440	0.691	− 0.0399	0.034
ln*Cap*	0.2097	0.012	0.1741	0.017	0.0172	0.081
ln*R&D*	0.0443	0.000	0.0574	0.021	0.2481	0.000
ln*Tra*	0.0516	0.000	0.1773	0.009	0.1218	0.002
ln*Ent*	0.4223	0.000	− 0.1279	0.202	− 0.0932	0.107
Open	− 0.0610	0.178	0.0299	0.067	0.1116	0.000
ρ	0.2760	0.002	0.1260	0.018	− 0.3290	0.000
R^2	0.4686		0.4922		0.6910	
对数似然值	109.8117		− 153.9536		203.7357	
样本量	145		145		145	

4. 模型稳健性检验

前面从产业集聚变化的视角，考察了各因素对制造业空间转移的影响作用，即通过分析各因素对制造业空间转移的影响，构建空间计量模型来展示各因素对区位熵变化的影响数量关系，进而达到分析和推断制造业空间转移影响因素的目的。空间计量模型的分析结果均符合预期，但为保证模型设计的稳健性，须进一步进行检验。为此，本部分参考克鲁格曼专业化指数的设计思路，重新构建一个反映产业集聚程度的指标 G，用于替代区位熵，以检验上述模型的稳健性，指标 G 的计算方法为：

$$G_i = \sum_{k=1}^{n} |S_{ik} - S_k| \qquad (11-30)$$

其中，S_{ik} 表示 i 地区 k 产业的总产值与该地区全部产业总产值的比值；S_k 表示全国 k 产业总产值占全国总产值的比重。很明显，G_i 越大，表明 i 地区的产业集聚程度越高，G_i 的变化反映了集聚程度的变化，进而代表了产业转移的趋势和转移的强度。限于篇幅，这里将不再展示 G_i 的计算结果。用 G_i 替代式（11-29）的区位熵，并对式（11-29）进行参数估计，估计结果如表 11-28 所示。

表 11-28 模型稳健性检验结果

变量	Model I		Model II		Model III	
	估计值	p 值	估计值	p 值	估计值	p 值
Cons	-0.0079	0.944	0.7435	0.000	0.7010	0.000
lnLab	0.0148	0.000	-0.0032	0.528	-0.0051	0.354
lnCap	0.0579	0.000	0.0380	0.028	0.0710	0.000
lnR&D	-0.0129	0.033	0.0389	0.000	0.0974	0.023
lnTra	0.1238	0.093	0.0327	0.000	0.0235	0.019
lnEnt	0.2230	0.009	-0.0871	0.000	0.0696	0.000
Open	-0.0167	0.007	0.0159	0.043	0.0016	0.848
ρ	0.2329	0.000	0.2750	0.000	-0.2520	0.000
R^2	0.3372		0.6929		0.3773	
对数似然值	420.4274		384.8936		312.9167	
样本量	319		319		319	

观察表 11-28 可以发现，模型参数估计结果在符号、显著性等方面和原估计结果均表现出一致性，参数估计值亦没有显著的变化，表明以产业多样化集聚指数为被解释变量的回归结果依然支持前面的结论，因此原模型具有良好的稳健性。

四、结论与建议

本节通过对中国省际面板数据的分析，探究了 2007～2017 年中国制造业空间转移的特征与趋势，并建立空间计量模型，分析生产要素、区位要素和全球化因素对劳动密集型、资本密集型及技术密集型产业空间转移的影响作用。

首先，借助产业份额的绝对变动，分析了制造业整体空间格局的演变特征，发现东部地区的产业份额下降趋势明显，其中下降最快的为浙江、上海、广东；中部地区有明显的上升趋势，上升最快的为河南、安徽和江西；西部地区虽然在增加的同时伴随有减少，但整体呈现上升趋势，其中四川增长最为明显；东北地区整体有所下降。产业绝对份额的变动表明，中国制造业的整体空间格局发生了变化，东部地区的集聚程度明显下降，东部和东北地区的制造业已经向中西部地区发生了空间转移。

其次，利用区位熵的相对变动测度了分行业空间转移的特征。劳动密集型产业发生了明显的空间转移，其中区域间主要表现为从东部转向东北、中部地区，并未拓展到整个西部地区；另外，还存在区域内的转移，转入地为福建和天津，转出地主要为北京、上海、浙江、广东，转出行业主要为农副食品加工业、食品制造业、饮料制造业；资本密集型产业大部分仍在东部地区集聚，并未向东北、中西部地区转移，但部分行业的 ΔLQ 值在东部的各省份之间呈现出"此消彼长"的特征，表明此类行业的空间转移区域主要集中在东部的各省份之间；技术密集型产业发生了从东部、东北地区向中西部地区转移，主要的转出地为上海、福建、广东、海南和黑龙江，转出行业主要为电气机械及器材制造业和通信设备、计算机及其他电子设备制造业，中部地区承接能力较强，基本能承接所有行业的转入，西部地区的各省份承接能力存在较大的差异。

最后，由资本要素、劳动力要素和技术创新反映生产要素，通过市场规模、交通条件测度区位要素，用对外开放水平衡量全球化因素，建立了空间计量模型，探索各因素对劳动密集型、资本密集型和技术密集型产业空间转移的影响，结果显示各因素对不同类型制造业空间转移的影响存在差异。

反映区位要素的交通条件是产业空间转移的重要动力。此外，劳动力要素和市场规模是促进劳动密集型产业的重要因素；影响资本密集型产业空间转移的主要因素为资本要素、技术创新和全球化因素；资本要素、技术创新、市场规模和全球化因素均能带动技术密集型产业的空间转移。基于以上结论，提出以下政策建议。

第一，营造良好的投资环境，进一步提高中、西部地区产业承接能力。从前面的描述性分析可知，东部、东北地区的产业向中部、西部地区发生了转移。在新一轮扩大内需、促进区域协调发展的背景下，产业空间转移是产业发展的客观要求。有文献表明，中部、西部地区存在后发优势，对于产业资本而言预示着中部、西部地区拥有更多的利润，利润既有利于本地产业的发展，也能吸引更多产业资本的进入，形成产业空间转移。根据实证分析结果，资本要素对技术密集型产业和资本密集型产业的空间转移有正向作用。因此，对于资本要素相对稀缺的中部、西部地区，应该完善金融市场、打造良好的投资环境，合理有序承接产业空间转移。这是中国制造业实现良性发展的客观要求，对中西部地区来说是难得的发展机遇。

第二，以创新驱动为引擎，推动制造业高质量发展。在经济新常态背景下，作为实体经济主体的制造业，其发展模式由高速转向高质量的关键在于产业结构的优化升级和技术创新。创新驱动是引领产业发展的重要引擎，产业结构的优化升级实质在于技术进步为产业生产给予的贡献，因此，创新驱动是制造业高质量发展的关键。研究发现，技术创新对产业空间转移具有重要影响。中、西部地区应借助丝绸之路经济带建设提供的便利条件，增强与发达地区的合作交流，通过技术的辐射效应激发本地的学习动力，为技术创新奠定基础，推动产业的转型升级，积极响应制造业高质量发展的号召。

第三，加强交通基础设施建设，促进区域间的经济贸易合作。一方面，交通基础设施投资流量通过乘数效应促进产业发展；另一方面，交通基础设施资本存量通过溢出效应促进产业发展（张志和周浩，2012）。交通条件的改善会降低运输成本，提高区域的可达性，促进跨区域的经济贸易合作流动，带动产业发展。根据研究，交通条件的改善能够促进中国制造业的空间转移。中、西部尤其是西部地区，交通基础设施贫瘠、交流合作机制不完善，因此，中、西部地区需完善当地的交通基础设施建设，激发交通基础设施的空间溢出效应，打破并强化地区间的经济贸易合作保障渠道，以实现对制造业的带动式发展。

第四，扩大对外合作窗口，实现多元化均衡发展。在经济全球化的背景下，对外开放度对产业发展具有重要影响，不仅要拓宽国际市场，走多元化道路，而且要进一步扩大对外合作窗口，形成多元化均衡发展的模式。研究发现，对外开放水平的影响因产业类型的不同而不同。因此，面对"一带一路"倡议等为中国产品参与国际市场提供的重要机遇，一方面，应打破市场堡垒，结合区域的发展现状、特色和产业类型等确定主攻方向，充分发挥自身的产业优势及区域优势，积极融入新一轮开放发展大潮，借势推动产业发展；另一方面，深入挖掘对外开放度的潜在力量，积极调整对外贸易战略，在稳固欧洲等重要市场的同时，开拓中东、南亚等市场，实现多元化均衡发展。

第四节　西部地区承接制造业转移能力评价及承接策略

中国东、西部地区的经济发展呈现出明显的"二元结构"特征，其中产业发展差距的持续扩大，已成为中国经济发展过程中发展不平衡的重要原因（程李梅等，2013），也是当前社会主要矛盾的重要体现。随着经济全球化的持续推进，中国东部地区产业结构调整和转型升级的进程逐渐加快，产业转移和资本、劳动力等在区域间的流动十分活跃。同时，随着"西部大开发""区域协调发展"等战略及"一带一路"倡议的提出和实质性的推进，西部地区的交通等基础设施建设和招商引资环境不断完善、对外开放水平进一步提高、产业承接能力不断加强，为制造业西移提供了强劲动力。因此，在深刻理解当前社会经济发展的理念和思维、特征和趋势、挑战和机遇、动力和举措的基础上，西部地区如何充分利用自身要素禀赋的比较优势，有前瞻性地承接转移产业、科学合理地打造优势产业集群，以确保制造业实现转型升级，为区域经济发展提供有力保障是一类对策性、战略性问题研究，是制造业空间依赖和空间转移研究价值的应用和体现。但以产业承接加快工业化进程的道路仍在探索之中，要实现跨越式发展，走"先污染后治理"的盲目承接转移产业的道路是行不通的，需根据区域特色有规划地承接转移产业。目前，对产业转移的研究较多，但将西部各省份作为一个整体研究其产业承接状况的尚不多见，所以牢牢抓住当前产业转移的机遇、以西部地区的产业承接能力为支撑、凭借东西部区域间客观存在的产业梯度，积极承接产业转移对于发展壮大西部地区经济、加强地区间合作交流、实现区域协调发展具有重要的战略和现实意义。

一、文献综述

产业转移和产业承接是产业发展中的孪生兄弟，一直以来备受学术界关注。产业转移一般是指一个国家或地区的某些产业由于生产要素供给或产品市场需求等的变化所引发的向其他国家或地区迁移的现象。产业承接是指产业转入地利用其要素禀赋优势、产业发展潜力、外资吸引力等，推动综合配套改革试验区的建设，促进转入产业与本地原有产业融合发展，从而带动整个地区经济与产业的发展。

产业转移这一概念是以发展中国家和发达国家间产业的跨国界流动为基础而

提出的，并形成了经典的"雁型转移"模式及"产品生命周期理论"（龚晓菊和刘祥东，2012）。有学者将全球生产网络、技术等因素纳入其中，开启了从微观层面探索的道路（刘红光等，2011）。随着东西部地区经济发展差距的持续扩大，以范剑勇（2004）为代表的主流观点认为，中国区域间已经形成了明显的产业梯度。李敦瑞（2018）从现代产业分工体系角度研究认为，中国需促进产业要素流动和产业转移，以提升在全球价值链中的地位。黄顺魁等（2013）基于2005～2010年的省级面板数据，采用了偏离—份额分析方法研究中国制造业空间格局的演变特征，发现制造业开始从东南沿海地区向广大中、西南部地区转移。陶长琪和郭毅（2019）认为，中国低技术制造业从东部转移到西部的黏性远远大于到中部和东北部，转移次序应先由东部向中部和东北部转移，再由中西部和东北部之间内部互相转移。但是，部分地区在承接产业转移过程中忽略自身承接能力及区域主体功能的定位，出现了一些负面的问题，因此如何改善这种局面以实现科学合理承接产业转移无疑是值得讨论的话题。高云虹等（2012）认为，产业承接一方面需结合承接地自身的要素禀赋、产业配套能力、交通条件及市场潜力等因素，另一方面需综合考虑其承接能力、优势产业和产业发展规划等情况。其中，产业承接能力是基础、优势产业是依托、产业发展规划是标尺。郭丽娟等（2013）研究认为，西部地区应该统筹兼顾承接产业转移和推进产业转型升级，以增强经济发展的内生动力，而不仅仅只是依赖产业转移路径盲目承接。一些学者还对产业承接地的承接能力进行了评估，如陶良虎（2010）从产业基础、承接类型等方面论述了中部地区的产业承接能力，以此为基础采用主成分法分析法测度了其产业承接点。叶琪（2014）基于中国中西部18个省份的数据，采用主成分分析方法测算了承接区域产业转移竞争力，发现地区竞争力存在较大的差异性、整体布局呈现出区域圈层性。孙威等（2015）利用主成分分析法计算了长江经济带125个地市级市、州及直辖市的承接产业转移能力，分析了长江经济带产业承接能力的空间布局和影响因素。此外，贺清云等（2010）基于产业区域集聚指数研究了东部5省1市的产业转移趋势，以中部地区为单元运用产业梯度系数测算了其优势产业，并综合考虑各省份的承接能力，得出中部各省份承接东部地区的重点行业。韩艳红（2013）对中国产业转移现象和规律进行了系统的分析和研究，揭示了发达地区产业转移的潜在规模，并分析了欠发达地区产业转移的承接能力、产业选择和承接产业转移的社会经济效益。高云虹等（2013）构建了商务成本评估指标体系，采用敏感性分析计算了转移行业对不同地区要素成本和交易成本的敏感程度，并对中、西部地区的重点承接产业进行了选择。

上述文献对产业转移与承接进行了深入的研究，具有良好的启发性。但也发现了现有研究的一些不足：一是对关于承接地的定量研究大多将中、西部作为一个整体而讨论，单独分析西部各省份的研究较少，但由于资源禀赋、地理位置等的差异，中、西部地区的承接制造业转移能力及重点承接产业存在较大的差别；对于转出地，大多以东部地区为整体来研究，事实上，东部地区自身也有很大的差异性，以珠三角、长三角、京津冀地区为代表的东部地区的产业结构和转出产业各有不同，故不能一概而论。二是关于产业承接能力的研究多采用截面数据，因而未能更好地展示承接能力随时间的推移所发生的变化。三是鲜有文献专门针对制造业的承接转移能力及相关策略展开评价和分析。基于此，这里选择2013～2017年西部省份的面板数据，在综合考虑各方面因素基础上通过科学论证，构建西部地区承接制造业转移能力的指标体系，并采用熵权TOPSIS法对三类一级指标及综合指标水平进行了测算，对西部地区承接制造业转移能力进行横向和纵向评价分析；进一步，借助产业梯度系数确定西部各省域的优势产业，在此基础上测算出相对东部地区的相对产业梯度系数，探寻西部各省域对应不同东部省域所承接的重点产业，并给出相应的政策建议。

二、承接制造业转移能力评价指标体系设计

承接制造业转移能力的影响因素具有多样性和复杂性，为科学合理地评价西部地区承接制造业转移能力，须对一系列影响承接能力的重要指标展开层次分析，使评价指标体系具有清晰的层次结构。根据指标的系统性、可比性和适用性原则，这里主要从产业吸引拉力、产业支撑动力、产业发展潜力三个层次构建承接制造业转移能力评价指标体系，进行科学合理的评估，以考察当前阶段西部地区的承接制造业转移能力。

承接制造业转移能力是指一个国家或地区基于一定的自然、历史和技术组织条件发展外来转入的制造业，进而优化域内制造业及相关产业的空间布局、促进区域产业协调发展、提升经济发展质量的能力。对于承接地来说，拥有承接制造业转移能力就是该承接地对相关的制造业要有一定的吸引力，能够把它"拉进来"，同时要有一定的基础条件能够使它生存下来，并拥有持续发展的潜力。因此认为，承接制造业转移能力包括三个方面，即产业吸引拉力、产业支撑动力、产业发展潜力。其中，承接地的资源禀赋、产业规模、市场活力、优惠政策、投资利润及对外开放度决定了其对转移制造业的吸引力，能将相关制造业拉进来；产业支撑动力是承接制造业得以生存的能力，要将转移制造业引入区域、融入区域经济并使其生存下来，就要充分考虑承接地的交通基础设施、通信基础设施、

政府公共服务、环境承载力等因素；产业发展潜力是转入的制造业与本区域原有产业融合发展促进产业结构优化升级并使区域特色产业链不断加长，进而形成竞争优势的能力，一般由承接地的相关配套能力、技术创新能力、资本要素、制度环境、产业生产效率和发展效率决定。因此，这里考虑按上述思路设计承接制造业转移能力的评价指标体系。孙威（2015）等也曾做过类似的分析。

（一）产业吸引拉力

根据比较优势理论，产业是根据每个地区所具备的要素禀赋特征发展的，相对成本差异是影响产业区位选择的关键因素。在经济新常态背景下，中国的产业发展逐渐呈现高级化的趋势，东部地区尤为明显，但同时其生产要素价格也持续上升，资源密集型和劳动密集型产业的发展受到限制，而西部地区拥有丰富的资源禀赋优势，原材料供应相对充足，为制造业的发展奠定了一定的基础。充分考虑区域特色，全面整合利用要素禀赋是经济新常态下产业发展的新动力特征。因此，自然资源禀赋是西部地区吸引制造业转入的重要拉力。考虑到数据的持续性和可得性，用土地资源及水资源反映自然资源禀赋（韩艳红，2013）。

产业规模、市场活力是集聚外部性产生的根源，空间上的关联为企业的合作和竞争提供了良好的条件，进而为产业提供更多的信息交流机会、产品流通途径以及降低交易的成本。产业规模方面，劳动力作为生产要素之一，为产业的发展提供人力保障，是企业生产规模最直接的体现；制造业总产值代表了一定时期内企业生产的总水平，反映了产业规模的相对大小。市场活力通常由市场规模、市场潜力和市场需求能力来体现：一个地区的工业企业数量与该地区新进入的企业得到生产要素供给机会具有正相关关系，因而市场规模的大小能够对制造业转入产生吸引拉力；产业倾向于向市场潜力大的地区转移，市场化指数可用于表征市场潜力；西部地区市场需求大、居民消费能力强，东部地区的产业向西部地区转移可以开拓更广阔的市场。因此，用制造业从业人数、制造业生产总值表征产业规模，以工业企业数、市场化指数、居民消费水平等指标表征市场活力。

资本具有逐利性，制造业空间格局的演变随利润轨迹而改变。利润高、有投资效益，制造业企业便会扎根于此，反之制造业就会转出。因此，不同区域利润的变动指引着制造业的转移方向，一个地区的制造业投资利润的升高能够对制造业的转入产生重要的吸引拉力，因此选择资产利润率表征投资利润（刘明，2017），体现利润的以吸引作用。

　　随着经济全球化的发展，对外开放已成为国家或地区经济、产业发展的重要引擎。国外有学者研究发现，对外开放带来的外资会提高本行业从业人员工资水平，同时也会增强行业的竞争力意识，从而提升自身的效率。因此，一个地区的对外开放程度是吸引产业转入的重要信息。从经济学的角度看，资金贸易和货物贸易是国际经济交往的两种主要形式，因此对外开放程度可以用外资开放度和外贸开放度来体现，反映外资开放度和外贸开放度的核心指标即为外商直接投资和进出口总额占 GDP 的比重。

　　上层的产业政策是影响下层产业布局和市场环境的重要因素，它对产业的发展具有重要作用，但由于数据的可得性和连续性受阻及产业政策衡量标准的不统一，目前较难测度，因此这里暂不考虑。

(二) 产业支撑动力

　　交通基础设施的便利程度直接影响产业的空间布局。一方面，交通基础设施建设的投资流量凭借乘数效应的影响推动本地产业的发展；另一方面，交通基础设施建设的资本存量以辐射效应的形式带动产业快速发展。交通条件的改善会降低运输成本，提高区域的可达性，促进跨区域的经济贸易合作流动。因此，交通基础设施对制造业的发展能够形成重要支撑动力。这里拟用公路网密度和铁路网密度表征西部地区交通基础设施状况。

　　通信水平是产业承接地区基建必不可少的环节，其高低直接制约着产业的发展与贸易流通的难易程度，是制造业发展的重要支撑动力。这里用邮电业务、互联网普及率、电话普及率等统计指标表征通信水平。

　　政府公共服务在一定程度上反映了承接地的软硬件环境，其大小关系到转入产业生根续存问题，我们借鉴高云虹等（2012）的研究，用人均地方财政收入指标来反映政府公共服务。

　　环境承载力作为产业发展的基础条件，支撑着产业的发展，此外它还影响着一个国家或地区的产业类型及产业布局等经济活动，无论是国家或地区，在选择发展的产业类型及调整产业布局时必须统筹考虑环境承载力度。对中国当下而言，制造业发展模式与环境承载力的动态平衡是经济新常态的要求，良好的环境承载力度不仅是衡量区域生态效益的关键，也是有效降低制造业转型升级风险的必由之路。这里从污染治理强度、单位产值废气排放量、单位产值废水排放量三个方面度量西部地区环境承载力。

（三）产业发展潜力

产业发展潜力体现着转移进来的制造业能否实现可持续、高质量的发展，反映了转入产业和域内原有产业的协调发展潜力，决定着域内经济的发展前景。制造业转入后需要先融入域内的第二产业，第二产业的规模反映了制造业发展的相关产业配套能力，也代表着未来发展的潜力，因此这里选择第二产业产值占 GDP 比重表述其宏观潜力。

在经济新常态背景下，中国制造业的发展须加快新旧动能转换，技术创新是其发展的新动能，是提高生产效率的根本动力。经济生产中的技术创新活动一方面关注投入的技术、方法、知识等，另一方面要实现创新成果的转化，以给生产者带来经济效益，因而技术创新是产业发展潜力的重要体现。基于此，用研发投入和研发产出来衡量制造业技术创新能力，其核心统计指标分别是 R&D 投入比重和有效专利发明数量。

资本要素是产业发展的根本保障，从企业运转角度来说，物质资本可以反映企业现有的生产经营规模和水平，对企业发展具有直接影响，人力资本积累也会促进劳动力要素的积累及技术的进步，选择人力资本和物质资本表征资本要素，对应的统计指标分别为人均受教育年限和资本存量。

中国经济发展及产业结构演变的历程表明，制度环境的优劣性决定产业结构优化升级的方向和进程，而产业结构的优化升级意味着地区的环境制度能够为制造业发展提供良好的外部环境（吴飞飞和谢众，2019），因此制度环境是制造业发展的潜在保障。本部分分别用非国有企业生产总值占工业生产总值的比重和地方人均财政支出占中央人均财政支出的比重指标来反映。

提高产业效率是促进地区产业发展的重要手段，东部地区的部分制造业面临着转移黏性，部分原因在于转入地区生产效率低下，因此西部地区产业效率的提升直接决定了其产业承接能力的强弱，这里用制造业人均产出来表示产业效率。另外，产业发展速度展现了一个企业的产业总产出在一定时期内的变化情况，反映了存续产业持续发展壮大的可能性，也是产业发展潜力的重要体现，这里用制造业产值增长率指标来表征。

基于以上制造业转移承接能力测度逻辑，同时兼顾测度指标层次性与数据可得性，构建包括产业吸引拉力、产业支撑动力和产业发展潜力 3 个一级指标，15 个二级指标以及 28 个三级指标的西部地区制造业转移承接能力指标体系，如表 11－29 所示。

表11-29 西部地区制造业转移承接能力指标评价体系

	一级指标	二级指标	三级指标	计量指标	功效
产业承接能力指标	产业吸引拉力	自然资源禀赋	土地资源	耕地面积	+
			水资源	水资源总量	+
		产业规模	制造业从业人数	制造业从业人员总数	+
			制造业总产值	制造业总产值	+
		市场活力	市场规模	规模以上工业企业数	+
			市场化程度	市场化指数	+
			市场需求能力	居民消费水平	+
		投资利润	资产利润率	利润总额/制造业总产值	+
		对外开放度	外商直接投资	外商直接投资总额	+
			进出口总额占GDP比重	进出口总额/GDP	+
	产业支撑动力	交通基础设施	公路网密度	公路里程数/面积	+
			铁路网密度	铁路里程数/面积	+
		通信基础设置	邮电业务	邮电业务总量	+
			互联网普及率	互联网宽带接入用户	+
			电信普及率	移动电话年末用户数	+
		政府公共服务	政府调控能力	人均地方财政收入	+
		环境承载力	污染治理强度	污染治理费用投资/GDP	-
			单位产值废气排放量	二氧化硫排放量/GDP	-
			单位产值废水排放量	废水排放量/GDP	-
	产业发展潜力	宏观潜力	第二产业产值占GDP比重	第二产业产值/GDP	+
		技术创新能力	研发投入	R&D经费投入/GDP	+
			研发产出	规模以上工业企业有效专利发明数	+
		资本要素	人力资本	人均受教育年限	+
			物质资本	资本存量	+
		制度环境	产权制度	非国有企业生产总值/工业生产总值	+
			财政分权制度	人均地方财政支出/人均中央财政支出	+
		产业生产效率	制造业人均产出	制造业总产值/人口	+
		产业发展速度	制造业产出增长率	制造业产值增长率	+

注：①"功效"列中的"+""-"表示在设定衡量方式下该测度指标为正（负）向指标，越大（小）越优（劣）。

②与现有文献保持一致，将小学、初中、高中和大专及以上的受教育年限分别记为6年、9年、12年和16年。具体算法为：（不识字或识字很少人口数×2年+小学学历人口数×6年+初中学历人口数×9年+高中学历人口数×12年+大专及以上学历人口数×16年）÷6岁及以上人口数。

③采用永续盘存法进行计算，参考张军（2004）等的研究，将折旧率δ设为9.6%。

三、西部地区承接制造业转移能力评价分析

承接制造业转移能力的强弱直接关系到制造业转移的方向及进程、转移产业的后续竞争力、产业承接地的经济发展状况，因此，对产业承接能力进行评价尤为重要。为对西部各地区承接产业能力进行量化分析，从而对其进行合理的评价，需要建立科学性、统一性、适用性的指标体系。这里首先测度了西部各地区制造业的综合评价指数，从横向和纵向展开分析，用以反映各地区综合承接能力的强弱及随时间的变化趋势；其次从产业吸引拉力、产业支撑动力和产业发展潜力三个层面进行度量，具体分析各地区三类承接能力的强弱，以突显地区的不同优势。

（一）研究方法

熵权 TOPSIS 法将传统 TOPSIS 法进行了改进，是熵权法与 TOPSIS 法二者优势的结合。核心思想是先通过熵权法确定各指标的权重大小，然后依据 TOPSIS 法的原理对各评价指标进行量化排序。熵权法主要利用各指标的相关信息客观地确定其权重，不仅能弱化主观判断造成的误差，较客观地反映各指标在指标体系中的重要程度，而且能体现指标权重随时间变化的情况，因此非常适合西部地区承接制造业转移能力评价研究；TOPSIS 法是根据各测量指标与最优方案和最劣方案的相对距离，度量其与理想方案的相对贴近度，从而将测量指标进行量化排序，能够保证测度结果的合理性和客观性（杜挺等，2014）。熵权 TOPSIS 法主要的计算步骤如下。

首先，构建西部地区承接制造业转移能力标准化决策矩阵。

一般将指标分为正向和负向，正向指标越大越优，负向指标越小越优。为使西部地区承接制造业转移能力评价体系中的各指标具有一致性及可比性，将各指标 X_{ij} 使用极差法进行处理：

$$Y_{ij} = \frac{X_{ij} - \min(X_{ij})}{\max(X_{ij}) - \min(X_{ij})} \quad (i = 1, 2, \cdots, n; j = 1, 2, \cdots, m)$$

$$(11-31)$$

$$Y_{ij} = \frac{\max(X_{ij}) - X_{ij}}{\max(X_{ij}) - \min(X_{ij})} \quad (i = 1, 2, \cdots, n; j = 1, 2, \cdots, m)$$

$$(11-32)$$

其中，i 代表省份；j 代表测度指标；X_{ij} 和 Y_{ij} 分别代表原始的和标准化后的承接制

造业转移能力测度指标值；$\max(X_{ij})$ 和 $\min(X_{ij})$ 分别代表同一指标下的最大值及最小值。根据式（11-31）和式（11-32）的标准化结果，构建标准化决策矩阵 $\boldsymbol{F} = (Y_{ij})_{n \times m}$。

其次，采用熵权法确定各指标的权重。

这里先要计算西部地区承接制造业转移能力指标体系中各测度指标 Y_{ij} 的信息熵 E_j：

$$E_j = -\frac{1}{\ln(n)} \sum_{i=1}^{n} \left[\left(Y_{ij} \Big/ \sum_{i=1}^{n} Y_{ij} \right) \ln \left(Y_{ij} \Big/ \sum_{i=1}^{n} Y_{ij} \right) \right] \tag{11-33}$$

再计算西部地区承接制造业转移能力指标体系中各测度指标 Y_{ij} 的权重 W_j：

$$W_j = (1 - E_j) \Big/ \sum_{j=1}^{m} (1 - E_j) \tag{11-34}$$

进而构建西部地区承接制造业转移能力测度指标的加权矩阵 $\boldsymbol{R}$：

$$\boldsymbol{R} = (r_{ij})_{n \times m} \tag{11-35}$$

其中，$r_{ij} = W_j \times Y_{ij}$。

最后，计算各测度方案和理想方案的相对贴近度。

根据加权矩阵 $\boldsymbol{R}$ 确定最优解 Q_j^+ 和最劣解 Q_j^-：

$$Q_j^+ = (\max r_{i1}, \max r_{i2}, \cdots, \max r_{im}) \tag{11-36}$$

$$Q_j^- = (\min r_{i1}, \min r_{i2}, \cdots, \min r_{im}) \tag{11-37}$$

据此计算各测度方案与最优解和最劣解的欧式距离：

$$d_i^+ = \sqrt{\sum_{j=1}^{m} (Q_j^+ - r_{ij})^2} \tag{11-38}$$

$$d_i^- = \sqrt{\sum_{j=1}^{m} (Q_j^- - r_{ij})^2} \tag{11-39}$$

其中，$i = 1, 2, \cdots, n; 0 \leqslant d_i^+ \leqslant 1, 0 \leqslant d_i^- \leqslant 1$。

最终得出综合评价得分 UT_i：

$$UT_i = \frac{d_i^-}{d_i^+ + d_i^-}, \quad UT_i \in [0, 1] \tag{11-40}$$

各地区承接制造业转移能力与最优解 d_i^+ 的距离越小越好，与最劣解 d_i^- 的距离越大越好，因此 UT_i 的值越大表明 i 省份的承接制造业转移能力越强，反之，i 省份的承接制造业转移能力越弱。

（二）实证分析

要确定研究的时空范围。时间上，这里选择 2013～2017 年这一时间段，以把握现阶段西部地区承接制造业转移能力的现实状况，这一时间段也和中国经济新常态相吻合；空间上，这里重点研究西部地区，而对于西部地区包括的省份学术界没有明确的界定，由于这里关注的侧重点在空间区位上，因此选择经济地理视角下有关西部地区的界定，即重庆、四川、贵州、云南、西藏、陕西、甘肃、青海、宁夏、新疆 10 个省域。具体如表 11－30 所示。基础数据均来源于 2014～2018 年各年的《中国统计年鉴》《中国环境统计年鉴》《中国能源统计年鉴》《中国分省份市场化指数报告》以及各省份的统计年鉴。由于文教体育用品制造业（C24）、化学纤维制造业（C28）、废弃资源和废旧材料回收加工业（C43）的数据缺失严重，暂不考虑。另外，由于青海和西藏统计数据缺失严重，为避免分析偏差，这里未对此二省域展开研究。采用熵权 TOPSIS 法测度西部地区的承接制造业转移能力，其中承接制造业转移能力综合评价指数 UT_i 的大小反映了各地区承接制造业转移能力的强弱。

表 11－30　　2013～2017 年西部地区承接制造业转移能力综合评价得分

地区	2013 年	2014 年	2015 年	2016 年	2017 年
重庆	0.5984	0.8828	0.8878	0.8167	0.8082
四川	0.6825	0.7627	0.8702	0.9709	0.9246
贵州	0.0915	0.1237	0.2648	0.3626	0.1811
云南	0.1022	0.1991	0.2301	0.2571	0.2526
陕西	0.8369	0.7431	0.7438	0.7504	0.7489
甘肃	0.0817	0.1104	0.1001	0.0836	0.0224
宁夏	0.3007	0.2969	0.3710	0.3759	0.4191
新疆	0.2729	0.2961	0.3498	0.3462	0.3491

横向来看，2013 年 UT 值最大的两个地区为四川和陕西，说明这两个地区承接能力强；其次是重庆，其承接能力较强；宁夏和新疆承接能力中等；云南承接能力较弱；贵州和甘肃承接能力弱，其中承接能力最强的四川和承接能力最弱的甘肃的 UT 值相差 0.7551。到 2017 年，四川、陕西、重庆的 UT 值遥遥领先于其他地区，说明这三个地区承接能力强；宁夏的 UT 值次之，承接能力较强；新疆和云南的承接能力中等；贵州承接能力较弱；甘肃 UT 值与其他地区差别较大，特别是四川，二者之间相差 0.9022，承接能力弱。这表明西部各地区承接制造

转移能力具有差异性，其中承接能力强的地区和承接能力弱的地区间差距较为明显。

纵向来看，2013～2017年，四川、重庆的 UT 值上升趋势最为明显，表明这两个地区后发优势明显、承接能力显著增强；云南、贵州、宁夏和新疆的 UT 值存在较为明显的上升趋势，表明这四个地区有一定的制造业发展潜力、承接能力逐渐在增强，但相对而言，贵州、云南和新疆的承接能力依旧较弱；陕西和甘肃的 UT 值整体而言存在下降趋势，说明随着时间的推移其承接能力在持续减弱。以上分析表明大部分地区的 UT 值基本呈现上升趋势，这意味着西部地区的承接制造业转移能力在增强，这与中国部分制造业行业从中心转向外围区域形成印证。

下面从产业吸引拉力、产业支撑动力、产业发展潜力等三个方面对西部地区承接制造业转移能力进行结构性分析，三方面的评价得分如表 11-31 所示。为节约篇幅，同时也是为了能更好地体现出变动特征，这里重点分析 2013 年和 2017 年的状况。

表 11-31　2013～2017 年西部地区产业吸引拉力、产业支撑动力、产业发展潜力评价得分

地区	产业吸引拉力		产业支撑动力		产业发展潜力	
	2013 年	2017 年	2013 年	2017 年	2013 年	2017 年
重庆	0.2699	0.3796	0.6958	0.6818	0.6401	0.5994
四川	0.5004	0.5110	0.5218	0.6391	0.6543	0.6382
贵州	0.2923	0.1488	0.3530	0.4344	0.2590	0.1843
云南	0.3084	0.2126	0.3594	0.4554	0.1733	0.2214
陕西	0.4807	0.4667	0.6587	0.6124	0.4714	0.4379
甘肃	0.2776	0.1498	0.3364	0.3423	0.2800	0.1542
宁夏	0.3752	0.3237	0.3536	0.3560	0.4535	0.5226
新疆	0.3732	0.3475	0.3674	0.3299	0.3531	0.3854

（1）产业吸引拉力。根据表 11-31 中 2013～2017 年西部地区产业吸引拉力评价得分，不难发现如下信息。横向来看，2013 年吸引拉力最强的两个地区为四川和陕西，UT 值大于 0.3752；其次是宁夏和新疆，UT 值介于 0.3084～0.3752，吸引拉力较强；云南吸引拉力中等，UT 值为 0.3084；贵州的吸引拉力较弱；甘肃、重庆的吸引拉力弱，UT 值均小于 0.2923。到 2017 年，吸引拉力强的地区仍为四川和陕西，UT 值均大于 0.3796；重庆吸引拉力较强；新疆、宁夏的 UT 值介于 0.2126～0.3475，吸引拉力中等；云南吸引拉力较弱；甘肃、贵州的 UT 值小于 0.2126，吸引拉力弱。纵向来看，2013～2017 年，四川、重庆的 UT 值均呈现

上升趋势，表明这两个地区吸引拉力持续增强；陕西的 UT 值基本保持不变，说明陕西的吸引拉力并未发生显著的变化；云南、宁夏和新疆的 UT 值存在较小幅度的下降、甘肃和贵州的下降趋势明显，表明这些地区的吸引拉力不但没有增强反而有所减弱，可见地区间的产业吸引拉力存在一定的差异。

（2）产业支撑动力。根据表 11-31 中 2013~2017 年西部地区产业支撑动力评价得分，可得如下结论。横向来看，2013 年重庆和陕西的产业支撑动力 UT 值大于 0.5218，支撑动力较强；其次是四川，支撑动力较强；新疆的支撑动力中等；贵州、云南和宁夏的 UT 值介于 0.3364~0.3594，支撑动力较弱；甘肃的支撑动力弱，UT 值为 0.3364。到 2017 年，支撑动力强的地区为重庆，其 UT 值为 0.6818；四川、陕西的 UT 值介于 0.4554~0.6391，支撑动力较强；云南、贵州的 UT 值介于 0.3560~0.4554 之间，支撑动力中等；宁夏的支撑动力较弱；甘肃、新疆的 UT 值小于 0.3560，支撑动力弱。纵向来看，2013~2017 年，陕西和新疆的产业支撑动力 UT 值呈下降趋势，表明这个两个地区的支撑动力逐渐减弱；重庆的 UT 值基本保持不变，即产业支撑动力能力无明显的变化；其他地区的 UT 值均呈现上升趋势。总体而言，西部地区的产业支撑动力 UT 值呈增长趋势，说明产业支撑动力有进一步增强的空间。

（3）产业发展潜力。根据表 11-31 中 2013~2017 年西部地区产业发展潜力评价得分，不难发现下述信息。横向来看，2013 年发展潜力强的两个地区为四川和重庆，产业发展潜力 UT 值大于 0.4714；其次是陕西和宁夏，UT 值介于 0.3531~0.4714，发展潜力较强；新疆发展潜力中等；甘肃和贵州的发展潜力较弱，UT 值在 0.1736~0.2800；云南的发展潜力偏弱。到 2017 年，发展潜力强的地区仍为四川和重庆，UT 值均大于 0.5226；宁夏发展潜力较强；新疆和陕西的 UT 值介于 0.2214~0.4379，发展潜力中等；云南发展潜力较弱；甘肃和贵州的 UT 值小于 0.2214，发展潜力偏弱。纵向来看，2013~2017 年，宁夏的产业发展潜力 UT 值呈现上升趋势且增幅较明显，表明宁夏发展潜力持续增强；云南和新疆的 UT 值也有不同程度的增加，表明这两个地区的发展潜力也有所增强；四川的 UT 值基本保持不变，说明四川的发展潜力并未发生显著的变化；重庆、陕西、贵州和甘肃的 UT 值均呈现下降态势，特别是甘肃，下降幅度较大，表明这些地区的发展潜力有所减弱，进一步可以发现各地区间的产业发展潜力存在一定的差异性。

从综合承接能力上看，西部大部分地区承接能力呈现上升趋势，特别是重庆、四川和云南上升幅度较大，但与此同时地区间存在显著的差距，其中四川、重庆、陕西的承接能力显著强于其他地区，特别是甘肃和贵州。此外，由于要素禀赋、地理位置、产业布局和地区经济发展状况等的不同，各地区的产业吸引拉力、产业支撑动力和产业发展潜力也存在一定的差距。

四、西部地区承接重点产业的选择

由前面可知，近年来西部地区的制造业承接能力有所增强，这为承接产业转移提供了强劲动力。但西部各地区由于产业吸引拉力、产业发展潜力、产业支撑动力等方面有所不同，所能承接的产业也会有所差异。若无选择盲目承接转移产业，不仅会造成生产效率低下、资源浪费等问题，还会引发政府间的恶性竞争、生产成本上升、产业结构优化升级受阻及规模经济效应损失等不良后果。因此，可根据各地区的比较优势、结合东部地区具有转移趋势的产业，确定西部各地区承接的重点产业，并依托其重点产业进行承接能够发挥自身承接能力的优势，进而提高转入产业的存活率和正向效应，为经济的高质量发展奠定基础。这里以西部地区的综合承接能力为基础，进一步通过产业梯度系数测度西部各省份的优势产业，并结合东部地区的转移产业得出西部地区承接的重点产业。

(一) 西部地区的产业梯度系数及优势产业分析

产业梯度转移理论，最早起源于产品生命周期理论，之后被引入区域经济学。从区域经济学的视角，梯度是地区间经济发展水平差异在空间上的展示。虽然梯度理论受到部分学者的质疑，但就中国经济发展现实来看，中国区域经济符合梯度理论的表述，因而得到了多数学者的认可。戴宏伟（2006）对产业梯度的内涵进行了明确的界定，认为产业梯度是国家或地区间由于资源禀赋、产业基础、技术水平等的差距及产业分工差异在产业结构上引发的阶梯状差距，主要受技术创新和产业集中度的影响，因此，将产业梯度水平用比较劳动生产率和区位熵的乘积加以表示。关于产业转移与承接的研究中多采用区位熵，但区位熵仅仅反映了产业的专业化水平，产业梯度系数的测算中引入了比较劳动生产率，可以有效避免了仅依赖区位熵测算带来的误差，因此被广泛用于优势产业选择的研究中。这里使用产业梯度系数来确定西部地区的优势制造产业，i 地区 j 产业的产业梯度系数表示为：

$$IG_{ij} = LQ_{ij} \times CPOR_{ij} \qquad (11-41)$$

其中，LQ_{ij} 为 i 地区 j 产业的区位熵，$LQ_{ij} = \dfrac{y_{ij} \bigg/ \sum\limits_{j=1}^{m} y_{ij}}{\sum\limits_{i=1}^{n} y_{ij} \bigg/ \sum\limits_{j=1}^{m} \sum\limits_{i=1}^{n} y_{ij}}$，表示 i 地区 j 产业

总产值占本地区 m 个产业总产值的份额与全国 j 产业总产值占全国 m 个产业总产

值的份额之比。$CPOR_{ij}$ 为比较劳动生产率，$CPOR_{ij} = \dfrac{y_{ij} \bigg/ \sum\limits_{i=1}^{n} y_{ij}}{x_{ij} \bigg/ \sum\limits_{i=1}^{n} x_{ij}}$，表示 i 地区 j 产

业总产值占全国 j 产业总产值的比重与 i 地区 j 产业的从业人数占全国 j 产业的从业
人数的比重之比。产业梯度系数的大小反映了地区产业的竞争优势，如果 $IG_{ij} > 1$，
表示 i 地区 j 产业具有一定的竞争优势，是该地区的相对优势产业。

　　西部地区凭借其优势产业进行承接可以充分发挥承接能力，从而提升制造业
转移的成功率和正向效应，带动地区的经济发展。由表 11 - 32 可知，西部地区
的产业梯度系数不高，具有优势的产业主要为劳动密集型产业和原材料加工产
业，尤其是原材料加工产业，它们都是低附加值产业。2013 年，整体上四川、
贵州和陕西的优势产业数目最多，产业发展基础较好；其次是云南和甘肃；重
庆、宁夏和新疆的优势产业数目相对较少。具体来看，梯度系数大于 10 的有：
云南的橡胶和塑料制品业（$C29$）和烟草制品业（$C16$）、甘肃和新疆的石油加
工、炼焦和核燃料加工业（$C25$）。梯度系数在 5 ~ 10 之间的有：陕西的烟草制
品业（$C16$）、甘肃的其他制造业（$C41$）。梯度系数在 1 ~ 5 之间的行业，重庆有
6 个，四川有 9 个，贵州有 11 个，云南有 6 个，陕西有 12 个，甘肃有 6 个，新
疆有 4 个。到 2017 年，整体上四川、贵州和宁夏的优势产业数目相对有所增加，
云南、新疆和重庆基本保持不变，甘肃明显减少。具体而言，梯度系数大于 10
的行业有：四川的计算机、通信和其他电子设备制造业（$C39$），贵州的酒、饮
料和精制茶制造业（$C15$），云南的烟草制品业（$C16$），甘肃和新疆的石油加工、
炼焦和核燃料加工业（$C25$）。梯度系数在 5 ~ 10 之间的行业有：重庆的汽车制
造业（$C36$），计算机、通信和其他电子设备制造业（$C39$），四川的酒、饮料和
精制茶制造业（$C15$），甘肃的有色金属冶炼和压延加工业（$C32$），宁夏的纺织
业（$C17$），仪器仪表制造业（$C40$）。梯度系数在 1 ~ 5 之间的行业，重庆有 2
个，四川有 12 个，贵州有 13 个，云南有 6 个，陕西有 11 个，甘肃有 2 个，宁夏
有 6 个，新疆有 4 个。通过以上分析可知，2013 ~ 2017 年，西部大部分地区的优
势产业数目在增加，说明西部地区的后发优势逐渐被释放，产业发展的环境有所
改善，但地区间及行业间的差异仍然较大。

表 11-32 西部地区优势制造产业及其产业梯度系数

地区	2013 年	2017 年
重庆	C20（1.01）；C22（1.06）；C23（1.30）；C36（2.79）；C37（4.15）；C38（1.17）	C30（1.12）；C36（7.73）；C37（4.30）；C39（9.83）
四川	C13（1.04）；C14（1.19）；C21（1.51）；C23（1.49）；C27（1.32）；C30（1.07）；C34（1.26）；C36（1.07）；C41（1.35）	C13（1.07）；C15（6.72）；C21（1.40）；C23（1.82）；C25（1.00）；C26（1.02）；C27（1.12）；C29（1.10）；C30（1.38）；C31（1.45）；C34（1.66）；C35（1.35）；C39（16.30）；C41（1.18）
贵州	C14（1.12）；C15（4.45）；C16（1.07）；C20（2.03）；C26（1.12）；C27（3.08）；C29（1.48）；C30（2.36）；C31（1.09）；C37（1.46）；C41（2.17）	C14（1.51）；C15（15.79）；C16（2.78）；C18（1.19）；C19（1.04）；C21（1.85）；C23（1.82）；C26（1.63）；C27（2.40）；C29（1.92）；C30（4.02）；C33（1.20）；C37（2.28）；C39（1.48）；C41（5.55）
云南	C15（4.69）；C16（18.59）；C23（1.05）；C26（3.26）；C29（16.98）；C30（1.90）；C31（1.69）；C32（3.19）	C15（1.13）；C16（22.46）；C25（1.00）；C26（1.11）；C27（1.32）；C31（1.38）；C32（2.25）
陕西	C13（1.04）；C14（1.77）；C15（1.37）；C16（5.68）；C25（3.33）；C27（1.54）；C30（1.35）；C31（1.19）；C32（2.12）；C35（1.11）；C37（1.79）；C40（1.07）；C41（1.13）	C13（1.24）；C14（1.37）；C15（2.37）；C23（1.72）；C25（2.07）；C26（1.64）；C27（1.73）；C30（1.24）；C32（1.69）；C35（1.32）；C37（1.98）
甘肃	C15（1.29）；C16（1.28）；C25（12.86）；C30（1.08）；C31（2.65）；C32（3.48）；C38（1.75）；C41（6.29）	C16（5.25）；C25（14.97）；C32（6.50）；C41（3.57）
宁夏	C14（3.32）；C17（3.30）；C25（2.78）；C32（2.04）；C41（1.55）	C14（3.56）；C15（1.69）；C16（1.41）；C17（6.00）；C25（4.60）；C26（1.85）；C32（1.84）；C40（7.30）
新疆	C14（1.38）；C25（20.39）；C31（1.58）；C32（1.55）；C38（3.41）	C25（24.36）；C26（1.60）；C31（1.40）；C32（3.85）；C38（1.93）

注：根据国家统计局发布的《国民经济行业分类》国家标准（GB/T 4754－2011），分类如下：C13：农副食品加工业；C14：食品制造业；C15：酒、饮料和精制茶制造业；C16：烟草制造业；C17：纺织业；C18：纺织服装、服饰业；C19：皮革、毛皮、羽毛及其制品业和制鞋业；C20：木材加工和木、竹、藤、棕、草制品业；C21：家具制造业；C22：造纸和纸制品业；C23：印刷和记录媒介复制业；C24：文教、工美、体育和娱乐用品制造业；C25：石油加工、炼焦和核燃料加工业；C26：化学原料和化学制品制造业；C27：医药制造业；C28：化学纤维制造业；C29：橡胶和塑料制品业；C30：非金属矿物制品业；C31：黑色金属冶炼和压延加工业；C32：有色金属冶炼和压延加工业；C33：金属制品业；C34：通用设备制造业；C35：专用设备制造业；C36：汽车制造业；C37：铁路、船舶、航空航天和其他运输设备制造业；C38：电气机械和器材制造业；C39：计算机、通信和其他电子设备制造业；C40：仪表仪器制造业；C41：其他制造业；C42：废弃资源综合利用业；C43：金属制品、机械和设备修理业。

（二）西部地区承接制造业转移的行业选择

西部各地区的优势产业既是各省域自身具有竞争力的产业，也是有能力承接东部地区转移并得以发展壮大的主导性产业，但能否实现承接东部地区同类产业，还要综合考虑东部各地区该类产业是否也是优势产业、是否存在转移趋势，因此需进一步比较东部地区与西部地区该产业的相对情况。这里借鉴贺曲夫（2011）等的相对转移梯度法来确定西部地区重点承接东部地区转出的产业，即筛选出东部三个经济圈和西部各地区的产业梯度系数大于1的产业，将同一行业的梯度系数相除，得到东部三个经济圈对西部各地区的相对产业梯度系数，若其大于1，表明该产业具备从东部地区向西转移的动力。结合西部地区自身的优势得出从长三角、珠三角和京津冀三大区域重点承接的转移产业，如表11-33所示。

表11-33　　　　　　　　　西部地区对东部地区承接的重点产业

地区	长三角地区	珠三角地区	京津冀地区
重庆	$C30$；$C36$；$C37$；$C39$	$C27$；$C30$；$C36$；$C37$；$C39$	$C36$；$C37$；$C39$
四川	$C13$；$C14$；$C15$；$C21$；$C23$；$C27$；$C30$；$C35$；$C36$；$C39$；$C41$	$C13$；$C14$；$C15$；$C17$；$C21$；$C23$；$C27$；$C30$；$C31$；$C41$	$C15$；$C16$；$C39$；$C41$
贵州	$C14$；$C15$；$C16$；$C20$；$C27$；$C29$；$C30$；$C32$；$C41$	$C14$；$C15$；$C16$；$C20$；$C26$；$C27$；$C29$；$C30$；$C32$；$C41$	$C15$；$C16$；$C20$；$C27$；$C30$；$C32$；$C41$
云南	$C13$；$C15$；$C16$；$C23$；$C30$；$C31$；$C32$	$C15$；$C16$；$C26$；$C30$；$C31$；$C32$；$C41$	$C15$；$C16$；$C20$；$C27$；$C30$；$C41$
陕西	$C13$；$C14$；$C15$；$C23$；$C25$；$C27$；$C30$；$C32$；$C35$；$C37$；$C41$	$C13$；$C14$；$C15$；$C16$；$C27$；$C30$；$C32$；$C34$；$C35$；$C36$；$C37$；$C40$；$C41$	$C15$；$C16$；$C27$；$C32$；$C37$
甘肃	$C15$；$C16$；$C25$；$C30$；$C32$；$C41$	$C15$；$C16$；$C25$；$C30$；$C32$；$C41$	$C15$；$C16$；$C25$；$C32$；$C41$
宁夏	$C13$；$C14$；$C15$；$C17$；$C19$；$C21$；$C25$	$C14$；$C17$；$C19$；$C26$；$C32$	$C14$；$C17$；$C25$
新疆	$C14$；$C25$；$C30$；$C31$；$C32$；$C38$	$C14$；$C15$；$C16$；$C25$；$C31$；$C32$；$C38$	$C15$；$C16$；$C25$；$C32$；$C38$

综上所述，承接产业的重点产业选择既与转入地的产业承接能力直接相关，又与转出地的转出类型密切相关。由表11-32可知，重庆作为西部地区唯一的直辖市，承接三个经济圈的产业相对较均衡，重点承接的产业数目虽然较少，但具有较强的竞争力。其中主要有：汽车制造业（$C36$），铁路、船舶、航空航天和其他运输设备制造业（$C37$），计算机、通信和其他电子设备制造业（$C39$）等技术密集型产业。四川、陕西重点承接的产业数目相对较多，且主要集中在长三角和珠三角地区，多为农副食品加工业（$C13$），食品制造业（$C14$），酒、饮料和精制茶制造业（$C15$），印刷和记录媒介复制业（$C23$）等劳动密集型产业。此外，四川承接的重点产业还有非金属矿物制品业（$C30$）、黑色金属冶炼和压延加工业（$C31$）等原材料加工产业，以及医药制造业（$C27$），专用设备制造业（$C35$），计算机、通信和其他电子设备制造业（$C39$）等技术密集型产业。陕西

重点承接的原材料加工产业主要为：石油加工、炼焦和核燃料加工业（$C25$），非金属矿物制品业（$C30$），有色金属冶炼和压延加工业（$C32$）。技术密集型产业主要有：专用设备制造业（$C35$），铁路、船舶、航空航天和其他运输设备制造业（$C37$），仪器仪表制造业（$C40$）等。贵州、云南和甘肃承接三个经济圈的产业相对较均衡，承接的重点行业主要为：酒、饮料和精制茶制造业（$C15$），烟草制品业（$C16$）等劳动密集型产业，以及黑色金属冶炼和压延加工业（$C31$）、有色金属冶炼和压延加工业（$C32$）等原材料加工产业。宁夏的重点承接产业以长三角和珠三角地区的食品制造业（$C14$），纺织业（$C17$），皮革毛皮羽毛（绒）及其制品业（$C19$）等劳动密集型产业为主。新疆的重点承接产业除典型的劳动密集型产业外，也有石油加工、炼焦和核燃料加工业（$C25$），黑色金属冶炼和压延加工业（$C31$），有色金属冶炼和压延加工业（$C32$）等原材料加工产业。

综上所述，西部地区承接东部地区的产业转移主要集中在原材料加工产业和劳动密集型产业，这也符合西部地区资源要素禀赋的现实要求。根据新结构经济学的观点，资源禀赋是决定经济发展的重要因素，发展低附加值产业是实现西部经济发展的必经阶段。因此，西部地区依据自身优势发展相对优势产业是进一步实现西部经济高质量发展的必由之路。根据表 11 - 31 的结果也能发现下述几个问题：一是西部各省区重点承接的产业具有较高的相似性，从而在产业西移的过程中可能形成刚性竞争，这会引发地区间的"政府竞争"，因此需加强西部地区政府间的沟通与合作；二是西部地区承接的原材料加工产业大多会产生生态成本，可能会对生态环境造成不利影响，因此各地区政府须结合本地区生态环境特征来选择相关产业；三是承接过多的低附加值产业不利于制造业结构的快速转型升级，因而在产业引入和发展过程中须注重新旧动能转换问题。

五、结论及政策启示

本节基于 2013～2017 年西部地区面板数据，首先从产业吸引拉力、产业支撑动力、产业发展潜力视角出发构建西部地区承接制造业转移能力的指标评价体系，采用熵权 TOPSIS 法测度了西部地区承接制造业转移的能力，并从横向和纵向进行了分析；其次利用产业梯度系数计算了各地区的优势产业，在此基础之上通过比较其与东部地区（长三角地区、珠三角地区、京津冀地区）的相对产业梯度系数并结合各地区的要素禀赋、产业发展规划等得出：西部各地区重点承接东部地区（长三角地区、珠三角地区、京津冀地区）的转移产业。从制造业综合承接能力来看，随着时间的推移，西部大部分地区的承接能力有所增强，其中重庆、四川和云南最为明显，但同时地区间的差距较大，四川、陕西和重庆的承接能力明显强于其他省份，特别是甘肃和贵州。此外，由于地理位置、产业规划、基础设施等的差异，各地区的产业吸引拉力、产业支撑动力、产业发展潜力也有一定的差别，横向来看，四川、重庆、陕西的三类承接能力较强，甘肃、贵州较弱；纵向来看，各地区三类承接能力的变化趋势不尽相同。通过产业梯度系数的测算发现，西部地区的产业梯度系数整体并不高，优势产业数目相对较少，只有云南的橡胶和塑料制品业（$C29$）和烟草制品业（$C16$），甘肃和新疆的石油加工、炼焦和核燃料加工业（$C25$），四川的计算机、通信和其他电子设备制造业（$C39$），贵州的酒、饮料和精制茶制造业（$C15$）在全国范围内具有明显的竞争优势。但随着时间的推移，大部分地区的优势产业数目在增加，其中贵州、宁夏、四川的增加最为明显，说明西部地区的后发优势逐渐被释放、产业发展的环境有所改善、产业承接能力在增强。由东部三大经济圈对西部各地区的相对产业梯度系数可知，云南、重庆、甘肃和新疆承接东部各地区的产业数目相对较均衡；四川、贵州、陕西和宁夏承接长三角、珠三角地区的转移产业较多。此外，各地区重点承接的产业具有较高的相似性，多为低附加值产业。

综合以上研究结论，可以得出如下政策启示。

第一，西部地区省份应加强策略协调，有序承接符合自身发展要求的重点产业。西部地区合理有序承接转移产业是增强本地经济发展的内生动力，实现区域协调发展的重要途径，因此，西部地区政府有强劲的动力参与产业承接竞争，但各承接区域的优惠政策容易造成产业转移的重复布局。根据这里的研究发现，西部地区承接的产业具有趋同性，从而无法保证各地承接自己的优势产业，无法实现承接产业带来的规模经济和产业带动效应，还会造成地方政府间的恶性竞争。因此，西部地区省份应加强策略协调，制定科学有效的产业政策，充分考虑各自区位优势，协调与其他省份在承接产业选择上的策略，实现因地制宜进行承接。

第二，平衡好经济发展和生态保护间的关系，凭借区域资源要素禀赋科学合理承接制造业转移。承接转移是推动西部地区经济发展，实现区域一体化的必由之路。一方面，西部地区应科学合理地开发自然资源，弥补东部地区自然资源匮乏的短板，充分发挥自然资源的总量优势承接制造业转移；另一方面，在做好产业承接和经济发展的同时，要注重生态环境保护，科学利用资源优势发展经济。根据这里的研究，原材料加工制造业是西部地区承接的重点行业，这些行业容易产生生态成本，如果生态环境遭受影响，那么承接产业发展经济将变成不经济行为。

第三，快速推进西部地区制造业的新旧动能转换，提升西部地区制造业承接能力。制造业作为实体经济的主体，其发展模式由高速转向高质量的关键在于技术创新。研究认为，以技术创新为主的产业发展潜力是衡量产业承接能力的重要尺度。西部地区应加强与国内发达地区及国外的技术合作交流，通过技术的辐射效应激发本地的学习动力，加快推进"互联网＋工业"的实施，快速实现西部地区制造业的新旧动能转换，提升西部地区制造业承接能力。

第四，合理选择承接转入产业，推进西部地区制造业结构升级。纵观发达国家经济、产业发展的历程，产业结构优化升级是实现经济更高层次增长的必经之路。根据研究，中国中东部地区制造业存在着向西部地区转移的趋势和需要，但多数属于高能耗、低附加值行业，这不利于西部地区制造业结构快速升级。因此，西部地区需结合自身自然环境和经济发展历史条件，以优化升级制造业内部结构及相关产业结构为标尺，合理选择产业转入，注意避免盲目追求高速度、大范围的承接，实现制造业转移的平稳过渡，推进西部地区制造业结构升级。

主要参考文献

[1] 安树伟, 张晋晋. 2000 年以来我国制造业空间格局演变研究 [J]. 经济问题, 2016 (9).

[2] 敖梦娅. 产业集聚、劳动力流动与产业转移 [D]. 重庆: 西南大学, 2016.

[3] 白雪梅, 赵峰. 我国区域经济趋同速度研究——基于面板数据空间计量分析 [J]. 财经问题研究, 2011 (4): 108 - 105.

[4] 蔡昉, 都阳. 中国地区经济增长的趋同与差异——对西部开发战略的启示 [J]. 经济研究, 2000 (10): 30 - 37.

[5] 蔡昉, 王德文, 王美艳. 渐进式改革进程中的地区专业化趋势 [J]. 经济研究, 2002 (9): 24 - 30.

[6] 陈创练, 张帆, 张年华. 地理距离、技术进步与中国城市经济增长的空间溢出效应 [J]. 南开经济研究, 2017 (1): 23 - 43.

[7] 陈得文, 陶良虎. 中国区域经济增长趋同及其空间效应分解——基于 SUR 空间计量经济学分析 [J]. 经济评论, 2010 (3): 49 - 56.

[8] 陈敢. 论产业结构对经济增长的影响 [J]. 经济学家, 1992 (6): 86 - 92.

[9] 陈良文, 杨开忠. 地区专业化、产业集中与经济集聚——对我国制造业的实证分析 [J]. 经济地理, 2006 (S1): 72 - 75.

[10] 陈培阳, 朱喜钢. 中国区域经济趋同: 基于县级尺度的空间马尔可夫链分析 [J]. 地理科学, 2013 (11): 1302 - 1308.

[11] 程必定. 区域经济学 [M]. 合肥: 安徽人民出版社, 1989.

[12] 程李梅, 庄晋财, 李楚, 陈聪. 产业链空间演化与西部承接产业转移的 "陷阱" 突破 [J]. 中国工业经济, 2013 (8): 135 - 147.

[13] 崔远森，谢识予．资源禀赋与中国制造业出口竞争力——基于省际空间面板数据模型的检验 [J]．商业经济与管理，2013（12）：74－82．

[14] 戴宏伟，田学斌，陈永国．区域产业转移研究：以"大北京"经济圈为例 [M]．北京：中国物价出版社，2003：125－130．

[15] 戴宏伟．产业梯度产业双向转移与中国制造业发展 [J]．经济理论与经济管理，2006（12）：45－50．

[16] 戴觅，茅锐．产业异质性、产业结构与中国省际经济收敛 [J]．管理世界，2015（6）：34－46．

[17] 邓明，钱争鸣．我国省际知识生产及其空间溢出的动态时变特征——基于 Spatial SUR 模型的经验分析 [J]．数理统计与管理，2013（4）：571－585．

[18] 邓翔．中国地区差距的分解及其启示 [J]．四川大学学报（哲学社会科学版），2002（2）：31－36．

[19] 董晓峰，张志强，刘理臣．兰州都市圈发展可行性与发展战略研究 [J]．地球科学进展，2006（3）：235－241．

[20] 杜挺，谢贤健，梁海艳，黄安，韩全芳．基于熵权 TOPSIS 和 GIS 的重庆市县域经济综合评价及空间分析 [J]．经济地理，2014，34（6）：40－47．

[21] 樊福卓，黄敏．中国工业地区专业化发展趋势与特征：1993～2017 年 [J]．上海立信会计金融学院学报，2019（4）：98－107．

[22] 樊福卓．地区专业化的度量 [J]．经济研究，2007（9）：71－83．

[23] 樊福卓．中国工业地区专业化结构分解：1985～2006 年 [J]．经济与管理，2009（9）：15－19．

[24] 樊士德，沈坤荣，朱克朋．中国制造业劳动力转移刚性与产业区际转移——基于核心—边缘模型拓展的数值模拟和经验研究 [J]．中国工业经济，2015（11）．

[25] 范剑勇，李方文．中国制造业空间集聚的影响：一个综述 [J]．南方经济，2011（6）．

[26] 范剑勇．长三角一体化、地区专业化与制造业空间转移 [J]．管理世界，2004（11）：77－84＋96．

[27] 范剑勇．市场一体化、地区专业化与产业集聚趋势——兼谈对地区差距的影响 [J]．中国社会科学，2004（6）：39－51＋204－205．

[28] 范剑勇，朱国林．中国地区差距演变及其结构分解 [J]．管理世界，2002（7）：37－44

[29] 高云虹，任建辉，周岩．中西部地区产业承接的重点行业选择——基

于商务成本的视角［J］. 财经科学，2013（11）：84 – 92.

［30］高云虹，王美昌. 中西部地区产业承接的重点行业选择［J］. 经济问题探索，2012（5）：131 – 136.

［31］龚晓菊，刘祥东. 产业区域梯度转移及行业选择［J］. 产业经济研究，2012（4）：89 – 94.

［32］郭丽娟，邓玲. 我国西部地区承接产业转移存在的问题及对策［J］. 经济纵横，2013（8）：72 – 76.

［33］韩艳红. 我国欠发达地区承接发达地区产业转移问题研究［D］. 长春：吉林大学，2013.

［34］贺灿飞，梁进社. 中国区域经济差异的时空变化：市场化、全球化与城市化［J］. 管理世界，2004（8）：8 – 17.

［35］贺灿飞，朱彦刚，朱晟君. 产业特性、区域特征与中国制造业省区集聚［J］. 地理学报，2010，65（10）：1218 – 1228.

［36］贺清云，蒋菁，何海兵. 中国中部地区承接产业转移的行业选择［J］. 经济地理，2010，30（6）：960 – 964 + 997.

［37］贺曲夫，刘友金. 基于产业梯度的中部六省承接东南沿海产业转移之重点研究［J］. 湘潭大学学报（哲学社会科学版），2011，35（5）：71 – 75.

［38］洪国志，胡华颖，李郁. 中国区域经济发展收敛的空间计量分析［J］. 地理学报，2010，65（12）：1548 – 1558.

［39］胡安俊，孙久文. 中国制造业转移的机制、次序与空间模式［J］. 经济学（季刊），2014（4）.

［40］胡峰，黄登峰，向荣，袭讯. 中国乳制品出口流量及潜力研究——"一带一路"沿线35个国家的证据［J］. 农业技术经济，2020（5）：130 – 142.

［41］胡兆量. 我国工业布局的新动态［J］. 河南科学，1987（1）：100 – 106.

［42］黄德森，杨朝峰. 基于空间效应的区域创新能力收敛性分析［J］. 软科学，2017（1）：44 – 48.

［43］黄顺魁，王裕瑾，张可云. 中国制造业八大区域转移分析——基于偏离—份额分析［J］. 经济地理，2013，33（12）：90 – 96.

［44］蒋金荷. 我国高技术产业同构性与集聚的实证分析［J］. 数量经济技术经济研究，2005（12）：91 – 97 + 149.

［45］蒋媛媛. 我国东部制造业企业迁移的趋势及其机理［J］. 经济管理，2009（1）：49 – 54.

［46］金煜，陈钊，陆铭. 中国的地区工业集聚：经济地理、新经济地理与

经济政策 [J]. 经济研究，2006（4）.

[47] 阚丽娜，李路堂，孔令成. 基于空间计量模型的陕西省县域经济趋同性研究 [J]. 中国科技论坛，2013（9）：79-83.

[48] 柯善咨，夏金坤. 中原城市群的集聚效应和回流作用 [J]. 中国软科学，2010（10）：93-103.

[49] 李丁，冶小梅，汪胜兰，陈强. 基于 ESDA—GIS 的县域经济空间差异演化及驱动力分析——以兰州—西宁城镇密集区为例 [J]. 经济地理，2013（5）：31-36.

[50] 李敦瑞. "一带一路" 背景下的产业转移与中国全球价值链地位提升 [J]. 西安财经学院学报，2018，31（5）：78-84.

[51] 李萍，马庆. 中国地区专业化水平的测度：基于省际数据的研究 [J]. 四川大学学报（哲学社会科学版），2014（3）：77-85.

[52] 李伟，贺灿飞. 劳动力成本上升与中国制造业空间转移 [J]. 地理科学，2017（9）.

[53] 李文强. 都市圈产业结构演化研究 [D]. 上海：上海交通大学，2011.

[54] 李晓阳，黄奕翔. 中国劳动力流动与区域经济增长的空间联动研究 [J]. 中国人口科学，2014（1）：55-65.

[55] 李振发，贺灿飞，黎斌. 中国出口产品地区专业化 [J]. 地理科学进展，2018，37（7）：963-975.

[56] 梁进社，孔健. 基尼系数和变差系数对区域不平衡性度量的差异 [J]. 北京师范大学学报（自然科学版），1998（3）：409-413.

[57] 林光平，龙志和，吴梅. 中国地区经济 σ 收敛的空间计量实证分析 [J]. 数量经济技术经济研究，2006（4）：14-21.

[58] 林毅夫，刘明兴. 中国的经济增长收敛与收入分配 [J]. 世界经济，2003（8）：3-14.

[59] 刘红光，刘卫东，刘志高. 区域间产业转移定量测度研究——基于区域间投入产出表分析 [J]. 中国工业经济，2011（6）：79-88.

[60] 刘华军，裴延峰，贾文星. 中国城市群发展的空间差异及溢出效应研究——基于1992~2013年 DMSP/OLS 夜间灯光数据的考察 [J]. 财贸研究，2017（11）：1-12.

[61] 刘明，王思文. β 收敛、空间依赖与中国制造业发展 [J]. 数量经济技术经济研究，2018（2）：3-23.

［62］刘明，赵彦云．基于投入要素的中国制造业省域空间溢出效应：测度与实证［J］．数理统计与管理，2018（1）：122－134．

［63］刘明．空间集聚与中国制造业增长——基于2008～2013年省域数据［J］．经济问题探索，2017（5）：182－190．

［64］刘明．新能源产业国际贸易关系及中国现状——基于空间引力模型［J］．中国流通经济，2015，29（8）：94－99．

［65］刘青峰，姜书竹．从贸易引力模型看中国双边贸易安排［J］．浙江社会科学，2002（6）：16－19．

［66］刘清春，张莹莹，李传美．基于空间杜宾模型的山东省制造业时空分异研究［J］．地理科学，2017（5）。

［67］刘生龙，王亚华，胡鞍钢．西部大开发成效与中国区域经济收敛［J］．经济研究，2009（9）：94－105．

［68］刘勇．交通基础设施投资、区域经济增长及空间溢出作用［J］．中国工业经济，2010（12）：37－46．

［69］卢瑞．县域经济增长β趋同的空间计量分析——以黑龙江省为例［J］．经济师，2011（2）：234－238．

［70］罗胤晨，谷人旭，王春萌，等．县域工业集聚的空间效应分析及其影响因素——基于长江三角洲地区的实证研究［J］．经济地理，2015（12）：120－128．

［71］罗胤晨，谷人旭．1980～2011年中国制造业空间集聚格局及其演变趋势［J］．经济地理，2014，34（7）：82－89．

［72］罗勇，曹丽莉．中国制造业集聚程度变动趋势实证研究［J］．经济研究，2005（8）：106－115＋127．

［73］马光荣．财政分权、地方保护与中国的地区专业化［J］．南方经济，2010（1）：15－27．

［74］毛琦梁，董锁成，黄永斌，等．首都圈产业分布变化及其空间溢出效应分析——基于制造业从业人数的实证研究［J］．地理研究，2014（5）：899－914．

［75］毛琦梁，王菲，李俊．新经济地理、比较优势与中国制造业空间格局演变——基于空间面板数据模型的分析［J］．产业经济研究，2014（2）。

［76］倪前龙，倪波．区域主导产业选择的原则和指标［J］．西南民族学院学报（哲学社会科学版），1993（3）：7－10．

［77］潘文卿．中国的区域关联与经济增长的空间溢出效应［J］．经济研究．2012（1）：54－65．

［78］潘文卿．中国区域经济差异与收敛［J］．中国社会科学，2010（1）：

72 - 84.

[79] 冉泽泽. 基于 ESDA 的经济空间差异实证研究——以丝绸之路经济带中国西北段核心节点城市为例 [J]. 经济地理, 2017 (5): 28 - 34.

[80] 沈能, 赵增耀, 周晶晶. 生产要素拥挤与最优集聚度识别——行业异质性的视角 [J]. 中国工业经济, 2014 (5): 83 - 95.

[81] 石奇, 孔群喜. 实施基于比较优势要素和比较优势环节的新式产业政策 [J]. 中国工业经济, 2012 (12).

[82] 史修松, 赵曙东. 中国经济增长的地区差异及其收敛机制 (1978 ~ 2009 年) [J]. 数量经济技术经济研究, 2011 (1): 51 - 62.

[83] 苏治, 徐淑丹. 中国技术进步与经济增长收敛性测度——基于创新与效率的视角 [J]. 中国社会科学, 2015 (7): 4 - 25.

[84] 孙久文. 区域经济学 [M]. 北京: 首都经济贸易大学出版社, 2006.

[85] 孙明. 辽宁省主导产业选择基准及其方法研究 [D]. 北京: 北京邮电大学, 2013.

[86] 孙向伟, 陈斐, 李峰. 五大区区域经济增长收敛性的动态空间计量分析 [J]. 统计与决策, 2017 (4): 97 - 101.

[87] 覃成林. 中国区域经济差异研究 [M]. 北京: 中国经济出版社, 1997.

[88] 覃成林, 熊雪如. 我国制造业产业转移动态演变及特征分析——基于相对净流量指标的测度 [J]. 产业经济研究, 2013 (1).

[89] 谭秀杰, 周茂荣. 21 世纪"海上丝绸之路"贸易潜力及其影响因素——基于随机前沿引力模型的实证研究 [J]. 国际贸易问题, 2015 (2): 3 - 12.

[90] 陶长琪, 郭毅. 中国低技术制造业转移粘性测算 [J]. 统计与信息论坛, 2019, 34 (7): 92 - 100.

[91] 陶良虎. 国内外产业转移与中部地区产业承接问题研究 [J]. 理论月刊, 2010 (1): 5 - 11.

[92] 陶满. 中国区域经济增长差异和趋同的空间计量分析 [D]. 长沙: 湖南大学, 2011.

[93] 屠锦敏, 屈鹏举, 董晓峰. 兰州都市圈建设研究 [J]. 城市发展研究, 2006 (1): 7 - 10.

[94] 万庆, 曾菊新. 基于空间相互作用视角的城市群产业结构优化——以武汉城市群为例 [J]. 经济地理, 2013 (7): 102 - 108.

[95] 王辰. 主导产业的选择理论与我国主导产业的选择 [J]. 经济学家,

1995（3）：115 - 122.

［96］王健．基于偏离——份额分析法的京津冀都市圈工业结构研究［J］．统计与决策，2013（20）：131 - 135.

［97］王瑞，温怀德．中国对"丝绸之路经济带"沿线国家农产品出口潜力研究——基于随机前沿引力模型的实证分析［J］．农业技术经济，2016（10）：116 - 126.

［98］王业强，魏后凯．产业特征、空间竞争与制造业地理集中——来自中国的经验证据［J］．管理世界，2007（4）．

［99］王子龙，谭清美，许箫迪．高技术产业集聚水平测度方法及实证研究［J］．科学学研究，2006（5）：706 - 714.

［100］韦伟．中国经济发展中的区域差异与区域协调［M］．合肥：安徽人民出版社，1995.

［101］魏后凯．论我国区际收入差异的变动格局［J］．经济研究，1992（4）：61 - 65 + 55.

［102］魏后凯．中国地区间居民收入差异及其分解［J］．经济研究，1996（11）：66 - 73.

［103］魏后凯，刘楷，等．中国地区发展：经济增长、制度变迁与地区差异［M］．北京：经济管理出版社，1997.

［104］魏后凯．论我国经济发展中的区域收入差异［J］．经济科学，1990（2）．

［105］魏后凯．中国地区经济增长及其收敛性［J］．中国工业经济，1997（3）：31 - 37.

［106］魏后凯．中国制造业集中状况及其国际比较［J］．中国工业经济，2002（1）：41 - 49.

［107］文东伟，冼国明．中国制造业的空间集聚与出口：基于企业层面的研究［J］．管理世界，2014（10）：57 - 74.

［108］文余源，于俊雅．中国区域经济增长的 β 趋同分析［J］．区域经济评论，2015（2）：18 - 24.

［109］吴飞飞，谢众．制度环境影响中国高技术产业发展的门槛效应分析［J］．中南大学学报（社会科学版），2019，25（3）：96 - 104.

［110］吴天宝．中国装备制造业技术进步及其影响因素分析［D］．合肥：合肥工业大学，2009.

［111］吴文恒，牛叔文，董晓峰．都市圈经济发展的主要原理及对兰州都市

圈建设的启示 [J]．干旱区地理，2007（3）：311 – 319.

[112] 吴意云，朱希伟．中国为何过早进入再分散：产业政策与经济地理 [J]．世界经济，2015（2）：140 – 166.

[113] 习近平：决胜全面建成小康社会，夺取新时代中国特色社会主义伟大胜利——在中国共产党第十九次全国代表大会上的报告 [EB/OL]．http：//www. xinhuanet. com/politics/19cpcnc/2017 – 10/27/c_ 1121867529. htm.

[114] 冼国明，文东伟．FDI、地区专业化与产业集聚 [J]．管理世界，2006，（12）：18 – 31.

[115] 肖志勇．人力资本、空间溢出与经济增长 [J]．财经科学，2010（3）：61 – 68.

[116] 徐秀玲．兰州都市圈经济空间结构优化研究 [J]．开发研究，2009（2）：149 – 152.

[117] 许召元，李善同．近年来中国地区差距的变化趋势 [J]．经济研究，2006（7）：106 – 116.

[118] 薛家骥．都市圈域产业的整合与协同 [J]．现代经济探讨，2004（4）：3 – 7.

[119] 闫小培，林彰平．20 世纪 90 年代中国城市发展空间差异变动分析 [J]．地理学报，2004，59（3）：437 – 445.

[120] 杨丞娟，王宝顺．公共支出、空间外溢与圈域经济增长——以武汉城市圈为例 [J]．现代财经，2013（3）：119 – 129.

[121] 杨永春，张从果，吴文鑫．中国西部地区大都市圈发展规划研究——以兰州大都市圈规划为例 [J]．城市规划，2005（4）：23 – 29.

[122] 叶琪．我国区域产业转移的态势与承接的竞争格局 [J]．经济地理，2014，34（3）：91 – 97.

[123] 原嫄，李国平，孙铁山，吴爱芝．中国制造业重心的空间分布变化特征与趋势研究——基于 2001 年和 2009 年数据的实证分析 [J]．人文地理，2015（5）.

[124] 张传勇，刘学良．房价对地区经济收敛的影响及其机制研究 [J]．统计研究，2017（3）：65 – 75.

[125] 张光南，洪国志，陈广汉．基础设施、空间溢出与制造业成本效应 [J]．经济学（季刊），2013（10）：285 – 304.

[126] 张国华．影响力系数和感应度系数的探讨 [J]．江苏统计，1994（5）：20 – 21.

［127］张国胜，杨怡爽．我国制造业内发生了区域间的产业梯度转移吗——基于"五普"与"六普"的数据比较［J］．当代财经，2014（11）．

［128］张红历，梁银鹤，杨维琼．市场潜能、预期收入与跨省人口流动——基于空间计量模型的分析［J］．数理统计与管理，2016（5）：868－880．

［129］张可云，王裕璟．区域经济 β 趋同的空间计量检验［J］．南开学报（哲学社会科学版），2016（1）：89－96．

［130］张学良．中国区域经济收敛的空间计量分析：基于长角1993－2006年132个县市区的实证研究［J］．财经研巧，2009，7（35）：100－109．

［131］张志，周浩．交通基础设施的溢出效应及其产业差异［J］．财经研究，2012（3）：124－134．

［132］张志，周浩．交通基础设施的溢出效应及其产业差异——基于空间计量的比较分析［J］．财经研究，2012（3）．

［133］张自然．区域差距、收敛与增长动力［J］．金融评论，2017（1）：94－107．

［134］周彬学，戴特奇，梁进社，张华．基于 Lowry 模型的北京市城市空间结构模拟［J］．地理学报，2013，68（4）：491－505．

［135］周冲，周东阳．"一带一路"背景下中国与拉美国家贸易潜力研究——基于引力模型的实证分析［J］．工业技术经济，2020，39（4）：63－71．

［136］周尚意，龚丽娟．非均衡理论在长江三角洲实践之效果分析——转移—份额法的实例应用分析［J］．经济地理，2000（4）：1－5＋71．

［137］朱国忠，乔坤元，虞吉海．中国各省经济增长是否收敛？［J］．经济学（季刊），2014（3）：1171－1194．

［138］Akita T，Lukman R A. Interregional Inequalities in Indonesia：A Sectoral Decomposition Analysis for 1975－1992［J］．Bulletin of Indonesian Economic Studies，1995（2）：61－81．

［139］Anderson J E. Theoretical Foundation for the Gravity Equation［J］．American Economic Review，1979（1）：106－116．

［140］Anderson T W，Amemiya Y. The asymptotic normal distribution of estimators in factor analysis under general conditions［J］．Annals of Statist，1988（16）：759－771．

［141］Anselin L，Bera A，Florax R，et al. Simple diagnostic tests for spatial dependence［J］．Regional Science and Urban Economics，1996，22（1）：77－104．

［142］Anselin L. Estimation methods for spatial autoregressive structures［J］．

Regional Science Dissertation and Monograph Series. Cornell University, Ithaca, NY. 1980, 8 (1): 1 – 273.

[143] Anselin L. Lagrange Multiplier Test Diagnostics for Spatial Dependence and Spatial Heterogeneity [J]. Geographical Analysis, 1988, 20 (1): 1 – 17.

[144] Anselin L. LocalIndators of Spatial Association-LISA [J]. Geographical Analysis, 1995, 2: 93 – 115.

[145] Anselin. L. Spatial Economectrics, Methods and Models [M]. Boston: Kluwer Academic Publishers, 1988: 137 – 212.

[146] Anselin. L. Spatial externalities, spatial multipliers and spatial econometrics [J]. International Regional Science Review, 2003 (2): 153 – 166.

[147] Anselin L. Thirty years of spatial econometrics [J]. Papers in Regional Science, 2010 (1): 3 – 25.

[148] Baldwin R. Towards an Integrated Europe [R]. CEPR, London, 1994.

[149] Baltagi, B. H. , Song, S. H. , Jung B. and Koh, W. Testing for serial correlation, spatial autocorrelationand random effects using panel data [J]. Journal of Econometrics, 2007 (140): 5 – 51.

[150] Baltagi B H, Bresson G. Maximum likelihood estimation and Lagrange multiplier tests for panel seemingly unrelated regressions with spatial lag and spatial errors: An application to hedonic housing prices in Paris [J]. Journal of Urban Economics, 2011 (69): 24 – 42.

[151] Baltagi B H, Song S H, Jung B, Koh W. Testing for serial correlation, spatial autocorrelationand random effects using paneldata [J]. Journal of Econometrics, 2007 (1): 5 – 51.

[152] Baltagi B H, Song S H, Koh W. Testing panel data regression models with spatial errorcorrelation [J]. Journal of Econometrics, 2003 (1): 123 – 150.

[153] Barro R. J. , Sala-i-Martin, Xavier. Technological Diffusion, Convergence, and Growth [J] Journal of Economic Growth, 1997, 2 (1): 1 – 26.

[154] Barro R J, Sala-I-Martin X. Convergence across States and Regions [J]. Brookings Papers on Economic Activity, 1991, 22 (1): 107 – 182.

[155] Barry R, Pace R K. Kriging with Large Data Sets Using Sparse Matrix Techniques [J]. Communications in Statistics-Computation and Simulation, 1997, 26 (2): 619 – 629.

[156] Bloomfield, Gerald. The world automotive industry [M]. London David &

Charles, 1978.

[157] Brun J F, Combes J L, Renard M F. Are There Spillover Effects between the Coastal and Noncoastal Regions in China? [J]. China Economic Review, 2002 (13): 161 – 169.

[158] Brunsdon C, Fotheringham A S, Charlton M. Geographically weighted regression: a method for exploring spatial nonstationarity [J]. Geographical Analysis, 1996, 28: 281 – 298.

[159] Burridge P. On the Cliff-Ord test for spatial autocorrelation [J]. Journal of the Royal Statistical Society B, 1980 (1): 107 – 108.

[160] Case A C. Neighborhood inuence and technologica change [J]. Regional Science and Urban Economics, 1992 (3): 491 – 508.

[161] Casella G , George E. Explaining the Gibbs sampler [J]. American Statistician, 1992, 46 (3): 167 – 174.

[162] Conley T G. GMM estimation with cross-sectional dependence [J]. Journal of Econometrics, 1999, (1): 1 – 45.

[163] Crozet M. , 2004, *Do Migrants Follow Market Potentials? An Estimation of a New Economic Geography Model* [J]. Journal of Economic Geography, 4 (4), 439 – 458.

[164] Dicken P. Global Shift: Transforming the World Economy [M] . 3rd Edition. New York: Guilford Press, 1998.

[165] D'Uva M. , Siano R. Human Capital and Club Convergence in Italian Regions [J]. Economics Bulletin, 2007, 18 (1): 365 – 384.

[166] Elhorst J P. Specification and Estimation of Spatial Panel Data Models [J]. International Regional Science Review, 2003, 26 (3): 244 – 268.

[167] Ellison G, Glaeser E L. Geographic Concentration in U. S. Manufacturing Industries: A Dartboard Approach [J]. Journal of Political Economy, 1997, 105 (5): 889 – 927.

[168] Figlio, David N. , Bruce A. , Blonigen, 2000, *The Effects of Foreign Direct Investment on Local Communities* [J]. Journal of Urban Economics, 48 (2), 338 – 363.

[169] Fotheringham A S, Charlton M E, Brunsdon C. Geographically Weighted Regression: the Analysis of Spatially Varying Relationships [M]. West Sussex: John Wiley & Sons Ltd, 2002.

［170］Frederick P. Stutz & Anthony R. de Souza：The World Economy：Resources，Location，Trade，and Development（3rd ed.）［M］．Prentice Hall，1998．

［171］Greunnz L. Industrial structure and innovation-evidenced from European regions［J］．Journal of Evolutionary Economics，2004（5）：563 – 592．

［172］Huang Q，Satish C. Spatial Spillovers of Regional Wages：Evidence from Chineseprovinces［J］．China Economic Review，2015，32（2）：97 – 109．

［173］James H.，*Factor endowments and the international location of production：Econometric evidence for the OECD*，1970—1985［J］．Journal of International Economics，1995，39（1），123 – 141．

［174］Joseph A.，Schumpeter，Elliott，John E.，1982，*The Theory of Economic Development*［M］．Transaction Publishers．

［175］Kai-yuen Tsui. Decomposition of China's Regional Inequalities. *Journal of Comparative Economics*. 1993，17（3）：600 – 627．

［176］Kelejian H H，Prucha I. A Generalized Moments Estimator for the Autoregressive Parameter in a Spatial Model［J］．International Economic Review. 1999（40）：509 – 533．

［177］Kelejian H H，Prucha I R. HAC estimation in a spatial framework［J］．Journal of Econometrics，2007，140（1）：131 – 154．

［178］Kelejian H H，Prucha I R. Specification and estimation of spatial autoregressive models with autoregressive and heteroskedastic disturbances［J］．Journal of Econometrics，2010，157（1）：53 – 67．

［179］Kelejian H H，Robinson D P. Spatial autocorrelation：A new computationally simple test with an application to per capita county police expenditures［J］．Regional Science and Urban Economics，1992（3）：317 – 333．

［180］Keller M. International Technology Diffusion［J］．Journal of Economic Literature，2004，42（3）：752 – 782．

［181］Kim S. Expansion of Markets and the Geographic Distribution of Economic Activities：The Trends in U. S. Regional Manufacturing Structure，1860 – 1967［J］．Quarterly Journal of Economics，1995，110（4）：881 – 908．

［182］Krugman P. Increasing Returns and Economic Geography［J］．Journal of Political Economy，1991，99（3）：483 – 499．

［183］Lacombe D. Does Econometric Methodology Matter? An Analysis of Public Using Spatial Econometric Techniques［J］．Geographical Analysis，2004（36）：87 – 89．

［184］ Lee L F. Asymptotic Distributions of Quasi-Maximum Likelihood Estimators for Spatial Econometric Models ［J］. Econometria, 2004（72）: 1899 – 1926.

［185］ Lee L F. Best spatial two-stage least squares estimators for a spatial autoregressive model with autoregressive disturbances ［J］. Econometric Reviews, 2003, 22（4）: 307 – 335.

［186］ Lee M, Pace R K. Spatial Distributions of Retail Sales ［J］. Journal of Real Estate Finance and Economics, 2005, 31（1）: 53 – 69.

［187］ Le Sage J, Fischer M. Spatial growth regressions, model specialization estimation, and interpretation ［J］. Spatial Economic Analysis, 2008（3）: 275 – 304.

［188］ LeSage J P, Pace R K. Introduction to Spatial Econometrics ［M］. Boca Raton CRC Press Inc. , Taylor & Francis Group, 2009（20）: 32 – 33.

［189］ LeSage J P. Pace R K. Introduction to Spatial Econometrics ［M］. CRC Press Inc. , Taylor& Francis Group, 2009（20）: 32 – 33.

［190］ LeSage J P. Pace R K. Spatial Econometric Modeling of Origin-destination Flows ［J］. Journal of Regional Science, 2008, 48（5）: 941 – 967.

［191］ LeSage J P. Bayesian estimation of spatial autoregressive models ［J］. International Regional Science Review, 1997, 20（1）: 113 – 129.

［192］ Levy A, Chowdhury K A Geographical Decomposition of Intercountry Income Inequality ［J］. Comparative Economic Studies, 1995, 37（4）: 1 – 17.

［193］ Linnemann H. An Econometric Study of International Trade Flows ［J］. Journal of the Royal Statistical Society, 1967, 33（4）: 633 – 634.

［194］ Lorenz M O. Methods of Measuring of Concentration of Wealth ［J］. Journal of American Statistical Association, 1905（9）: 209 – 219.

［195］ Mathur A. Regional Development and Income Disparities in India: A Sectoral Analysis ［J］. Economic Development and Cultural Change, 1983, 31（3）: 475 – 505.

［196］ Metwally M M, Jensen R C. A Note on the Measurement of Regional Income Dispersion ［J］. Economic Development and Cultural Change, 1973, 22（1）: 135 – 136.

［197］ Moran P A P. A test for the serial dependence of residuals ［J］. Biometrika, 1950（37）: 178 – 181.

［198］ Ord K. Estimation Methods for Models of Spatial Interaction ［J］. Journal of the American Statistical Association, 1975（70）: 120 – 126.

［199］Pace R K, Barry R P. Quick computation of spatial autoregressive estimators［J］. Geographical Analysis, 1997（29）: 232 – 246.

［200］Pace R K, LeSage J P. A sampling approach to estimate the log determinant used in spatial likelihood problems［J］. Journal of Geographical Systems, 2009, 11（3）: 209 – 225.

［201］Pace R K, LeSage J P. A Spatial Hausman Test［J］. Economics Letters, 2008, 101（3）: 282 – 284.

［202］Pace R K, LeSage J P. Chebyshev approximation of log-determinants of spatial weights matrices［J］. Computational Statistics and Data Analysis, 2004, 45（2）: 179 – 196.

［203］Pace R K, LeSage J P. Likelihood Dominance Spatial Inference［J］. Geographical Analysis, 2003, 35（2）: 133 – 147.

［204］Poyhonen P. A Tentative Model for the Volume of Trade Between Countries［J］. Weltwirtschaftliches Archive, 1963, 90（1）: 93 – 99.

［205］Raymond V. International Investment and International Trade in the Production Cycle［J］. Quarterly Journal of Economics, 1996, 80（2）, 190 – 207.

［206］Schwarze J. How Income Inequality Changed in Germany Following Reunification: An Empirical Analysis Using Decomposable Inequality Measures［J］. Review of Income and Wealth, 1996, 42（1）: 1 – 11.

［207］Sen A, Smith T E. Gravity Models of Spatial Interaction Behavior［M］. Heidelberg: Springger-Verlag, 1995: 4 – 29.

［208］Shorrocks A F. Inequality Decomposition by Population Subgroup［J］. Econometrica, 1984（52）: 1369 – 1385.

［209］Tinbergen Jan. Shaping the Word Economy-Suggestions for an International Economy Policy［M］. New York: The Twentieth Century Fund, 1962: 330.

［210］Vernon R. International Investment and International Trade in the Product Cycle［M］. Quarterly Journal of Economics, 1966.

［211］Williamson G. Regional Inequality and the Process of National Development: A description of the Patterns［J］. Economic Development and Cultural Change, 1965, 13（4）.

［212］World Bank. China Regional Disparities［R］. World Bank Report, 1995.